THE CAUSE OF TRANSLATION
IN THE INSTITUTE OF
HISTORY, SASS, FROM 1956 TO 2017

史译重镇
上海社会科学院历史研究所的翻译事业
（1956—2017年）

马军 / 编著

上海社会科学院出版社
SHANGHAI ACADEMY OF SOCIAL SCIENCES PRESS

丛书编委会

主　　编：张道根　于信汇
副 主 编：张兆安　周　伟
编　　委：王玉梅　谢京辉　王　振　何建华　沈开艳
　　　　　孙福庆　权　衡　刘　鸣　叶必丰　刘　杰
　　　　　方松华　杨　雄　朱建江　周冯琦　晏可佳
　　　　　荣跃明　王　健　黄凯锋　党齐民　强　荧
　　　　　姚勤华
执行编委：朱平芳　汤蕴懿
策划组稿：上海社会科学院创新工程办公室

丛书总序

在中国特色社会主义伟大实践中加快构建中国特色哲学社会科学,既是开创中华民族伟大复兴的思想基础,也是应对当前深刻复杂国际形势的重要支撑。党的十八大以来,以习近平同志为总书记的党中央把加快构建中国特色哲学社会科学作为提高治国理政能力、推进国家治理体系和治理能力现代化的战略任务,高度重视、精心部署、全力推动。这也为上海社会科学院新时期的发展提供了目标方向。

理论的生命力在于创新。古往今来,世界大国崛起路径各异,但在其崛起的过程中,无不伴随着重大的理论创新和哲学社会科学的发展。面对新挑战、新要求,中国哲学社会科学特别需要加强理论前沿、重大战略、综合领域、基层实践的诠释和指导能力。作为国家哲学社会科学的重要研究机构,2014年上海社会科学院率先在地方社会科学院实施哲学社会科学创新工程;2015年又成为国家首批高端智库试点单位。上海社会科学院从体制机制入手,以理论创新为突破口,围绕"国家战略和上海先行先试"定位,以智库建设和学科发展"双轮驱动"为创新路径,积极探索,大胆实践,对哲学社会科学的若干重大理论和现实问题开展前瞻性、针对性、储备性政策研究,完成了一批中央决策需要的、具有战略和全局意义、现实针对性强的高质量成果。

  在上海社会科学院创新工程实施三年之际,通过本套丛书集中展示了我院在推进哲学社会科学理论创新中的成果,并将分批陆续出版。在编撰过程中,我们既强调对重大理论问题的深入探讨,也鼓励针对高端智库决策成果中的热点现实问题进行理论探讨。希望本丛书能体现高端智库的研究水平、社科院的研究特色,对国家战略性、前瞻性、基础性问题进行深入思考,也为繁荣新时期中国哲学社会科学理论创新添砖加瓦。

丛书主编

2016 年 11 月 15 日

你的声名并不显赫,你的业绩长惠后世……

序 言

我和马军先生(下省略先生,直呼其名)虽是复旦大学历史学系的系友,但由于1988年我罹患流行的甲肝,未能胜任系领导安排的1988级那一届"中国历史文选"的必修课程,于是我与马军相识的时间被延后了差不多10年。1999年我们一同应朗宓榭(Michael Lackner)教授之邀,赴德国哥廷根大学参加由其主办的"晚清西学译介"国际学术研讨会,记得马军提交的论文引人注目,是关于晚清军事译名的研究。

在相当长的时期里,马军任职的上海社会科学院主要承担政府智库的职能,但和许多社科院智库型学者不同,他的很多著述在我看来,比较另类。他的博士论文题为《国民党政权在沪粮政的演变及后果》,属于民国经济史;但他前后完成过两本在学界颇有影响的有关上海舞女的著述,即《1948年:上海舞潮案——对一起民国女性集体暴力抗议事件的研究》和《舞厅·市政——上海百年娱乐生活的一页》;他的学术兴趣非常广博,不仅涉及上海近代社会史,还涉猎近代西学东渐史;不少著述令人耳目一新,如编撰的《近代中国高校校歌选》,横跨中国近现代音乐史和教育史等领域;他还有口述史方面的著译,如《从上海市长到"台湾省主席"——吴国桢口述回忆》;等等。最令人钦佩的是,他很早就发愿要接续海外著名汉学家穆德麟、高迪爱以及中国学者袁同礼等,计划完成一部《1949年前中国人士研译"海外中国学"文献目录》,阶段性成果已在很多刊物上面世。从2015年编纂完成的《全面抗战时期中国文化界译介日本"中国研究"文献目录简编》一书之结构,很可以窥见其"一人劳而众人便捷"的编纂理念。

《史译重镇:上海社会科学院历史研究所的翻译事业(1956—2017年)》(简称《史译重镇》)是马军献给上海社会科学院历史研究所的一份厚礼。该书上编是编年体的"上海社会科学院历史研究所翻译成果详目(1958—2017年)",给读者提供了一个有关历史所翻译成果集体记忆的新刻度。中编是一份方便学人查检的"中国近现代史译名对照表",由"正表"和"索引"两大部分组成,而索引又分为两部分:一是由以英文字母为序的2 048条有关人物、家族、机关、团体、派别、部队、商行、企业、教会、学校、医院、工厂、建筑、报纸、期刊、档案、图书、档案、文件、船只、军舰、舰队、货币、商品等名目;二是依据汉语拼音排序的从中文名称借正表内序号反查西文名称的索引。下编为汇集各种译者相关生平资料的"上海社会科学院历史研究所翻译工作文献选编",由历史所编译组会议记录稿和一系列回忆、报告、档案等材料组成,涉及历史所的译家、译作和译事。在笔者看来,这一部分对于翻译史研究的价值尤大。上、中、下三编集资料性和工具性于一体,立体地展示出这一历史翻译重镇60年的演进历程。纵观全书,我们可以将上编60年翻译历史的编年记划分为两个时期,即1957—1988年的"编译组时期",和1988—2017年的历史所研究人员参与翻译的"兼译时期"。前30年的"编译组时期"还可分出1957—1966年的"黄金九年"和1978—1988年重新恢复编译组这两个"史译"阶段。历史所建所之初,中国近代史和现代史两大建制就藏龙卧虎,编译组里马博庵、沈遐士、雍家源、吴绳海4人属近代史组;王作求、章克生、叶元龙、顾长声、金亚声、倪静兰6人属现代史组,其中不乏国内名校的毕业生、海外名校的留学生和"洋博士",但是在相当长的时期里,其中大部分译者却成了史坛的失踪者。

因缘凑巧,我倒是在1978年考入复旦大学历史系之前就知道上海社会科学院历史研究所有这样一个"编译组"。我就读的七一中学班主任马贝章是马博庵(1899—1966年)的女儿,曾在七一中学就读的哥哥告知我马贝章老师出身名门,不过中学就读的4年是在"文革"时期,因此向她问及马博庵,马老师多王顾左右。一直到高考前夕去拜访马老师,得知我想报考历史系,她才愉快地出示其父译校的《上海小刀会起义史料汇编》和《五四运动在上海史料选辑》等,并称其父是金陵大学历史系的毕业生,后在美国哥伦比亚大学获得了哲学博士学位,回国后先后在金陵大学和东吴大学法学院担任教授。但具体问起她历史所"编译组"的实况,马老师也没有下文可述。2000年我撰写《20世纪上海翻译出版与文化变迁》一书,曾想专门列出一节来叙述上海社会科学院历史研究所编译组的"史译"工作,但多方查询,除了能够找到若干该所同人编译的各种史料辑译文本外,相关的内部和外部资料,如译者生平简介等,几乎完全缺失,实难敷衍成文,最后只能把这一部分放弃了。学术研究需建立在丰富可靠文献资料的基础上,《史译重镇》的问世,实在是功德无量的历史记忆之重建工作,为学界弥补了有关历史所"史译"资料不足的这一缺憾,如果拙著还有再版的机会,一定得专门加写这一节。

细读《史译重镇》,发现许多很有意思的资料线索,如原本历史所告知马博庵是可以不坐班的,但他还是每天都来,且经常跑徐家汇藏书楼。历史所的同事到藏书楼,一般都是早晨8点去,下午5点离开,中午则回所吃饭休息。马博庵则是早晨7点就到,来时带个饭盒,由藏书楼代蒸,中午吃过简餐后便在自备的躺椅上休息片刻,然后又投入了工作,直到傍晚6点才离去。马博庵有着很强的研究热情,曾提出"选、译、编、写"四个环节:"选材料是个关键,这是第一条,第二条怎样译,第三条怎样编,第四条怎样写,不是为翻译而翻译,选、译、编、写一条龙。"显示出他从事历史翻译的最终目标是希望来

"写"历史著述,也就是将翻译视为其进行学术研究的前期工作。他曾提出过一些很有意思的选题,如1959年12月29日晚,在章克生、方诗铭、顾长声、吴绳海、汤志钧等出席的年末会议上,大家都在讨论1960年的学术规划,马博庵提出了自己的研究计划:"有十五个美国传教士,大部分都有传记,以传记作为基本材料,参考其他材料,一个人一个人分析,医院、学校、慈善团体、教会、出版。"这一研究工作的设想自然没有下文。但是1985年上海人民出版社推出的顾长声所著的《从马礼逊到司徒雷登——来华新教传教士评传》,该著述的理路很可能得到过马博庵选题的启发。可惜马氏服务于历史所的那些年,纵然有学术研究的"宏图大志",客观条件也使他无法如愿以偿。看到仅享年66岁的他给儿女的信上说道:"强大的四个现代化的社会主义中国,必须出现在世界上",表示"我现在极力注意我的健康,决心每年为历史专题研究译出二三十万字的外文资料,稍稍补救我前半生未能走革命道路的过错"。读到这里,想想他长年累月的伏案苦译和未能实现的学术研究的宏愿,未免令人动容。

可贵的是,《史译重镇》并非一般的资料集,编撰者马军在书中还有许多提炼、分析和总结。正如马军指出的,历史所编译组在长期的史料翻译过程中,陆续形成了一套比较成熟的翻译理念,其中最重要的就是"信、达、准":"编译历史文献有别于其他学科,不能单纯地译意,首先要着眼于译准。要做到这一点绝非易事:必须掌握有关历史知识,要有深厚的语言功底,既要掌握外文的古代语言和现代语言,又要掌握古代汉语和现代汉语。"曾任编译组负责人的章克生在翻译《美商琼记洋行在华经商情况的剖析(1858—1862年)》一书的"译者说明"中则将之概括为"一、透彻地理解外语原著,译述时忠实反映原意;二、熟练地掌握汉语,译文务求通顺、畅达,尽可能表达原文的体例和风格;三、通晓专业知识,译文要符合历史专业的要求"。他还明确提出"信、达、准"的翻译原则,即翻译历史著作要"力图达到历史翻译的三项标准。其一是信,即忠于原著;其二是达,要求译文简练畅达。信达两者是所有学术论著的翻译所必须遵循的准绳。其三是要求符合历史实际,这是历史翻译所必须注意和力求达到的标准"。这些通过大量"史译"工作总结出来的翻译之论,可以说是在严复"信、达、雅"理论基础上的进一步发展,不仅是历史研究所的宝贵财富,也是对中国翻译事业的理论贡献。

历史记忆是由三对不可分割的交错关系构成的,即新与旧、被淹没和被遗忘的、被重新筛选和被再度利用的,三种关系的交互作用构成了历史研究的活力。当我们在回忆起20世纪50年代以来的上海社会科学院历史研究所,一般都不会忘记李亚农、周予同、杨宽、方诗铭、汤志钧、唐振常等这些如雷贯耳的史学大师,但却很少了解像章克生、马博庵、雍家源、叶元龙、吴绳海、倪静兰等这些曾经留下过丰厚历史译著的译者,在20世纪50—60年代出版的不少"史料译辑"上,我们甚至都找不到他们的姓名,《史译重镇》的一大功劳就是使这些史料译辑"书归其主"。章克生、马博庵、雍家源、叶元龙、吴绳海、倪静兰、沈遐士、金亚声、王作求、贺玉梅,以及后来的甘慧杰等,今天看来都属上海社会科学院历史研究所默默耕耘的史坛边缘人,马军在《史译重镇》的字里行间,透露出对这批史界边缘学者的极大同情。既有的学术评价体制中,著作较之译作为高,但是翻检1956年以后上海社会科学院历史研究所近30年史学著述的篇文,我们不妨平心静气地回顾一下,有多少研究篇文,仍是我们今天学术研究的必要阶梯呢?而30年间上海社科院历史研究所留下的这些以外文《北华捷报》《字林西报》《大陆报》《美国对外关系文件》《英国蓝皮书》《日本外务省档案》等为基础译出的那几部大型史料译辑,不仅为研究者提供了精准的译文,使后来者能够避免做重复劳动,而且也为史学初学者提供了按图索骥寻找研究资料线索的极大便利。正如马军在《从年子敏到甘慧杰:〈宗方小太郎日记〉的中译之路》一文所言:"上海社会科学院历史研究所已经走过了60年的历程,在来来往往的数百名同人中,有的人虽然表面平凡,却可以在所史上占据独特的位置,而有的人尽管显赫一时,最终也只能算是匆匆过客。"理解需要以记忆为基础,史学的作用之一就在于拯救那些不应被湮没的史料,需要记住那些不应被遗忘的人物,以帮助我们完整地理解历史。历史记忆有赖于一定的文本方能维系,即所谓"记忆之场"。《史译重镇》为我们提供了关于上海社会科学院历史研究所编译活动的一个记忆所系之处。该书的问世,不仅会让我们重新关注和认识上海社会科学院历史研究所这一批史坛的边缘人,也一定会使研究者为这些译界的失踪者补写上海翻译史那缺失的一章。

马军曾在很多场合说过"学术是超越个体生命的",是为至理名言。我以为也道出了这些默默无闻历史译者的共同心声。正是缘于一种对学术的敬重,这些译者在崎岖的学术之路上前仆后继,用自己有限的生命,孜孜以求投身于默默无闻之"史译"事业,实现了真正的精神超越,这是《史译重镇》留给我们的宝贵财富。

复旦大学历史系教授　邹振环

2018 年 2 月 14 日撰于复旦大学光华楼

目 录

序言 ………………………… 复旦大学历史系教授　邹振环　1

总论　上海社会科学院历史研究所的翻译事业
　　　（1956—2017 年）……………………………… 马　军　1

上编　上海社会科学院历史研究所翻译成果详目
　　　（1958—2017 年）……………………………………… 17

  凡例 / 19　　　　　　　　1978 年 / 60

  1958 年 / 21　　　　　　　1980 年 / 61

  1959 年 / 34　　　　　　　1981 年 / 63

  1960 年 / 36　　　　　　　1982 年 / 74

  1961 年 / 51　　　　　　　1983 年 / 75

  1962 年 / 52　　　　　　　1984 年 / 83

  1964 年 / 53　　　　　　　1985 年 / 84

  1965 年 / 53　　　　　　　1986 年 / 91

  1966 年 / 54　　　　　　　1987 年 / 101

  1976 年 / 59　　　　　　　1988 年 / 102

  1977 年 / 59　　　　　　　1989 年 / 104

1990 年 / 107
1991 年 / 109
1992 年 / 110
1993 年 / 115
1994 年 / 116
1995 年 / 117
1996 年 / 117
1997 年 / 119
1998 年 / 119
1999 年 / 119
2000 年 / 122
2001 年 / 124
2002 年 / 125
2003 年 / 127

2004 年 / 134
2005 年 / 138
2006 年 / 159
2007 年 / 160
2008 年 / 161
2009 年 / 166
2010 年 / 168
2011 年 / 170
2012 年 / 171
2013 年 / 173
2014 年 / 174
2015 年 / 178
2016 年 / 180
2017 年 / 183

上海社会科学院历史研究所译校者索引 …………………… 186
附录 上海社会科学院历史研究所译校外文报纸、外交
　　　档案篇目汇编 …………………………………………… 190
一、外文报纸部分 …………………………………………… 190
1.《北华捷报》 …………………………………………… 190
2.《字林西报》 …………………………………………… 216
3.《大陆报》 ……………………………………………… 218
4.《密勒氏评论报》 ……………………………………… 222
5.《中法新汇报》 ………………………………………… 223
二、外交档案部分 …………………………………………… 224
1.《美国对外关系文件》 ………………………………… 224
2.《英国蓝皮书·关于中国事务的文书》 ……………… 235
3.《日本外务省档案》 …………………………………… 243

中编 中国近现代史译名对照表 …… 259
　　"中编"编撰说明 …… 261
　　正表 …… 264
　　索引 …… 380

下编 上海社会科学院历史研究所翻译工作文献选编 …… 411
　　"下编"编撰说明 …… 413
　　一 关于编译《宗方小太郎在华特务活动资料》
　　　　　　　　　　　　　　　　　　　　吴绳海　414
　　二 《上海小刀会起义史料汇编》编辑说明(摘录) …… 418
　　三 《鸦片战争末期英军在长江下游的侵略罪行》
　　　　编辑说明 …… 419
　　四 现代史研究室藏"上海工人运动史料委员会翻译
　　　　资料"目录 …… 上海工人运动史料委员会 编　422
　　五 历史所编译组会议记录稿 …… 426
　　六 侵华史组已译英文史料(1960年7月至1961年
　　　　12月) …………………………………… 章克生　443
　　七 关于历史研究所译《传教士、中国人与外交家》
　　　　一书的基本情况和处理意见
　　　　………………………………… 上海人民出版社　462
　　八 五卅组已译外文档案、报刊资料目录(1965年
　　　　6月编) ………………………………… 章克生　464
　　九 日本历史学家对汤志钧、唐振常关于评价
　　　　章炳麟文章的评述 ……………………… 编译组　467
　　十 记培养中青年的热心人章克生 ……… 王　鲁　469
　　十一 为我所史学工作辛勤劳动卓著功效的
　　　　吴绳海先生 …………………………… 克　生　473
　　十二 《太平军在上海——〈北华捷报〉选译》说明 …… 478

十三　深切悼念倪静兰同志 …………………… 章克生　480

十四　《太平军在上海》译名辨误 …………… 杨其民　484

十五　我的父亲叶元龙（摘录）………………… 叶瞻美　494

十六　仅仅是为了抛砖引玉——《传教士与
　　　近代中国》的写作经过（摘录）………… 顾长声　495

十七　上海市主要新旧路名对照表
　　　　…………………… 杨嘉祐、章克生、苑晔　编　497

十八　马博庵教授晚年对史学的贡献 ………… 陈奕民　531

十九　文化名人马博庵的一生（摘录）………… 李卓君　537

二十　《美商琼记洋行在华经商情况的剖析》
　　　译者说明 …………………………………… 章克生　539

二十一　教育家和经济学家叶元龙（摘录）
　　　　………………… 叶沛婴、江维榜、张恺、叶祖荫　543

二十二　"上海史研究译丛"前言
　　　　……………………………… "上海史研究译丛"编委会　544

二十三　倪静兰老师的晚年 …………………… 罗苏文　546

二十四　学人传略：章克生 ……………………………… 549

二十五　学人传略：吴绳海 ……………………………… 551

二十六　学人传略：王作求 ……………………………… 553

二十七　我与历史所的编译组
　　　　……………………… 顾竹君口述　张秀莉整理　555

二十八　梅花香自苦寒来：雍家源先生传略
　　　　（摘录）………………………………… 王庆成　557

二十九　恩重情深，没齿难忘——缅怀先考章克椮
　　　　先妣徐馥琤的不凡人生（摘录）……… 章又新　559

三十　《从上海市长到"台湾省主席"》修订说明
　　　　………………………………………………… 马军　563

三十一　我从事"上海史研究译丛"协调工作的

	回忆 …………………………………… 马　军	565
三十二	记忆中的章克生先生 …………………… 罗苏文	570
三十三	那些寥落、湮没和远去的星辰 ………… 马　军	575
三十四	马爷爷的转椅 …………………………… 佚名　撰	581
三十五	"文革"后的编译组人员	
	…………………… 吴竞成口述　马军整理	584
三十六	"文革"前历史所编译组 11 名译者传记	
	资料目录 ………………………… 马　军　编	586
三十七	探寻倪静兰女士的轨迹 ………………… 马　军	601
三十八	从年子敏到甘慧杰：《宗方小太郎日记》的	
	中译之路 ………………………………… 马　军	611
三十九	《宗方小太郎日记（未刊稿）》翻译手记	
	……………………………………… 甘慧杰	617
四十	奇迹是怎样发生的？——再谈甘慧杰对	
	《宗方小太郎日记》的翻译 …………… 马　军	621

编后记 ………………………………………………………… 624

总 论

上海社会科学院历史研究所的翻译事业(1956—2017年)

马 军

在上海社会科学院历史研究所(简称"社科院历史所")60年的历程中,始终贯穿着史学研究和史学翻译两条主线。由于评价制度的原因,后者长期以来受到了忽视,诸多译者鲜为人知,默默无闻,实际上他们却为学术界和学术史做出了重大而独特的贡献!本书旨在拂去时间留下的尘埃,重现那些被遮蔽已久的光芒。

一

在历史研究所的初创阶段,翻译工作是怎样缘起的?历史所最资深的翻译家章克生这样回忆:

> 领导上确定本所的方针任务,就是充分利用上海地区所收藏的中外文图书资料,以中国近代史研究为主体,从搜集资料入手,在全面掌握资料的基础上开展研究工作。在这方面,一直有大量外文资料需要通晓历史和熟悉外文的研究人员去探索、搜集、整理和选译。这就是为什么1957年下半年的几个月,吴绳海同志和我较早来所,接着便是倪静兰(法文)、贺玉梅(俄文)、

顾长声(英文)、马博庵(英文)等同志先后调来本所的道理。①

据查,在"文革"以前,即1957—1966年的9年间,共有11名专职翻译供职于历史研究所,诸人概况可见下表(以出生先后为序):

姓 名	生卒年份	擅长外语	主要学历	以往主要经历	备 注
叶元龙	1897—1967	英、俄	美国威斯康星大学经济学硕士	大同大学教授、中央大学教授、暨南大学教授、重庆大学校长、上海财政学院教授	
雍家源	1898—1975	英	金陵大学经济系肄业,美国西北大学商学院研究生	重庆大学商学院教授、复旦大学会计系教授、上海财政学院会计系教授	
马博庵	1899—1966	英	金陵大学历史系毕业,美国哥伦比亚大学博士	金陵大学教授、中正大学文法学院院长、苏南教育学院教授、东吴大学法学院教授	
吴绳海	1905—1985	日、英	日本京都帝国大学毕业	正中书局编审部编审专员、上海育才中学教员	"文革"后仍在所从事编译工作
金亚声	1907—?	英	上海大同大学肄业	上海圣保罗学校英文教员、圣约翰大学副会计、秘书	
王作求	1910—2005	英	清华大学政治系及研究院就读,英国伯明翰大学文科研究生	上海商学院教授、上海财经学院教授	"文革"后仍在所从事编译工作

---

① 章克生:《深切悼念倪静兰同志》,上海社会科学院历史研究所编:《史学情况》1983年第30期,1983年9月1日。

(续表)

姓 名	生卒年份	擅长外语	主要学历	以往主要经历	备 注
章克生	1911—1995	英、法、俄	清华大学外语系毕业,清华大学研究院外国语文部学习	苏州振华女中英文教员、上海动力机器制造学校教员	"文革"前后均为所编译组负责人
沈遐士	1915—1993	英、俄	美国密歇根大学文学院学生,美国西北大学文学院研究生	上海大同大学商学院教授、上海财经学院教授	
顾长声	1919—2015	英、俄、法	贵阳湘雅医学院肄业	上海时兆报馆翻译、编辑,安息日会中华总会总干事	"文革"后调往华东师范大学,后定居美国
贺玉梅（女）	1932—?	俄	上海外国语学院研究生班毕业	曾任上海外国语学院俄语系助教	1960年调往外交部
倪静兰（女）	1933—1983	法	北京大学西语系法文专业毕业	曾在上海外语学院工作	"文革"后仍在所从事编译工作

上述 11 人均属于以章克生为负责人的"编译组",但"文革"前的"编译组"始终没有成为有固定办公室的专门性的常设机构,不过是一个旨在指挥、协调、联系具体翻译业务的名义性的"非实体组织"。察诸 1963 年 4 月历史研究所的一份花名册,马博庵、沈遐士、雍家源、吴绳海 4 人隶属于近代史组,王作求、章克生、叶元龙、顾长声、金亚声、倪静兰 6 人隶属现代史组,贺玉梅则已经调离。① 若按年龄区分,11 人可分成老、中、青三代,老、中两代人中不乏名校毕业生,甚至是曾求学海外名校的留学生、洋博士,不少人以往在社会上和学术界还颇有名望,有的人著译丰硕;至于年轻的一代,都是刚从著名大学的外语系毕业分配而来的。

---

① 上海市档案馆馆藏号 B181—1—319,"上海社会科学院历史研究所设组概况及人员情况等有关材料",第 30、31 页。

这 11 个人在"文革"前究竟翻译了多少东西？根据章克生提供的一份统计材料，仅 1960 年 7 月—1961 年 12 月的一年半时间内，历史所部分译员和中国基督教"三自"爱国运动委员会少数人员合作，便将有关帝国主义侵华历史的各类英文材料 231.3 万字译成初稿。① 另一份材料则表明，在 1965 年上半年，6 名译员"翻译外文资料五十四万字，校订译稿十八余万字"，下半年又准备翻译"约六十万字"。② 此外，仅雍家源一人在历史所服务期间，就翻译了一百余万字。③ 笔者由此估算，在不到 9 年的时间里，"编译组"为配合各项研究和资料编纂工作，翻译了 500 万至 800 万字。联想到彼时政治运动不断，译者们排除各种干扰，可谓勤奋而又高效。这些译文大多数保持在初稿状态，在当时只有少部分得以正式刊发，主要是收录进了历史所"文革"前的四部资料书里。④

这四部书分别是：其一《上海小刀会起义史料汇编》（上海人民出版社 1958 年 9 月初版），章克生、马博庵、顾长声、倪静兰等人除了主要从《北华捷报》选译了 10 多万字外，还从《上海史》[[英] 兰宁（George Lanning）、柯灵（Samuel Couling）合著]、《上海法租界史》[[法] 梅朋（C. B. Maybon）、弗莱台（J. Frédet）合著]等英、法文书刊中摘译了部分章节，译文不下全书的一半；其二《鸦片战争末期英军在长江下游的侵略罪行》（上海人民出版社 1958 年 10 月初版），上述诸人摘译了若干英军参战者的亲历记录，并将其编入"第一部分"；其三《五四运动在上海史料选辑》（上海人民出版社 1960 年 6 月初版），译者们选译了若干英、法、日文报刊和文件，如《北华

---

① 上海市档案馆馆藏号 B181—1—321，"上海社会科学院历史所编写非基督教运动（二）收集资料计划和资料索引"，第 10—39 页。
② 上海市档案馆馆藏号 B181—1—336，"上海社会科学院历史所科研规划"，第 116 页。
③ 王庆成：《梅花香自苦寒来：雍家源先生传略》，《新会计》2010 年第 8 期。
④ 关于这四部书的编纂背景，可参见汤志钧：《历史研究和史料整理——"文革"前历史所的四部史料书》，《史林》2006 年第 5 期；汤志钧：《关于〈辛亥革命在上海史料选辑〉》，《史林》2012 年第 1 期。

捷报》《大陆报》《中法新汇报》,还有《工部局警务日报》《工部局公报》《上海法租界公董局1919年报告》《日本外务省档案》等;其四《辛亥革命在上海史料选辑》(上海人民出版社1966年2月初版),马博庵、沈遐士从《英国蓝皮书(1911、1912年)》中进行了大篇幅的选译。

除此之外,编译组人员还积极参与了所里的其他一系列重要课题,有的译竣、编订后交上海人民出版社待出版,但竟再无下文,如《传教士、中国人与外交家》[美国人保罗·华格(Paul A. Varg)著,章克生、顾长声、金亚声等译]、《辛亥革命时期美帝侵华史料选译》(马博庵、雍家源、沈遐士主要译自《美国对华关系文件》);有的由于各种原因而告中辍,如《"非基督教运动"(1923—1927)史料选辑》(章克生、王作求、叶元龙、顾长声、金亚声等参译)、《中国近现代译名对照》(编译组全体编)、《江南传教史》(倪静兰等译)、《资本主义国家有关中国历史的专著选译》(章克生等译)、《现代外国资产阶级学者历史理论介绍及选译》(章克生等译)、《日本特务宗方小太郎在华特务活动资料选辑》(吴绳海编译)等;还有的在当时虽已基本完稿,但却是在"文革"结束后才有缘正式面世,如《上海法租界史》(倪静兰译)、《太平军在上海——〈北华捷报〉选译》(马博庵选译)、《五卅运动资料》(章克生等参译)等。①

关于如何协调翻译与研究这两种业务的关系,历史所首任所长李亚农当时有过如下的指示:

> 不论熟悉外文还是熟悉中文资料的同志,都是研究人员,应当各自取长补短,相互学习,艰苦奋斗,争取有成。熟悉外文的同志,既要勘探和选译外文资料,也要研究历史,阅读和抄写中

---

① 参见上海市档案馆馆藏号B181-1-319、B181-1-311,"上海社会科学院历史所1962年度研究项目计划表"。

文资料,这样在阅读外文资料之际,才能心中有数,知道怎样选译,以便补充中文资料之不足。换言之,选译史料是历史研究的不可分割部分,勘探和选译的过程也就是研究的过程。如果脱离历史研究,历史翻译工作就难以做好。何况从事历史翻译者,也可以从事历史研究,两者并行不悖。①

有因于此,这一时期,若干编译人员也从事一些相关的研究工作,例如马博庵发表过《美帝国主义镇压和破坏五卅运动的罪行》一文(刊《解放日报》1960年5月29日,第5版),他经常挤出时间给报刊写一些普及性的历史文章或小品,用以进行爱国主义教育。顾长声、章克生则合写有《美帝国主义利用宗教镇压和破坏五卅运动的罪行》(刊《解放日报》1960年5月30日,第5版)。倪静兰也是一个"多面手",不仅参加过国棉二厂厂史的编写工作,1965年为纪念五卅运动40周年,她又和两位同仁合写论文《揭露帝国主义在五卅运动中玩弄"六国调查"和"上海谈判"的骗局》,以"倪幽年"的笔名(三人名字各取一字)发表在当年5月号的《学术月刊》上。此外,编译人员和研究人员之间也常有配合与协作。据汤志钧回忆,有一次他奉命赶写一篇文章《台湾自古以来是中国的领土的历史根据》,以便发表在《学术月刊》1958年第10期上,其间马博庵、吴绳海曾出力核查英文、日文资料,结果发表时用的是"中国科学院上海历史研究所筹备委员会第二组"的名义。② 为了使史学翻译工作能够适应研究任务的需求,提高全所研究人员,尤其是青年人员的外语水平(读、写、说、听),历史研究所还曾开办过英文、日文、俄文三个外文学习班,叶元龙、沈遐士、王作求等人曾兼任教员。

---

① 章克生:《深切悼念倪静兰同志》,上海社会科学院历史研究所编:《史学情况》1983年第30期。
② 汤志钧:《岁月催人老,放眼万木春——〈学术月刊〉创刊五十年追忆》,《学术月刊》2006年第6期。

顺便一提的是，"文革"前的历史研究所位于漕溪北路40号，与藏有大量近代外文报刊的徐家汇藏书楼毗邻而居。由于"彼此关系很好"，藏书楼为历史所的翻译人员提供了诸多便利，甚至开辟了一个阅读、翻译外文资料的专用室，"还为历史所复印所需的资料"，"只按工本收取费用"。① 彼时的编译组之所以处于"黄金时代"，这也是一个不可或缺的助力。

除此之外，在那"黄金九年"，对历史所的翻译事业有过重要帮助的单位还有上海外国语学院编译室、中国基督教三自爱国运动委员会、上海市天主教反帝爱国会等。鉴于历史所翻译力量有限，面临繁重的任务之时，罗竹风、范希衡、朱宗一、陶庸、单英民等所外学者也曾伸出过援手。

二

1966年"文革"爆发后，历史所编译组的工作完全停顿，并且连遭厄运，先是雍家源被抄家，章克生、吴绳海遭隔离审查，继而年近古稀的马博庵和叶元龙又在"惊涛骇浪"之下分别因脑溢血和心脏病而离世。1968年底，上海社会科学院全体人员到市郊奉贤县东门港的上海市直属机关五七干校从事"斗批改活动"，社会科学院编制随即被取消，改编为该干校辖下的"六兵团"，后又缩编为"六连"，历史研究所则为其下属的"历史组"，人员大多四散，或到厂矿，或下基层，或战高温，原先的历史研究自然无从谈起。1971年前后，章克生、金亚声、吴绳海、王作求、雍家源被迫退休，②顾长声则下放到上海冶炼厂"战

---

① 方诗铭：《徐家汇藏书楼怀旧》，载上海社会科学院工会编：《跨越不惑——我与上海科学院征文选》，1998年印。
② 上海市档案馆馆藏号A22—4—378，"中共上海市委宣传部干部退休情况表"，第72、77、78、80页；《学人传略：王作求》，载上海社会科学院历史研究所编《通变知几：上海社会科学院历史研究所五十年历程(1956—2006)》，2006年印，第221页。

高温",在该厂食堂当了7年炊事员。①

尽管如此,仍有人始终不愿放弃自己热爱的翻译事业,吴绳海"还是埋头苦干,退而不休,在家里继续翻译今井武夫回忆录等日文史料数十万字"。②章克生退休后"也没有停止对外文史料的整理和选译工作",③"每天仍在家为研究所翻译外文史料不止",④其间他又应"上海市直属机关'五·七'干校六连翻译组"⑤之邀,参加过《苏联的农业(1953—1964)》([美]拉扎尔·沃林著,内部发行本,上海人民出版社1977年9月初版)等书的集体翻译工作。

"十年动乱"结束以后,上海社会科学院历史研究所于1978年10月在漕溪北路40号重建,编译组亦随之恢复,负责人仍为章克生。除了吴绳海、倪静兰、王作求回所复职外,章克生为充实翻译队伍,还通过考试方式,向社会各界陆续招募年轻人吴竟成(英文)、李谦(英文)、冯正宝(日文)、苑晔(法文)、丁大地(英文)、顾竹君(法文)到组服务,此外还有原先曾担任过中学教导工作的朱微明。80年代以后又向外单位聘请了4名老专家前来襄助,他们分别是林永俣(英文)、徐肇庆(英文)、袁锟田(法文)和章涌麟(法文)。⑥"文革"后的编译组就是由上述15人组成的。

这一时期的编译组是一个有独立办公室的固定机构,位于历史

---

① "文革"以后,顾长声调往华东师范大学历史系,利用在历史所工作期间的积累,写就了他的名著《传教士与近代中国》,上海人民出版社1981年出版。见顾长声:《我写〈传教士与近代中国〉的经过》,《书林》1982年第2期。
② 克生:《为我所史学工作辛勤劳动卓著功效的吴绳海先生》,载上海社会科学院历史研究所编《史学情况》第19期,1981年3月5日。
③ 王鲁:《记培养中青年的热心人章克生先生》,载上海社会科学院历史研究所编:《史学情况》第18期,1980年12月26日。
④ 章又新:《恩重情深,没齿难忘——缅怀先考章克椿先妣徐馥珍的不凡人生》,载海宁市政协文教卫体与文史委员会编《海宁世家》,北京:人民日报出版社2012年版。
⑤ 关于该翻译组的概况,可参见邹振环:《二十世纪上海翻译出版与文化变迁》,南宁:广西教育出版社2000年12月版,第325—331页。
⑥ 林永俣是林则徐的后人,徐肇庆是某中学的退休英语教师。袁锟田和章涌麟早年均毕业于中法学堂。

所大楼的3楼西侧。其主要业务仍然是为科研服务(此时历史所的主要研究方向已转向上海史),按照顾竹君的说法,"当研究人员需要某些外文资料时,我们看一下大致内容,如果符合他们的需求,就翻译出来"。① 罗苏文至今记得,章克生也多次向她表示"我们编译室是为各个研究室服务的"。②

"几位老先生认真严谨的学风",给学术秘书组的孟彭兴"留下了很深刻的印象","吴绳海先生偌大年纪,一直趴在阅读机上从事日文翻译。章克生先生总是谆谆善诱,搞翻译不仅要认真,而且要多掌握知识,那样就不会出现例如'将肇家浜译成徐家汇河'的差错"。③

20世纪七八十年代的编译组有几项成果特别值得称道:

其一是章克生参与修订的《上海小刀会起义史料汇编》。其间,外文资料部分添加了章克生最新摘译的《三桅巡洋舰帕拉达号》《大君之都》《在华医药传道记事》《阿利国传》《晏玛太传》《戴德生的早年时期》等文,使得这部著名的资料集得以更加充实、丰富。修订本在1980年7月由上海人民出版社出版。

其二是《五卅运动史料》。早在1962年初,历史研究所就开始组织力量编纂五卅运动史料,由于"文革"的影响,该工作停顿了10多年,直到1978年才重上轨道,并将成果陆续汇编出版。全书分为3卷,分别出版于1981年11月、1986年8月、2005年12月,总字数达212万。该书取材广泛,内含十几个种类的外文资料,如《大陆报》《字林西报》《密勒氏评论报》《工部局董事会会议录》《美国对外关系文件》《日本外务省档案》等。几十万字的译文应该归功于章克生、吴绳海、叶元龙、倪静兰和金亚声。

---

① 顾竹君口述,张秀莉整理:《我与历史所的编译组》,摘录自上海社会科学院历史研究所网站旧版。
② 罗苏文:《记忆中的章克生先生》,上海社会科学院历史研究所编:《史苑往事——上海社会科学院历史研究所成立60周年纪念文集》,上海:上海社会科学院出版社2016年版。
③ 孟彭兴:《步入学术殿堂的经历》,上海社会科学院历史研究所编:《史苑往事——上海社会科学院历史研究所成立60周年纪念文集》。

其三是马博庵的《太平军在上海——〈北华捷报〉选译》。马博庵在"文革"之初即已去世,但留下了大量来自《北华捷报》的译稿。经章克生、吴乾兑校订并编注后,该书于1983年2月由上海人民出版社出版。马博庵留下的其他有关太平天国的译文,亦由章、吴两人校阅后,编入王庆成主持的《太平天国史译丛》第2、3辑,由中华书局分别于1983年、1985年出版。

其四是倪静兰译《上海法租界史》。该书早在1965年已基本译竣,却因"文革"而旁置。1977年,倪静兰不幸罹患乳腺癌,但仍然抱病工作,以惊人的毅力,将几十万的稿件核校定稿。"该书大量引证近代法国外交档案资料,涉及近代中国职官、田契等等专业知识,若干章节中还插入拉丁文箴言和英文原始资料,因而难度较大。她在翻译过程中成功地解决这些方面的一系列问题。她的译作能忠于原著,准确表达原意,译文生动流畅。"①《上海法租界史》终于在1983年10月由上海译文出版社出版,从而为不谙法语的许多上海史研究者提供了极大的便利。

其五是章克生、徐肇庆、吴竞成、李谦译《上海——现代中国的钥匙》。该书由美国历史学家罗兹·墨菲(Rhoads Murphey)所著,是海外一部颇具特色的中国地方史著作,不论从其内容、结构、体例、写作方法,还是依据的大量的图书文献资料来说,都为当时历史所方兴未艾的上海史研究提供了重要参考。罗兹·墨菲是著名经济史专家张仲礼(曾任上海社会科学院院长)早年留学美国时的同窗,正是基于张的推荐,编译组才决定翻译此书。中译本在1986年10月由上海人民出版社出版。

历史所编译组在长期的史料翻译过程中,陆续形成了一套比较成熟的翻译理念。20世纪80年代初,编译组人员曾向来访的院外

---

① 章克生:《深切悼念倪静兰同志》,上海社会科学院历史研究所编:《史学情况》1983年第30期。

人士表示:"编译历史文献有别于其他学科,不能单纯地译意,首先要着眼于译准。要做到这一点绝非易事:必须掌握有关历史知识,要有深厚的语言功底,既要掌握外文的古代语言和现代语言,又要掌握古代汉语和现代汉语,还要有严肃负责的精神。"[1]章克生则多次说过,"作为一个历史专业的编译人员,除了政治条件外,在业务上要做到:一、透彻地理解外语原著,译述时忠实反映原意;二、熟练地掌握汉语,译文务求通顺、畅达,尽可能表达原文的体例和风格;三、通晓专业知识,译文要符合历史专业的要求。"[2]他还在一份"译者前言"中提出,"我们在翻译这部历史著作的进程中,力图达到历史翻译的三项标准。其一是信,即忠于原著;其二是达,要求译文简练畅达。信达两者是所有学术论著的翻译所必须遵循的准绳。其三是要求符合历史实际,这是历史翻译所必须注意和力求达到的标准。"[3]这些精辟之语,不失为翻译界和历史研究所的宝贵财富。

在历史所编译组前后近30年的历程中,贯穿始终的章克生无疑应居首功,他是最重要的组织者和实践者,"他视笔译工作为自己生命不可分割的一部分,沉浸于这项艰苦劳动给他带来的无限欣喜中"。[4] 吾生也晚,无缘相见。但举凡见过他、提到他、写到他的人,无不对他的人品和学品给予高度的评价,"认真指导,一丝不苟"、"工作勤勤恳恳,对年轻人诲人不倦"、"德才双馨,学风严谨"之类的文字常见于同仁和亲友们的回忆文字中。80年代,他对年青译者的培养更

---

[1] 陈奕民:《马博庵教授晚年对史学的贡献》,政协仪征市委员会文史资料研究委员会编:《仪征文史资料》第8辑,1992年。
[2] 王鲁:《记培养中青年的热心人章克生先生》,载上海社会科学院历史研究所编:《史学情况》第18期,1980年12月26日。
[3] [美]斯蒂芬·洛克伍德著:《美商琼记洋行在华经商情况的剖析(1858—1862年)》,章克生、王作求译,上海:上海社会科学院出版社1992年版。
[4] 罗苏文:《记忆中的章克生先生》,上海社会科学院历史研究所编:《史苑往事——上海社会科学院历史研究所成立60周年纪念文集》。

是尽心,"给中青年压担子,在使用中培养",力图为全所的未来准备一支可依靠的翻译队伍:

> 他分析了组内各青年同志的情况,根据各人的基础和能力,分别安排了翻译任务。他给吴、李二位安排翻译《中国现代革命领袖人物》中的"陈独秀"、"李大钊"等每篇达两万余字的文章,完成后,又翻译《上海——现代中国的锁钥》一书的部分章节;给小苑翻译《中法新汇报》有关"四明公所"事件的史料,其他同志也各有安排。章克生打算,首先提高他们的翻译水平,然后,锻炼其勘探和选材的能力,即在浩如烟海的外文史料中,环绕本所的中心任务与项目要求,选择研究工作上所需要的资料,进行整理编译。他曾经恳切地说:"我们已是七十岁上下的人了,五年、十年以后,编译工作的担子全靠你们了,希望你们尽快地把担子挑起来!"①

章克生还经常谈到提高科研人员外语水平的重要性,认为每个研究者应努力掌握外语,以适应工作需要。他不仅口头这么说,而且也这么做,举凡各研究室同人在外语方面有疑问或不解前来请教,他都能热情指导。例如,他曾为研究生卢汉超校订过其英文译稿《谈谈上海社会历史沿革》,又为黄芷君、张国瑞指出过两人合译的《斯巴达克为什么逗留在意大利》一文中存在的误译。甚至唐振常的一篇论文也曾受益于章克生和吴绳海在外语方面的帮助。② 此外,章克生还在历史所为中青年开办的外语提高班中担任教学任务,从当代报刊和历史专著中选择教材,并亲自讲解课文。

1988 年章克生以 77 岁的高龄第二次退休,但依然退而不休,"仍

---

① 王鲁:《记培养中青年的热心人章克生先生》,载上海社会科学院历史研究所编:《史学情况》第 18 期,1980 年 12 月 26 日。
② 详见唐振常:《〈民报〉"封禁"事件诸问题》,《中华文史论丛》1981 年第 1 辑。

在家孜孜不倦地勤于笔耕",甚至1992年因哮喘频发住进淮海医院时,"征得医生特许,在病床前搬来书桌,架设台灯,让家人送来字典、书籍以及书写等工具,又'有限制'地持续他未完成的编译著作"。① 于是,新的校、译之作——《费正清对华回忆录》([美]费正清著,陆惠勤、陈祖怀、陈维益、宋瑜译,章克生校,知识出版社1991年版)和《美商琼记洋行在华经商情况的剖析(1858—1862年)》以及《近代中国蚕丝业及外销(1842—1937年)》([美]李明珠著,徐秀丽译,王弼德初校,章克生审定,上海社会科学院出版社1996年版)等又陆续推出。

1995年章克生去世后,其子女找到了他随身的笔记本,扉页上书写着他晚年的情怀:

> 吾年届耄耋,振奋波涛涌。摒弃虚名位,宜与道相通。得鱼而忘筌,万事循义理。为其所当为,平凡无足奇。坦率讲真话,直抒无胸臆。养吾浩然气,蓬勃见生机。仰不愧于天,俯不怍于地。怡然欣自得,其乐无穷极。②

章克生不仅外语水平精湛,历史知识、文学素养、古汉语造诣亦颇深厚,他除了留下二三百万字的译校文字外,还发表过相当数量的论文、文章、诗词,但迄今为止尚无人对其学术遗产进行过相应的整理。在历史所的所史上,他实在是一位值得大书特书的人物!

随着老一辈译员们或退休或离世,年轻一代在出国热的席卷下或赴欧美,或去日本,历史所编译组在1988年前后终告结束。

---

① 章又新:《恩重情深,没齿难忘——缅怀先考章克燊先妣徐馥琤的不凡人生》,载海宁市政协文教卫体与文史委员会编《海宁世家》,北京:人民日报出版社2012年版。
② 章又新:《恩重情深,没齿难忘——缅怀先考章克燊先妣徐馥琤的不凡人生》,载海宁市政协文教卫体与文史委员会编《海宁世家》,北京:人民日报出版社2012年版。

三

1988年以后,历史研究所的翻译事业进入了完全依靠研究人员兼译的时期。虽然译作数量不菲,但总体上并无通盘和严格的规划,实处于各自为政的状态,翻译质量亦不像以往那样受到强调。此种情形,当然和20世纪90年代以后社会经济环境的功利化倾向有关,史学翻译在整个评价体系中越来越被边缘化,在"论著崇拜"的大潮中,逐渐沦为了"学术婢女"。

尽管如此,这一时期仍有一些人不计名利,执着笔译。特别值得一提的是,由历史所上海史重点学科推出的"上海史研究译丛"(上海古籍出版社2003—2004年出版)为国内学术界管窥海外上海学提供了重要的窗口。该丛书中属于所内同人的译本有:袁燮铭等译法国安克强(Christian Henriot)的《上海妓女:19—20世纪中国的卖淫与性》,张培德等译安克强的《1927—1937年的上海——市政府、地方性和现代化》,葛涛译日本小浜正子的《近代上海的公共性与国家》,陈同译香港梁元生的《上海道台研究——转变社会中之联系人物》,张秀莉译香港黄绍伦的《移民企业家——香港的上海工业家》,宋钻友译美国顾德曼(Bryna Goodman)的《家乡、城市和国家——上海的地缘网络与认同》,芮传明译美国魏斐德(Frederic Wakeman, Jr.)的《上海歹土——战时恐怖活动与城市犯罪》,甘慧杰译刘建辉著《魔都上海——日本知识人的"近代"体验》,段炼等译卢汉超著《霓虹灯外——20世纪初日常生活中的上海》等。这里尤其应该褒扬一下袁燮铭,他不善言辞,身体也不算好,却戴着1 000度的近视眼镜,默默奋战二三年,高质量地笔译了40多万字。尽管他最终以"副高"的职称退休,但并未有任何怨言。然而令人扼腕的是,退休仅2年,他竟因心脏病突发而离世,年仅62岁。

该时期,最具老历史所编译组风范的事例应该是甘慧杰对所藏宗方小太郎文书①的翻译。自 1958 年起,吴绳海就试图系统编译宗方文书②,20 世纪 80 年代以后他又推动所内年轻人冯正宝一同研译,但终因各种阻滞,所得成绩离预期相差甚远。从 2012 年起,所资料室的甘慧杰继承了这一未竟的事业,二三年间日以继夜,竟将 37 年的宗方日记(从 1887 年 1 月起至 1923 年 1 月止)和大部分报告译成中文,总计近 200 万字。宗方的材料大多用日本文言文写成,字迹极潦草且无标点符号,所幸甘慧杰兼具优异的日文和史学素养,再加出众的书法辨识力和非同寻常的毅力,终于完成了这一大工程。译稿已由上海人民出版社出版,学术界正翘首以盼。

按照现有的评价体系,甘慧杰不过一助理研究员而已,且在每年的考核中常遇"尴尬",但正是他完成了许多所谓"博导""教授""精英""学者"难以企及的事,由此书写了学术史和翻译史上厚重的一页!

联想到 1983 年 7 月当倪静兰处于弥留之际时,所内同人为慰其心,曾力争为这位劳苦功高的女翻译家申请副译审(副高)职称,但出乎意料的是,竟未获上级部门的同意。③ 然而如今,她翻译的《上海法

---

① 宗方小太郎(1864—1923 年)系日本海军派遣来华的特务,他在华活动达 40 年之久,历经甲午战争、义和团运动、辛亥革命等重大事件,与清末重要官僚、北洋军阀以及维新派、孙中山等均有直接交往,同时又辫发变装到中国内地探查山川形势、物产、人口、道路、钱粮、兵备等。1957 年历史研究所建所之初,有关人员即从苏州书肆购得遗留在华的部分宗方文书,并将其装订成 20 大本,另有照片一包,长期保存在所资料室内。其内容可分为报告、日记、游记、信稿、诗文稿、藏书及杂件等数类。有关宗方小太郎其人及文书的详情,可参见戴海斌:《宗方小太郎与近代中国:上海社科院历史所藏宗方文书阅读札记》,《中山大学学报》社会科学版 2013 年第 4 期;[日]大里浩秋:《关于上海历史研究所藏日本宗方小太郎资料》,载上海中山学社编《近代中国》第 18 辑,上海:上海社会科学出版社 2008 年版。
② 上海市档案馆馆藏号 B181-1-268,吴绳海:《关于编译〈宗方小太郎在华特务活动资料〉》,《上海社会科学院图书资料工作等简报》,第 37 页。
③ 章克生:《深切悼念倪静兰同志》,上海社会科学院历史研究所编:《史学情况》1983 年第 30 期。

租界史》却是每一个上海史研究者的必读之书。她和她的丈夫吴乾兑研究员没有子女,但他们的"学术子女"却有很多,很多。

60年来上海社会科学院历史研究所翻译事业的本质恐怕就在于此,其中有执着,有凄苦,也有美丽和遗韵……

上 编

上海社会科学院历史研究所翻译成果详目(1958—2017年)

凡 例

一、收录范围——本详目旨在收录1958—2017年上海社会科学院历史研究所研究人员及在读研究生的翻译成果。除极少数为单位自印外,绝大多数都曾正式发表。"研究人员"系指其人在职期间及从本所退休以后发表的翻译出版品,在职以前或离职之后的不列入;"在读研究生"亦列其就读期间发表的译文篇名。

二、条目要素——**其一,文献分类**:1. 书籍类(含专著、译著、论文集等)条目,收有文献名、责任者、出版地、出版社名称、出版时间;2. 期刊发文类(含论文、文章、译文等)条目,收有文献名、责任者、期刊地或主办单位、期刊名、卷期(号)、刊发时间;3. 报纸发文类(含论文、文章、译文等)条目,收有文献名、责任者、报纸主办地、报纸名、刊发时间、版次;4. 论文集内论文类条目,收有文献名、责任者、论文集责任者、论文集名、出版地、出版社名称、出版时间。**其二,注释**:必要时,在文献名后加说明性的页下注;若文献是书籍类,则尽力在注释中列出详目。**其三,有关符号**:"/"是某出版单位所出之同一著作(或收录论文、文章的书籍及论文集)不同版次的间隔号。"//"是收录了同一论文或文章的同一书籍(或论文集)分属不同出版单位的间隔号。

三、单元——每个单元由一项或多项条目组成,第一项为首刊首发,其余为重刊重印。

四、单元号——每个单元有一个单元号,共4位,前2位代表首刊年份，后2位代表在该年份内的为序。例如5803,58指1958年，03指1958年里的第3个单元；又如0302,03指2003年，02指2003年里的第2个单元。

五、排序规则——各单元之间，以其内第一项刊发时间（即首发时间）先后为序；单元内部各项，亦以发表先后为序。发表时间精确者排在时间模糊者之前，例如1961年8月15日排在1961年8月之前，1961年8月又排在1961年之前。

六、数字——除条目正标题遵照原样外，其余部分尽量采用阿拉伯数字。

七、粗体字——属于上海社会科学院历史研究所的译者或校者，其姓名用粗体字标出。

八、索引——为便于检索，详目之后附有"上海社会科学院历史研究所译校者索引"。

1958 年

5801

(第一部分)小刀会起义文献——大明国统理政教招讨副元帅兼署上海县事林示(译自《北华捷报》第 164 期,第 27 页,1853 年 9 月 17 日);大明国统理政教招讨大元帅刘示(译自《北华捷报》第 164 期,第 27 页,1853 年 9 月 17 日);太平天国招讨大元帅刘示(译自《北华捷报》第 166 期,第 34 页,1853 年 10 月 1 日);大明国统理政教招讨副元帅林示(译自《北华捷报》第 166 期,第 34 页,1853 年 10 月 1 日);大明国统理政教招讨大元帅刘示(译自《北华捷报》第 166 期,第 34 页,1853 年 10 月 1 日);太平天国统理政教招讨大元帅刘示(译自《北华捷报》第 168 期,第 44 页,1853 年 10 月 15 日);刘丽川致各国领事函(译自《北华捷报》第 169 期,第 47 页,1853 年 10 月 22 日);太平天国统理政教招讨大元帅刘示(译自《北华捷报》第 187 期,第 118 页,1854 年 2 月 25 日);大明国统理政教招讨副元帅陈示(译自《北华捷报》第 194 期,第 146 页,1854 年 4 月 15 日);太平天国大元帅刘示(译自《北华捷报》第 199 期,第 167 页,1854 年 5 月 20 日);大明太平天国统理政教招讨大元帅刘示(译自《北华捷报》第 199 期,第 167 页,1854 年 5 月 20 日);陈阿林示(译自《北华捷报》第 235 期,第 104 页,1855 年 1 月 27 日)

上海外国语学院编译室、简又文、**章克生**译　**章克生**、**马博庵**、**顾长声**校　载中国科学院上海历史研究所筹备委员会编《上海小刀会起义史料汇编》,上海:上海人民出版社 1958 年 9 月第 1 版/1959 年 6 月第 1 版第 2 次印刷[①]/修订本,1980 年 7 月第 2 版。

---

① 该书从 1959 年 6 月第 1 版第 2 次印刷起,书内译校者署名均被删除。

5802

(第二部分)上海小刀会起义期间的记载和战况报道——北华捷报〔选译 49 则：小刀会起事的前前后后(第 163 期，第 22 页，1853 年 9 月 10 日)，小刀会占领上海县城要闻(第 163 期，第 22 页，1853 年 9 月 10 日，以上**章克生译**)，卡巴尼斯通讯(第 163 期，第 22 页，1853 年 9 月 10 日，简又文译)①，小刀会部队的战斗消息(第 164 期，第 26 页，1853 年 9 月 17 日，**章克生译**)，小刀会首领刘丽川访问记(第 166 期，第 38 页，1853 年 10 月 1 日，简又文译)②，一(第 166 期，第 34 页，1853 年 10 月 1 日)，卡巴尼斯通讯二(第 166 期，第 34 页，1853 年 10 月 1 日，**章克生译**)，苏州河桥头的战争(第 167 期，第 39 页，1853 年 10 月 8 日)，卡巴尼斯通讯(第 167 期，第 39 页，1853 年 10 月 8 日)，战况报道(第 168 期，第 42 页，1853 年 10 月 15 日)，成功的战略(第 168 期，第 42 页，1853 年 10 月 15 日)，围攻上海城的一些情况(第 168 期，第 42 页，1853 年 10 月 15 日)，战况报道(第 170 期，第 50 页，1853 年 10 月 29 日)，记星期四海战和登陆进攻上海县城经过(第 172 期，第 58 页，1853 年 11 月 12 日)，惨绝人寰的屠杀(第 172 期，第 58 页，1853 年 11 月 12 日)，战况报道一(第 173 期，第 62 页，1853 年 11 月 19 日)，二(第 175 期，第 70、71 页，1853 年 12 月 3 日)，目击者的战况特写(第 176 期，第 74 页，1853 年 12 月 10 日)，吴健彰的可怖罪行(第 177 期，第 79 页，1853 年 12 月 17 日)，前哨战报道(第 177 期，第 78 页，1853 年 12 月 17 日)，麦都思通讯(第 177 期，第 78、79 页，1853 年 12 月 17 日)，战况报道一(第 181 期，第 94 页，1854 年 1 月 14 日)，二(第 182 期，第 98 页，1854 年 1 月 21 日)，晏玛太通讯(第 185 期，第 111 页，1854 年 2 月 11 日)，战况报道(译自第 186 期，

---

① 该文前曾以"小刀会占据上海目击记"为题，收于中国史学会主编《太平天国》第 6 册，中国近代史资料丛刊本，上海：神州国光社 1952 年 7 月初版。
② 该文前曾收于中国史学会主编《太平天国》第 6 册，中国近代史资料丛刊本，上海：神州国光社 1952 年 7 月初版。

第114页,1854年2月18日),3月20日早上的战斗(译自第191期,第134页,1854年3月25日),关于交战双方行动的详细报道(译自第190期,第130页,1854年3月18日),战况报道一(译自第192期,第138页,1854年4月1日),二(译自第196期,第154页,1854年4月29日),三(译自第200期,第170页,1854年5月27日),有关林阿福的报道(译自第202期,第179页,1854年6月10日),战况报道(译自第209期,第206页,1854年7月29日),吉尔杭阿虚报战功(译自第216期,第26页,1854年9月16日),战况报道(译自第218期,第34页,1854年9月30日),刘丽川和陈阿林的消息(译自第220期,第42页,1854年10月14日),战况报道一(译自第228期,第74页,1854年12月9日),二(译自第231期,第86页,1854年12月30日),三(译自第234期,第100页,1855年1月20日),四(译自第237期,第112页,1855年2月10日),临时通讯员报道(译自第238期,第116页,1855年2月17日),三合会撤离上海(译自第239期,第120页,1855年2月24日),上海城现状(译自第239期,第120页,1855年2月24日),三合会放弃上海城后的情况(译自第239期,第120页,1855年2月24日),上海县城和城郊一带的现状(译自第239期,第120页,1855年2月24日),清军占领上海县城经过的另一个报道(译自第239期,第120页,1855年2月24日),青浦松江平静无事(译自第239期,第120、121页,1855年2月24日),关于清军占领上海县城的本地人报道(译自第240期,第124页,1855年3月3日),清军在上海城内焚烧屠杀(译自第240期,第124页,1855年3月3日),清军进入上海城后的零星报道(译自第240期,第124页,1855年3月3日)]

上海外国语学院编译室、简又文、**章克生**译　**章克生**、**马博庵**、**顾长声**校　载中国科学院上海历史研究所筹备委员会编《上海小刀会起义史料汇编》,上海:上海人民出版社1958年9月第1版/1959年6月第1版第2次印刷/修订本,1980年7月第2版。

5803

（第三部分）清朝封建统治阶级镇压上海小刀会起义的档案资料——北华捷报［选译 23 则：袁祖德布告一（译自第 163 期，第 22 页，1853 年 9 月 10 日），二（译自第 165 期，第 32 页，1853 年 9 月 21 日），丁国恩布告（译自第 166 期，第 34 页，1853 年 10 月 1 日），仲孙樊、蓝蔚雯布告（译自第 166 期，第 34 页，1853 年 10 月 1 日），刘存厚布告（译自第 168 期，第 44 页，1853 年 10 月 15 日），吉尔杭阿、虎嵩林、吴健彰、刘存厚等布告（译自第 171 期，第 56 页，1853 年 11 月 5 日），许乃钊布告（译自第 174 期，第 67 页，1853 年 11 月 26 日），蓝蔚雯、刘存厚布告（译自第 171 期，第 56 页，1853 年 11 月 5 日），许乃钊布告（译自第 171 期，第 56 页，1853 年 11 月 5 日），刘存厚布告一（译自第 172 期，第 58 页，1853 年 11 月 12 日），二（译自第 172 期，第 59 页，1853 年 11 月 12 日），吉尔杭阿、虎嵩林、刘存厚布告（译自第 172 期，第 59 页，1853 年 11 月 12 日）］

上海外国语学院编译室、**章克生**译　**章克生**校　载中国科学院上海历史研究所筹备委员会编《上海小刀会起义史料汇编》，上海：上海人民出版社 1958 年 9 月第 1 版／1959 年 6 月第 1 版第 2 次印刷。

5804

（第三部分）清朝封建统治阶级镇压上海小刀会起义的档案资料——北华捷报［选译 23 则：许乃钊布告（译自第 196 期，第 154 页，1854 年 4 月 29 日），清舰扣押上海居民（译自第 198 期，第 162 页，1854 年 5 月 13 日），有关许乃钊、吉尔杭阿、吴健彰的报道（译自第 199 期，第 166 页，1854 年 5 月 20 日），有关许乃钊、吴健彰被撤职的报道（译自第 211 期，第 6 页，1854 年 8 月 12 日），有关吴健彰的报道（译自第 218 期，第 34 页，1854 年 9 月 30 日），谣传清军将在跑马厅西建立新营（译自第 220 期，第 42 页，1854 年 10 月 14 日），孙丰报告（附报道及揭帖）（译自第 234 期，第 101 页，1855 年 1 月 20 日），蓝蔚雯布告

（译自第234期，第101页，1855年1月20日），吉尔杭阿布告一（译自第234期，第101页，1855年1月20日）；二（译自第239期，第120页，1855年2月24日），孙丰布告（译自第239期，第120页，1855年2月24日）］

上海外国语学院编译室、**章克生**译　**章克生**校　载中国科学院上海历史研究所筹备委员会编《上海小刀会起义史料汇编》，上海：上海人民出版社1958年9月第1版/1959年6月第1版第2次印刷/修订本，1980年7月第2版。

5805
（第四部分）外国侵略者干涉上海小刀会起义的档案和记载——北华捷报［选译108则：吴健彰脱逃纪实（译自第163期，第22页，1853年9月10日），英国领事馆为颁布船舶结关临时规则的通告（译自第164期，第26页，1853年9月17日），美国领事馆为颁布船舶结关临时规则的通告（译自第164期，第26页，1853年9月17日，以上**章克生**译），英国领事致吴健彰照会（译自第167期，第38页，1853年10月8日），英国领事馆通告（译自第167期，第38页，1853年10月8日），关于"羚羊"号的报道（译自第168期，第42页，1853年10月15日），关于吴健彰照会的报道（译自第169期，第46页，1853年10月22日），英国领事馆第二十四号通告（译自第169期，第47页，1853年10月22日），吴健彰通告（译自第169期，第47页，1853年10月22日），英国领事复吴健彰照会（译自第169期，第47页，1853年10月22日），吴健彰致英国领事函（译自第169期，第47页，1853年10月22日），英国领事复吴健彰函（译自第169期，第47页，1858年10月22日），吴健彰致英国领事照会（译自第169期，第47页，1853年10月22日），英国领事复吴健彰照会（译自第169期，第48页，1853年10月22日），吴健彰致英国领事照会（译自第170期，第52页，1853年10月29日），英国领事复吴健彰函（译自第170期，第52页，

1853年10月29日),英国领事馆第二十五号通告(译自第170期,第52页,1853年10月29日),有关吴健彰的报道(译自第171期,第54页,1853年11月5日),美国领事馆通告(译自第171期,第54页,1853年11月5日),美国副领事致吴健彰函(译自第171期,第54页,1853年11月5日),美国副领事关于上海海关税务人员办公地点的通知(译自第171期,第54页,1853年11月5日),奥古斯汀洋行等致英法葡荷汉堡普鲁士等国领事函(附各国领事复函及奥古斯汀洋行等致美国副领事函)(译自第171期,第54页,1853年11月5日),美国副领事复奥古斯汀洋行等函(译自第171期,第54页,1853年11月5日);美国驻华公使马沙利复美国副领事金能亨正式公文(译自第171期,第54页,1853年11月5日),英国领事馆通告(译自第171期,第56页,1853年11月5日),英国领事复吴健彰照会(译自第171期,第56页,1853年11月5日),一个美国人的来信(译自第171期,第56页,1853年11月5日),法国代理领事复吴健彰函(译自第172期,第59页,1853年11月12日),英国领事馆第二十七号通告(译自第173期,第63页,1853年11月19日),吴健彰致英国领事函(译自第175期,第71页,1853年12月3日),二(译自第176期,第74页,1853年12月10日),英国领事馆第二十九号通告(译自第175期,第71页,1853年12月3日),文翰致英国领事第九十号公文(译自第175期,第71页,1853年12月3日),英国领事致吴健彰函(译自第175期,第71页,1853年12月3日),英国领事复吴健彰函(译自第176期,第74页,1853年12月10日),英国领事第三十号通告(译自第176期,第74页,1853年12月10日),英国领事馆第三十二号通告(译自第178期,第82页,1853年12月24日),英国领事馆第三十三号通告(译自第179期,第86页,1853年12月31日),英国领事致吴健彰函(译自第179期,第86页,1853年12月31日),英国领事馆第三十四号通告(译自第179期,第86页,1853年12月31日),法国人声言要进攻上海城(译自第179期,第87页,1853年12

月31日),英国领事馆第二号通告(译自第181期,第94页,1854年1月14日),苏州乡勇射击外侨(译自第182期,第98页,1854年1月21日),美国领事馆通告(译自第183期,第102页,1854年1月28日),关于上海关税问题的评论一(译自第183期,第102页,1854年1月28日),二(译自第184期,第106页,1854年2月4日),英国领事馆通告(译自第184期,第106页,1854年2月4日),英国领事致吴健彰函(译自第184期,第106页,1854年2月4日),英国领事馆第六号通告(附编者评论)(译自第185期,第110页,1854年2月11日),关于拆毁洋泾桥的报道(译自第192期,第138页,1854年4月1日),吴健彰致外国领事的三件照会(译自第192期,第138页,1854年4月1日),英美联合进攻上海官军军营(附清方与英领来往公函)(译自第193期,第142、143页,1854年4月8日),美国海军司令官通告(译自第194期,第146页,1854年4月15日),英国领事馆第九十七号公函(译自第194期,第146页,1854年4月15日),英国"恩康脱"号舰长致英国领事函(译自第194页,第146页,1854年4月15日),一个非正规士兵的通讯(译自第194期,第146页,1854年4月15日),上海全体外国侨民致英国领事函(译自第194期,第146、147页,1854年4月15日),英国领事复上海全体外国侨民函(译自第194期,第147页,1854年4月15日),上海全体外国侨民致美国领事函(译自第194期第147页,1854年4月15日),美国领事复上海全体外国侨民函(译自第194期,第147页,1854年4月15日),美国领事致"卜利茅资"号舰长函(译自第194期,第147页,1854年4月15日),美国海军司令馆复美国领事函(译自第194期,第147页,1854年4月15日),英美法三国领事文告(译自第195期,第150、151页,1854年4月22日),英美法三国领事通告(译自第196期,第154页,1854年4月29日),关于上海贸易情况的报道(译自第197期,第158页,1854年5月6日),吴健彰致英国领事照会(译自第199期,第167页,1854年5月20日),英美法三国领事复吴健彰照会(译自第199

期,第167页,1854年5月20日),英美法三国领事联合通告(译自第199期,第167页,1854年5月20日),战况报道(译自第204期,第186页,1854年6月24日),英国领事馆通告(译自第206期,第194页,1854年7月8日),英美法三国领事通告(译自第206期,第194页,1854年7月8日),论新海关机构与各国遵守条约、保持中立的政策(译自第206期,第194页,1854年7月8日),上海海关征税规则(译自第206期,第194、195页,1854年7月8日),英美法三国领事联合通告(译自第206期,第194页,1854年7月8日),上海英美法租界地皮章程(译自第206期,第195页,1854年7月8日),关税管理委员会成立简讯(译自第207期,第198页,1854年7月15日),英国领事馆通告(译自第207期,第198页,1854年7月15日),克拉兰敦赞成上海英国当局的行动(译自第216期,第26页,1854年9月16日),"究竟应该怎么办?"(译自第221期,第46页,1854年10月21日),英国与吉尔杭阿交涉哨兵被击事件(译自第222期,第49页,1854年10月28日);关于法国干涉行为的评论(译自第223期,第54页,1854年11月4日),评论法国的干涉政策(译自第224期,第58页,1854年11月11日),法军保护建筑防御墙(译自第224期,第58页,1854年11月11日),清军袭击法人(译自第224期,第58页,1854年11月11日),清军向美国卫兵开火(译自第224期,第58页,1854年11月11日),关于英美法建界墙等报道(译自第226期,第66页,1854年11月25日),英美两国领事通告(译自第228期第74页,1854年12月9日),法国舰队司令官致法国领事公函(译自第229期,第78页,1854年12月16日),法军炮轰上海城(译自第229期,第78页,1854年12月16日),法军拆毁炮台(译自第229期,第78页,1854年12月16日),法军攻打东门炮台(译自第229期,第78页,1854年12月16日),某外国人在上海县城活动的报道(译自第229期,第78页,1854年12月16日),评论法军最近行动(译自第230期,第82页,1854年12月23日),英国领事馆通告(附辣厄尔致法国驻沪领事函)(译自第230期,第82页,1854年12月23日),奥加拉汉致英国领事函(译自第230期,第82页,1854年12月23日),法国驻沪代理领事致英国领事函(译自第230期,第82页,1854年12月23日),英国臣民潘西凡等致英国领事函(译自第231期,第86页,1854年12月30日),英国领事复潘西凡等函(译自第231期,第86页,1854年12月30日),法军与清军会攻上海城受挫(译自第232期,第90页,1855年1月6日),"为壮士们鸣钟,壮士们已不在人间!"(译自第233期,第96页,1855年1月13日),英国领事馆通告(译自第233期,第96页,1855年1月13日),英国领事布告(译自第234期,第101页,1855年1月20日),英国领事馆第十二号公函(附英国海军少将致奥加拉汉函)(译自第234期,第100页,1855年1月20日),约翰·赖克兰通讯(译自第234期,第101页,1855年1月20日),英美法严密封锁县城(译自第236期,第108页,1855年2月3日),一个传教士的通讯(译自第237期,第112页,1855年2月10日),英国艀艇"克斯勃脱"号被袭击(译自第238期,第116页,1855年2月17日),一个外侨K的来信(译自第241期,第129页,1855年3月10日)]

上海外国语学院编译室、**章克生**译　**章克生**、**马博庵**、**顾长声**校
载中国科学院上海历史研究所筹备委员会编《上海小刀会起义史料汇编》,上海:上海人民出版社1958年9月第1版/1959年6月第1版第2次印刷/修订本,1980年7月第2版。

5806

(第四部分)外国侵略者干涉上海小刀会起义的档案和记载——在华十二年[[英]约翰·斯嘉兹(John Scarth)著](选译:19. 上海的叛党,20. 法军进攻上海县城);上海史[[葡萄牙]特瑞修(C. A. Montalto de Jesus)著](选译:3. 叛军控制下的上海)[①];上海史

---

① 后有全译本,参见上编单元号1202。

[[英]兰宁(G. Lanning)、柯灵(S. Couling)合著](选译：34. 艰苦的年代，35. 上海义勇团的诞生与泥城之战)

章克生译　**马博庵**校　载中国科学院上海历史研究所筹备委员会编《上海小刀会起义史料汇编》，上海：上海人民出版社1958年9月第1版/1959年6月第1版第2次印刷/修订本，1980年7月第2版。

5807

(第四部分)外国侵略者干涉上海小刀会起义的档案和记载——"贾西义"号中国海上长征记(1851—1854)[[法]迈尔雪(R. P. Mercier)著](摘译);上海法租界史[[法]梅朋(C. B. Maybon)、弗莱台①(J. Frédet)合著](选译：3. 太平军的叛乱——1853年的上海，4. 1854至1855年的上海——法国与英美背道而驰并助清朝扑灭小刀会②;江南传教史[[法]塞尔维埃③(J. de la Servière)著](摘译：2. "红头"占领上海时期纪事)④

范希衡译　**倪静兰**校　载中国科学院上海历史研究所筹备委员会编《上海小刀会起义史料汇编》，上海：上海人民出版社1958年9月第1版/1959年6月第1版第2次印刷/修订本，1980年7月第2版。

5808

(第四部分)外国侵略者干涉上海小刀会起义的档案和记载——江南传教史(选译：3—3叛军占领上海)⑤

---

① 后译为傅立德。
② 后有倪静兰全译本，参见上编单元号8310。
③ 该书修订本改译为"史式徽"。
④ 该书有两个全译本，即1. 史式徽著，上海金文祺译《八十年来之江南传教史》，圣教杂志丛刊本，上海：圣教杂志社1929年5月初版;2. 史式徽著，天主教上海教区史料译写组译《江南传教史》，上海：上海译文出版社1983年6月第1版。
⑤ 该书后有全译本，即高龙磐著，周士良译《江南传教史》，台北县：辅仁大学出版社2009至2014年版。

［法］高龙倍勒①（A. M. Colombel）著　朱宗一译　**倪静兰**校　载中国社会科学院上海历史研究所筹备委员会编《上海小刀会起义史料汇编》，上海：上海人民出版社1958年9月第1版/1959年6月第1版第2次印刷/修订本，1980年7月第2版。

5809

[第一部分·一·(1)]英军企图隔断漕运，威胁清政府投降（译自《复仇神号轮船航行作战记》第35章之"我军希望阻挠经运河北上的漕运"，第36章之"封锁大运河"）

　　［英］柏纳德（W. D. Bernard）著　**佚名**译　载中国科学院上海历史研究所筹备委员会编《鸦片战争末期英军在长江下游的侵略罪行》，上海：上海人民出版社1958年10月第1版/1959年6月第1版第2次印刷。

5810

[第一部分·一·(2)]英军企图控制中国经济命脉，逼迫清政府投降（译自《英国在华作战末期记事》第4章）

　　［英］利洛（Grannille G. Loch）著　**佚名**译　载中国科学院上海历史研究所筹备委员会编《鸦片战争末期英军在长江下游的侵略罪行》，上海：上海人民出版社1958年10月第1版/1959年6月第1版第2次印刷。
（鸦片战争·英军在长江下游的侵略罪行和中国爱国军民的英勇抵抗——《鸦片战争末期英军在长江下游的侵略罪行》一书摘编·第一部分·一）英国侵略军发动"扬子江战役"的阴谋（辑录）

　　［英］利洛著　**佚名**译　载云南大学历史系编《中国近代史参考资料》上册，内部教学参考本，1973年5月印。

---

① 即高龙磐。

5811

[第一部分·一·(3)]传教士供给英军谍报(译自《在华作战记》第28章之"两军的兵力及其对峙的形势""清政府以为我军将攻北京")

[英]奥特隆尼(John Ouchterlony)著　**佚名译**　载中国科学院上海历史研究所筹备委员会编《鸦片战争末期英军在长江下游的侵略罪行》,上海：上海人民出版社 1958 年 10 月第 1 版/1959 年 6 月第 1 版第 2 次印刷。

5812

[第一部分·一·(4)]关于英军进攻长江的阴谋的记载(译自《江南传教史》下编卷1第2章第4节之"英军占领厦门和宁波")

[法]高龙倍勒著　**佚名译**　载中国科学院上海历史研究所筹备委员会编《鸦片战争末期英军在长江下游的侵略罪行》,上海：上海人民出版社 1958 年 10 月第 1 版/1959 年 6 月第 1 版第 2 次印刷。

5813

[第一部分·三·(1)]"复仇神"号轮舰航行作战记(*Narrative of the Voyages and Services of the Nemesis*,伦敦：1945 年重订版)(选译)——第 34 章;第 35 章;第 36 章

[英]柏纳德(W. D. Bernard)著　**马博庵译**　**章克生、顾长声校**　载中国科学院上海历史研究所筹备委员会编《鸦片战争末期英军在长江下游的侵略罪行》,上海：上海人民出版社 1958 年 10 月第 1 版/1959 年 6 月第 1 版第 2 次印刷。
(鸦片战争·英军在长江下游的侵略罪行和中国爱国军民的英勇抵抗——《鸦片战争末期英军在长江下游的侵略罪行》一书摘编·第一部分·二)英国侵略分子的亲供——"复仇神"号轮舰航行作战记(第 34 章,第 35 章,第 36 章)

[英]柏纳德著　**马博庵译**　**章克生、顾长声校**　载云南大学历史

系编《中国近代史参考资料》上册,内部教学参考本,1973年5月印。

5814

[第一部分·三·(2)]英军在华作战末期记事——扬子江战役及南京条约(*The Closing Events of the Campaign in Chinese: The Operations in the Yang-tze-kiang and Treaty of Naking*,伦敦:1843年版)(选译)——第3章;第4章;第5章;第6章;第7章;第8章;第9章

　　[英]利洛著　**顾长声**译　**马博庵**校　载中国科学院上海历史研究所筹备委员会编《鸦片战争末期英军在长江下游的侵略罪行》,上海:上海人民出版社1958年10月第1版/1959年6月第1版第2次印刷。

5815

[第一部分·三·(3)]对华作战记(*The Chinese War*,伦敦:1844年版)(选译)——第24章;第25章

　　[英]奥特隆尼(John Ouchterlony)著　**章克生**译　**马博庵**校　载中国科学院上海历史研究所筹备委员会编《鸦片战争末期英军在长江下游的侵略罪行》,上海:上海人民出版社1958年10月第1版/1959年6月第1版第2次印刷。

5816

[第一部分·三·(3)]对华作战记(选译)——第28章;第29章

　　[英]奥特隆尼著　**马博庵**译　**章克生**校　载中国科学院上海历史研究所筹备委员会编《鸦片战争末期英军在长江下游的侵略罪行》,上海:上海人民出版社1958年10月第1版/1959年6月第1版第2次印刷。

5817

[第一部分·三·(3)]对华作战记(选译)——第30章;第31章

［英］奥特隆尼著　　**顾长声译**　　**马博庵**校　　载中国科学院上海历史研究所筹备委员会编《鸦片战争末期英军在长江下游的侵略罪行》，上海：上海人民出版社1958年10月第1版/1959年6月第1版第2次印刷。

5818

［第一部分·三·(4)］在华作战记(*Doings in China*，伦敦：1843年版)(摘译)——第8章；第9章；第10章

　　［爱尔兰］穆瑞(Alexander Murray)著　　**顾长声译**　　**马博庵**校
载中国科学院上海历史研究所筹备委员会编《鸦片战争末期英军在长江下游的侵略罪行》，上海：上海人民出版社1958年10月第1版/1959年6月第1版第2次印刷。

5819

［第一部分·三·(5)］鸦片战争——在华作战回忆录(*Opium War: An Aide-de-camp's Recollections of Service in China*，伦敦：1844年版)(摘译)

　　［英］康宁加木(A. Cunynghame)著　　**顾长声译**　　**马博庵**校
载中国科学院上海历史研究所筹备委员会编《鸦片战争末期英军在长江下游的侵略罪行》，上海：上海人民出版社1958年10月第1版/1959年6月第1版第2次印刷。

1959 年

5901

历史、道德与政治

　　［英］杰弗里·巴拉克劳(Geoffrey Barraclough)著　　**章克生**摘

译 《现代外国哲学社会科学文摘》1959年第5期（总第9期），1959年5月18日。

5902

历史的五种概念

［美］亚瑟·齐尔德（Arthur Guid）著 **章克生**节译 《现代外国哲学社会科学文摘》1959年第5期（总第9期），1959年5月18日。

5903

两本关于历史哲学的著作——马鲁著《历史的认识》、德雷著《历史中的规律与阐释》

［美］克理格（Leonard Krieger）著 **章克生**、周煦良译 《现代外国哲学社会科学文摘》1959年第9期（总第13期），1959年9月18日。

5904

罗登斯特莱契：《过去和现在之间》

［美］斯登（Fritz Stern）著 **章克生**摘译 《现代外国哲学社会科学文摘》1959年第9期（总第13期），1959年9月18日。

5905

现代历史学的根本问题——向马克思主义历史学家进一言

［日］林健太郎著 **吴绳海**译 《现代外国哲学社会科学文摘》1959年第10期（总第14期），1959年10月18日。

5906

书刊简讯：恩迪考脱：《香港史》(A History of Hong Kong. By G. B. Endacott. London: Oxford University Press, 1958)

章克生摘译　《现代外国哲学社会科学文摘》1959年第11期（总第15期），1959年11月18日。

5907

现代英国国家机构中的两党制①

［苏］费多洛夫著　**贺玉梅**、张超人译　内部发行本，上海：上海人民出版社1959年11月第1版。

5908

近几年来南朝鲜的历史著作

［朝鲜］李达宪著　丁义忠摘译　**吴绳海**校　《现代外国哲学社会科学文摘》1959年第12期（总第16期），1959年12月18日。

1960 年

6001

美国对中国现代史的研究

---

① 目录见下：引言；第1章英国两党制的一般特点（1. 两党制的概念——政党制度及其在现代资产阶级民主中的作用、多党制与两党制、两党制是英国宪政制度的一个部分，2. 英国两党制的产生与演变，3. 现代英国两党制中的政党的结构和组织原则——保守党、工党，4. 自由党在英国政党制度中的地位，5. 共产党在英国政党制度中的地位）；第2章选举机构和英国的两党制（1. 英国选举制度的演变——十九世纪的主要选举法案、二十世纪的选举改革，2. 政党在选举中的活动——政党机构和选举机构的联系和相互关系、选举的筹备阶段、组织选举运动和进行选举、各政党在1955年议会选举中的活动：a：1955年提前选举的原因 b：各政党的竞选纲领 c：1955年的选举运动和选举结果）；第3章议会、政府和两党制（1. 两个政党在议会中活动的组织和机构——英国议会发展概况、现代的英国议会～它的结构和基本职能、议会中的政党组织：执政党和反对党～两党制机构的作用，2. 政府和两党制——英国政府的组织程序～组织机构和基本职能～政府的政党性质、政府机构与议会的联系～两党制的作用～政府的立法工作）；结论。

［日］贝冢茂树著　吴绳海摘译　《现代外国哲学社会科学文摘》1960年第1期(总第17期),1960年1月20日。

6002

中国历史分期论展望

［日］内藤戊申著　丁义忠摘译　方诗铭、吴绳海校　《现代外国哲学社会科学文摘》1960年第2期(总第18期),1960年2月20日。

6003

1958年日本史学界对中国近代、现代史的研究

［日］平野正著　吴绳海摘译　《现代外国哲学社会科学文摘》1960年第6期(总第22期),1960年6月20日。

6004

[上编·第一部分·壹·二·(10)]1921年上海工人工资与工作时间统计表(译自《中华归主》,1922年英文版,第22、23页)

佚名[①]译　载上海社会科学院历史研究所编《五四运动在上海史料选辑》,上海：上海人民出版社1960年6月第1版/1980年12月第2版。

6005

[上编·第一部分·壹·二·(11)]1922年上海不熟练工人和苦力最低生活水平统计表(译自《中国教会年鉴》,1923年英文版,第21页)

佚名译　载上海社会科学院历史研究所编《五四运动在上海史料选辑》,上海：上海人民出版社1960年6月第1版/1980年12月

---

① 该书中的译者并未署名,据编者所查,至少有马博庵、吴绳海、王作求三人。

第 2 版。

6006

［上编・第一部分・壹・二・(12)］1922年上海半熟练工和熟练工生活水平统计表(译自《中国教会年鉴》,1923年英文版,第21、22页)

　　佚名译　载上海社会科学院历史研究所编《五四运动在上海史料选辑》,上海：上海人民出版社1960年6月第1版/1980年12月第2版。

6007

［上编・第一部分・贰・二・(5)］美国驻华公使芮恩施阴谋迫使中国接受"国际共管方案"(原载《美国外交档案(1919年)》第2卷,第491至498页,文件D2342号)

　　佚名译　载上海社会科学院历史研究所编《五四运动在上海史料选辑》,上海：上海人民出版社1960年6月第1版/1980年12月第2版。

6008

［上编・第二部分・叁・二・3・(3)］上海学联决定举办军事训练(译自《工部局警务日报》1919年6月3日)

　　佚名译　载上海社会科学院历史研究所编《五四运动在上海史料选辑》,上海：上海人民出版社1960年6月第1版/1980年12月第2版。

6009

［上编・第三部分・壹・一・1・(3)］码头工人支援罢市,准备罢工(译自《大陆报》1919年6月6日)

　　佚名译　载上海社会科学院历史研究所编《五四运动在上海史

料选辑》,上海:上海人民出版社 1960 年 6 月第 1 版/1980 年 12 月第 2 版。

6010

[上编·第三部分·壹·二·1·(4)]电车工人等严词拒绝劝阻,坚决实行罢工(译自《留学生来函》,《字林西报》1919 年 6 月 11 日)

佚名译 载上海社会科学院历史研究所编《五四运动在上海史料选辑》,上海:上海人民出版社 1960 年 6 月第 1 版/1980 年 12 月第 2 版。

6011

(上编·第三部分·壹·二·3)上海人民在福州路上对帝国主义武装展开英勇斗争(译自《大陆报》1919 年 6 月 7 日)

佚名译 载上海社会科学院历史研究所编《五四运动在上海史料选辑》,上海:上海人民出版社 1960 年 6 月第 1 版/1980 年 12 月第 2 版。

6012

[上编·第三部分·壹·四·1·(1)]日商纱厂工人一万五千人展开罢工斗争(译自《日本外务省档案》显微胶卷第 650 卷,第 2107 至 2109 页)

佚名[①]**译** 载上海社会科学院历史研究所编《五四运动在上海史料选辑》,上海:上海人民出版社 1960 年 6 月第 1 版/1980 年 12 月第 2 版。

6013

(上编·第三部分·壹·四·3)上海人民在汉璧礼路上对帝国主义

---

① 应为吴绳海。

武装展开英勇斗争(译自《字林西报》1919年6月9日)

佚名译 载上海社会科学院历史研究所编《五四运动在上海史料选辑》,上海:上海人民出版社1960年6月第1版/1980年12月第2版。

6014

[上编·第三部分·壹·五·1·(1)]各业工人罢工更加扩大(译自《工部局公报》第12卷第643期,1919年7月24日版)

佚名译 载上海社会科学院历史研究所编《五四运动在上海史料选辑》,上海:上海人民出版社1960年6月第1版/1980年12月第2版。

6015

[上编·第三部分·壹·五·1·(3)]英商耶松老船坞和瑞瑢机器造船厂工人罢工(译自《字林西报》1919年6月10日)

佚名译 载上海社会科学院历史研究所编《五四运动在上海史料选辑》,上海:上海人民出版社1960年6月第1版/1980年12月第2版。

6016

[上编·第三部分·壹·五·1·(4)]江南船坞工人罢工(译自《字林西报》1919年6月10日)

佚名译 载上海社会科学院历史研究所编《五四运动在上海史料选辑》,上海:上海人民出版社1960年6月第1版/1980年12月第2版。

6017

[上编·第三部分·壹·五·1·(9)]美商慎昌洋行电器工人罢工

(译自《字林西报》1919年6月10日)

佚名译 载上海社会科学院历史研究所编《五四运动在上海史料选辑》,上海:上海人民出版社1960年6月第1版/1980年12月第2版。

6018

[上编·第三部分·壹·五·1·(10)]上海电气公司、英美烟草公司和附属印刷厂等工人罢工(译自《大陆报》1919年6月10日)

佚名译 载上海社会科学院历史研究所编《五四运动在上海史料选辑》,上海:上海人民出版社1960年6月第1版/1980年12月第2版。

6019

[上编·第三部分·壹·五·1·(13)]公共租界汽车司机罢工,汽车行全部停业(译自《大陆报》1919年6月10日)

佚名译 载上海社会科学院历史研究所编《五四运动在上海史料选辑》,上海:上海人民出版社1960年6月第1版/1980年12月第2版。

6020

(上编·第三部分·壹·五·3)上海人民在山东路上对帝国主义武装展开英勇斗争(译自《字林西报》1919年6月10日)

佚名译 载上海社会科学院历史研究所编《五四运动在上海史料选辑》,上海:上海人民出版社1960年6月第1版/1980年12月第2版。

6021

[上编·第三部分·壹·六·1·(8)]电话工人罢工(译自《大陆报》

1919年6月11日)

佚名译 载上海社会科学院历史研究所编《五四运动在上海史料选辑》,上海:上海人民出版社1960年6月第1版/1980年12月第2版。

6022

[上编·第三部分·壹·七·1·(3)]轮船工人坚持罢工,拒绝帝国主义分子的劝诱(译自《大陆报》1919年6月12日)

佚名译 载上海社会科学院历史研究所编《五四运动在上海史料选辑》,上海:上海人民出版社1960年6月第1版/1980年12月第2版。

6023

[上编·第三部分·贰·一·(1)]6月8日日商纱厂罢工工人一万五千人示威(译自《大陆报》1919年6月10日)

佚名译 载上海社会科学院历史研究所编《五四运动在上海史料选辑》,上海:上海人民出版社1960年6月第1版/1980年12月第2版。

6024

[上编·第三部分·贰·三·(2)]6月9日上海海员大罢工,中外商船完全停航(译自《大陆报》1919年6月10日)

佚名译 载上海社会科学院历史研究所编《五四运动在上海史料选辑》,上海:上海人民出版社1960年6月第1版/1980年12月第2版。

6025

[上编·第三部分·贰·四·(4)]沪宁铁路工人不顾劝阻,坚决实行

罢工(译自《亲眼目睹的人来函》,《字林西报》1919年6月12日)

佚名译 载上海社会科学院历史研究所编《五四运动在上海史料选辑》,上海:上海人民出版社1960年6月第1版/1980年12月第2版。

6026

[上编·第三部分·贰·四·(5)]铁路工人不顾劝阻,坚决罢工(译自《W来函》,《字林西报》1919年6月12日)

佚名译 载上海社会科学院历史研究所编《五四运动在上海史料选辑》,上海:上海人民出版社1960年6月第1版/1980年12月第2版。

6027

[上编·第三部分·贰·六·(3)]6月10日沪东工人举行万人大示威(译自《字林西报》1919年6月11日)

佚名译 载上海社会科学院历史研究所编《五四运动在上海史料选辑》,上海:上海人民出版社1960年6月第1版/1980年12月第2版。

6028

[上编·第三部分·叁·三·(1)]先施、永安两公司职工反对资方勾结帝国主义破坏罢市(译自《字林西报》1919年6月9日)

佚名译 载上海社会科学院历史研究所编《五四运动在上海史料选辑》,上海:上海人民出版社1960年6月第1版/1980年12月第2版。

6029

[上编·第四部分·壹·一·(2)]《大陆报》的报道(译自《大陆报》

1919年6月13日）

佚名译　载上海社会科学院历史研究所编《五四运动在上海史料选辑》，上海：上海人民出版社1960年6月第1版/1980年12月第2版。

6030

[上编·第四部分·壹·一·(4)]《字林西报》的报道(《字林西报》1919年6月14日）

佚名译　载上海社会科学院历史研究所编《五四运动在上海史料选辑》，上海：上海人民出版社1960年6月第1版/1980年12月第2版。

6031

[下编·第六部分·壹·三·(8)]上海学联开会，宣告该会并未解散，并议决对罢免曹、陆、章事不能认为满意(译自《中法新汇报》1919年6月12日）

佚名①译　载上海社会科学院历史研究所编《五四运动在上海史料选辑》，上海：上海人民出版社1960年6月第1版/1980年12月第2版。

6032

[下编·第六部分·壹·三·(10)]上海学联发出传单，号召继续斗争(《中法新汇报》1919年6月13日）

佚名②译　载上海社会科学院历史研究所编《五四运动在上海史料选辑》，上海：上海人民出版社1960年6月第1版/1980年12月

---

① 应为倪静兰。
② 应为倪静兰。

第2版。

6033

[下编·第七部分·叁·二·1·(2)]英美公共租界工部局6月4日的布告(译自《工部局公报》第12卷第634期,1919年6月5日)

佚名译 载上海社会科学院历史研究所编《五四运动在上海史料选辑》,上海:上海人民出版社1960年6月第1版/1980年12月第2版。

6034

[下编·第七部分·叁·二·1·(3)]英美公共租界工部局6月6日的布告(译自《工部局公报》第12卷第635期,1919年6月12日)

佚名译 载上海社会科学院历史研究所编《五四运动在上海史料选辑》,上海:上海人民出版社1960年6月第1版/1980年12月第2版。

6035

[下编·第七部分·叁·二·1·(4)]英美公共租界工部局6月8日的布告(译自《工部局公报》第12卷第635期,1919年6月12日)

佚名译 载上海社会科学院历史研究所编《五四运动在上海史料选辑》,上海:上海人民出版社1960年6月第1版/1980年12月第2版。

6036

[下编·第七部分·叁·二·3·(3)]会审公廨无理判处爱国工人徒刑罚款(译自《大陆报》1919年6月22日)

佚名译 载上海社会科学院历史研究所编《五四运动在上海史料选辑》,上海:上海人民出版社1960年6月第1版/1980年12月第 2 版。

6037

[下编·第七部分·叁·二·3·(6)]会审公廨对爱国工农无理判处徒刑罚款(译自《大陆报》1919 年 6 月 29 日)

  佚名译　载上海社会科学院历史研究所编《五四运动在上海史料选辑》,上海:上海人民出版社 1960 年 6 月第 1 版/1980 年 12 月第 2 版。

6038

(下编·第七部分·叁·二·4)英美公共租界工部局警务处 1919 年 6 月份报告(译自《工部局公报》第 12 卷第 643 期,1919 年 7 月 24 日)

  佚名译　载上海社会科学院历史研究所编《五四运动在上海史料选辑》,上海:上海人民出版社 1960 年 6 月第 1 版/1980 年 12 月第 2 版。

6039

[下编·第七部分·叁·三·(2)]法国军舰抵沪镇压(译自《上海法租界公董局 1919 年报告》,第 162 页)

  佚名[①]**译**　载上海社会科学院历史研究所编《五四运动在上海史料选辑》,上海:上海人民出版社 1960 年 6 月第 1 版/1980 年 12 月第 2 版。

6040

[下编·第七部分·叁·三·(4)]法国领事韦尔德动员全部法侨及武装,镇压上海人民(译自《中法新汇报》1919 年 6 月 11 日)

---

① 应为倪静兰。

佚名①译　载上海社会科学院历史研究所编《五四运动在上海史料选辑》,上海：上海人民出版社1960年6月第1版/1980年12月第2版。

6041

(下编·第七部分·叁·四·2)英国《字林西报》叫嚣武装镇压三罢(译自《社论：上海在无法无天中》,《字林西报》1919年6月10日)

佚名译　载上海社会科学院历史研究所编《五四运动在上海史料选辑》,上海：上海人民出版社1960年6月第1版/1980年12月第2版。

6042

[下编·第七部分·叁·五·1·(1)]芮恩施6月7日电美国国务院,报告反日运动扩大(译自《美国对外关系文件(1919年)》第1卷,第696页)

佚名译　载上海社会科学院历史研究所编《五四运动在上海史料选辑》,上海：上海人民出版社1960年6月第1版/1980年12月第2版。

6043

[下编·第七部分·叁·五·1·(2)]芮恩施6月9日下午四时电美国国务院,报告上海"局势严重"(译自《美国对外关系文件(1919年)》第1卷,第696、697页)

佚名译　载上海社会科学院历史研究所编《五四运动在上海史料选辑》,上海：上海人民出版社1960年6月第1版/1980年12月第2版。

---

① 应为倪静兰。

6044

[下编·第七部分·叁·五·1·(3)]芮恩施6月9日午夜再电美国国务院,报告上海"局势益趋严重"(译自《美国对外关系文件(1919年)》第1卷,第697、698页)

佚名译 载上海社会科学院历史研究所编《五四运动在上海史料选辑》,上海:上海人民出版社1960年6月第1版/1980年12月第2版。

6045

[下编·第七部分·叁·五·1·(4)]芮恩施指示上海总领事,对运动"既不鼓励,也不反对"(译自芮恩施著《一个美国驻华外交家》,第368至371页)

佚名译 载上海社会科学院历史研究所编《五四运动在上海史料选辑》,上海:上海人民出版社1960年6月第1版/1980年12月第2版。

6046

[下编·第七部分·叁·五·4·(2)]美国驻华商务参赞认为抵货运动系扩张美国匹头市场的良好机会(译自《密勒氏评论报》第8卷第14期,第542页,1919年5月31日)

佚名译 载上海社会科学院历史研究所编《五四运动在上海史料选辑》,上海:上海人民出版社1960年6月第1版/1980年12月第2版。

6047

(下编·第七部分·叁·六·1)日本外务省大臣内田指示,阴谋对华进行长期侵略(译自《日本外务省档案》显微胶卷第651卷MT3.3.8.5,第3249至3253页)

佚名①译　载上海社会科学院历史研究所编《五四运动在上海史料选辑》,上海：上海人民出版社1960年6月第1版/1980年12月第2版。

6048

[下编·第七部分·叁·六·3·(1)]有吉对反日运动主张采取"暂时旁观"的阴险手段（译自《日本外务省档案》显微胶卷第649卷MT3.3.8.5,第73至79页）

佚名②译　载上海社会科学院历史研究所编《五四运动在上海史料选辑》,上海：上海人民出版社1960年6月第1版/1980年12月第2版。

6049

[下编·第七部分·叁·六·3·(2)]反日运动扩大,有吉阴谋"隐忍自重,以待时机之到来"（译自《日本外务省档案》显微胶卷第649卷MT3.3.8.5,第100至105页）

佚名③译　载上海社会科学院历史研究所编《五四运动在上海史料选辑》,上海：上海人民出版社1960年6月第1版/1980年12月第2版。

6050

[下编·第七部分·叁·六·3·(3)]有吉威胁上海封建军阀镇压反日运动（译自《日本外务省档案》显微胶卷第649卷MT3.3.8.5,第134至139页）

---

① 应为吴绳海。
② 应为吴绳海。
③ 应为吴绳海。

佚名①译　载上海社会科学院历史研究所编《五四运动在上海史料选辑》，上海：上海人民出版社1960年6月第1版/1980年12月第2版。

6051

[下编·第七部分·叁·六·4·(4)]日报评论,对工人罢工进行恫吓(译自《中法新汇报》1919年6月13日)

佚名②译　载上海社会科学院历史研究所编《五四运动在上海史料选辑》，上海：上海人民出版社1960年6月第1版/1980年12月第2版。

6052

[下编·第七部分·叁·六·5·(1)]旅沪日本侨民威胁上海人民的狂妄招贴(《大陆报》1919年5月21日)

佚名译　载上海社会科学院历史研究所编《五四运动在上海史料选辑》，上海：上海人民出版社1960年6月第1版/1980年12月第2版。

6053

[下编·第七部分·叁·六·5·(3)]日舰四艘驶沪威胁三罢斗争(《大陆报》1919年6月13日)

佚名译　载上海社会科学院历史研究所编《五四运动在上海史料选辑》，上海：上海人民出版社1960年6月第1版/1980年12月第2版。

---

① 应为吴绳海。
② 应为倪静兰。

6054

日本"近代中国研究委员会"及其刊物

吴绳海编译 《现代外国哲学社会科学文摘》1960 年第 7 期(总第 23 期),1960 年 7 月 25 日。

6055

美国历史学会 1959 年第 74 次年会

［美］司各脱(Franklin D. Scott)著 **章克生**摘译 《现代外国哲学社会科学文摘》1960 年第 8 期(总第 24 期),1960 年 8 月 25 日。

6056

书刊评介:《剑桥新近代史第 10 卷·欧洲权势极盛时代(1830—1970)》第 12 卷大风暴时期 1898—1945(原载英国《泰晤士报文学增刊》1960 年 7 月 8 日号)

马博庵摘译 《现代外国哲学社会科学文摘》1960 年第 11 期(总第 27 期),1960 年 11 月 20 日。

1961 年

6101

马克思历史哲学中的命运与意志

［美］丹尼尔斯(Robert Vincent Daniels)著 **顾长声**译 **章克生、叶元龙**校 《现代国外哲学社会科学文摘》1961 年第 3 期(总第 31 期),1961 年 3 月 20 日。

6102

我的历史观

[英]汤因比(Arnold J. Toynbee)著　章克生译　《现代国外哲学社会科学文摘》1961年第3期(总第31期),1961年3月20日。

6103

杜威的历史学说

[美]布劳(Joseph L. Blau)著　章克生译　《现代国外哲学社会科学文摘》1961年第3期(总第31期),1961年3月20日。

6104

美国历史学会1960年年会记要

　　章克生摘译　《现代国外哲学社会科学文摘》1961年第8期(总第35期),1961年10月20日。

6105

历史有意义吗?(原载梅耶霍夫编《我们时代的历史哲学》)

[奥]包勃尔(K. R. Popper)著　翼升译　罕因校　《现代外国哲学社会科学文摘》1961年第10期(总第38期),1961年10月20日。

1962 年

6201

历史与自由

[英]考令伍德(R. G. Collingwood)著　章克生译　《现代外国哲学社会科学文摘》1962年第2期(总第42期),1962年2月20日。

6202

历史分析的逻辑

［美］奈格尔(Ernest Nagel)著　叶元龙译　《现代外国哲学社会科学文摘》1962年第2期(总第42期),1962年2月20日。

6203

书刊评介:卡尔:《历史是什么?》(What is History? By E. H. Carr)(原载《泰晤士报文学增刊》1961年11月17日)

叶元龙译　《现代外国哲学社会科学文摘》1962年第3期(总第43期),1962年3月20日。

6204

书刊评介:卡尔:《历史是什么?》(What is History? By E. H. Carr)(原载《新政治家》1962年1月5日)

［英］白林(Isaiah Berlin)著　叶元龙译　《现代外国哲学社会科学文摘》1962年第5期(总第45期),1962年5月20日。

1964 年

6401

(第七部·二十六)关于统一教会和文明之间关系的几种不同概念;(第十一部·三十五)问题;(第十一部·三十六)人类事务对"自然法则"的服从

章克生译　载［英］汤因比著,曹未风等译《历史研究》下册,上海:上海人民出版社1964年3月第1版。

1965 年

6501

历史主义在狄尔泰、特勒耳奇和梅涅克著作中的两个含义

［美］喀尔文·G. 兰德(Calvin G. Rand)著　**章克生译**　《现代外国哲学社会科学文摘》1965年第10期(总第86期),1965年10月20日。

1966 年

6601

(第八部分·壹)上海光复前后帝国主义的干涉活动①——1. 朱尔典呈葛雷电(1911年10月29日)[译自《英国蓝皮书·关于中国事务的文书(1912年)》中国1号,第21号,第6页];2. 英国海军部致外交部函(1911年11月3日)　附件:英国驻华海军总司令呈海军部电(1911年11月3日)(译自中国1号,第31号,第26、27页);3. 朱尔典呈葛雷电(1911年11月4日)(译自中国1号,第33号,第27、28页);4. 朱尔典呈葛雷电(1911年11月5日)(译自中国1号,第34号,第28页);5. 英国海军部致外交部函(1911年11月6日)　附件:英国驻华海军总司令呈海军部电(1911年11月5日)(译自中国1号,第36号,第28、29页);6. 朱尔典呈葛雷电(1911年11月6日)(译自中国1号,第37号,第29页);7. 葛雷致朱尔典电(1911年11月6日)(译自中国1号,第38号,第29页);8. 英国海军部致外交部函(1911年11月7日)　附件:驻华海军总司令呈海军部电1911年11月7日(译自中国1号,第39号,第29、30页);9. 朱尔典呈葛雷电(1911年11月7日)(译自中国1号,第40号,第30页);10. 葛雷致朱尔典电(1911年11月7日)(译自中国1号,第41号,第30页);11. 英国外交部致海军部函(1911年11月8日)(译自中国1号,第42号,第30、31页);12. 葛雷致朱尔典

---

① 均译自《英国蓝皮书·关于中国事务的文书(1912年)》。有关这一时期《英国蓝皮书》的翻译,还有陈国权译述《新译英国政府刊布中国革命蓝皮书》,载中国史学会主编《辛亥革命》第8册,中国近代史资料丛刊本,上海:上海人民出版社1957年7月第1版;胡滨译《英国蓝皮书有关辛亥革命资料选译》,北京:中华书局1984年6月第1版。

电(1911年11月8日)(译自中国1号,第43号,第31页);13. 英国海军部致外交部函(1911年11月10日) 附件:海军部致驻香港高级海军官员电(1911年11月9日)(译自中国1号,第48号,第37页);14. 朱尔典呈葛雷电(1911年11月10日)(译自中国1号,第49号,第37页);15. 葛雷致朱尔典电(1911年11月10日)(译自中国1号,第50号,第38页);16. 朱尔典呈葛雷电(1911年11月13日)(译自中国1号,第52号,第38页);17. 朱尔典呈葛雷电(1911年11月13日)(译自中国1号,第53号,第39页);18. 朱尔典呈葛雷电(1911年11月15日)(译自中国1号,第57号,第40页);19. 朱尔典呈葛雷文(1911年11月15日)(译自中国1号,第99号,第77至79页);20. 朱尔典呈葛雷文(1911年12月17日)(译自中国3号,第22号,第21、22页)

马博庵、**沈遐士译** 载上海社会科学院历史研究所编《辛亥革命在上海史料选辑》,上海:上海人民出版社1966年2月第1版/1981年3月第2版/增订本,2011年8月第1版。

6602

(第八部分·贰)攫夺会审公廨①——1. 朱尔典呈葛雷文(1912年1月27日) 附件:上海领袖领事致外交团领袖公使朱尔典函(1911年12月22日)(译自中国3号,第111号,第138页);2. 朱尔典呈葛雷文(1912年2月23日) 附件一:法磊士呈朱尔典文(1912年2月10日),附件二:摘抄上海民政总长李平书及外交总长伍廷芳所发致各省都督通电大意(译自中国3号,第146号,第201至204页)

马博庵、**沈遐士译** 载上海社会科学院历史研究所编《辛亥革命在上海史料选辑》,上海:上海人民出版社1966年2月第1版/1981年3月第2版/增订本,2011年8月第1版。

---

① 均译自《英国蓝皮书·关于中国事务的文书(1912年)》。

6603

(第八部分·叁)劫夺海关关税,阴谋控制盐税[①]——1. 朱尔典呈葛雷文(1911年11月23日) 附件:关于以清朝海关税收担保的中国外债一览表(译自中国1号,第121号,第107至110页);2. 朱尔典呈葛雷文(1911年12月5日) 附件一:银行家通过的决议,附件二:清政府外务部给朱尔典备忘录,附件三:清政府外务部咨朱尔典文,附件四:总税务司拟订的方案(译自中国3号,第1号,第1至3页);3. 汇丰银行亚迪斯致外交部次官蓝格莱函(1912年2月1日) 附件一:中国海关驻伦敦办事处致北京总税务司电报副本(1912年1月30日),附件二:伦敦汇丰银行从北京总税务司收到的电报副本(1912年1月31日)(译自中国3号,第81号,第111、112页);4. 朱尔典呈葛雷文(1912年1月15日)(译自中国3号,第82号,第112、113页);5. 葛雷致朱尔典电(1912年2月6日)(译自中国3号,第90号,第120页);6. 朱尔典呈葛雷电(1912年2月7日)(译自中国3号,第92号,第121页);7. 朱尔典呈葛雷文(1912年1月30日) 附件一:外交团领袖公使致外务部照会副本,附件二:银行家会议记录,附件三:清政府外务部致外交领袖公使的备忘录,附件四:清政府外务部致外交团的备忘录,附件五:各国公使向上海银行家发出的同文公函(译自中国3号,第113号,第154至158页);8. 朱尔典呈葛雷文(1912年2月13日) 附件一:外交团领袖公使致清政府外务部照会,附件二:清政府外务部致外交领袖公使的照会(译自中国3号,第128号,第187、188页);9. 朱尔典呈葛雷文(1912年2月27日)(译自中国3号,第148号,第207、208页)

马博庵、**沈遏士**译 载上海社会科学院历史研究所编《辛亥革命在上海史料选辑》,上海:上海人民出版社1966年2月第1版/1981年3月第2版/增订本,2011年8月第1版。

[①] 均译自《英国蓝皮书·关于中国事务的文书(1912年)》。

6604

(第八部分·肆)操纵南北议和,支持袁世凯窃取政权[①]——1. 朱尔典呈葛雷电(1911年11月12日)(译自中国1号,第51号,第38页);2. 葛雷致朱尔典电(1911年11月15日)(译自中国1号,第58号,第40页);3. 朱尔典呈葛雷电(1911年11月28日)(译自中国1号,第88号,第71页);4. 朱尔典呈葛雷电(1911年12月4日)(译自中国1号,第105号,第93页);5. 朱尔典呈葛雷电(1911年12月8日)(译自中国1号,第112号,第97页);6. 朱尔典呈葛雷电(1911年12月10日)(译自中国1号,第117号,第100页);7. 朱尔典呈葛雷电(1911年12月12日)(译自中国1号,第122号,第111页);8. 朱尔典呈葛雷电(1911年12月15日)(译自中国1号,第127号,第116页);9. 朱尔典呈葛雷电(1911年12月15日)(译自中国1号,第128号,第116页);10. 葛雷致朱尔典电(1911年12月16日)(译自中国1号,第129号,第116页);11. 朱尔典呈葛雷文(1911年12月17日) 附件:停战的条件(译自中国1号,第132号,第117页);12. 朱尔典呈葛雷电(1911年12月18日)(译自中国1号,第132号,第117页);13. 朱尔典呈葛雷电(1911年12月20日)(译自中国1号,第133号,第118页);14. 朱尔典呈葛雷电(1911年12月24日)(译自中国1号,第136号,第120页);15. 葛雷致朱尔典电(1911年12月26日)(译自中国1号,第137号,第120页);16. 朱尔典呈葛雷电(1911年12月28日)(译自中国1号,第140号,第123页);17. 朱尔典呈葛雷文(1911年12月28日) 附件:1911年12月28日的上谕(译自中国3号,第48号,第65、66页);18. 朱尔典呈葛雷文(1911年12月28日) 附件一:法磊士呈朱尔典文,附件二:同文照会(译自中国1号,第46号,第62、63页);19. 朱尔典呈葛雷电(1911年12月30日)(译自中国1号,第142号,第125页);20. 朱尔典呈葛雷电(1911年12月31日)(译自中国1号,第143

[①] 均译自《英国蓝皮书·关于中国事务的文书(1912年)》。

号,第 125 页);21. 朱尔典呈葛雷电(1912 年 1 月 1 日)(译自中国 3 号,第 6 号,第 16 页);22. 朱尔典呈葛雷文(1912 年 1 月 2 日) 附件一:唐绍仪致袁世凯电(1911 年 12 月 27 日),附件二:内阁总理袁世凯等奏折(译自中国 3 号,第 60 号,第 76 至 79 页);23. 朱尔典呈葛雷电(1912 年 1 月 5 日)(译自中国 3 号,第 18 号,第 19 页);24. 朱尔典呈葛雷文(1912 年 1 月 6 日) 附件一:唐绍仪上袁世凯电(1911 年 12 月 29 日),附件二:唐绍仪上袁世凯电(1911 年 12 月 29 日),附件三:唐绍仪上袁世凯电(1911 年 12 月 30 日),附件四:袁世凯致唐绍仪电(1911 年 12 月 31 日)(译自中国 3 号,第 63 号,第 85 至 89 页);25. 朱尔典呈葛雷电(1912 年 1 月 9 日)(译自中国 3 号,第 30 号,第 39 页);26. 朱尔典呈葛雷电(1912 年 1 月 12 日)(译自中国 3 号,第 38 号,第 42 页);27. 朱尔典呈葛雷电(1912 年 1 月 14 日)(译自中国 3 号,第 42 号,第 43 页);28. 朱尔典呈葛雷电(1912 年 1 月 15 日)(译自中国 3 号,第 51 号,第 69 页);29. 朱尔典呈葛雷文(1912 年 1 月 16 日) 附件一:上海外国商会致前摄政王、庆亲王与总理大臣袁世凯电(1912 年 1 月 12 日),附件二:巴尔顿关于朱尔典公使同资政院议员谈话的备忘录(译自中国 3 号,第 83 号,第 113 至 115 页);30. 朱尔典呈葛雷电(1912 年 1 月 18 日)(译自中国 3 号,第 56 号,第 73 页);31. 朱尔典呈葛雷文(1912 年 1 月 19 日) 附件:汉口外国商会致朱尔典电(1912 年 1 月 16 日)(译自中国 3 号,第 88 号,第 120 页);32. 朱尔典呈葛雷电(1912 年 1 月 22 日)(译自中国 3 号,第 67 号,第 97 页);33. 朱尔典呈葛雷文(1912 年 1 月 22 日) 附件:电报摘要(译自中国 3 号,第 95 号,第 122 至 124 页);34. 朱尔典呈葛雷电(1912 年 1 月 23 日)(译自中国 3 号,第 68 号,第 97 页);35. 葛雷致蒲徕士函(1912 年 1 月 23 日)(译自中国 3 号,第 69 号,第 97 页);36. 朱尔典呈葛雷文(1912 年 1 月 23 日) 附件一:伍廷芳致法磊士总领事函(1912 年 1 月 5 日),附件二:大总统布告各国书(译自中国 3 号,第 96 号,第 124 至 126 页);37. 朱尔典呈葛雷文(1912 年 1 月 27 日)(译自中国 3 号,第 99 号,第 128、

129页);38. 朱尔典呈葛雷文(1912年1月28日)(译自中国3号,第100号,第129、130页);39. 朱尔典呈葛雷电(1912年1月30日)(译自中国3号,第78号,第110页);40. 朱尔典呈葛雷电(1912年2月3日)(译自中国3号,第86号,第116页);41. 朱尔典呈葛雷电(1912年2月12日)(译自中国3号,第101号,第130页);42. 朱尔典呈葛雷电(1912年2月12日)(译自中国3号,第102号,第130页);43. 朱尔典呈葛雷电(1912年2月14日)(译自中国3号,第106号,第131页)

马博庵、**沈遐士**译 载上海社会科学院历史研究所编《辛亥革命在上海史料选辑》,上海:上海人民出版社1966年2月第1版/1981年3月第2版/增订本,2011年8月第1版。

1976年

7601
中国事变的回忆[①]
〔日〕今井武夫著 **吴绳海**译 《摘译》外国哲学历史经济1976年第1期,1976年1月。

1977年

7701
苏联的农业(1953—1964)[②]

[①] 后有选译本,参见上编单元号7801。
[②] 目录见下:前言,绪论,第1章赫鲁晓夫:农业的领导人和改革者,第2章基本投资和土地,第3章物质刺激和农产品收购,第4章收入和消费品,第5章机械化和电气化,第6章生产的扩大,第7章国营农场,第8章行政控制和计划制订,第9章总结和展望,注释。

［美］拉扎尔・沃林著　上海市"五・七"干校六连翻译组①译　内部发行本,上海：上海人民出版社1977年9月第1版。

1978年

7801

今井武夫回忆录②

［日］今井武夫著　《今井武夫回忆录》翻译组③译　内部发行本,上海：上海译文出版社1978年5月第1版。

---

① 章克生参与其中。
② 目录见下：自序；第1章芦沟桥事变(事件的爆发、早晨的电话,不可思议的预告,事件前夕的华北形势,麻杆儿打狼,签订当地协定,内阁会议决定了命运,通州事件和营救殷长官,事变轶闻)；第2章日华和平工作(大东亚战争开始前)(1. 汪兆铭政权的建立——德国大使陶德曼的调停、董道宁和高宗武来日、中国和平派的活动、重光堂会谈、汪蒋争论和汪逃出重庆、近卫声明和汪的通电、汪到达上海和赴日、吴佩孚工作、青岛会谈和高～陶的逃跑、和平国民政府还都南京,2. 桐工作——与重庆直接媾和的意义、铃木和宋子良的香港会见、香港会谈、从锁孔秘密拍照、澳门会谈、谈判中断、以后的话,3. 日华和平的各种路线——通过孔祥熙的路线、姜豪路线、华北要人和司徒雷登路线、钱永铭路线)；第3章参加菲律宾巴坦群岛的战斗(译文略)；第4章任职于大东亚省(对华新政策的实施和国民政府的参战,日华同盟条约和大东亚会议)；第5章日华和平工作(大东亚战争开始后)(1. 缪斌工作,2. 河南会谈的延误——越过战线的联络、河南旅行、新站集会谈,3. 以司徒雷登为中心的工作,4. 何世桢工作,5. 有关日华和平工作的观察——日本方面的内情、中国方面的内情)；第6章在中国大陆上结束战争(1. 中国派遣军的最后——南京的最后情况、飞往芷江、胜败双方的友情、南京受降签字仪式,2. 南京国民政府的崩溃——陈公博主席赴日、和平政府要人的结局,3. 战争结束后的处理——等待遣返中的日本军、总司令部的集中营生活、留在联络组、联络组的撤销)；资料(略)。(此书另有译本,即今井武夫著,天津市政协编辑委员会译《今井武夫回忆录》,北京：中国文史出版社1987年8月第1版。)
③ 吴绳海参与其中。

1980 年

8001

外论摘要:《斯巴达克为什么逗留在意大利?》

黄芷君、**张国瑞**编译 **章克生**校 《世界史研究动态》1980年第7期,1980年7月30日。

外论摘要:《斯巴达克为什么逗留在意大利?》

黄芷君、**张国瑞**编译 **章克生**校 《人大复印报刊资料·世界史》1980年第8期。

8002

(第四部分)外国侵略者干涉上海小刀会起义的档案和记载——晏玛太传〔美〕泰勒(Charles F. Taylor)著,田纳西州纳什维尔:1898年版〕(摘译:"进城访问的亲身经历和战地见闻");大君之都〔英〕阿利国(Sir Rutherford Alock)著,英国:龙门印书公司1863年版〕(摘译:"从中国到日本");阿利国传〔英〕米其(Alexander Michie)著,英国:布莱克伍德父子印书馆1990年版〕(选译:9. 阿利国在上海);在华医药传道记事〔英〕雒魏林(William Lockhart)著,伦敦:1861年版〕(选译:第11章);戴德生的早年时期〔英〕戴德生夫妇(Dr. and Mrs. Howard Taylor)合著,伦敦:中国内地会1911年初版〕(选译:16. 初到上海的经历,17. 叫这谷变为泉源之地,18. 战争年月的惨淡经营,19. 一条出路,21. 有用的布道规划);三桅巡洋舰"帕拉达号"(〔俄〕冈察洛夫著,苏联:国家文学出版社1955年版)(摘译:2—2上海)

章克生译 载上海社会科学院历史研究所编《上海小刀会起义史料汇编》,修订本,上海:上海人民出版社1980年7月第2版。

8003

二十世纪的西方历史著作

［美］费利克斯·吉尔伯特、乔治·恩廷著　**章克生**译　《现代外国哲学社会科学文摘》1980年第5期,1980年8月25日。

8004

历史哲学概论

［英］加德纳著　**章克生**译　《现代外国哲学社会科学文摘》1980年第8期,1980年11月25日。

8005

(附录·一)上海公共租界工部局董事会会议录摘译(1919年5月至7月)——1.五月十四日下午会议记录(译自《工部局董事会会议录》第90册,第70、71页);2.五月二十一日下午会议记录(译自第90册,第72、73页);3.六月四日下午会议记录(译自第90册,第80页);4.六月八日下午会议记录(译自第90册,第86、87页);5.六月八日夜间会议记录(译自第90册,第88、89页);6.六月十一日下午会议记录(译自第90册,第91至95页);7.六月二十五日下午会议记录(译自第90册,第103页);8.七月二日下午会议记录(译自第90册,第110、111页);9.七月七日下午会议记录(译自第90册,第112、113页);10.七月九日下午会议记录(译自第90册第116页)

章克生译　载上海社会科学院历史研究所编《五四运动在上海史料选辑》,上海:上海人民出版社1980年12月第2版。

8006

(附录·二)上海公共租界工部局警务日报摘译(1919年5月至7月)——5月6日;5月8日;5月9日;5月10日;5月12日;5月14日;5月15日;5月16日;5月19日;5月20日;5月21日;5月22

日;5月23日;5月25日;5月26日;5月27日;5月28日;5月29日;5月30日;5月31日;6月1日;6月2日;6月3日;6月5日;6月6日;6月7日;6月8日;6月9日;6月10日;6月11日;6月12日;6月13日;6月16日;6月17日;6月18日;6月19日;6月20日;6月21日;6月22日;6月23日;6月25日;6月26日;6月27日;6月28日;6月29日;6月30日;7月2日;7月3日;7月5日;7月15日

章克生译 载上海社会科学院历史研究所编《五四运动在上海史料选辑》,上海:上海人民出版社1980年12月第2版。

8007

(附录·三)上海公共租界工部局警务处档案选译(1919年5月至7月)——16.麦高云致上海英国总领事(1919年6月14日);17.麦高云致工部局工程师(1919年6月17日);18.川村致工部局总董披尔斯(1919年6月23日);19.麦丹尔复川村(1979年7月4日)

章克生译 载上海社会科学院历史研究所编《五四运动在上海史料选辑》,上海:上海人民出版社1980年12月第2版。

1981年

8101

历史解释

[美]亚伯拉罕·卡普兰著 **章克生译** 《现代外国哲学社会科学文摘》1981年第1期,1981年1月15日。

8102

对卡普兰"历史解释"的评论

[英]以赛亚·伯林著 **章克生摘译** 《现代外国哲学社会科学

文摘》1981年第1期,1981年1月15日。

8103

[第二部分·壹·一·(二)·3]外人的著述及调查报告——上海工业医院八百八十件纱厂工人病情的分析报告〔[美]戴克耳著,译自《中国医药杂志》(China Medical Association)第38卷第3期,中国博医会1924年3月版〕;上海公共租界工部局"童工委员会"报告(节录)(译自《上海工部局一九二四年报告》,第66、67页)

佚名[①]**译** 载上海社会科学院历史研究所编《五卅运动史料》第1卷,上海:上海人民出版社1981年11月第1版。

8104

[第二部分·壹·一·(二)·3]外人的著述及调查报告——上海某日商纱厂工人年龄调查简表(译自宇高宁:《支那劳动问题》,上海国际文化研究会第1925年版,第330页);日本国内纱厂与在华日纱厂劳动条件比较(日本外务省社会局书记官吉坂俊满报告,译自《日本外务省档案》显微胶卷第575卷 MT5.3.2.155—10,第243至257页)

佚名[②]**译** 载上海社会科学院历史研究所编《五卅运动史料》第1卷,上海:上海人民出版社1981年11月第1版。

8105

[第二部分·壹·一·(三)·1]创办上海大学,培养干部——警探口中的上海大学(译自工部局《警务日报》1924年12月2日)

佚名译 载上海社会科学院历史研究所编《五卅运动史料》第1卷,上海:上海人民出版社1981年11月第1版。

---

① 根据该书前言,参与外文部分工作的是章克生、吴绳海、王作求、叶元龙、顾长声、金亚声等人。
② 应为吴绳海。

8106

［第二部分·壹·一·（三）·3］组织沪西工友俱乐部和杨树浦工人进德会——沪西工友俱乐部草章（译自上海日本商业会议所编《我国纺织业罢工事件与五卅事件以及各地的动荡》第1辑，1925年9月30日，第57至61页）；日人关于沪西工友俱乐部的记载（译自宇高宁：《支那劳动问题》，第593页）

佚名①译 载上海社会科学院历史研究所编《五卅运动史料》第1卷，上海：上海人民出版社1981年11月第1版。

8107

［第二部分·壹·二·（一）］日商内外棉各厂全体工人罢工——沪西工友俱乐部号召罢工的传单（译自宇高宁：《支那劳动问题》，第637、638页）

佚名②译 载上海社会科学院历史研究所编《五卅运动史料》第1卷，上海：上海人民出版社1981年11月第1版。

8108

［第二部分·壹·二·（二）］其他日商纱厂工人纷纷响应，举行同盟大罢工——丰田纱厂工人罢工（译自《字林西报》1925年2月17日）

佚名译 载上海社会科学院历史研究所编《五卅运动史料》第1卷，上海：上海人民出版社1981年11月第1版。

8109

［第二部分·壹·二·（二）］其他日商纱厂工人纷纷响应，举行同盟大罢工——丰田纱厂罢工宣言（译自宇高宁：《支那劳动问题》，第645至647页）

---

① 应为吴绳海。
② 应为吴绳海。

佚名①译　载上海社会科学院历史研究所编《五卅运动史料》第1卷,上海:上海人民出版社 1981 年 11 月第 1 版。

8110

[第二部分·壹·二·(三)·5]工会印发的传单和小报——内外棉纱厂工会印发的传单(译自宇高宁《支那劳动问题》,第 638、639、640、654、655、657、658 页);内外棉工会印发的罢工新闻(译自宇高宁《支那劳动问题》,第 655 至 657 页)

佚名②译　载上海社会科学院历史研究所编《五卅运动史料》第1卷,上海:上海人民出版社 1981 年 11 月第 1 版。

8111

[第二部分·壹·三·(一)·1]日本政府及其驻华使领的活动——日本政府的对策(译自上海日本商业会议所编《我国纺织业罢工事件与五卅事件以及各地的动荡》第 1 辑,第 50、51 页)

佚名③译　载上海社会科学院历史研究所编《五卅运动史料》第1卷,上海:上海人民出版社 1981 年 11 月第 1 版。

8112

[第二部分·壹·三·(一)·2]上海日本资本家的活动——上海日本商会发出函电,称事态严重,要求惩办罢工者(译自上海日本商业会所编《我国纺织业罢工事件与五卅事件以及各地的动荡》第 1 辑,第 34 至 40 页,第 43、44 页)

佚名④译　载上海社会科学院历史研究所编《五卅运动史料》第

---

① 应为吴绳海。
② 应为吴绳海。
③ 应为吴绳海。
④ 应为吴绳海。

1卷,上海：上海人民出版社1981年11月第1版。

8113

[第二部分·壹·三·（一）·3]日本国内资产阶级团体和报纸的反应——大阪金融界惊呼上海罢工是整个日本纺织业的生死问题(译自上海日本商业会所编《我国纺织业罢工事件与五卅事件以及各地的动荡》第1辑,第87、88页);《东京朝日新闻》社论《上海罢工事件》(译自《东京朝日新闻》1925年2月21日);《东京朝日新闻》社论《上海罢工的一次教训——尊重中国的国民性》(译自《东京朝日新闻》1925年3月7日)

  佚名[①]译 载上海社会科学院历史研究所编《五卅运动史料》第1卷,上海：上海人民出版社1981年11月第1版。

8114

[第二部分·壹·三·（一）·4]日本驻沪总领事矢田向外相币原呈报上海日商纱厂二月罢工的经过(译自《日本外务省档案》显微胶卷第564卷,第419至463页)

  佚名[②]译 载上海社会科学院历史研究所编《五卅运动史料》第1卷,上海：上海人民出版社1981年11月第1版。

8115

[第二部分·壹·三·（二）·3]上海英美报纸的攻击言论——英国《字林西报》社论《布尔什维主义在纱厂》(译自《字林西报》1925年2月18日);美国《大陆报》社论《纱厂罢工的教训》(译自《大陆报》1925年2月27日);英国《上海泰晤士报》社论《纱厂罢工的重要意义》(译

---

① 应为吴绳海。
② 应为吴绳海。

自《上海泰晤士报》1925年2月12日)

佚名译 载上海社会科学院历史研究所编《五卅运动史料》第1卷,上海:上海人民出版社1981年11月第1版。

8116

[第二部分·壹·三·(四)]工贼的破坏活动——向日本方面提供工运情报(译自《日本外务省档案》显微胶卷第S350卷,第122至124页)

佚名[①]译 载上海社会科学院历史研究所编《五卅运动史料》第1卷,上海:上海人民出版社1981年11月第1版。

8117

[第二部分·壹·六·(一)]工人召开群众大会,报告谈判经过,宣告复工——日人报道刘华和各界代表在沪西复工大会上的演说(译自宇高宁:《支那劳动问题》,第661至664页)

佚名[②]译 载上海社会科学院历史研究所编《五卅运动史料》第1卷,上海:上海人民出版社1981年11月第1版。

8118

[第二部分·壹·六·(二)]遵照工会号召,各厂工人进厂复工——工会号召工人全体复工,坚决维护工会(传单)(译自宇高宁:《支那劳动问题》,第658页);内外棉工会的命令(传单)(译自宇高宁:《支那劳动问题》,第658、659页)

佚名[③]译 载上海社会科学院历史研究所编《五卅运动史料》第1卷,上海:上海人民出版社1981年11月第1版。

---

① 应为吴绳海。
② 应为吴绳海。
③ 应为吴绳海。

8119

［第二部分・壹・六・（三）・2］巩固和发展工会组织——工部局警务处惊呼沪西工友俱乐部已成永久性机关（译自《上海工部局公报》第18卷第972期,第182页,1925年4月23日）

佚名译 载上海社会科学院历史研究所编《五卅运动史料》第1卷,上海：上海人民出版社1981年11月第1版。

8120

（第二部分・贰・三）有关党领导青岛罢工的一些情况——上海纱厂公会代表函告青岛罢工情况（译自宇高宁：《支那劳动问题》,第670至672页）；日人论著中反映的情况（译自上海日本商业会议所编《我国纺织业罢工事件与五卅事件以及各地的动荡》第1辑,第169、170页）

佚名[①]译 载上海社会科学院历史研究所编《五卅运动史料》第1卷,上海：上海人民出版社1981年11月第1版。

8121

［第二部分・肆・一・（一）］日本厂主不履行二月罢工的复工条件,加紧压迫工人,各厂陆续罢工反抗——工会根据复工条约提出三项要求,厂主无理拒绝（译自上海日本商业会议所编《我国纺织业罢工事件与五卅事件以及各地的动荡》第1辑,第113、114页）；内外棉第十二厂工人罢工（译自上海日本商业会议所编《我国纺织业罢工事件与五卅事件以及各地的动荡》第1辑,第113页）；内外棉第八厂工人罢工（译自上海日本商业会议所编《我国纺织业罢工事件与五卅事件以及各地的动荡》第1辑,第115、116页）；同兴第一厂工人罢工（译自上海日本商业会议所编《我国纺织业罢工事件与五卅事件以及各地的动荡》第1辑,第120页）；日华第四厂工人罢工（译自上海日本

---

① 应为吴绳海。

商业会议所编《我国纺织业罢工事件与五卅事件以及各地的动荡》第1辑,第120页);内外棉第十五厂之工人罢工(译自上海日本商业会议所编《我国纺织业罢工事件与五卅事件以及各地的动荡》第1辑,第119页);日本厂主决议排斥工会,以高压手段对付工人(译自上海日本商业会议所编《我国纺织业罢工事件与五卅事件以及各地的动荡》第1辑,第121、122页);日本厂主决议排斥工会,以高压手段对付工人(译自《日本外务省档案》显微胶卷第575卷MT5.3.2.155—10,第50至52页)

佚名①译　载上海社会科学院历史研究所编《五卅运动史料》第1卷,上海:上海人民出版社1981年11月第1版。

8122

[第二部分·肆·一·(二)]顾正红惨案——内外棉会社的歪曲报告(译自上海日本商业会议所编《我国纺织业罢工事件与五卅事件以及各地的动荡》第1辑,第217至222页)

佚名②译　载上海社会科学院历史研究所编《五卅运动史料》第1卷,上海:上海人民出版社1981年11月第1版。

8123

[第二部分·肆·一·(三)]内外棉纱厂愤起罢工,强烈抗议日人残杀顾正红,吁请各界援助——工务局警务处关于工会发放罢工维持费的情报(译自《日本外务省档案(1925年)》,《六国调查沪案委员会报告》第26号附件所载《警务日报摘要》)

佚名③译　载上海社会科学院历史研究所编《五卅运动史料》第1卷,上海:上海人民出版社1981年11月第1版。

---

① 应为吴绳海。
② 应为吴绳海。
③ 日本外务省档案所付之《六国调查沪案委员会报告》系法文,据章克生回忆是倪静兰所译。

8124

［第二部分·肆·一·（四）］举行顾正红烈士追悼会，号召工人坚持罢工——工人在顾正红灵前集会演说，大呼"坚持到底！"（译自《日本外务省档案（1925年）》，《六国调查沪案委员会报告》第26号附件所载《警务日报摘要》）；工部局警务处关于工会鼓动群众坚持罢工的情报（译自《六国调查沪案委员会报告》第26号附件所载《警务日报摘要》）

佚名[①]译　载上海社会科学院历史研究所编《五卅运动史料》第1卷，上海：上海人民出版社1981年11月第1版。

8125

［第二部分·肆·一·（四）］举行顾正红烈士追悼会，号召工人坚持罢工——万人大会追悼顾正红（译自《上海工部局警务处1925年5月份工作报告》，《字林西报》1925年6月17日）

佚名译　载上海社会科学院历史研究所编《五卅运动史料》第1卷，上海：上海人民出版社1981年11月第1版。

8126

［第二部分·肆·二·（一）·1］日本官方迫使军阀当局取缔工会，镇压罢工——日本政府训令沪、青官宪，坚持取缔罢工（译自上海日本商业会议所编《我国纺织业罢工事件与五卅事件以及各地的动荡》第1辑，第134、135页）

佚名[②]译　载上海社会科学院历史研究所编《五卅运动史料》第1卷，上海：上海人民出版社1981年11月第1版。

8127

［第二部分·肆·二·（二）］工部局的镇压活动——严禁工人为顾正

---

① 应为倪静兰。
② 应为吴绳海。

红出殡游行(译自上海日本商业会议所编《我国纺织业罢工事件与五卅事件以及各地的动荡》第1辑,第129、130页)

佚名①译　载上海社会科学院历史研究所编《五卅运动史料》第1卷,上海:上海人民出版社1981年11月第1版。

8128

[第二部分·肆·二·(二)]工部局的镇压活动——工部局捕头下令,准备对示威群众开枪(译自上海工部局警务处文件)

佚名译　载上海社会科学院历史研究所编《五卅运动史料》第1卷,上海:上海人民出版社1981年11月第1版。

8129

[第二部分·肆·二·(三)]淞沪警察厅的镇压活动——警厅解散沪西工友会,工友会迁地照常办公(译自上海日本商业会议所编《我国纺织业罢工事件与五卅事件以及各地的动荡》第1辑,第131、132页)

佚名②译　载上海社会科学院历史研究所编《五卅运动史料》第1卷,上海:上海人民出版社1981年11月第1版。

8130

[第二部分·肆·三·(五)]资产阶级团体的反应和活动——总商会委托潘冬林试探调解,遭日本厂主拒绝而作罢(译自上海日本商业会议所编《我国纺织业罢工事件与五卅事件以及各地的动荡》第1辑,第140、141页)

佚名③译　载上海社会科学院历史研究所编《五卅运动史料》第1卷,上海:上海人民出版社1981年11月第1版。

---

① 应为吴绳海。
② 应为吴绳海。
③ 应为吴绳海。

8131

[第二部分·肆·四·（三）]全国总工会等团体呼请全国人民一致援助工人斗争，投入反帝运动——沪西工友俱乐部收到全国总工会及各地工会声援电和传单（译自《日本外务省档案（1925年）》，《六国调查沪案委员会报告》第26号附件所载《警务日报摘要》）

佚名[①]译　载上海社会科学院历史研究所编《五卅运动史料》第1卷，上海：上海人民出版社1981年11月第1版。

8132

[第二部分·肆·四·（四）]五卅反帝示威在酝酿中——上海大学等校学生代表开会酝酿上街演讲，恽代英到会指导（译自《日本外务省档案（1925年）》，《六国调查沪案委员会报告》第26号附件所载《警务日报摘要》）

佚名[②]译　载上海社会科学院历史研究所编《五卅运动史料》第1卷，上海：上海人民出版社1981年11月第1版。

8133

[第二部分·肆·四·（四）]五卅反帝示威在酝酿中——日人惊呼学生被捕后反帝宣传更加猛烈（译自上海日本商业会议所编《我国纺织业罢工事件与五卅事件以及各地的动荡》第1辑，第142、143页）

佚名[③]译　载上海社会科学院历史研究所编《五卅运动史料》第1卷，上海：上海人民出版社1981年11月第1版。

8134

[第二部分·伍·一·（三）·2]外文报刊——《字林西报》的报道（译

[①] 应为倪静兰。
[②] 应为倪静兰。
[③] 应为吴绳海。

自《字林西报》1925年6月1日);《大陆报》的报道(译自《大陆报》1925年5月31日);《密勒氏评论报》的报道(译自《密勒氏评论报》第33卷第8期,1925年7月25日)

  佚名译 载上海社会科学院历史研究所编《五卅运动史料》第1卷,上海:上海人民出版社1981年11月第1版。

8135

[第二部分·伍·二·(一)·1]学生会和工会——学生会、工会召开临时紧急会议,讨论对抗办法(译自《日本外务省档案(1925年)》,《六国调查沪案委员会报告》第26号附件所载《警务日报摘要》)

  佚名[①]译 载上海社会科学院历史研究所编《五卅运动史料》第1卷,上海:上海人民出版社1981年11月第1版。

8136

[第二部分·伍·二·(二)]工人学生冒雨上街宣传,并包围总商会,推动实现"三罢"斗争——《字林西报》关于总商会被迫同意罢市的报道(译自《字林西报》1925年6月1日)

  佚名译 载上海社会科学院历史研究所编《五卅运动史料》第1卷,上海:上海人民出版社1981年11月第1版。

1982 年

8201

比较历史研究概论

  [美]雷蒙德·格鲁著 **章克生**摘译 姜文彬校 《现代外国哲

---

① 应为倪静兰。

学社会科学文摘》1982年第1期,1982年1月25日。

8202

国外研究中国近代史的新情况

［美］朱昌崚教授讲稿　**林永俣**译　上海社会科学院历史研究所编《史学情况》第23期,1982年3月10日。

8203

"另一个中国"：一九一九至一九四九的上海

［法］白吉尔著　**卢汉超**译　**沈恒春**校　《上海史研究通讯》1982年第2辑(总第5期),1982年6月。

1983年

8301

太平军在上海——《北华捷报》选译①

---

① 目录见下：第1部分太平军文告［忠王李秀成谆谕上海四民(译自第525期,1860年8月18日)　附：英法联军致苏州方面军队长官的通告(译自第526期,1860年8月25日),太平军主将周文嘉谆谕各地士民(译自第528期,1860年9月8日),忠王李秀成在徐家汇天主堂贴出的布告(译自第526期,1860年8月25日),忠王李秀成致英美葡三国领事书(译自第527期,1860年9月1日),忠王李秀成给上海各国领事通告(译自第527期,1860年9月1日),忠王李秀成致英国专使额尔金勋爵书(译自第535期,1860年10月27日)］;第2部分太平军四次投书［太平军一次投书(译自第656期,1863年2月21日),太平军二次投书(译自第658期,1863年3月7日),太平军三次投书(译自第660期,1863年3月21日)附：对太平军投书的反应(译自第660期,1863年3月21日),太平军四次投书(译自第669期,1863年5月23日)］;第3部分外国教士的报告［传教士赫威尔等三人到苏州访问太平的经过(译自第518期,1860年6月30日),传教士艾约瑟等五人赴苏州谒见忠王的经过(译自第519期,1860年7月7日),传教士艾约瑟等五人赴苏州谒见干王和忠王的经过(译自第527期,1860年9月1日),传教士罗孝全到苏州谒见忠王的经过(译自第535期,1860年10月27日),英美传教士仇视太平(转下页)

(接上页)天国的情形(译自第598期,1862年1月11日),罗孝全致美驻华公使蒲安臣书(译自第606期,1862年3月8日)];第4部分《北华捷报》的报道和评论一(一八六〇——一八六一年)[太平军进抵常州(译自第511期,1860年5月12日),上海知县布防、何桂清在上海招兵(译自第511期,1860年5月12日),清军溃败后的狼狈情形(译自第512期,1860年5月19日),美公使华若翰乘舰抵沪(译自第513期,1860年5月26日),太平军进军苏杭、严炳等在上海准备响应(译自第514期,1860年6月2日),英法军队为清政府防守上海县城(译自第514期,1860年6月2日),太平军进军苏常、上海~松江等地陷入混乱(译自第515期,1860年6月9日),英法军队在老闸桥及上海县城布防(译自第515期,1860年6月9日),道台吴煦的"安民布告"(译自第515期,1860年6月9日),太平军攻克苏常后上海等地的"防卫"措施(译自第516期,1860年6月16日),何桂清、薛焕勾结英法出兵苏州的阴谋(译自第516期,1860年6月16日),苏美法三国的驻沪海陆军(译自第516期,1860年6月16日),何桂清主张依靠外国侵略者"恢复秩序"(译自第517期,1860年6月23日),英法美驻沪海军搜查二百余艘民船(译自第517期,1860年6月23日),嘉定知县自杀(译自第518期,1860年6月30日),英法军队开往苏州河沿线布防(译自第518期,1860年6月30日),英领事密迪乐的通告(译自第519期,1860年7月7日),上海道、松江府发贴告示(译自第519期,1860年7月7日),外国人至松江搜集情报(译自第519期,1860年7月7日),反对清朝官员出卖上海城的揭帖(译自第519期,1860年7月7日),上海道逮捕广东人八名(译自第519期,1860年7月7日),太平军和加里波的"为着同样的原因而战斗"(译自第520期,1860年7月14日),广东勇士二百人准备举行暴动(译自第520期,1860年7月14日),上海道与知县发贴布告(译自第520期,1860年7月14日),薛焕勾结外国侵略军的活动(译自第520期,1860年7月14日),太平军在周浦、泗泾击败清军(译自第521期,1860年7月21日),租界与县城陷于极度恐慌(译自第521期,1860年7月21日),太平军再占嘉定(译自第522期,1860年7月28日),关于驱逐租界内一切形迹可疑华人的主张(译自第522期,1860年7月28日),英领事密迪乐的通告(译自第524期,1860年8月11日),太平军进攻上海前的军事行动(译自第524期,1860年8月11日),上海各处发现太平军的布告(译自第525期,1860年8月18日),太平军进攻上海的经过(译自第526期,1860年8月25日),传教士米勒报告与太平军相值的情形(译自第526期,1860年8月25日),太平军进攻上海的动机(译自第526期,1860年8月25日),英国读者C君投书、指责英法军队干涉太平军对上海的进攻(译自第525期,1860年8月18日),读者C君投书续(译自第526期,1860年8月25日),太平军撤退后上海附近情况(译自第527期,1860年9月1日),太平军攻占乍浦、平湖(译自第528期,1860年9月8日),太平军在宝山、吴淞、南翔等地的军事活动(译自第529期,1860年9月15日),英军在上海加强"防御工事"(译自第529期,1860年9月15日),上海等县绅商向英法领事呈交"意见书"(译自第530期,1860年9月22日),太平军在松江、青浦、嘉定等地的活动(译自第533期,1860年10月13日),清军增援上海(译自第536期,1860年11月3日),太平军使苏州更兴旺、清军在上海附近抢劫(译自第539期,1860年11月24日),太平军在周浦、嘉定的军事活动(译自第540期,1860年12月1日),清军官兵在上海县的骚动(译自第542期,1860年12月15日),太平军在黄渡附近战胜清军(译自第544期,1860年12月29日),太平军(转下页)

(接上页)进攻吴淞后撤回青浦(译自第547期,1861年1月19日),太平军突袭真如(译自第555期,1861年3月16日),太平军在青浦县郊同"民团"战斗(译自第557期,1861年3月30日),太平军在湖州、杭州、青浦等地的军事活动(译自第558期,1861年4月6日),太平军在苏浙两省各地建立地方政权(译自第559期,1861年4月13日),太平军在洞庭山击败清军(译自第560期,1861年4月21日),太平军攻占乍浦(译自第561期,1861年4月27日),青浦、嘉定太平军进逼上海(译自第571期,1861年7月6日),太平军在青浦击败清军(译自第572期,1861年7月13日),上海城内严查太平军(译自第575期,1861年8月3日),太平军在上海城周围与嘉定、南翔一带的活动(译自第576期,1861年8月10日),上海各城门加紧戒备(译自第577期,1861年8月17日),清军进扰泗泾等地(译自第578期,1861年8月24日),太平军向闵行、浦东推进(译自第583期,1861年9月28日),关于加强上海防务的意见(译自第584期,1861年10月5日),上海外国侵略军的实力(译自第585期,1861年10月12日),太平军在上海附近的活动(译自第585期,1861年10月12日),英国炮兵队移防租界(译自第590期,1861年11月16日),太平军进抵吴淞(译自第591期,1861年11月23日)];第5部分《北华捷报》的报道和评论二(一八六二——一八六三年)[关于加强租界"防御工事"的意见(译自第598期,1862年1月11日),工部局通告(译自第599期,1862年1月18日),太平军进逼上海(译自第599期,1862年1月18日),美国传教士与商人集议组织"虹口防务委员会"(译自第599期,1862年1月18日),关于严格奉行工部局通告的意见(译自第599期,1862年1月18日),读者提出对付太平军的三种办法(译自第599期,1862年1月18日),英法领事宣布上海县城及四郊为"联军占领地区"(译自第600期,1862年1月25日),英领事召开特别会议(译自第600期,1862年1月25日),上海租界"防御工事"的扩充(译自第601期,1862年2月1日),美租界防务委员会召开侨民与租地人会议(译自第601期,1862年2月1日),野猫口太平军缉捕外国走私商人的船货(译自第602期,1862年2月8日),太平军进抵黄浦江东岸(译自第602期,1862年2月8日),外国侵略军至大场镇侦察(译自第603期,1862年2月15日),关于放弃"中立"向太平军"宣战"的主张(译自第604期,1862年2月22日),法军破坏太平军从董家渡对岸渡江攻取上海县城(译自第604期,1862年2月22日),英军破坏野猫口太平天国海关(译自第604期,1862年2月22日),外国侵略军袭击浦东太平军(译自第604期,1862年2月22日),上海清吏屠杀太平军俘虏(译自第605期,1862年3月1日),工部局在美租界搜缴私藏武器军火(译自第605期,1862年3月1日),关于放弃"不干涉政策"、支持清政府扑灭革命的主张(译自第606期,1862年3月8日),闵行附近的战斗(译自第606期,1862年3月8日),外国侵略军到徐家汇郊外侦察(译自第607期,1862年3月15日),关于不要泄露英法军队进攻太平军计划的意见(译自第607期,1862年3月15日),何伯、戈登至南翔、野鸡墩等地侦察(译自第607期,1862年3月15日),万国商团关于增设炮兵队的决议(译自第607期,1862年3月15日),太平军在朱泾与华尔洋枪队激战(译自第608期,1862年3月22日),关于帮助清政府编练军队与改革财政的主张(译自第608期,1862年3月22日),上海茶业包装工人的反抗斗争(译自第608期,1862年3月22日),英军在浦东等地攻击太平军(译自第609期,1862年3月29日),何伯等到七宝、王家寺等地侦察(译自第609期,1862年3月29日),何伯等再至周浦、王家寺等地侦察(译自第609期,1862年3月29日),(转下页)

上海社会科学院历史研究所编译(马博庵选译,章克生、吴乾兑校订补充,吴乾兑编注),上海:上海人民出版社1983年2月第1版。

(接上页)王家寺之战、何伯负伤(译自第610期,1862年4月5日),上海租界防务委员会的报告(译自第610期,1862年4月5日),王家寺与罗家港两次战斗(译自第611期,1862年4月12日),关于向上海周围地区太平军发动进攻的主张(译自第612期,1862年4月19日),周浦之战(译自第612期,1862年4月19日),关于由英国占领江南的主张(译自第614期,1862年5月3日),嘉定之战(译自第614期,1862年5月3日),关于占领上海附近各省的主张(译自第615期,1862年5月10日),青浦之战(译自第616期,1862年5月17日),南桥与柘林之战、法军提督卜罗德毙命(译自第617期,1862年5月24日),卜罗德传略(译自第617期,1862年5月24日),太平天国管辖地区、人口与军事力量(译自第618期,1862年5月31日),南翔之战(译自第618期,1862年5月31日),太平军进攻松江、青浦等处(译自第619期,1862年6月7日),英军退回租界后的情形(译自第620期,1862年6月14日),太平军进攻老闸桥、苏州河桥等地(译自第620期,1862年6月14日),太平军攻克青浦、活捉法尔思德(译自第620期,1862年6月14日),华尔洋枪队侵占金山县城(译自第626期,1862年7月26日),太平军再次包围青浦县城(译自第629期,1862年8月16日),太平军在大场、南翔一带的军事活动(译自第630期,1862年8月23日),太平军进攻法华镇与老闸桥地区(译自第631期,1862年8月30日),太平军在法华镇、静安寺一带同英军激战(译自第632期,1862年9月6日),华尔在慈溪被太平军击毙(译自第635期,1862年9月27日),英皇家工程队修建英军过冬营房(译自第636期,1862年10月4日),对何伯"挽救上海租界"的颂扬(译自第639期,1862年10月25日),前往嘉定镇压太平军的英法侵略军实力一览(译自第639期,1862年10月25日),英法军队再次侵占嘉定县城(译自第639期,1862年10月25日),英法军队再次侵占嘉定县城的经过(译自第640期,1862年11月1日),太平军反攻南翔(译自第642期,1862年11月15日),关于侵占苏州、镇江等地的主张(译自第643期,1862年11月22日),太平军在青浦县白鹤江镇同白齐文洋枪队战斗(译自第643期,1862年11月22日),上海租界内出现太平军布告(译自第643期,1862年11月22日),关于进一步控制上海海关与财政的阴谋(译自第644期,1862年11月29日),关于吴煦卸任上海道的评论(译自第644期,1862年11月29日),关于进攻苏州、南京~扑灭太平天国革命的主张(译自第646期,1862年12月13日),关于"赦免"俘虏的阴谋(译自第646期,1862年12月13日),英军在上海周围地区进行侦测(译自第646期,1862年12月13日),对理雅各关于太平天国文章的评论(译自第647期,1862年12月20日),英军在嘉定的屠杀和抢劫(译自第647期,1862年12月20日),在管带"常胜军"人选问题上的争吵(译自第650期,1863年1月10日),英军在上海郊区侦察(译自第654期,1863年2月7日),太仓之战(译自第656期,1863年2月21日),英军在浏河受到太平军炮击(译自第664期,1863年4月18日),清军象恶魔般地虐待和残杀俘虏(译自第672期,1863年6月13日];第6部分《北华捷报》的回顾[一八六〇年的回顾(节译)(译自第546期,1861年1月12日),一八六一年的回顾(节译)(译自第597期,1862年1月4日),一八六二年的回顾(译自第649、650、651、653、656期,1863年1月3日、1月10日、1月17日、1月31日、2月21日),一八六三年的回顾(译自第702、703期,1864年1月9日、1月16日)];附录:译名对照表。

8302

上海公共租界工部局董事会会议录摘录——有关五卅惨案部分

　　章克生译　邓云鹏校　《历史档案》1983年第3、4期(总第11、12期),1983年8月、11月。

上海公共租界工部局董事会会议摘录(1925年6月至1926年1月)(五卅运动六十周年学术讨论会资料8)

　　章克生译　邓云鹏校　上海:上海社会科学院历史研究所1985年5月编印。

[第五部分·壹·五·(一)]工部局董事会会议录选译——一九二五年六月一日(译自《工部局董事会会议录》第35册,第50至52页);六月二日(译自第35册,第53至56页);六月三日(译自第35册,第57至60页);六月四日(译自第35册,第61至64页);六月五日(译自第35册,第65至68页);六月六日(译自第35册,第69至71页);六月七日(译自第35册,第72、73页);六月八日(译自第35册,第74、75页);六月九日(译自第35册,第76、77页);六月十日(译自第35册,第78、79页);六月十一日(译自第35册,第80、81页);六月十五日(译自第35册,第86至88页);六月十六日(译自第35册,第89、90页);六月十九日(译自第35册,第93页);六月二十六日(译自第35册,第98页);六月二十九日(译自第35册,第99、100页);六月三十日(译自第35册,第101页);七月四日正午(译自第35册,第102页);七月四日晚(译自第35册,第103至107页);七月六日(译自第35册,第109、110页);七月八日(译自第35册,第111页);七月十日(译自第35册,第112至115页);七月十八日(译自第35册,第123、124页);七月三十一日(译自第35册,第131至133页);八月四日(译自第35册,第134、135页);八月十日(译自第35册,第136至138页);八月十三日(译自第35册,第139、140页);八月二十七日(译自第35册,第143至146页);九月一日(译自第35册,第147至149页);九月十二日(译自第35册,第152页);九月十七日(译自第

35 册,第 153、154 页);十二月十五日(译自第 35 册,第 192、193 页);十二月十八日(译自第 35 册,第 193、194 页);十二月二十日(译自第 35 册,第 195 页);一九二六年一月六日(译自第 35 册第 200 页)

佚名[①]**译** 载上海社会科学院历史研究所编《五卅运动史料》第 3 卷,上海:上海人民出版社 2005 年 12 月第 1 版。

8303

李秀成等的布告致外国人文书——1. 太平军进军上海的布告(译自《北华捷报》第 525 期,1860 年 8 月 18 日)[②];2. 太平军主将周文嘉在青浦发贴的布告(译自《北华捷报》第 528 期,1860 年 9 月 8 日)[③];3. 忠王李秀成致英法美三国公使书(译自《英国蓝皮书,关于中国事务的文书,1859—1860 年》第 72 号,附件 1);4. 忠王李秀成在徐家汇天主堂发贴的布告(译自《北华捷报》第 526 期,1860 年 8 月 25 日)[④];5. 忠王李秀成致英美葡三国领事书(译自《北华捷报》第 527 期,1860 年 9 月 1 日)[⑤];6. 忠王李秀成给上海各国领事通告(译自《北华捷报》第 527 期,1860 年 9 月 1 日)[⑥];7. 忠王李秀成致英国专使额尔金勋爵书(译自《北华捷报》第 535 期,1860 年 10 月 27 日)[⑦]

马博庵译 章克生校 吴乾兑整理 载北京太平天国历史研究会编《太平天国史译丛》第 2 辑,北京:中华书局 1983 年 9 月第 1 版。

8304

法使布尔布隆访问天京记事(1853 年 11 月 20 日至 12 月 18 日)(译自

[①] 实为章克生。
[②] 前已载《太平军在上海——〈北华捷报〉选译》第 1 部分太平军文告。
[③] 前已载《太平军在上海——〈北华捷报〉选译》第 1 部分太平军文告。
[④] 前已载《太平军在上海——〈北华捷报〉选译》第 1 部分太平军文告。
[⑤] 前已载《太平军在上海——〈北华捷报〉选译》第 1 部分太平军文告。另参见《吴煦档案中的太平天国史料选辑》(北京:生活·读书·新知三联书店 1958 年 3 月版),第 3 页。
[⑥] 前已载《太平军在上海——〈北华捷报〉选译》第 1 部分太平军文告。
[⑦] 前已载《太平军在上海——〈北华捷报〉选译》第 1 部分太平军文告。

R. P. Mercier 编著《贾西义号中国海上长征记》第 12 章南京之行）

［法］卜拉（de Plas）著　**章克生**、**顾竹君**译　**徐肇庆**校　载北京太平天国历史研究会编《太平天国史译丛》第 2 辑，北京：中华书局 1983 年 9 月第 1 版。

法使布尔布隆访问天京记事(1853 年 11 月 20 日至 12 月 18 日)（译自 R. P. Mercier 编著《贾西义号中国海上长征记》第 12 章南京之行）

章克生、**顾竹君**译　**徐肇庆**校　载张同乐主编《中国近代史通鉴（太平天国）》，北京：红旗出版社 1997 年 7 月版。

8305

裨治文关于东王北王内讧的通讯报导（译自《北华捷报》第 336 期，1857 年 1 月 3 日）[①]

章克生译　载北京太平天国历史研究会编《太平天国史译丛》第 2 辑，北京：中华书局 1983 年 9 月第 1 版。又载张同乐主编《中国近代史通鉴（太平天国）》，北京：红旗出版社 1997 年 7 月版。

8306

东王北王内讧事件始末（译自《北华捷报》第 352、354 期，1857 年 4 月 25 日、5 月 9 日）[②]

［美］麦高文著　**章克生**译　载北京太平天国历史研究会编《太平天国史译丛》第 2 辑，北京：中华书局 1983 年 9 月第 1 版。又载张同乐主编《中国近代史通鉴（太平天国）》，北京：红旗出版社 1997 年 7 月版。

[①] 前有他人译文，即布列治门（Bridgmans）著，简又文译《太平天国东北两王内讧纪实》，《逸经》第 17 期，1936 年 11 月 5 日。但错误较多，且不完整。

[②] 前有他人译文，即麦高文（J. Macgowan）著，简又文译《太平天国东王北王内讧详记》，《逸经》第 33 期，1937 年 7 月 5 日。

8307

外国传教士访问苏州太平军①——传教士赫威尔等就访问苏州太平军的经过给《北华捷报》的信(译自《北华捷报》第 518 期,1860 年 6 月 30 日);艾约瑟等五名传教士赴苏州谒见忠王的经过和观感(译自《北华捷报》第 519 期,1860 年 7 月 7 日);艾约瑟等五名传教士赴苏州谒见干王和忠王的报导(译自《北华捷报》第 527 期,1860 年 9 月 1 日);美国教士罗孝全报告到苏州谒见忠王的经过(译自《北华捷报》第 535 期,1860 年 10 月 27 日)

马博庵译 **章克生**校 **吴乾兑**整理 载北京太平天国历史研究会编《太平天国史译丛》第 2 辑,北京:中华书局 1983 年 9 月第 1 版。又载张同乐主编《中国近代史通鉴(太平天国)》,北京:红旗出版社 1997 年 7 月版。

8308

有关上海小刀会起义的报告、信件和日记(1853 年 9 月 20 日至 11 月 19 日)

[法]R. P. Mercier 著 **章克生、顾竹君**译 **徐肇庆**校 载北京太平天国历史研究会编《太平天国史译丛》第 2 辑,北京:中华书局 1983 年 9 月第 1 版。

8309

1860—1864 年的太平军②

[法]梅邦、弗雷代著 **倪静兰**译 载北京太平天国历史研究会编《太平天国史译丛》第 2 辑,北京:中华书局 1983 年 9 月第 1 版。

---

① 以下诸文前已均载《太平军在上海——〈北华捷报〉选译》第 3 部分外国教士的报告。
② 系倪静兰译《上海法租界史》第 1 部分第 6 章,参见上编单元号 8310。

8310

上海法租界史①

　　[法]梅朋、傅立德著　**倪静兰译**　上海：上海译文出版社1983年10月第1版。

上海法租界史

　　[法]梅朋、傅立德著　**倪静兰译**　上海：上海社会科学院出版社2007年4月第1版。

1984 年

8401

陈独秀的一生及其政治思想

　　[美]郅玉汝著　**吴竟成译**　章克生、匡非校　载中国社会科学院近代史研究所编《国外中国近代史研究》第6辑,北京：中国社会科学出版社1984年8月第1版。

---

① 目录见下：中译本序(方诗铭)；告读者；导言；外国人来到之前的上海；第1部分法租界的初期(1848—1860年)[1. 回顾法国人在上海建立租界前的活动,2. 法租界的诞生,3. 太平军叛乱——1853年的上海,4. 太平军叛乱(续)——1854年至1855年2月的上海,5. 上海和1853年至1860年的法租界,6. 太平军叛乱(1860—1864年)——上海受到威胁]；第2部分法租界的发展和组织(1860—1900年)[1. 1860年远征后的法租界,2. 早期的公董局(1862—1865年),3. 1865年的公董局危机——租界的组织章程,4. 1865年4月1日至1875年12月31日的市政管理]；附录一(附注和附件)；附录二[1848—1875年法国驻上海领事名单,公董局从成立(1862年5月1日)至1875年12月31日历届董事会名单]；附录三(本书参考的图书、资料目录)；附录四(人名译名对照表)。(该书前有选译,参见上编单元号5807、8309。另有两种摘译本,即1. 聂光坡译《上海法租界史》,抄本,藏上海图书馆古籍阅览室,藏书号513044；2. 范希衡译《上海租界当局与太平天国运动》,载南京大学历史系太平天国史研究室所编《江浙豫皖太平天国史料选编》,南京：江苏人民出版社1983年10月第1版)

1985 年

8501

日本国内关于"南京大屠杀"的新争论

　　李秀石编译　《世界史研究动态》1985 年第 5 期,1985 年 5 月 30 日。

8502

五卅运动时期的劳工运动(五卅运动六十周年纪念学术讨论会资料 6)

　　[法]让·谢诺著　**章克生**译　上海社会科学院历史研究所 1985 年 5 月编印。

8503

一九二五年上海城市爱国运动与抵制外国特权(五卅运动六十周年纪念学术讨论会资料 7)

　　[美]尼古拉·克利福德著　**章克生**、**张培德**译　上海社会科学院历史研究所 1985 年 5 月编印。

8504

我为什么离开中国——马思聪自述

　　沈宏礼摘译　《中外书摘》创刊号(1985 年第 1 期),1985 年 6 月。

8505

"常胜军"建立者与首任领队华尔传

　　[美]兰杜尔著　**雍家源**译　**章克生**校　载北京太平天国历史研究会编《太平天国史译丛》第 3 辑,北京:中华书局 1985 年 6 月第 1 版。

8506

华尔传:有神自西方来——1. 动荡不定的年代;2. 华尔找到了后台;

3. 先惨败，后胜利；4. 败北和监禁；5. 奸诈和自由；6. 从头做出；7. 压倒的胜利；8. 从胜利到胜利；9. 太平军再度蠢动；10. 重占青浦；11. 奉命驰援宁波；12. 华尔的最后一次胜利；13. 兀鹰云集；14. 尊之为神

［美］亚朋德著　**雍家源**译　**章克生**校　载北京太平天国历史研究会编《太平天国史译丛》第3辑，北京：中华书局1985年6月第1版。

8507

"常胜军"：戈登在华战绩和镇压太平天国叛乱史（选译）——4. 太平军的重振（整）旗鼓及其与外国人的冲突；5. 太平军在长江流域的屡遭挫折和北京满清朝廷政策的改变；6. 一八六二年间联军在上海周围一带的作战；7. 呸乐德克在浙江方面的作战；8. 戈登部队的组织；9. 戈登总兵的初期胜利；10. 白齐文的历史及其结局；11. 苏州的陷落和太平军诸王的被处决；12. 戈登总兵的进一步作战行动；13. "常胜军"的解散及其结果的论述

［英］安德鲁·威尔逊著　**雍家源**译　**章克生**补译并校订　载北京太平天国历史研究会编《太平天国史译丛》第3辑，北京：中华书局1985年6月第1版。

8508

货币、信用与商业①

---

① 目录见下：译者前言；序；绪论(1. 现代有关经济民族主义的概念，起源于古代许多小国家的愿望，后来被中世纪的城邦所发展，并经由它们通过荷兰传到了英国及其他国家。2. 在亚当·斯密的时代，安定的政治环境、良好的道路和印刷机大大促进了英国各知识阶层的紧密结合，但地方利益仍然经常高于国家利益。3. 在近代，便宜、方便和迅速的交通工具，以及通俗报纸和普及教育的发展，促进了强烈的民族精神的高涨。4. 各种不同因素促进了国内的移居，使国内得到了有效的调整，但这些因素并不同样有利于向国外的移居，因此，论述"国家价值"问题，就需要采用一种不同于论述本国产品相对价值的方法。)；第1编货币；第1章货币的职能(1. "货币"一词的各种用法。2. "金融市场"是运用货币的市场；在金融市场上，"货币的价值"在任何时候都等于贴现率或短期贷款所收的利率。3. 只有当货币的一般购买力不激烈变动时，货币才能有效地履行其（转下页）

(接上页)职能。);第 2 章一般购买力的计量(1. "一般购买力"这个词是有弹性的,使用时必须指出是按其广义来解释还是按其狭义来解释。对于计量古代或遥远地方的一般购买力来说,最好的计量单位常常是非熟练劳动或某种主要谷物。2. 在比较遥远地区和古代的货币购买力时还会碰到更多的困难。3. 有关物价的概括性的、分类精细的资料大部分只限于批发交易。但工人合作社的推广使许多人了解了批发交易价格与家庭日用品零售价格之间的关系。4. 始自某一遥远日期的物价的平均变动可以用"指数"来表示。指数是各年某些物品的价格对那一遥远日期这些物品的价格之比。"加权"指数。);第 3 章货币购买力变动的计量(1. 编制一种真正能表示个别时期和个别地方货币购买力的指数所遇到的困难。2. 同一组价格的变动可能以极不相同的方式影响一国的不同阶级。根据各种不同的商品在工人的消费中所占的份额加权的指数,同"工人的预算"一起使用,具有特别重要的意义。3. 解释物价指数所受到的阻碍是:一些商品和劳务的名称仍旧,但其性质却有所改变,同时,一种商品的交换价值在这一季节与另一季节有所不同。4. 确立一种官方的一般购买力单位也许对长期债务有用。);第 4 章一国需要的通货值(1. 通货的职能。2. 以前人们经常说,金银的价值是"人为的"。实际上,决定其价值的因素,在供给方面是生产成本,在需求方面是人们对建立在金银基础之上的购买力的需求,再加上为了工业与炫耀的目的而产生的对金银的需求。3. 一国通货的总值,乘以为了交易目的而在一年中流通的平均次数,等于这个国家在这一年里通过直接支付通货所完成的交易总额,但这个恒等式并未指出决定通货速度的原因。要发现这些原因,我们必须注意该国国民愿意以通货形式保有的购买力总额。4. 职业和性情影响收入相同的人所希望直接支配的通货量。5. 虽然每一单位通货的购买力在其他条件不变的情况下与通货单位的数量成反比例,但增发不兑现纸币会降低其信用,从而减少人民愿意保有的现有购买力的数量。也就是说,增发不兑现纸币会大幅度降低每一单位通货的价值。6. 通货与别的东西不同,其数量的增加并不直接影响它所提供的服务的数量。不兑现纸币。);第 5 章硬币[1. 金银一向受到人们的高度重视,因为它们的光彩和耐久性适合于装饰和其他许多用途。2. 金银可以单独地或共同地为不超过若干年的债务和交易充当一般购买力的可靠标准,但长期债务则需要有不受采矿业影响的标准。3. 在大多数文明国家,银币曾是价值标准,但这一标准的精确性已由于银币数量的不断减少和成色的不断降低而减弱。4. 英国金镑(平时)是用适当的材料铸造成的,不收铸币费。金镑实际上是金块,由公家出钱来保证其重量和质量。英国先令也是一样,政府把一定数量的黄金印在银币上。];第 6 章硬币(续)(1. 格雷欣规律:劣币,如其数量不加限制,将驱逐良币。2. 按固定比价永久维持以金银为基础的通货所遇到的困难。3. 虽然按一固定比较铸造金币和银币会使物价的变动在很大程度上交替地受黄金和白银的生产的支配,但可以采用一种方法使这两种金属共同起作用,这种方法可称为对称本位制。);第 2 编商业信用;第 1 章现代资本市场的发展[1. 私人资本——不包括对土地、房屋和奴隶的占有——直到近代才数量大增。2. 商业信用的早期状态:资本家主要是商人;最大的借款人是君主和共和国政府。3. 在英国,有一时期,商人是主要的信用借贷人,但用于制造业的资本也在迅速而稳定地增加。4. 因为贷款利率通常用货币来表示,所以它实际上(而不是表面上)很容易受货币购买力变动的影响。];第 2 章合资中的资本所有权[1. 英国在大(转下页)

（接上页）规模经营工商业方面的最初经验。2. 短期贷款可以极为方便地从银行或其他放债人那里得到,而长期贷款则是直接从公众那里获得的。长期贷款通常采取债券形式;债券实际上是对有关企业的财产的留置权。3. 有相当保证的长期借款(不包括政府的长期借款)的正常利率,现在是由股份公司债券的行市决定的。];第3章英国银行的发展(1. 绪论。2. 英格兰银行是银行家之银行,而且在某些方面是国家利益的监护人。3. 私人银行改组为股份公司以后,伴随而来的往往是所发放的信贷中个人因素的减少。4. 公布股份银行的部分资产,并不像以前想象的那么不方便,采用这种做法实际上很有好处,这已对大银行产生了影响。);第4章证券交易所(1. 绪论。2. 在很长一段时间内,证券交易所主要是从事政府债券的买卖,但现在则主要从事股份公司证券的买卖。3. 证券交易所的交易方法各不相同,但伦敦证券交易所所取得的结果却很有代表性。4. 在一般信用相当稳定的时候,证券交易所的交易方法可以很好地保护那些不特别长于投资的购买者。5. 暂时影响证券交易所证券价值的因素和持久影响证券交易所证券价值的因素之间的对比。6. 证券交易所证券在国内和国际资本市场上所起的作用越来越重要。);第3编国际贸易;第1章运输工具对贸易的影响(1. 长距离贸易的一些特点。2. 在许多世纪中,地中海是世界上大部分先进工业、长期信贷和大规模贸易的中心。3. 在工业发展的不同阶段,影响主要贸易路线的因素。);第2章国际贸易的特征[1. 直到国家在工商业中的利益得到承认,国际贸易的特征才明显起来。李嘉图说明了国际贸易的全部意义。2. 国家得自一般对外贸易的利益。3. 一个国家的一部分对外贸易常常是由其资源或能力的某种不足引起的,但一般说来,巨额贸易常表示国家具有很高的效率。4. 同任何其他统计资料相比,人们一直更广泛、更全面地收集有关国际贸易的统计资料,其部分原因是,人们有时用它来说明一国力量和繁荣的变化。但这种统计资料并很适合于这一目的。5. 人们不可能获得衡量一国进出口总额(有别于进出口总值)变动的尺度。6. 一般说来,按人口计算的价值及其变动百分比的统计资料,最适于用来研究国际贸易与一国内部经济的关系。总值及其变动百分比的统计资料,比较适于用来研究世界经济和世界政治形势。当一个强国正在发展它以前忽视的贸易时,增长百分比的统计资料特别容易使人产生误解。];第3章英国的对外贸易[1. 十七和十八世纪英国的对外贸易。2. 1850年以来英国对外贸易额的变化。3. 1800年以来英国出口贸易性质的变化。4. 英国的对外贸易并不像其统计数字表明的那么重要,数额也没有那么大,因为它包括许多隐而不见的再输出和大量对流运输(即相类似的货物在同一路线上作相对方向的运动)。];第4章输入与输出之间的差额[1. 贸易"顺"差这个词。2. 如果其他条件相等,一国登记的输入有超过其登记的输出的倾向,其超过的数目等于在本国与任何一个外国之间或两个外国之间运送货物以及运送外国旅客所花的全部费用,再加上其船主、商人、代理人和银行家的全部纯利润(只限于来自对外贸易和带回国的利润)。3. 在外国人向一个国家投资,或外国以任何其他形式向它提供信贷的时候,这个国家的输入就会相对于其输出暂时有所增加。这种入超最终常由出超来补偿而有余,因为输出资本的那些人将收回资本的利息或利润,而且最后也许将把资本收回本国。4. 航运业的总收入随商业信用的变动而变动。但在萧条时期,英国输入超过输出的表面数额常常很大,因为这时它往往限制其对外投资。];第5章国际汇兑(1. 汇票用来清算各地的债务时对经济产生的影响。2. 在以黄金为通货基础的国家之间,汇兑率的变动是(转下页)

（接上页）有限度的。3. 一国金融市场上贴现率的变动，对维持该国商业债务的平衡所起的作用。4. 汇兑银行的汇票、电汇以及其他证券交易所业务对调整现代国际商业债务所起的作用。5. 只要各国的通货实实在在以黄金为基础，每一种商品的批发价格就有到处相等的倾向，当然要扣除掉运费、过境税和铸币税等。）；第 6 章国际贸易中需求和供给的一般关系(1. 绪论。2. 虽然可以用货币较为可靠地衡量同一国家制造的货物的相对实际成本，但却不能用货币比较这样两个地方制造的货物的实际成本，在这两个地方之间没有劳动和资本的大量而自由的流动。3. 两个假定与世界其他地区隔绝的国家之间的贸易问题。4. 下面用数字说明两个彼此进行贸易的国家相互之间的商品需求；贸易条件一般取决于这种需求的相对数量及相对强度。5. 一个国家对进口货物的需求有所增加，一般会使其出口货物的数量大幅度增加。）；第 7 章一国对进口货物的需求弹性(1. "国家需求弹性"这个词的意义。2. 虽然一个富庶的大国对进口货物的大量需求往往使对外贸易条件不利于它，但其供给的多样性和丰富性可以阻止这种倾向，而且常常压过它。3. 供给丰富与否是影响需求弹性的一个因素。4. 一些主要工业国家对进口货物的需求的特征。）；第 8 章需求弹性对国际贸易条件和进口税归宿的影响(1. 绪论。2. 如果 E 和 G 只是彼此进行贸易，则 E 对来自 G 的进口货或对运往 G 的出口货征收的关税，就会在某种程度上减少其进口，而在更大的程度上减少其出口，从而使交换比例变得有利于 E。3. 假设 G 对 E 国商品的需求有极大的弹性，E 对进口货或出口货课征中等程度的关税；在这种情况下，除非 E 的需求也有弹性，否则这种关税就不会对交换比例产生很大影响；但如 E 的需求具有弹性，贸易就将大大缩减。4. 一国可以从对外贸易中获利的理论的局限性。）；第 9 章进口税和出口税的归宿(1. 进口税的归宿。2. 进口税的归宿随被征税产品的不同及出口国和进口国经济情况不同变化。3. 概述进口税的一般归宿。4. 当通货以黄金为基础时，我们有理由认为，一国征收进口税后，当获取进口货的真正代价可通过价格随之而发生的变化来计量。但这种看法并不完全符合事实。）；第 10 章进口税和出口税的归宿(续)(1. 别国对一国出口货课税的压力，比税额和税率增加得更快。西欧也可能会受卖给它大量原料和粮食的那些国家对制造品课征进口税的危害。2. 在发展对外贸易方面新旧国家利益之间的某些差别。3. 认为应该向拥有垄断权的国家的产品课征出口税的观点，实际上并没有多大意义。4. 某些生产者或商人宁可暂时降低价格也不愿突然减少销售额，促使他们这样做的原因增加了新征进口税所产生的直接影响的不规则性以及进口税经常变动的危害性。）；第 11 章旨在促进国内某些工业发展的进口税(1. 绪论。2. 被课征进口税的商品常常是与不被课征进口税的国内产品竞争的，概论对这种商品课征的进口税的归宿。3. 十九世纪中叶英国采取的自由贸易政策。4. 缺少资本主义生产资源的国家保护本国的某一新兴工业，并不一定不合理。但问题是，在这个工业已经蓬勃发展了很长一段时间后，一般仍给予它较多的保护。）；第 12 章在各种条件稳定的情况下国家通货与国际贸易的关系(1. 绪论。2. 在各种条件稳定的情况下两个都以黄金为通货基础的国家之间的汇兑。3. 贸易对贵金属在各国之间的分配和各国硬币的购买力的影响。4. 人们不可能得到衡量不同国家通货的相对购买力的精确尺度，这种尺度甚至是不可想象的。5. 一国的对外贸易对其内销产品价格的印象。）；第 4 编工业、贸易和信用的波动；第 1 章概论影响早先就业连续性的原因[1. 以前由于运输很困难，每个地区都主要依靠本地区的收获。2. 在工业技能尚未（转下页）

[英]马歇尔著　叶元龙、郭家麟译　汉译世界学术名著丛书本,北京:商务印书馆1985年6月第1版/珍藏本,2009年6月第1版/分科本,2011年7月第1版。

8509

第55号法国国防委员会会议记录(节录)(1938年3月15日)(译自《法国外交文件》第2辑第9卷,第824至830页);第71号法国外交部长博内接见波兰驻法大使的备忘录(1938年5月22日)(译自《法国外交文件》第2辑第9卷,第846、847页);第85号法国外交部长博内关于同捷克斯洛伐克驻法公使奥苏斯基会谈的备忘录(节录)(1938年7月20日)(译自《二战的形成》,第188、189页);第100号法国驻苏临时代办帕亚尔致法国外交部长博内的报告(1938年9月5日)(译自《法国外交文件》第2辑第11卷,第16至18页);第101

(接上页)高度专门化,田间工作与普通纺织和其他简单的制造工作相互交替的时候,失业问题比较简单。3. 在货币工资主要由习惯和官方决定时,货币的实际价值的下跌(不管是怎样引起的)会使工人遭受严重损失。];第2章技术发展对就业稳定性的影响(1. 信用波动直接影响的工人人数,现在比以前多,但现在工人拥有比以前有效得多的方法来对付这种影响。2. 现代工业方法的不断变化,常常搅乱各不同行业中报酬与效率的关系。但这也促使雇主更准确地估计其每个雇工对企业的获利能力所作的贡献,从而在一定程度上消除这种变化造成的混乱。3. 工人集中在工厂里干活,使失业比以前一般在农舍中干活更为惹人注意。4. 技术进步会使一小部分工人暂时失业。技术进步给人类带来的害处要小于人类得自技术进步的好处,但对其要害必要进行仔细的研究,凡可以补救的,都应予以补救。);第3章金融市场与工商业波动的关系(1. 有组织的资本市场在不断发展,这种市场上的资本一般都用来扩建和新建企业。2. 工商业波动影响的范围一直在扩大,而且还将扩大。3. 商业信用波动的一般过程。4. 信用和工业活动的波动愈来愈具有国际性。);第4章金融市场与工商业波动的关系(续)[1. 贷款(有可靠的担保品的贷款)利率的变化,部分取决于建立新企业和扩建老企业获得高额利润的前景,部分取决于相对于现有企业的扩建和新企业的创建的资本供给量。2. 所谓汇票的贴现率,就是从汇票的票面金额中扣除的利息。它的弹性和易于根据每一笔垫款的具体情况而作调整的性质,使它在迅速调整自由资本以适应其需求的过程中起了主要作用。3. 英格兰银行对贴现率的及时调整,常常阻止信贷的过分扩张,这种扩张如果不加阻止,就会像落在陡峭上坡上的雪球那样,越滚越大。4. 关于如何有计划地在不阻止工业技术的条件下减少就业波动的初步意见。结束语。];附录(郭家麟译,略)。

号法国军队总参谋长甘末林的备忘录(节录)(1938年9月9日)(译自《法国外交文件》第2辑第11卷,第106、107页);第116号法国驻布拉格军事代表团团长福歇致法国总理达拉第的报告(节录)(1938年9月22日)(译自《法国外交文件》第2辑第11卷,第464页);第119号法国外交部长博内致法国总理达拉第的信(节录)(1938年9月24日)(译自《二战的形成》,第192、193页);第122号法国外交部长博内的备忘录(1938年9月27日)(译自《法国外交文件》第2辑第11卷,第605、606页);第140号法国驻德大使弗朗索瓦-庞塞致法国外交部长博内的信(节录)(1938年10月19日)(译自《法国黄皮书》,第21、22页);第159号法国驻德大使库隆德尔致法国外交部长博内的报告(1938年12月15日)(译自《法国外交文件》第2辑第13卷,第272至275页);第190号法国陆军参谋部关于捷克斯洛伐克灭亡后局势的备忘录(1939年3月16日)(译自《法国外交文件》第15卷,第14至17页);第332号法国国防部会议的记录(节录)(1939年8月23日)(译自《二战的形成》,第221、222页);第335号法国外交部长博内致法国驻英代办罗歇尔·坎蓬的电报(1939年8月24日)(译自《法国黄皮书》第256页);第340号法国驻德大使库隆德致法国外交部长博内的电报(节录)(1939年8月25日)(译自《法国黄皮书》第256页);第345号法国总理达拉第的笔记(1939年8月31日)(译自《二战的形成》,第223、224页)

苑晔译 载李巨廉、王斯德主编《第二次世界大战起源历史文件资料集(1937.7—1939.8)》,上海:华东师范大学出版社1985年7月第1版。

8510

十九世纪后半叶日中两国的现代化

[日]依田憙家著 **李秀石**译 载中国社会科学院近代史研究所编《国外中国近代史研究》第7辑,北京:中国社会科学出版社1985年8月第1版。

8511

《密勒氏评论报》关于一九四七年中国学生运动的评论译文两篇

黄芷君译 **章克生**校 《青运史研究》1985年第6期,1985年10月30日。

8512

国民党反动统治的五年(《中国论坛报》1932年5月增刊)①

[美]伊罗生著 **王作求**、**吴竟成**、**李谦**译 **章克生**校订 上海:上海社会科学院历史研究所1985年12月编印。

1986年

8601

解放前上海纱厂的包身工制度与女工(载美国《近代中国》历史与社

---

① 目录见下:译校者卷首按语;第1章"已被钉在耻辱柱上";第2章国民党的白色恐怖(五年间被杀害的人数,恐怖的浪潮,在各大城市里,引渡,酷刑,汉口的恐怖统治,为什么恐怖统治会成功?);第3章国民党与农民(农民运动与对农民运动的镇压,国民党的减租政策,赋税——田赋、农产品税、杂税,军事征用与发行公债,剿共战争中的农民负担,贫农的生活状况);第4章国民党与工人(古老的中国,辛亥革命,孙中山的主义,1926年的工业状况——纱厂、缫丝厂、烟厂、工匠类型、生活标准,劳动和工业法规,1926年以来的情势,苦力工人,包工,住房供应与卫生,犯罪,统计,罢工,结论);第5章知识分子在反叛中(知识分子在中国革命中充当领导的角色,中国社会科学家联盟、左翼作家联盟、左翼美术家联盟等,剿共战争,蒋介石洗归化为基督徒,樊迪文、艾迪等的反共演说,学生运动遭受镇压,城市革命知识分子的斗争);第6章南京与银行家(私人关系,他们怎样开展活动,资产阶级得到什么,政客们得到什么,银行家与帝国主义者);第7章上海的流氓帮会统治(流氓帮会组织,承担政治上的任务,政治特征的发展演变,流氓帮会与工人阶级,流氓帮会头目与当代政治);第8章南京与列强(关税自主权,治外法权,已经满期的条约,新签订的条约,南京惨案的解决,济南惨案,夺取中东铁路,外国顾问,被授予勋章的外国巡捕,改变了的帝国主义政策1927—1931年,军事侵略1931—1932年);第9章国民党与苏维埃区(1927—1930年),1930年占领长沙的战役,帝国主义出面调停与对红军的围剿,中国工农红军的组成和特性,现有的实力和所在位置,中国的各个苏维埃区(地理范围、土地问题、捐税与银行、工农状况)。(该书选译可见上编单元号8909、9001、9008)

会科学季刊第 9 卷第 4 期)

　　[美] 韩起澜(Emily Honig)著　　吴竟成译　　章克生校　《工运史研究资料》1986 年第 2 期(总第 35 期),1986 年 3 月 10 日。

解放前上海纱厂的包身工制度与女工

　　[美] 韩起澜(Emily Honig)著　　吴竟成编译　《史林》1987 年第 1 期,1987 年 3 月。

解放前上海纱厂的包身工制度与女工

　　[美] 韩起澜(Emily Honig)著　　吴竟成译　　章克生校　载中国社会科学院近代史研究所编《国外中国近代史研究》第 10 辑,北京:中国社会科学出版社 1988 年 4 月第 1 版。

8602

阿克贝欣即碎叶

　　杰拉德·克劳森著　　**芮传明**摘译　张亚平校　《中亚研究资料》1986 年第 1 期,1986 年 3 月 31 日。

8603

菲舍尔以来的联邦德国的史学(摘自伊格斯著《欧洲史学新方向》一书)

　　[美] 伊格斯(G. Giggers)著　　张和声译　姜文彬校　《现代外国哲学社会科学文摘》1986 年第 5 期(总第 74 期),1986 年 5 月 15 日。

8604

拿破仑书信文件集

　　王养冲、**陈崇武**选编　　上海:上海人民出版社 1986 年 5 月第 1 版。

8605

［第四编·二·（一）·（6）］英国外相艾登在下院的答辩（1937年7月19日）（摘译自英国皇家国际事务研究所希尔德编《1937年国际事务文件集》，1939年版，第41、42页）

章克生译 载上海社会科学院历史研究所编《"八一三"抗战史料选编》，上海史资料丛刊本，上海：上海人民出版社1986年5月第1版。

8606

［第四编·二·（一）·（7）］英国外相艾登在兰杜德诺的演说（1937年10月15日）（摘译自英国皇家国际事务研究所希尔德编《1937年国际事务文件集》，1939年版，第50、51页）

章克生译 载上海社会科学院历史研究所编《"八一三"抗战史料选编》，上海史资料丛刊本，上海：上海人民出版社1986年5月第1版。

8607

［第四编·二·（一）·（8）］英国首相张伯伦在下院的答辩（1937年10月21日）（摘译自英国皇家国际事务研究所希尔德编《1937年国际事务文件集》，1939年版，第59、60页）

章克生译 载上海社会科学院历史研究所编《"八一三"抗战史料选编》，上海史资料丛刊本，上海：上海人民出版社1986年5月第1版。

8608

［第四编·二·（一）·（9）］英国外相艾登在下院的答辩（1937年10月21日）（摘译自英国皇家国际事务研究所希尔德编《1937年国际事务文件集》，1939年版，第703、704页）

章克生译　载上海社会科学院历史研究所编《"八一三"抗战史料选编》，上海史资料丛刊本，上海：上海人民出版社1986年5月第1版。

8609

[第四编·二·(三)·(2)]法国外长德尔博在国民议会的演说(1937年11月17日)(摘译自英国皇家国际事务研究所希尔德编《1937年国际事务文件集》，1939年版，第133至136页)

顾竹君译　载上海社会科学院历史研究所编《"八一三"抗战史料选编》，上海史资料丛刊本，上海：上海人民出版社1986年5月第1版。

8610

[第五编·一·(一)·(1)]"对华措施方案"及华北指导(译自日外务省编《日本外交年表和主要文书(1840—1945)》下卷，1978年2月10日版，第360、361页)

吴绳海、冯正宝译　载上海社会科学院历史研究所编《"八一三"抗战史料选编》，上海史资料丛刊本，上海：上海人民出版社1986年5月第1版。

8611

[第五编·一·(一)·(4)]全面调整日华邦交纲要(1937年8月6日)(译自日外务省编《日本外交年表和主要文书(1840—1945)》下卷，第367、368页)

吴绳海、冯正宝译　载上海社会科学院历史研究所编《"八一三"抗战史料选编》，上海史资料丛刊本，上海：上海人民出版社1986年5月第1版。

8612

[第五编·一·(二)·1·(7)]日本政府关于不参加九国公约国会议之声明(译自日外务省编《日本外交年表和主要文书(1840—1945)》下卷)

　　吴绳海、冯正宝译　载上海社会科学院历史研究所编《"八一三"抗战史料选编》,上海史资料丛刊本,上海:上海人民出版社1986年5月第1版。

8613

一九〇〇至一九〇八年孙中山与法国人

　　[美]杰弗里·巴洛著　黄芷君、张国瑞译　章克生校　《辛亥革命史丛刊》第6辑,1986年5月。

1900—1908年孙中山与法国人

　　[美]杰弗里·巴洛著　黄芷君、张国瑞译　章克生校　载陈锡祺主编《孙中山年谱长编》上册,北京:中华书局1991年8月第1版。

8614

历史的连续性与变化(摘自伯克编《新编剑桥近代史》第13卷,1981年版)

　　[英]伯克(Peter Burke)著　张和声译　姜文彬校　《现代外国哲学社会科学文摘》1986年第7期(总第76期),1986年7月15日。

8615

[第三部分·壹·一·(二)·1]电话、纱厂等职工罢工——总罢工其间的上海电话(译自《大陆报》1925年6月7日);西报、西书店华工罢工,各报馆窘急不堪(译自《大陆报》1925年6月6日)

　　佚名译　载上海社会科学院历史研究所编《五卅运动史料》第2卷,上海:上海人民出版社1986年8月第1版。

8616

[第三部分·壹·一·(二)·4]海员罢工——海员罢工传单(译自《大陆报》1925年6月11日)

  佚名译 载上海社会科学院历史研究所编《五卅运动史料》第2卷,上海:上海人民出版社1986年8月第1版。

8617

[第三部分·壹·一·(二)·5]上海谈判期间,罢工进一步扩大——驳船工人罢工(译自《大陆报》1925年6月18日);工人拟断外人米、煤、炭、柴(译自《警务日报》1925年6月25日)

  佚名译 载上海社会科学院历史研究所编《五卅运动史料》第2卷,上海:上海人民出版社1986年8月第1版。

8618

[第三部分·壹·一·(三)·2]上海总工会对华厂罢工的态度——溥益纱厂经理到工会商谈复工(译自《警务日报》1925年6月9日)

  佚名译 载上海社会科学院历史研究所编《五卅运动史料》第2卷,上海:上海人民出版社1986年8月第1版。

8619

[第三部分·壹·一·(四)·1]上海总工会号召迅速组织起来,各业纷纷建立工会——黄包车准备组织工会(译自《大陆报》1925年6月23日)

  佚名译 载上海社会科学院历史研究所编《五卅运动史料》第2卷,上海:上海人民出版社1986年8月第1版。

8620

[第三部分·壹·一·(五)]开展反帝宣传,反对破坏活动——工人

扣留奸商饼粉(译自《英工部局政治情报》1925年6月16日);内外棉工人扣留销日本的物资(译自《警务日报》1925年6月26日)

  佚名译 载上海社会科学院历史研究所编《五卅运动史料》第2卷,上海:上海人民出版社1986年8月第1版。

8621

[第三部分·贰·一·(一)]上海总工会领导各业工人坚持和扩大罢工——日纱厂工人坚持罢工(译自《警务日报》1925年7月27日)

  佚名译 载上海社会科学院历史研究所编《五卅运动史料》第2卷,上海:上海人民出版社1986年8月第1版。

8622

[第三部分·贰·一·(二)]加强宣传组织工作,继续发展和健全工会,救济安置罢工工人——总工会第二办事处成立演讲团(译自《警务日报》1925年8月7日)

  佚名译 载上海社会科学院历史研究所编《五卅运动史料》第2卷,上海:上海人民出版社1986年8月第1版。

8623

[第三部分·贰·三·(一)·2]举行五卅烈士公祭大会——追悼会后工人结队游行并散发传单(译自《大陆报》1925年7月2日)

  佚名译 载上海社会科学院历史研究所编《五卅运动史料》第2卷,上海:上海人民出版社1986年8月第1版。

8624

[第三部分·贰·四·(四)·7]与外国商会秘密调停沪案——徐可升代表上海总商会函《大陆报》(译自《大陆报》1925年7月21日)

佚名译　载上海社会科学院历史研究所编《五卅运动史料》第2卷,上海:上海人民出版社1986年8月第1版。

8625

[第三部分·叁·一·(一)·6]英厂工人最后复工——英商纱厂达成复工协议(译自《北华捷报》1925年10月3日)

佚名译　载上海社会科学院历史研究所编《五卅运动史料》第2卷,上海:上海人民出版社1986年8月第1版。

8626

[第三部分·叁·一·(三)·2]改进宣传教育工作——上海总工会与上海学联合办工人学校(译自《警务日报》1925年9月2日)

佚名译　载上海社会科学院历史研究所编《五卅运动史料》第2卷,上海:上海人民出版社1986年8月第1版。

8627

[第三部分·叁·一·(四)·1]抗议工贼捣毁上海总工会——总工会被捣毁后加强戒备(译自《警务日报》1925年9月13日)

佚名译　载上海社会科学院历史研究所编《五卅运动史料》第2卷,上海:上海人民出版社1986年8月第1版。

8628

[第三部分·叁·一·(四)·4]奉军离沪后,力争启封上海总工会——总工会第四、第五分会恢复活动(译自《警务日报》1925年10月25日、10月26日、10月29日)

佚名译　载上海社会科学院历史研究所编《五卅运动史料》第2卷,上海:上海人民出版社1986年8月第1版。

8629

［第三部分・叁・一・（四）・5］抗议军阀孙传芳杀害刘华——帝国主义逮捕刘华并引渡给军阀（译自《字林西报》1925年12月1日）；工人学生积极营救刘华（译自《警务日报》1925年12月1日、12月5日，《字林西报》1925年12月7日）；刘华被秘密杀害（译自《字林西报》1925年12月19日）

佚名译 载上海社会科学院历史研究所编《五卅运动史料》第2卷，上海：上海人民出版社1986年8月第1版。

8630

［第三部分・叁・四・（一）・6］商总联拒绝与工学界一致行动，大谈"中日亲善"——商总联声称在工商学联合会解散后，绝未参予五卅有关事项（译自《大陆报》1925年11月20日）

佚名译 载上海社会科学院历史研究所编《五卅运动史料》第2卷，上海：上海人民出版社1986年8月第1版。

8631

［第三部分・叁・五・（二）］宣传国民革命，支援广东革命根据地——上海大批失业工人秘密赴广州（译自《警务日报》1925年10月4日、10月7日、10月8日）

佚名译 载上海社会科学院历史研究所编《五卅运动史料》第2卷，上海：上海人民出版社1986年8月第1版。

8632

（第三部分・肆・五）关于上海各马路商界总联合会的会议报道——六月二日代表会议（译自《字林西报》1925年6月3日）

佚名译 载上海社会科学院历史研究所编《五卅运动史料》第2卷，上海：上海人民出版社1986年8月第1版。

8633

上海——现代中国的钥匙①

[美]罗兹·墨菲著 上海社会科学院历史研究所译（**章克生、徐肇庆、吴竞成、李谦**译，**章克生**校订、加注、定稿），上海：上海人民出版社1986年10月第1版。

8634

[第三章·一·(2)]日本政府关于"上海事件"及派遣陆军之声明（译自日本外务省编《日本外交年表和主要文书（1840—1945）》下卷，1978年第6版）

吴绳海译 载上海社会科学院历史研究所编《"九·一八"——"一·二八"上海军民抗日运动史料》，上海：上海社会科学院出版社1986年10月第1版。

8635

中国历史的结构②

---

① 目录见下：译者卷首按语；第1章导论；第2章政治和人口（上海的政治地位，人口数字，上海和中国）；第3章地基（三角洲，建筑和排水，市区，给水，港口，地势起伏和气候）；第4章位置（上海港口可通达到的内地贸易区，海上航线，与上海旗鼓相当的几个港口，原料）；第5章上海对外贸易的开放及其早期发展（广州和通商口岸，上海的外国租界，租界和贸易，与港口的斗争）；第6章政治因素；第7章运输路线和内地的贸易（运输路线，茶叶和生丝，其他外贸商品）；第8章港口的贸易（1850年以来的对外贸易，上海作为转船运输的枢纽）；第9章上海的食品供应问题是怎样解决的（长江三角洲的农业和运输，上海米市，本地米、外省米和洋米，其他食用商品，本地米的过剩及其前途）；第10章上海工业制造的布局（统计数字的评价，工业制造的格局，市场和原料，原料成本，煤炭和电礼，工厂的位置，工业位置的变动）；第11章上海的今天和明天；译名对照表；参考图书文献目录；本书所载地图、图表、表格一览。

② 该文有多篇他人译文，即1. G. 威康·斯金奈尔著，陈江、王彪译：《中国历史的结构》，载《云大研究生论丛》1986年第2期；2. 施坚雅著：《中国历史的结构》，载 G. W. 施坚雅原著，王旭等译《中国封建社会晚期城市研究——施坚雅模式》，长春：吉林教育出版社1991年2月第1版；3. 施坚雅著，牛贯杰译：《中国历史的结构》，载伊沛霞、姚平主编《当代西方汉学研究集萃·中古史卷》，上海：上海古籍出版社2012年11月第1版。

[美]施坚雅著　**新之**[①]**译**　《史林》1986年第3期,1986年10月。

8636

马可·波罗;瓦特·泰勒;贞德;斯坎德培;康帕内拉;哥伦布;麦哲伦;约翰·胡斯;马丁·路德;闵采尔;华盛顿

　　邓新裕编译　载**邓新裕**、张家哲、李建国、续建宜、朱坚劲、刘建荣等编译《外国历代一百名人传》,上海:上海教育出版社1986年11月第1版。

8637

从马布里到罗伯斯庇尔:一个平均主义经济纲领

　　[法]戈蒂埃著　**陈崇武译**　《法国史通讯》第9期,1986年12月。

1987年

8701

冀东走私的兴衰

　　[日]中村隆英著　**李秀石译**　载中国社会科学院近代史研究所编《国外中国近代史研究》第9辑,北京:中国社会科学出版社1987年1月第1版。

8702

上海小刀会起义(1853—1855年)

　　[法]约瑟夫·法斯著　**倪静兰译**　**章克生校**　《史林》1987年第1期(总第4期),1987年3月。

---

① 即周殿杰。

8703

中国的工人阶级

　　[美]林·诺·谢苇著　　**李谦译**　　**章克生校**　《工运史研究》1987年第3期(总第40期),1987年9月15日。

8704

1853—1856年的太平天国军事史

　　[英]托马斯·泰勒·密迪乐著　　**石培华译**　《史林》1987年第3期(总第6期),1987年第3季度。

8705

(第四章)文化的概念;(第五章)文化;(第六章)文化及其解释

　　李天纲译　　载[美]菲利普·巴格比著,夏克、**李天纲**、陈江岚译《文化:历史的投影——比较文明研究》,文化新视野丛书本,上海:上海人民出版社1987年11月第1版。

8706

斯内夫里特与第一次联合战线的起源(1921—1923年)

　　[荷兰]托尼·赛奇著　　**王作求译**　　**章克生译**　《史林》1987年第4期(总第7期),1987年第4季度。

1988 年

8801

轴心期①

---

① 系魏楚雄、俞新天译:《历史的起源与目标》第1章,参见上编单元号8904。

［瑞士］卡尔·雅斯贝尔斯著　**俞新天**译　《史学理论》1988年第1期,1988年3月25日。

8802

辛壬日记；一九一二年中国之政党结社①

［日］宗方小太郎著　**冯正宝**译　**吴绳海**校阅订正　载章伯锋、顾亚主编《近代稗海》第12辑,成都:四川人民出版社1988年4月第1版。

辛壬日记②；一九一二年中国之政党结社③

［日］宗方小太郎著　**冯正宝**译　**吴绳海**校正　近代史料笔记丛刊本,北京:中华书局2007年4月第1版。

8803

晚清抗粮斗争：上海小刀会和山东刘德培

［美］裴宜理著　**章克生**、何锡蓉译　《史林》1988年第2、4期,1988年第2、4季度。

8804

1945—1949年上海工人的斗争——访问沈以行、忻全根、袁安澜

［日］小林贤二郎著　**李秀石**译　《上海工运史料》1988年第5期,1988年10月30日。

---

① 《一九一二年中国之政党结社》后有他译,参见上编单元号9004。
② 目录见下：整理说明,一九一一年,一九一二年。宗方小太郎日记有全译,参见上编单元号1607。
③ 目录见下：整理说明;序言;第1篇清朝之政党结社(1.保皇会,2.预备立宪公会,3.帝国统一党,4.帝国宪政实进会,5.宪友会,6.辛亥俱乐部,7.八旗宪政急进会);第2篇中华民国之会党(1.政治性会党,2.为适应全国统一大计而产生之团体,3.有关风教之团体,4.军事性团体,5.与外国有关之团体,6.与实业有关之团体,7.北京、上海之同乡会团体,8.各省之团体,9.主要政党之现况);结论。

8805

旧上海租界的社会生活

[英]兰宁、库龄原著　**李德靖**摘译　《档案与历史》1988年第4期,1988年12月5日。

1989 年

8901

条目:酗酒(保罗·罗曼撰);越轨行为(保罗·罗克撰);同性恋(肯·普卢默撰);标签论(莫里斯·格利克曼撰);难民(迈克尔·肯尼撰);恢复声誉(莫利斯·格利克曼撰);刑罚学(奈杰尔·沃克撰);色情文学(安德鲁·图德撰);贫穷(诺埃尔·蒂姆斯撰);卖淫(埃德温·M.舒尔撰);社会问题(马尔科姆·斯佩克特撰);社会工作(诺埃尔·蒂姆斯撰);亚文化群(小詹姆斯·F.肖特撰);自杀(史蒂文·斯塔克撰)

章克生译　载[英]亚当·库珀、杰西卡·库珀主编《社会科学百科全书》,上海:上海译文出版社1989年2月第1版。

8902

条目:年鉴学派(彼得·伯克撰);马克·布洛赫(迈克尔·普雷斯特维奇撰);费尔南·布罗代尔(乔纳森·I.伊斯雷尔撰);资本主义(斐利斯·迪恩撰);封建主义(迈克尔·普雷斯特维奇撰);历史语言学(罗杰·拉斯撰);历史学(罗德里克·弗拉德撰);威廉·哈迪·麦克尼尔(彼得·施罗德撰);口头传说(简·范西纳撰);社会变迁(丹尼尔·奇洛特撰);社会文化进化(哈里·M.约翰逊撰);理查德·亨利·托尼(J. M. 温特撰)

邓新裕译　载[英]亚当·库珀、杰西卡·库珀主编《社会科学百科全书》,上海:上海译文出版社1989年2月第1版。

8903

(附录一)戈蒂埃论罗伯斯皮尔

陈崇武译　载王养冲、**陈崇武**选编《罗伯斯庇尔选集》,上海:华东师范大学出版社1989年3月第1版。

8904

十九世纪中国的改革(选译)

[美]柯恩著　**陆菁**译　**李天纲**校　《史林》1989年第1期,1989年第1季度。

8905

历史的起源与目标①

[德]卡尔·雅斯贝斯著　**魏楚雄**、**俞新天**译　北京:华夏出版社1989年6月版。

---

① 目录见下:序言;第1篇世界历史(绪论　世界历史的结构,1.轴心期——轴心期之特征、自轴心期以来的世界历史结构、对轴心期论点的查审,2.世界历史纲要,3.史前——历史和史前、我们对史前的看法、史前的时间纲要、史前发生了什么? 史前之全貌、所有的人都是一个整体的构成部分吗? 4.古代历史文明——概要、什么事件开创了历史? 古代文明之间的相似性和多样性,5.轴心期及其后果——轴心期前的世界历史结构、轴心期后的世界历史结构、印欧语系民族的重要性、西方历史,6.西方的特殊性,7.东方和西方、东方世界和西方世界,8.世界历史的又一纲要);第2篇现在与未来(1.本质更新:科学和技术——导言、现代科学、现代技术,2.世界现状——导言、现状之特征、什么造成了现状? 总结,3.未来——目标:自由、基本倾向);第3篇历史的意义(绪论　历史观的意义,1.历史的界线——自然和历史、遗传和传统、历史和宇宙,2.历史的基本结构——普遍与个别、历史的变迁,3.历史的统一——导言、表明统一之事实、通过内涵和目标而达成的统一、为思考整体观念而达成的统一、总结,4.我们现代的历史意识,5.战胜历史);注释;雅斯贝尔斯的其他著作。(此书前有选译,参见上编单元号8801)

8906

现代化理论研究①

　　[美]罗伯特·海尔布罗纳等著　　俞新天、邓新裕、周锦黻译
北京：华夏出版社 1989 年 9 月第 1 版。

8907

上海租界的形成

　　[日]加藤佑三著　　谯枢铭译　《史林》1989 年第 3 期,1989 年第 3 季度。

8908

二七罢工斗争是一次发人深醒(省)的经历

　　[荷兰]托尼·赛奇著　　李谦译　章克生校　《史林》1989 年第 3 期,1989 年第 3 季度。

8909

国民党与工人②

　　[美]伊罗生著　　吴竟成编译　《史林》1989 年增刊,1990 年第 1 期,1989 年第 4 季度,1990 年第 1 季度。

---

① 目录见下：序言；第 1 部分[后工业社会的经济问题(罗伯特·L.海尔布罗纳),资本主义发展中的前资本主义和非资本主义因素：论弗雷德·希尔施和约瑟夫·熊彼特(克利尚·库马),未来技术所涉及的国际作用(尤金·B.斯科尔尼考夫)]；第 2 部分[马克思主义与现代化的意义(弗农·V.阿斯巴图连),工业社会的趋同问题——对理论状况的评论(伊恩·温伯格),发达社会主义理论是苏联的趋同观点吗？(杰弗里·W.哈恩),社会主义与非社会主义国家的人的现代化(阿历克斯·英格尔斯)]；第 3 部分[世界体系中的危机与依附关系的转变(安德烈·甘德尔·弗兰克),发展经济学：我们学到了什么？(贾格迪什·N.哈格瓦蒂),工业化与发展的估量(海伦·休斯),国家发展战略的国际联系——变化世界中的紧张和机会(曼弗兰德·比内费尔德)]。

② 系王作求、吴竟成、李谦译《国民党反动统治的五年》第 4 章,参见上编单元号 8512。

1990 年

9001

流氓帮会与工人阶级①

　　［美］伊罗生著　**李谦**编译　**章克生**校　《史林》1990年第2期，1990年第2季度。

9002

伊斯兰社会近代化探析

　　［美］I. M. 拉皮迪斯著　**余建华**摘译　《世界史研究动态》1990年第7期，1990年7月20日。

9003

帝国主义和自由思想的传播——英国对中国教育的印象

　　［英］迪莉亚·达文著　**李天纲**译　载［加］许美德、［法］巴斯蒂等著《中外比较教育史》，上海：上海人民出版社1990年7月第1版。

9004

关于中国的政党结社②

　　［日］宗方小太郎著　**承载**译　载汤志钧编著《乘桴新获——从戊戌到辛亥》，南京：江苏古籍出版社1990年10月第1版。

---

① 系王作求、吴竟成、李谦译《国民党反动统治的五年》第7章之一部分，参见上编单元号8512。
② 前有他译，参见上编单元号8802。

9005

中国早期工业化：盛宣怀(1844—1916)和官督商办企业①

　　[美]费维恺著　虞和平译　**吴乾兑**校　中国近代史研究译丛本(王庆成主编)，北京：中国社会科学出版社1990年10月第1版。

9006

书评：日中学术交流的友谊尝试——介绍汤志钧、近藤康邦合著的《中国近代的思想家》

　　[日]小林武著　**承载**译　《史林》1990年第4期,1990年第4季度。

9007

书评：一部贯穿着实事求是原则的力作——介绍汤志钧的《近代中国的思想和日本》

　　[日]野村浩一著　**承载**译　《史林》1990年第4期,1990年第4季度。

9008

知识分子与中国革命②

---

① 目录见下：第1章官督商办体制："官为保护,商为经营"(1.中国工业化的障碍,2."官督商办"的由来和内容,3.工业化的成果与地方权力,4.来自通商口岸的商人资本,5.官僚主义的经营管理,6.官僚的勒索,7.有限的专利权);第2章清末的经济状况(1.经济思想,2.政府财政,3.贸易和商业);第3章官僚企业家盛宣怀(1844—1916)(1.生平,2.家世,3.江苏绅士中的一员,4.官僚的角色);第4章轮船招商局：商人经营(1.轮船招商局的起源,2.公司所经历的四个年代：1873—1913,3.公司的业务,4.经营管理者,5.轮船招商局的财务,6.官僚主义的经营管理,7.舞弊问题);第5章轮船招商局：官方监督[1.官方监督(1872—1895),2.官方监督(1895—1908),3.董事会对邮传部(1909—1911),4.漕粮的运输和免税特权,5.官方勒索,6.轮船招商局是一个成功的商办企业吗];第6章三家官督商办企业(1.盛宣怀的"帝国",2.中国电报总局,3.华盛纺织厂,4.中国通商银行);第7章结论：走向"官僚资本主义";引征外文书目;译名对照表。

② 系王作求、吴竟成、李谦译《国民党反动统治的五年》第5章,参见上编单元号8512。

[美]伊罗生著 **吴竟成**编译 **章克生**校 《史林》1990年第4期,1990年第4季度。

1991年

9101

四千名犹太人是怎样从上海到达以色列的

虞卫东、**潘光**译 《以色列动态》1991年第1期。

9102

1843年上海之行

[英]罗伯特·福均著 **郑祖安**译 **吴德铎**校 《史林》1991年第1期,1991年第1季度。

9103

原始宗教中的灵魂不灭

[英]詹姆斯·乔治·弗雷泽著 **吕静**译 《史林》1991年第1期,1991年第1季度。

9104

费正清对华回忆录①

---

① 目录见下:前言;第1部分负笈求学:在五个地方受教育(1907—1931年)(1.怎样确定我的事业方向,2.到达中国);第2部分我们首次发现中国(1932—1935年)(3.迁居北京,4.开始考察风土人情,5.史沫特莱的中国,6.伊罗生及其面临的恐怖,7.蒋廷黻与现代化,8.成为专家、执教清华,9.我们的中国朋友,10.访问最早开埠的通商口岸,11.第一次离开中国);第3部分学会当一名教授(1836—1940年)(12.获得牛津哲学博士学位,13.开始在哈佛大学工作,14.战争与政策问题);第4部分华盛顿—重庆—上海(1941—1946年)(15.移居华盛顿,16.战时赴中华,17.在重庆开展工作,(转下页)

[美]费正清著　陆惠勤、**陈祖怀**、陈维益、宋瑜译　**章克生**校 上海：知识出版社 1991 年 5 月第 1 版。

9105

"床"的起源及变迁与中日起居文化

[日]吕玉新著　**施礼康**编译　《史林》1991 年第 2 期，1991 年第 2 季度。

"床"的起源及变迁与中日起居文化

[日]吕玉新著　**施礼康**编译　《人大复印报刊资料·文化研究》1991 年第 4 期。

9106

中国工人阶级的数量和地域分布

[法]让·谢诺著　**李谦**译　**章克生**校　《史林》1991 年第 3、4 期，1991 年第 3、4 季度。

1992 年

9201

美商琼记洋行在华经商情况的剖析(1858—1862 年)[①]

(接上页)18. 梅乐斯和战略情报局，19. 学术研究中心与美国权益，20. 1943 年：蒋介石开始丧失民心，21. 发现左翼，22. 返回华盛顿陆军情报局，23. 在战后中国)；第 5 部分第二次世界大战的余波(1946—1952 年)(24. 美国对华政策和中国区域研究，25. 反对麦卡锡主义)；第 6 部分中国问题研究的发展(1953—1971 年)(26. 创立研究中心，27. 研究工作的组织，28. 在世界各地的参观与访问，29. 越南与美国及东亚的关系)；第 7 部分安度危机(1972—1981 年)(30. 在中华人民共和国的旧友新交，31. 同苏联人交往的失败经验，32. 甜酸苦辣：一个中国之友的体验，33. 尾声；附录：费正清著作要目；译后记。(该书另有他人译本，即 1. 费正清著，黎鸣等译校《费正清自传》，天津：天津人民出版社 1993 年 8 月第 1 版；2. 费正清著，闫亚婷、熊文霞译《费正清中国回忆录》，北京：中信出版社 2013 年 8 月第 1 版)

① 目录见下："译丛"编者前言(丁日初)；译者说明(章克生)；原著序言；第 1 部分(转下页)

［美］斯蒂芬·洛克伍德著　**章克生、王作求**译　中国近代经济史译丛本,上海:上海社会科学院出版社1992年1月第1版。

9202

历史学家的技艺①

［法］马克·布洛赫著　**张和声、程郁**译　名人名著译丛本,上海:上海社会科学院出版社1992年6月第1版//《为历史学辩护》,北京:中国人民大学出版社2006年7月版//《为历史学辩护》,北京:北京师范大学出版社2014年1月版。

9203

国民政府的钢铁产业政策

［日］荻原充著　秦胜译　**吴健熙**校　《史林》1992年第2期,1992年第2季度。

9204

阿拉伯非洲历史文选(18世纪末—20世纪中)②

(接上页)十九世纪中叶的商行(1.代理商琼记洋行,2.委办商和市场策略,3.付款购茶:交易的媒介,4.共同分担风险,5.买办和内地贸易区的采办业务,6.外商在通商口岸的生活状况);第2部分战争、叛乱和交通、消息传递上的剧烈变革(7.亚罗战争,8.商业和战争,9.漕运合同,10.太平军和长江上的轮船航行,11.风云变幻的环境和对外贸易);结束语;附录一(译名对照表);附录二(参考图书文献目录)。

① 目录见下:译者的话;献给吕西安·费弗尔;有关本书手稿的一点说明(费弗尔);导言;第1章历史、人、时间(1.历史学家的选择,2.历史与人类,3.历史的时间,4.起源的偶像,5.过去与现在的界限,6.由古知今,7.由今知古);第2章历史的考察(1.历史考察的一般特征,2.证据,3.证据的流传);第3章历史的考证(1.考证方法的历史概要,2.辨伪正误,3.考据方法的逻辑);第4章历史的分析(1.评判还是理解? 2.从人类功能的多样性到人类良心的一致性,3.术语);第5章历史的因果。

② 目录见下:沃尔尼谈马穆鲁克军团(节录),沃尔尼谈18世纪末埃及的海关和税收,远征埃及的命令(1798年4月12日),阿布基尔大海战,1800年前后埃及的农业和工业,美国和的黎波里和平友好条约(节录)(1805年6月4日),1801—1815年埃及土地(转下页)

（接上页）制度的变迁，法国首相兼外交大臣波利雅克亲王致法国驻伦敦大使拉瓦尔公爵的两封信（节录），法国政府与阿尔及尔德依关于移交城市及要塞的协定（1830年7月5日），法国驻奥兰军事长官和阿卜杜·卡德尔签订的和平友好条约（1834年2月26日），法国与阿尔及利亚的阿拉伯埃米尔相互承认的条约（节录）（1837年5月30日），鲍林关于1837年前后埃及情况的报告（节录），奥斯曼素丹给穆罕默德·阿里的敕令（节录）（1841年2月13日），奥斯曼素丹给穆罕默德·阿里（节录）（1841年6月1日），恢复法国与摩洛哥友好关系的协定（节录）（1844年9月10日），国际苏伊士运河公司章程（节录）（1856年1月5日），埃及总督和国际苏伊士运河公司之间的合同（节录）（1866年2月22日），突尼斯贝伊颁布的在突尼斯建立财政委员会的法令（节录）（1869年7月5日），埃及赫迪夫颁布的埃及建立国债委员会的法令（节录）（1876年5月2日），苏伊士运河公司股东大会关于英国参加公司委员会的决议（1876年6月27日），关于摩洛哥保护制的公约（节录）（1880年7月3日），法国和突尼斯缔结的巴尔杜条约（1881年5月12日），埃及祖国党领导人对一些重大问题的看法，英法致埃及总督的照会（节录）（1882年1月8日），尼内谈埃及民众对奥拉比内阁和陶菲克的态度，1882年6月11日亚历山大事件目击记，亚历山大保卫战和卡费尔—杜瓦尔防线（节录），泰尔—克比尔之战（节录），奥拉比的狱中自白书（节录），19世纪60年代至80年代苏丹的税收、贸易和筑铁路计划，导致马赫迪起义的两个重要原因，法国和突尼斯签署的马尔萨条约（1883年6月8日），克罗默致英国外交大臣的电文（节录）（1883年10月9日），戈登写给他妹妹的信件（节录），英国和奥斯曼帝国关于埃及事务的条约（1885年10月24日），英国和奥斯曼帝国关于埃及的条约（节录）（1887年5月22日），斯拉丁谈马赫迪国家的农业、商业和邮政，马赫迪国家的财政制度，英国统治下埃及的财政状况（1882—1901年），英国和埃及共同管理苏丹的协定（节录）（1899年1月19日），英国官员之间关于法绍达事件的几份来往电报，补充1898年6月14日英法关于中非和苏丹协定的声明（1899年3月21日），索马里哈桑起义的发端（节录），法国驻意大使巴雷尔与意大利外交大臣维斯孔蒂—范诺斯塔之间的来往函件，英法协约（节录）（1904年4月8日），法国西班牙协定（1904年10月3日），关于哈桑与意大利签订的伊利格条约，德皇威廉二世访问摩洛哥丹吉尔时发表的演说（1905年3月31日），1906年前后苏丹的土地状况，法德就召开摩洛哥问题国际会议交换的信件和发表的联合声明（1905年7月8日），阿耳黑西拉斯会议总议定书、补充议定书和美国代表声明（节录）（1906年4月7日），摩洛哥1908年宪法（节录），法德关于解决摩洛哥危机的协定和双方互换的信件（节录）（1911年11月4日），法摩保护制条约（非斯条约）（1912年3月30日），意大利和奥斯曼帝国和平条约（节录）（1912年10月15日、10月18日），法西关于规定在摩洛哥的保护权状况的条约（节录）（1912年11月27日），英国政府将埃及置于英国保护之下的声明（1914年12月18日），英国政府关于废黜埃及赫迪夫阿拔斯·希勒米、由侯赛因·卡米勒即埃及素丹职位的声明（1914年12月19日），埃及华夫脱致英国首相的电报（1919年3月6日），埃及华夫脱致素丹的信（1919年3月9日），米尔纳调查团成员与华夫脱党领导人的对话，索马里哈桑起义的最后阶段，阿伦比对埃及的宣言（1922年2月28日），埃及工商委员会报告（节录），里夫共和国的国家宪章，阿卜杜·克里姆与总督密使的谈话，法国殖民者在摩洛哥制造民族分裂，突尼斯宪政党的分裂及新宪政党的成立，英国埃及同盟条约（节录）（转下页）

潘光、朱威烈主编　**邓新裕**、陈万里、**周锦皱**等译校　上海：华东师范大学出版社1992年7月第1版。

9205
中国的宗族与戏剧①

［日］田仲一成著　**钱杭**、任余白译　海外汉学丛书本（王元化主编），上海：上海古籍出版社1992年8月第1版。

(接上页)(1936年8月26日)，摩洛哥独立党的成立及其后爆发的反法斗争,摩洛哥独立党宣言(1944年1月11日)，阿拉伯联盟公约(节录)(1945年3月22日)，突尼斯国民代表大会宪章(1946年8月23日)，法国提出的阿尔及利亚法规(节录)(1947年9月20日)，阿拉伯联盟关于维护利比亚独立与统一的决议(节录)(1947年10月15日)，第一次阿以战争时期纳赛尔关于埃及前途的思考，萨达特谈埃及自由军官组织创建和发展的一些情况，埃及—以色列停战总协定(节录)(1949年2月24日)，1951年底和1952年初突尼斯的反法浪潮，关于利比亚1951年宪法，七·二三革命爆发时埃及电台播送的第一个声明(1952年7月23日)，纳赛尔为七月革命制定的六项原则，埃及国王法鲁克被迫退位，埃及武装部队总司令给法鲁克的通牒(1952年7月26日)，法国策划的废黜摩洛哥素丹事件，摩洛哥素丹为纪念登基28周年发表的演说(节录)(1955年11月18日)，摩洛哥和法国关于摩洛哥独立的联合宣言(1956年3月2日)，布尔吉巴谈突尼斯内外政策，毛里塔尼亚1958年宪法(节录)，阿拉伯非洲简明大事记(1798—1952年)，外文资料主要来源。

① 该书第1、3篇系钱杭所译，目录见下：第1篇宗族设立的市场外神祭祀(序章　市场祭祀戏剧中的宗族统制机构，1. 上水廖氏和石湖墟周王二院神诞祭祀——上水廖氏和石湖墟、周王二公书院神诞祭祀组织、祭祀日程·场地·祭祀礼仪、祭祀戏剧、小结，2. 大埔头邓氏和大埔旧墟天后神诞祭祀——大埔头邓氏和大埔旧墟、天后神诞祭祀组织、祭祀日程·场地·祭祀礼仪、祭祀戏剧、小结，3. 锦田泰康邓氏和元朗旧墟建醮祭祀——锦田泰康邓氏和元朗旧墟、大王庙建醮祭祀组织、祭祀日程·场地·祭祀礼仪、祭祀戏剧、小结，4. 南头黄氏和长洲墟建醮祭祀——南头黄氏和长洲墟、北帝庙建醮祭祀组织、祭祀日程·场地·祭祀礼仪、祭祀戏剧、小结，结章　从广东型向江南型发展的方向)；第3篇单姓村落的外神祭祀(序章　单姓村落祭祀戏剧中的宗族统制机构，1. 龙跃头邓氏建醮祭祀——龙跃头邓氏和天后庙、天后庙建醮祭祀组织、祭祀日程·场地·祭祀礼仪、祭祀戏剧(附"白虎")、小结，2. 粉岭彭氏元宵洪朝祭祀——粉岭彭氏和三圣宫、元宵三圣宫太平洪朝祭祀组织、祭祀日程·场地·祭祀礼仪、祭祀歌谣(附山歌)、小结，3. 河上乡侯氏洪圣神诞祭祀——河上乡侯氏和洪圣庙、洪圣神诞祭祀组织、祭祀日程·场地·祭祀礼仪、祭祀戏剧、小结)，结章　从广东型向江南型发展的方向)。

9206

宗教生活的基本形式①

［法］涂尔干著　**芮传明**、赵学元译　顾晓鸣校阅　当代思潮系列丛书本(38)，桂冠图书股份有限公司1992年9月初版。

9207

巫术的兴衰②

［英］基恩·托马斯著　**芮传明**译　域外俗文化译丛本，上海：上海人民出版社1992年12月第1版。

---

① 要目见下：导言；第1篇基本问题(1. 宗教现象和宗教的定义，2. 基本宗教的主要概念，3. 基本宗教的主要概念(续)，4. 做为基本宗教的图腾制度)；第2篇基本信仰(1. 图腾信仰，2. 图腾信仰(续)，3. 图腾信仰(续)，4. 图腾信仰(终)，5. 这些信仰的起源，6. 这些信仰的起源(续)，7. 这些信仰的起源(终)，8. 灵魂观念，9. 精灵和神的观念)；第3篇仪式的主要心态(1. 消极崇拜及其功能，2. 积极崇拜，3. 积极崇拜(续)，4. 积极崇拜(终)，5. 赎罪性仪式及神圣观念的不确定性)；结论。(此书后有他人译本，即爱弥儿·涂尔干著，渠东、汲喆译《宗教生活的基本形式》，涂尔干文集本(1)，上海：上海人民出版社1999年11月第1版/2006年7月第1版//汉译世界学术名著丛书本，北京：商务印书馆2011年4月第1版)

② 目录见下：译者序；巫术(1. 巫术疗法——魔咒师和术士、接触疗法、巫术治疗法的功效，2. 术士和大众巫术——丢失财物、奇术和巫术的传统、大众巫术和占卜、巫术职业，3. 巫术与宗教——宗教与巫术的对抗、类似性和相异性)；占星术(4. 占星术：活动和范围——导言、历书和预报、占星从业者、在咨询室里，5. 占星术：社会与知识的作用——求知的欲望、成功和失败、衰落，6. 占星术与宗教——冲突、同化)；过去的魅力(7. 古代预言——类型、作用、沉睡的英雄、预言的根源)；妖术(8. 英国的妖术：罪行及其历史——妖术的含义、妖巫信仰的年表、附录一："妖术"一词的含义、附录二：1563年前妖术在英国的法律地位，9. 妖术与宗教——魔王、着魔和被魔、妖术和宗教，10. 妖巫的手段——诅咒、魔鬼崇拜的诱惑、妖术的诱惑、社区和不合规范者，11. 妖术及其社会环境——妖巫信仰的功用、妖巫与其控告者、妖术和社会，12. 妖术的衰弱)；同源的信仰(13. 幽灵和妖仙——关于幽灵的神学、幽灵的用途、社会和死者、妖仙，14. 时节和预兆——时节的守奉、预兆和禁忌)；结论(15. 若干相互关系——巫术信仰的统一性、巫术和宗教，16. 巫术和衰落——知识方面的变化、新技术、新的热望、遗风)；译名对照表。

1993 年

9301

(七·Ⅴ·a·4)开放的社会及其敌人

　　翼升译　罕因校　载洪谦主编《现代西方哲学论著选辑》上册，北京：商务印书馆1993年1月第1版。

9302

关于在南京国民政府下的上海资本家团体的改编

　　[日]小浜正子著　**陈祖恩译**　载[日]古厩忠夫等著《日本学者论上海史》，上海：复旦大学出版社1993年6月第1版。

9303

从冲突到沉寂：1927—1937年间江苏省国民党党内宗派主义和地方名宿

　　[美]盖思白著　徐有威译　**陈祖怀校**　《史林》1993年第2期，1993年第2季度。

9304

钱君匋先生传略

　　[日]福本雅一著　**承载译**　载司马陋夫、晓云编《钱君匋的艺术世界》，上海：上海书店1992年7月第1版。

9305

中国工人阶级的政治经历

　　[法]让·谢诺著　**李谦译　章克生校**　《史林》1993年第3、4期，1993年第3、4季度。

中国工人阶级的政治经历

［法］让·谢诺著　李谦译　章克生校　《人大复印报刊资料·工人组织与活动》1994年第2期。

9306

(六) 宗方小太郎日记①

　　冯正宝译　吴绳海校　载戚其章主编《中日战争》第6册,中国近代史资料丛刊续编本,北京：中华书局1993年12月第1版。

1994 年

9401

论19世纪80年代洋行买办的法律地位

　　［日］本野英一著　徐元基译　蒋士驹校　载丁日初主编《近代中国》第4辑,上海：上海社会科学院出版社1994年5月第1版。

9402

《乘桴新获：从戊戌到辛亥》评介

　　［日］山根幸夫著　承载译　《史林》1994年第2期,1994年第2季度。

9403

战前日本的上海史研究述略：从语言学家新村出谈起

　　［日］野泽丰著　吴健熙译　《史林》1994年第4期,1994年第4季度。

---

① 宗方小太郎日记后有全译,参见上编单元号1607。

9404

《中国近代民主思想史》解说

[日]依田熹家著　**甘慧杰**译　王沛芳校　《史林》1994年第4期,1994年第4季度。

1995 年

9501

费正清看中国①

[加拿大]保罗·埃文斯著　**陈同**、**罗苏文**、**袁燮铭**、**张培德**译　袁传伟校　上海:上海人民出版社1995年5月第1版。

9502

宗族与集体:结构与实践

[美]苏拉米兹·帕特、杰克·帕特著　杨榕生译　**钱杭**校　《史林》1995年第4期,1995年第4季度。

1996 年

9601

罗马对南京政府的军事援助与蒋百里的意大利之行

[美]圭德·萨马拉尼著　**甘慧杰**译　徐有威校　《军事历史研

---

① 目录见下:序言,关于原始资料的按语,导言:费正清研究入门,第1章开端,第2章灿烂的中国,第3章文献的积累,第4章战时,第5章社会革命,第6章无妄之灾,第7章解释的历史,第8章国家的研究事业、国际的利益,第9章在外围,第10章不得已的努力,第11章新中国,第12章美国与中国的联系,结语　文化差异,参考书目。

究》1996年第1期,1996年3月20日。

罗马对南京政府的军事援助与蒋百里的意大利之行

[美]圭德·萨马拉尼著　甘慧杰译　徐有威校　载谭许锋主编《蒋百里全集》第8卷附录,北京：北京工业大学出版社2015年9月第1版。

9602

近代中国蚕丝业及外销(1842—1937年)①

[美]李明珠著　徐秀丽译　王弼德初校　章克生审定　上海：上海社会科学院出版社1996年4月第1版。

9603

日本研究上海史的先驱者冲田一

[日]高纲博文著　陈祖恩译　《档案与史学》1996年第3期,1996年6月。

9604

清末地方社会教育行政机构的形成——苏、浙、皖三省各厅、州、县教育行政机构的状况

[日]高田幸男著　甘慧杰译　承载校　《史林》1996年第3期,1996年第3季度。

---

① 目录见下：致谢;导言;第1章桑蚕缫织技术(种桑,养蚕,缫丝,加工和织造,现代化的重下定义);第2章政府和传统事业(官营丝绸织造局和江南丝市,官营丝绸织造局的织匠,私人丝绸织造业的组织,资本主义萌芽);第3章蚕丝出口贸易(五口通商前的蚕丝出口贸易,1870—1937年蚕丝出口贸易的总趋势,国际丝业);第4章蚕丝出口贸易和国内养蚕业的发展(江南地区养蚕业的发展,其他地区养蚕业的发展,丝绸织造业与国内市场);第5章蚕丝出口贸易和农村经济(官方的荒诞设想和对养蚕业的推进,经济现实和农民家庭,农村商业和对外贸易);第6章蚕丝出口贸易和近代机器缫丝业(资金和劳力,茧行和市场,改革的措施);结论;引用书目;译名对照表;译后记。

1997 年

9701

傅兰雅日记

叶斌、**陆文雪**、**马军**译 《档案与史学》1997 年第 2、4、5 期,1997 年 4 月、8 月、9 月。

1998 年

9801

对英国近代汉学家伟烈亚力的回忆

［法］高第撰 **马军**译 《中国史研究动态》1998 年第 5 期(总第 233 期),1998 年 5 月 25 日。

9802

民国时期的市民社会与城市变迁

［法］白吉尔著 **李天纲**译 载林克主编《上海研究论丛》第 12 辑,上海:上海社会科学院出版社 1998 年 12 月第 1 版。

1999 年

9901

德国东方学泰斗——克拉普罗特传

佚名撰 **马军**译注 载阎纯德主编《汉学研究》第 3 集,北京:中国和平出版社1999年1月版。

9902

族谱：华南汉族的宗族·风水·移居①

[日]濑川昌久著　**钱杭**译　上海：上海书店出版社1999年5月第1版。

9903

上海的民族主义运动与朝鲜人——五卅运动剖析

[韩]孙安石著　**陈祖恩**译　《史林》1999年第3期，1999年第3季度。

9904

从上海市长到"台湾省主席"（1946—1953年）——吴国桢口述回忆②

---

① 目录见下：中译本序；译序；原序；第1章族谱与历史意识（1. 引言，2. 族谱的编纂——一个追溯性的过程，3. 对接近编纂者世代的记载，4. 对与开基祖相关的分支始祖的记载，5. 对开基祖以前的远祖系谱的记载，6. 结语）；第2章移居与地域社会的形成[1. 引言，2. 见于族谱的人民的移动性——新界原住民祖先的移居，3. 移居与地域社会的形成（一）——明末以前，4. 移居与地域社会的形成（二）——清代初期至中期，5. 从国内移居到海外移民，6. 结语]；第3章宗族间的联合与纽带（1. 引言，2. 弗利德曼的宗族模型与新界宗族，3. 宗族联合的形成过程——以锦田邓氏的实例为中心（一），4. 宗族联合的形成过程——以锦田邓氏的实例为中心（二），5. 宗族间的婚姻纽带——以泰坑文氏实例为中心，6. 结语）；第4章风水与宗族的发展过程（1. 引言，2. 实例分析（一）——莲花地郭氏族谱中的墓地风水，3. 实例分析（二）——水流田邓氏族谱中的墓地风水，4. 实例分析（三）——河上乡、金钱、燕岗侯氏族谱中的墓地风水，5. 实例分析（四）——粉岭彭氏族谱中的墓地风水，6. 结语）；第5章风水与继嗣（1. 引言，2. 锦田邓氏宗族中的祖先与风水，3. 女性墓地与风水，4. "机械论"风水与"人格论"风水的并存，5. 风水与民俗性继嗣模式的关联，6. 结语）；第6章客家的族谱与移居传说（1. 引言，2. 对宁化石壁传说的各种解释，3. 香港新界各客家系宗族族谱中所记载的宁化石壁，4. 结语）；第7章少数民族的汉化与汉族的族源（1. 引言，2. 壮族的狄青传说，3. 壮族的珠玑巷传说与广东本地人，4. 畲族的河南传说，5. 结语）；后跋；注释；引用文献一览；引用香港新界族谱一览；解说；索引。

② 目录见下：序言（熊月之）；前言（译校者）；吴国桢简历（马军）；1. 战后早期的问题与蒋介石控制的特性（1. 敌产接收中的腐败，2. 政府为什么没能控制住"投机牟利者"？（转下页）

(接上页)3. 情有可原的情况：战时受损,4. 蒋介石作为领袖的品质与责任,5. 当蒋介石私人秘书的体验,6. 蒋介石的嗜权及通往独裁之路,7. 蒋介石的用人术：分而治之,8. 抗日的坚定性,9. 下属对蒋介石的影响,10. 蒋介石精明而狡黠);2. 我任上海市长时的问题(1. 某些行政困难,2. 共产党鼓动学生游行,3. 反л斗争中知识分子的冷漠态度,4. 通货膨胀与改良努力,5. 再谈共产党的鼓动,6. 一个严重问题：将领中的腐败,7. 金圆券的可耻下场,8. 蒋经国的督导努力,9. 蒋经国的背景,10. 蒋经国专断的事例,11. 李铭案,12. 临近顶层的腐败：扬子建业公司,13. 为了上海的粮食供应,14. 蒋介石名义上的下野,15. 同业公会在市政管理中的作用,16. 共产党策反我的一次企图,17. 1949年4月蒋介石允许我辞职);3. 国民党失去大陆(1. 台湾对蒋介石的欢迎靠不住,2. 访问韩国与菲律宾,3. 我希望蒋介石改变方法,4. 陪同诺兰参议员到大陆,5. 台湾的混乱情况,6. 蒋介石的地位不稳定);4. 我任台湾省主席(1. 1949年12月任命时的独特环境,2. 当时政府的组成,3. 一个原则问题：谁控制省内警察？4. 省主席面临的问题,5. 评首任省主席陈仪,6. 第二任省主席魏道明,7. 第三任省主席陈诚,8. 台湾人对大陆人的态度,9. 我在建立新省府中犯错,10. 对财政问题的抨击,11. 走私问题,12. 试图压低物价,13. 指望美国经济援助,14. 台湾人自治的开始,15. 岁入的新来源,16. 1950年7月的财政危机,17. 渡过危机的大胆计划,18. 如何利用朝鲜战争？19. 与陈诚的一次口角);5. 我和蒋介石的关系(1. 台湾福星高照,2. 蒋介石对我的青睐,3. 小评吴三连和雷震以及他们组织反对党的企图,4. 蒋介石开始不信任我,5. 财政赤字引起失信,6. 蒋介石着手削减我的权力,7. 蒋介石暴露出分而治之的手法,8. 特务：老板是蒋经国,9. 我反对非法逮捕王哲甫,10. 委员长的干预,11. 蒋介石让我的下属打我的小报告,12. 我试图辞职,13. 蒋介石提出交易：如果我愿与蒋经国合作,14. 蒋氏父子试图讨好我,15. 蒋介石给我妻子一份可观的礼物,16. 受操纵的国民党代代会揭示出蒋经国的权力,17. 我加强公民自由权的努力,18. 向台湾人灌输民主的努力,19. 大规模逮捕：胁迫选举的一种形式,20. 我的回击);6. 我与蒋介石疏远并辞去省主席职务(1. 我分析蒋介石重掌权力的方法,2. 钱、剑兼掌,3. 陈氏兄弟的衰落,4. 拆散军官中的派系,5. 蒋经国领导军中的政治军官,6. 削弱我省主席的权力,7. 我被蒋经国的特务暗中监视,8. 我与蒋介石摊牌的原因,9. 我请"病假"但蒋介石要我继续当摆设,10. 蒋夫人试图说服我,11. 我与蒋夫人会谈,12. 协商在特务的控制问题上拖延不决,13. 有人策划谋杀我,14. 我决心查出是谁要谋害我,15. 蒋介石要我顺从的最后企图,16. 我省主席的职位被取代但生命仍在危险之中,17. 我查究蒋介石可能与害我的企图有染,18. 好友张群的忠告,19. 一个保命的计谋,20. 我试图从台湾脱身,21. 办理护照困难重重,22. 蒋介石不愿见我,23. 台湾人民向我告别,24. 我最初的缄默);7. 我与蒋介石决裂后的余波(1. 我在美国受到热情接待,2. 我试图掩盖与蒋介石的分歧,3. 少数朋友探出事实,4. 同蒋经国及其特务的又一次争斗,5. 蒋介石请我回去但我拒绝,6. 有人对我造谣诬蔑,7. 我试图为自己正名,8. 美国新闻界公开我的内情,9. 我终于使台湾释放人质——我的儿子);8. 对自由中国状况的补充评论(1. 为台湾农民进行的改革,2. 评美援,3. 在台湾广泛进行的秘密逮捕,4. 作为市长我受的压力很少,5. 台湾的选举是如何受操纵的？6. 雷震案);9. 对重要政治人物的回顾(1. 蒋夫人与蒋经国的冲突,2. 宋氏家族及其起家,3. 孔夫人和孔祥熙,4. 宋子文及我俩的关系,5. 孔、宋间的关系,(转下页)

[美]裴斐、韦慕庭访问整理　吴修垣译　高云鹏译审　**马军**校注　上海：上海人民出版社1999年11月第1版/修订本，2015年8月版。

2000年

0001

上海的黄包车夫

[日]内山完造撰　**陈祖恩**译　《上海滩》2000年第1期，2000年1月。

0002

孔如轲与《1925年的上海》

张培德编译　《上海行政学院学报》2000年第2期，2000年6月10日。

0003

南京大屠杀和日本人的精神构造

[日]津田道夫著　**程兆奇**、刘燕译　香港：商务印书馆2000年6月版。

(接上页)6.陈果夫与陈立夫，7.蒋的忠实助手陈布雷，8.富有魅力的蒋夫人，9.我所知道的周恩来）；10.关于现代中国某些问题的讨论(1.为什么大陆从国民党易手于共产党？2.蒋介石何以能掌权这么久？3.为什么国民政府缺乏必要的改革？4.中国知识分子不了解共产主义的性质，5.政府进行的抗日战争，6.战时领导的失败，7.共产主义意识形态在中国的吸引力，8.1927年至1937年间政府试图有所作为，9.政治统一的障碍）；译者后记(吴修垣)。

南京大屠杀和日本人的精神构造①

［日］津田道夫著　**程兆奇**、刘燕译　北京：新星出版社 2005年5月第1版。

0004

法国汉学先驱——雷慕沙传

佚名撰　**马军**译　载阎纯德主编《汉学研究》第5集，北京：中华书局2000年9月版。

---

① 目录见下：序言；第1部盘算和虚无主义——南京大屠杀事件的精神构造（1. 卢沟桥事件和日中战争——"祝南京陷落"妄想曲、侵略中国的足迹、"分离华北的活动"和第二次"鸦片战争"、中国大众道义的昂扬和事件的意义，2. 南京大屠杀事件的条件——南京大屠杀事件：狭义和广义、从上海战役到南京攻略战、兵战计划的不备、争夺第一的竞争、俘虏对策的缺乏，3. 真相的一端（1）：蒋介石、日本陆军省、远东国际军事审判——蒋介石对日本国民的呼吁、日本陆军省的文件、远东国际军事审判，4. 真相的一端（2）：从中国方面的文献看——汉口《大公报》的社论、从著述材料看大屠杀，5. 真相的一端（3）：原日本兵的记述、回忆——东史郎的阵中《日记》、中国女性的对应和反抗之死、中国大众的复仇，6. 平民的盘算和虚无主义——一个考察：鹿地亘、橘孝三郎的茫然、大众虚无主义和知识人的虚无主义，7. 日本大众的思想构造——平民的利己主义、天皇崇拜和蔑视中国的思想、天皇制帝国主义的侵略战争、即使那时已有所知）；第2部战败50年和民族道德（1. 揭穿桥本龙太郎的谎言："大东亚战争"是彻头彻尾的侵略战争——桥本龙太郎说了些什么？关于第二次世界大战的见解、一以贯之的15年战争、作为侵略战争的"大东亚战争"、如何看待苏联参战，2. 现在正应作民族的自我批判——"一亿总忏悔论"和"受骗论"、战败之初日本大众对中国和朝鲜的感情、战败之初日本大众对美国的感情、现在所要质问的，3. 被侵略方面不会忘记——靖国神社的战犯性质、我的小小的朝鲜体验、读《尹奉吉——密葬之地金泽》，4. 战败50年和"不战决议"问题——捏造历史的"终战50周年国会议员联盟"、从议事录删除上田耕一郎的发言、从盐釜市议会前所未闻的奇事、吹田市议会青濑市议会等的活动，5. 自由主义史观与司马史观的批判——"自由主义史观"出台的思想史背景、藤冈在近现代史评价方面存在的问题、司马史观和自由主义史观，6. 南京大屠杀中对少女的暴行，7. 现代日本反动思想状况批判：第145届国会和草根阶层的法西斯运动——第145届国会及其周围、政治的国家和市民社会的意识形态相互渗透、草根阶层的法西斯运动、为什么新的国粹主义能够抓住人们？）；稍长的解说性的后记；附录：日本有关南京大屠杀的主要著述；译后记（一）；译后记（二）。

2001 年

0101

上海老城厢走马观花记(摘译自 Shanghai by Night and Day,英文文汇报社 1914 年出版)

张剑、吴健熙摘译 《上海滩》2001 年第 1 期,2001 年 1 月。

0102

悼念岛田虔次先生

[日] 森纪子文 汤仁泽译 《史林》2001 年第 1 期,2001 年 2 月 20 日。

0103

九十年前的浦东一瞥(摘译自 Shanghai by Night and Day)

黄婷、吴健熙摘译 《上海滩》2001 年第 3 期,2001 年 3 月。

0104

天后宫落成记(摘译自[英] 威廉·卡尔:《中国拾零》)

蒋晨、吴健熙摘译 《上海滩》2001 年第 3 期,2001 年 3 月。

0105

沪郊漫游录(摘译自《远东:1905 至 1906 年》,英文文汇报社出版)

吴健熙摘译 《上海滩》2001 年第 5 期,2001 年 5 月。

0106

百年前的申城四季图(摘译自 Shanghai by Night and Day)

吴健熙摘译 《上海滩》2001 年第 6 期,2001 年 6 月。

0107

世界上最难的工作——记上海市长吴国桢

［美］威廉姆斯·格雷著　田中初、**马军**译校　《民国档案》2001年第3期,2001年8月25日。

0108

南市难民安全区

吴健熙编译　《上海滩》2001年第8期,2001年8月。

0109

奈曼——来自生活的统计学家

［美］康斯坦丝·瑞德著　姚慕生、**陈克艰**、王顺义译　上海：上海科学技术出版社2001年8月第1版。

2002年

0201

中亚文明史(第1卷文明的曙光：远古时代至公元前700年)①

---

① 目录见下：导言(A. H. 丹尼、V. M. 马松),第1章自然环境(V. M. 马松),第2章旧石器时代早期文化(V. A. 拉诺夫、D. 多尔基、吕遵谔),第3章旧石器时代中期文化(布里奇特·奥尔欣),第4章旧石器时代晚期文化(A. P. 德里夫扬科、吕遵谔),第5章呼罗珊与外阿姆河地区新石器时代食物生产聚落以及其他聚落：东伊朗、苏联中亚及阿富汗(V. 萨里亚尼迪),第6章巴基斯坦与北印度的食物生产聚落(M. 沙里夫、B. K. 撒帕尔),第7章中亚东部的新石器时代聚落(安志敏),第8章中亚北部的新石器时代部落(A. P. 德里夫扬科、D. 多尔基),第9章伊朗与阿富汗的青铜时代(M. 托西、S. 马利克·沙米尔扎迪、M. A. 乔因达),第10章呼罗珊与外阿姆河地区的青铜时代(V. M. 马松),第11章巴基斯坦与印度的前印度河文化及早期印度河文化(J. G. 谢菲尔、B. K. 撒帕尔),第12章印度河文明(A. H. 丹尼、B. K. 撒帕尔),第13章中亚东部的青铜时代(安志敏),第14章青铜时代文明的衰落与部落迁移(V. M. 马松),第15章(转下页)

[巴基斯坦] A. H. 丹尼、[苏] V. M. 马松主编　**芮传明**译　余太山审订　北京：中国对外翻译出版公司 2002 年 1 月第 1 版。

0202

中亚文明史(第 2 卷定居文明与游牧文明的发展：公元前 700 年至公元 250 年)①

[匈牙利] 亚诺什·哈尔马塔(J. Harmatta)主编　徐文堪、**芮传明**译　余太山审订　北京：中国对外翻译出版公司 2002 年 1 月第 1 版。

0203

晚清民初浙江的货币

甘慧杰、易斌译　戴建兵校注　新加坡《亚洲钱币》2002 年第 1 期，2002 年 6 月 1 日。

(接上页)印度—伊朗人的出现：印度—伊朗语(J. 哈尔马塔)，第 16 章阿姆河流域(巴克特里亚)青铜时代的畜牧部落(B. A. 列特文斯基、L. T. 皮延科娃)，第 17 章后印度河文明时期巴基斯坦的畜牧—农业部落(A. H. 丹尼)，第 18 章铁器时代的绘彩灰陶文化(B. B. 拉尔)，第 19 章外阿姆河地区铁器时代的开端(A. 阿斯卡洛夫)，第 20 章公元前一千纪初的畜牧和游牧部落(A. 阿斯卡洛夫、V. 伏尔科夫、N. 塞尔欧嘉夫)，结论(编者)，附录　释本书"中亚"一词的含义(L. I. 米罗什尼科夫)，地图，参考书目，索引。

① 目录见下：导言(J. 哈尔马塔)，第 1 章中亚西部的古代伊朗族游牧民(A. 阿贝特科夫、H. 优素波夫)，第 2 章米底亚和阿黑门尼德伊朗(M. A. 丹达马耶夫)，第 3 章亚历山大及其在中亚的后继者(A. H. 丹尼、P. 伯尔纳)，第 4 章中亚的希腊王国(P. 伯尔纳)，第 5 章帕提亚(G. A. 科舍伦科、V. N. 皮利普科)，第 6 章中亚东部的游牧人(N. 伊什詹茨)，第 7 章月氏人及其迁移(榎一雄、G. 科舍伦科、Z. 海达里)，第 8 章塞克人与印度—帕提亚人(B. N. 普里)，第 9 章新疆地区的文化(马雍、王炳华)，第 10 章匈奴和汉控制下的西域(马雍、孙毓棠)，第 11 章贵霜人(B. N. 普里)，第 12 章贵霜时代中亚的经济与社会制度(A. R. 莫哈默迦诺夫)，第 13 章贵霜王国的城市与城市生活(B. A. 李特文斯基)，第 14 章贵霜帝国的宗教(J. 哈尔马塔等)，第 15 章贵霜艺术(G. A. 普加钦科娃等)，第 16 章希腊—巴克特里亚和塞人王国的语言与文字(J. 哈尔马塔)，第 17 章贵霜王朝的语言与文献(J. 哈尔马塔)，第 18 章中亚西北部诸政权(N. N. 尼格马托夫)，第 19 章亚历山大入侵后中亚北部的游牧人(Y. A. 札德尼普罗夫斯基)，第 20 章萨珊伊朗的兴起(B. A. 李特文斯基等)，结论(J. 哈尔马塔)，地图，参考书目，索引。

2003 年

0301

导言

　　陈克艰译　载[英]C. P. 斯诺著,**陈克艰**、秦小虎译《两种文化》①,上海:上海科学技术出版社2003年1月第1版。

0302

1940年前后上海职员阶层的生活情况

　　[日]岩间一弘著　**甘慧杰**译　《史林》2003年第4期,2003年8月20日。

1940年前后上海职员阶层的生活情况

　　[日]岩间一弘著　载熊月之、高纲博文主编《透视老上海——中日青年学人的上海史研究》,上海:上海社会科学院出版社2004年8月第1版。

0303

遨游于名山胜水之间的徐霞客——《徐霞客游记》法文本前言

　　[法]雅克·达著　赵念国译　**郑祖安**校　载黄实主编《徐霞客研究》第10辑,北京:学苑出版社2003年8月版。

0304

"我的故乡·上海"的诞生——有关上海日本人归国者怀乡情结的考察

---

① 该书前有其他译本,即C. P. 斯诺著,纪树立译《两种文化》,北京:生活·读书·新知三联书店1994年3月第1版;查尔斯·史诺著,林志成、刘蓝玉译《两种文化》,台北:猫头鹰出版事业部2000年版。

［日］高纲博文著　　**陈祖恩译**　　载马长林主编《租界里的上海》，上海：上海社会科学院出版社2003年10月第1版。

（第十章）上海日本人归国者的怀乡情结——"我的故乡·上海"的诞生

　　载高纲博文著，**陈祖恩译**《近代上海日侨社会史》，上海：上海人民出版社2014年6月第1版。

0305

张元济：传统到现代之间

　　［奥地利］皮尔兹著　　**邵建译**　　《史林》2003年第6期，2003年12月20日。

0306

家乡、城市和国家——上海的地缘网络与认同，1853—1937①

　　［美］顾德曼（Bryna Goodman）著　　**宋钻友译**　　周育民校　　上海史研究译丛本（熊月之、张晓敏执行编委），上海：上海古籍出版社2003年12月第1版。

---

① 目录见下：中文版自序；鸣谢；第1章引言——爱群之美德（家乡观念，上海的地缘区分：城市生活的表层，同乡组织与行业组织，中国人团体的名称）；第2章外国帝国主义、移民和骚乱——鸦片战争以后与1853年小刀会起义（鸦片战争前的上海移民，上海作为条约口岸开埠，上海的广东帮：个案研究，麻烦来了：劳工、流浪汉和水手，鸦片贸易：体面与罪孽的桥梁，摆脱控制和夺取城市：小刀会起义）；第3章团体、等级和权威——精英和非精英在晚清同乡文化中的作用（会馆事务和会馆寡头，以人为本，仁义和声誉）；第4章事务的扩大——慈善救济、现代企业、城市与国家（管理事务，参与新技术和制度改革进程，经济民族主义、现代企业和普世主义）；第5章同乡会、外国当局与早期大众民族主义（外国依靠会馆维持租界秩序，政治冲突：宁波墓地风波，早期民族主义与阶级紧张关系的发展）；第6章同乡与民族——反帝与共和革命动员（清末的反帝动员，同乡组织和革命动员）；第7章"现代精神"：制度变迁与军阀政治的影响——民国初期的团体（"现代精神"和同乡团体的重建与繁荣，民国初期同乡会的负担和事务）；第8章家乡与国家——民族主义、国家建设和民众行动（新文化、旧习性：同乡组织与五四运动，南京国民政府前十年间的同乡团体，公共行动：国家与社会之间的同乡团体）；第9章结论——文化、现代性和国家认同的资源；附录1［公共租界人口籍贯构成统计（1901—1935），1929年上海华界人口籍贯构成统计］；附录2（参考文献）；译后记；校后记。

0307

移民企业家——香港的上海工业家①

［香港］黄绍伦著　**张秀莉译**　李培德校　上海史研究译丛本（熊月之、张晓敏执行编委），上海：上海古籍出版社2003年12月第1版。

0308

上海道台研究——转变社会中之联系人物，1843—1890②

---

① 目录见下：序言，第1章引言：工业化与上海人（环境、上海的职业特征、棉纺织工业、访问纺织家、上海人的飞地）；第2章精英人物的移民（离开中国、香港成为避难所、移民特点、移民方式、对主流社会的倾向），第3章工业技术和资源（金融资源、银行贷款、利润的再投资、证券市场、生产资源、管理资源、市场资源），第4章商业观念（社会责任感、理想的政治环境、协调和冲突、竞争与合作、自治和自主经营、利润分配、地域差异），第5章地域主义和竞争策略（内部组织、外部交易、地位和权力），第6章家庭主义和工业企业（企业内部组织、家长式统治、裙带关系、家族企业、工厂间的外部关系），第7章结论（中国的工业企业家精神、种族集中、移民的类型、种族意识、种族冲突、局限和进一步研究），第8章尾声［萧条（1980—1982）、中国的经济改革、中英谈判］，参考文献，译后记。

② 目录见下：中文版自序；第1章导言；第2章上海道台：环境、衙门、人（清政府中的道台——具有特殊职能的行政道台，民事行政道台或分巡道台，江苏的苏松太道与清代的地缘政治——江苏官僚统治集团，江苏的社会政治文化，上海道台的历史沿革，上海道台的量化考察——民族和地理背景、资格与行政经历、接受任命时的年龄和任职时间、升迁与后期经历）；第一部分　官员转向外面世界：上海道台与对外关系；第3章条约口岸的"夷务"：态度和政策，1843—1860［上海与西方的早期联系——早期交往、晚明时期的西潮、鸦片战争前的岁月：胡夏米的考察，鸦片战争后的重新组合，道台与"夷务"——宫慕久：隔离政策（1843—1846）、咸龄和麟桂：墨守广东经验（1847—1850）、吴健彰：作为外交官的买办（1851—1854）、薛焕和吴煦：寻求平衡与合作（1857—1862）、一个时代的终结］；第4章制度框架内的洋务：新体系中的上海道台（外交决策：转向中央，外交关系：一种制度化的方法——新制度的创建，现存制度的内在调整，新制度下的上海道台——一种新型的中央—地方关系和地方权力的减弱，一些新的义务，一种职业生涯的新形式）；第二部分　在传统与现代之间：上海道台与现代化；第5章行政近代化：一个双重角色（上海作为中国近代化的中心，管理一个近代化部门：作为兵工厂负责人的道台——组织和结构、内部管理的问题，管理近代化城市：温和的改革者——存在着矛盾心态、两个互相冲突的角色）；第6章沪—津通道：李鸿章与上海道台（上海与天津的联系——津沪双城间的交通和通讯，两个城市之间的人员调动，李鸿章和上海——上海道台：李鸿章的人？正式的政治控制、非正式的政治控制）；第三部分　两个世界的中间人：上海道台与地方政治；第7章社会精英与城市政治：上海的权力结构（地方（转下页）

［香港］梁元生著　　陈同译　　上海史研究译丛本（熊月之、张晓敏执行编委），上海：上海古籍出版社2003年12月第1版。

0309

魔都上海——日本知识人的"近代"体验[①]

刘建辉著　　甘慧杰译　　上海史研究译丛本（熊月之、张晓敏执行编委），上海：上海古籍出版社2003年12月第1版。

0310

上海歹土——战时恐怖活动与城市犯罪，1837—1941[②]

［美］魏斐德（Frederic Wakeman, Jr.）著　　芮传明译　　上海史研究译丛本（熊月之、张晓敏执行编委），上海：上海古籍出版社2003年12月第1版。

（接上页）行政的再评价，社会精英与权力结构——财富的力量：上海的商人集团、声望的力量：地方士绅、当局的权力：行政官员）；第8章一个混杂社会中的官僚统治：上海道台与社会精英的关系（文化与商业：两个世界，商人势力的优势：两次战争期间，1860年后的政策调整——江南士绅的涌入、对于传统的重新评价和重新确认，精英集团的混杂：一个多重身份的社会领导层）；第9章结论；附录1．上海道台（1730—1911）；附录2．晚清的道台；附录3．上海的近代企业（1842—1894）；附录4．上海的人口；附录5-1．上海及附近地区；附录5-2．上海县城外的街道；附录5-3．上海县城内的街道；附录5-4．1855年的上海；附录5-5．道台衙门；参考文献；译后记。

① 目录见下：序章　两个上海；第1章武士们的上海（1．资本主义的"最前线"——志士们的"西洋"体验，2．高杉晋作等的冲击）；第2章东亚信息网络的诞生（1．交替的"信息先进国"，2．向东亚的"枢纽"迈进）；第3章日本的开国与上海（1．信息发源地·墨海书馆，2．汉译洋书带来的"西洋"，3．促使日本开国的两个"上海人"）；第4章被"浪漫"挑逗的明治人（1．"近代"产生的魔都——茶馆·妓馆·烟馆，2．摇摆不定的认同感——明治日本人的上海体验）；第5章沉溺于魔都的大正作家们（1．谷崎与芥川——旅游与大正作家，2．文化的越境者——从井上红梅到村松梢风）；第6章"摩登都市"与昭和（1．摩天楼和摩登小姐，2．消失的现代主义）；尾声　从上海看日本；后记；译后记。

② 目录见下：中文版自序，致谢，缩略语表，序言　推论，第1章孤岛上海，第2章蓝衣社，第3章救国，第4章报复：亲日的恐怖活动，第5章激怒，第6章陈箓暗杀案，第6章投降：席时泰暗杀案，第7章伪警察与极司菲尔路76号，第8章恐怖活动与犯罪，第9章不正当行业，第10章恐怖战争，第11章黯淡前景，结语　最终结局，参考文献，译后记。

0311

近代上海的公共性与国家①

[日]小浜正子著　**葛涛**译　上海史研究译丛本(熊月之、张晓敏执行编委),上海:上海古籍出版社2003年12月第1版。

---

① 目录见下:序言(熊月之);序言(夫马进);致中文版读者(小浜正子);序章　问题设定以及本书的视点(引言,1.中国的社团与地域社会——社团、由社团形成的地域社会,2.公共性与公领域——公共性、公领域、公领域的特征一:地方精英领导的社团的巨大作用、公领域的特征二:国家与社会的协调性以及官~公~私之间容易混淆的关系、公领域的时代变迁,3.近代变革中的社会与国家——地方自治与"地方公益"——中国近代的公共性、社团与民族主义~国民统合,4.本书的背景与结构——近代上海"大舞台"、本书的结构);第1部作为社团网络的上海都市社会;第1章都市社会的形成(引言,1.近代都市上海的登场——19世纪下半叶,2.清末民初自发公权力的产生——1900—1914年——新式社团的大量产生、地方自治机构的成立、反对辛亥革命——都市社会的意志决定,3.民国前半期的上海都市社会——1914—1927年——各种社团的增加、民国前半期上海的社团网络与民族主义);第2部公领域的展开——民间社团承担的公共性;第2章慈善事业(引言——帝政后期中国的民间慈善事业,1.清末民初的地方自治与慈善事业的重组——上海地方自治与上海慈善团的成立、闸北地方自治与闸北慈善团,2.民国时期上海的慈善团体与慈善事业——多方位开展的慈善活动、都市发展与慈善团体多方位的发展,3.慈善团体的财政——公共性的支柱——慈善团体的资产——民间社会资本的蓄积及其都市性格、慈善事业的资金来源、民间慈善事业的财政规模、慈善界的资金网络,4.上海慈善团体联合会与上海市政府——上海慈善团体联合会的成立、共同救济事业、上海市政府社会局与慈善界,小结);第3章救火会(引言——中国的消防,1.上海救火联合会的成立与"地方公益"——上海地方自治与救火会、救火会的资产形成与"地方公益"、清末民初的都市社会与救火会、救火会与商团以及辛亥革命,2.民国时期的救火会——组织与活动——救火会的重组、组织、会员~会董、设备与活动、财政、救火会与保卫团,3.救火会与上海市政府——《督理规则》、征收救火捐,小结);第二部总结;附篇　关于上海公共租界的华人参政运动(引言,1.上海公共租界的城市发展与租界财政,2.租界行政费用的负担者与受益者,3.华人参政运动的展开,4.30年代的上海公共租界,小结);第3部政党国家统治下的上海——都市社会的重组;第4章南京国民政府统治对社团的重组(引言——从"社团网络的都市社会"走向"通过社团实行国民统合"的尝试,1.南京政府统治下的上海政、党、军——市政府~市党部~军队、南京政府的政治立场与上海的权力机构,2.商人团体的重组——"四一二"以前的上海商界——总商会与商总联会、"四一二"之后的上海商界、形成期的南京国民党政府与上海资本家阶级、商人团体的彻底重组,3.工会的重组——南京政府时期的上海工界、工会~工商同业公会对工人的控制,4.重组后的各种社团与政党国家以及国民统合的关系,小结);终章(变动中的上海都市社会与社团——保甲制与户口管理、商会~商人团体的解体、重建工会、慈善团体等的重组~解体、市政府接管救火会,总结);主要文献目录;后记;译后记。

0312

上海的英国人

［英］哈瑞特·萨金特（Harriet Sergeant）著　张和声译　载熊月之、马学强、晏可佳选编《上海外国人（1842—1949）》，上海史研究译丛本（熊月之、张晓敏执行编委），上海：上海古籍出版社2003年12月第1版。

0313

上海工部局乐队与公共乐队的历史与政治（1881—1946）

［英］毕可思（Robert Bickers）著　黄婷译　载熊月之、马学强、晏可佳选编《上海外国人（1842—1949）》，上海史研究译丛本（熊月之、张晓敏执行编委），上海：上海古籍出版社2003年12月第1版。

0314

谁是上海的巡捕，为什么他们会在那里？——1919年的新募英国巡捕

［英］毕可思（Robert Bickers）著　邵建译　载熊月之、马学强、晏可佳选编《上海外国人（1842—1949）》，上海史研究译丛本（熊月之、张晓敏执行编委），上海：上海古籍出版社2003年12月第1版。

0315

1945—1946年上海的肃奸：萨尔礼案与法租界的终结[①]

［法］白吉尔（Marie-Claire Bergère）著　张和声译　载熊月之、马学强、晏可佳选编《上海外国人（1842—1949）》，上海史研究译丛本（熊月之、张晓敏执行编委），上海：上海古籍出版社2003年12月第1版。

---

① 此前，该文还有王菊的译文，即：1. 白吉尔著，王菊译《上海的战后审判——萨尔礼事件与法租界的归还》，载张仲礼主编《中国近代城市企业·社会·空间》，上海：上海社会科学院出版社1998年1月第1版；2. 玛丽·格莱尔·白吉尔著，王菊译《上海法租界的归还——萨尔礼事件与战后审判（1945—1946）》，载丁日初主编《近代中国》第8辑，上海：立信会计出版社1998年7月第1版。

0316

上海的日本人居留民

［日］高纲博文著　**甘慧杰**译　载熊月之、马学强、晏可佳选编《上海外国人（1842—1949）》，上海史研究译丛本（熊月之、张晓敏执行编委），上海：上海古籍出版社2003年12月第1版。

0317

上海的"小日本"：一个与外界隔离的社团（1875—1945）

［法］安克强（Christian Henriot）著　**邵建**译　载熊月之、马学强、晏可佳选编《上海外国人（1842—1949）》，上海史研究译丛本（熊月之、张晓敏执行编委），上海：上海古籍出版社2003年12月第1版。

0318

一个另类的日本人社团——战时上海日本左翼的活动

［美］傅佛果（Joshua A. Fogel）著　**张和声**译　载熊月之、马学强、晏可佳选编《上海外国人（1842—1949）》，上海史研究译丛本（熊月之、张晓敏执行编委），上海：上海古籍出版社2003年12月第1版。

0319

上海的边缘西方人：巴格达犹太人社团（1845—1931）

［意］基娅拉·贝塔著　**宋京**译　载熊月之、马学强、晏可佳选编《上海外国人（1842—1949）》，上海史研究译丛本（熊月之、张晓敏执行编委），上海：上海古籍出版社2003年12月第1版。

0320

寻求认同：上海的德国人社群（1933—1945）

［法］何隶兹（Françoise Kreissler）著　**黄婷**译　载熊月之、马学强、晏可佳选编《上海外国人（1842—1949）》，上海史研究译丛本（熊月之、张晓敏执行编委），上海：上海古籍出版社2003年12月第1版。

0321

上海的散居俄侨社团

[美] 玛西亚·里斯泰诺(Marcia R. Ristaino)著　**褚晓琦译**

载熊月之、马学强、晏可佳选编《上海外国人(1842—1949)》,上海史研究译丛本(熊月之、张晓敏执行编委),上海:上海古籍出版社2003年12月第1版。

0322

中国的印度人社团(1842—1949)

[法] 克洛德·马尔科维奇(Claude Markovits)著　**彭晓亮译**

载熊月之、马学强、晏可佳选编《上海外国人(1842—1949)》,上海史研究译丛本(熊月之、张晓敏执行编委),上海:上海古籍出版社2003年12月第1版。

2004 年

0401

培根随笔集[①]

[①] 目录见下:译序、论真理、论死亡、论宗教统一、论复仇、论逆境、论作伪与掩饰、论父母与儿女、论婚姻与独身、论嫉妒、论爱情、论高位、论大胆、论善与性善、论贵族、论谋反和动乱、论无神论、论迷信、论旅游、论王权、论忠告、论迟钝、论狡猾、论自私、论革新、论快捷、论假聪明、论友情、论花费、论强国之道、论养生、论猜疑、论言谈、论殖民地、论财富、论预言、论野心、论假面剧和竞技、论人的天性、论习惯与教育、论幸运、论放贷、论青年与老年、论美、论残疾、论建筑、论园艺、论谈判、论随从与朋友、论请托者、论学习、论党派、论礼貌、论赞扬、论虚荣、论荣誉、论司法、论愤怒、论世道沧桑、论谣言(残篇)。(此书有多种他人译本,1. 培根著,曹明伦译:《培根随笔集》,北京:燕山出版社2000年9月第1版;2. 培根著,龙小云译:《培根随笔集》,上海:立信会计出版社2012年7月第1版;3. 培根著,尹丽丽译:《培根随笔集》,北京:中国言实出版社2014年8月第1版;4. 培根著,蒲隆译:《培根随笔集》,北京:中华编译出版社2015年1月第1版等。)

［英］弗朗西斯·培根著　张和声译　经典散文译丛本，广州：花城出版社2004年5月第1版/2006年3月第2版。

0402

城市中的战争与地下抗战——抗日战争时期中国特工秘密机构的侠义之风

叶文心著　张和声译　《史林》2004年第3期，2004年6月20日。

上海滩"侠影"

叶文心著　张和声译　《时代教育（先锋国家历史）》第22期，2007年11月23日。

黑白戴笠的抗战锄奸秘闻

叶文心著　张和声译　《报刊荟萃》2009年第6期，2009年6月1日。

"侠影"：上海滩的军统特工

叶文心著　张和声译　载唐建光主编《江湖：地下社会的落日挽歌》，北京：金城出版社2011年8月第1版。

0403

戒指的文化史①

---

① 目录见下：序章戒指文化之谜·空白的一千一百年；第1章戒指概览（1. 印章戒指，2. 钥匙戒指，3. 骸骨的纪念戒指——"不能忘却死亡"，4. 放入毒药的戒指，5. 作为武器的戒指，6. 顶针箍）；第2章与戒指有关的民俗（1. 威尼斯"与大海结婚"的礼仪，2. 订婚和结婚戒指的历史，3. 有关订婚和结婚戒指的民间传说，4. 辟邪的戒指）；第3章戒指与政治性、宗教性权威（1. 代表古代王权和神权的大型环圈，2. 作为政治权威的戒指，3. 戒指与基督教，4. 上帝的新娘）；第4章戒指与象征（1. 戒指与圆的宇宙论，2. 作为契约和约束象征的戒指，3. 心——爱情的象征，4. 蛇的象征）；第5章戒指与时代流行款式（1. 左手无名指上的戒指，2. 戒指与手套的争端，3. 图画中所见戒指与饰品款式的演变过程，4. 战争与戒指，5. 产生戒指款式的原因）；第6章戒指与生辰石（1. 占星术与十二宫，2. 十二宫与生辰石的传说，3. 戒指与宝石信仰）；第7章戒指的故事（1. 古代神话传说中的戒指，2. 中世纪的戒指传说，3. 薄伽丘与莱辛的戒指故事，4. 格林童话与戒指，5.《尼贝龙根的戒指》）；终章欧洲与日本：两种戒指文化的比较；后记。

［日］浜本隆志著　钱杭译　杨晓芬校　上海：上海书店出版社2004年6月第1版。

0404

上海妓女：19—20世纪中国的卖淫与性①

［法］安克强（Christian Henriot）著　袁燮铭、夏俊霞译　上海

---

① 目录见下：英文版说明；英文版自序；鸣谢；导言：卖淫和性——编史工作的回顾；第1部分高级妓女：精英的妓女与妓女的精英；第1章19世纪至20世纪的高级妓女：一个世界的终结（高级妓女和普通妓女的性质转变，高级妓女写真，高级妓女的地位，礼节惯例和诱惑游戏，公共场合中的高级妓女：堂差，城市精英的休闲空间，书场：一个中介场所，戏院、饭馆和茶楼，出游郊外）；第2章光彩而悲惨的生活（维护外貌和对外貌的幻想，梳拢，上流人士的性行为，感情与爱情的关系，结婚，离开这个行业，高级妓女与政治，"高级妓女文化"：假象还是真实？）；第2部分卖淫市场和面向大众的性行为；第3章从高等妓院到面向大众的性行为：普通娼妓的激增（1849—1949）（中间形态的娼妓，19世纪的普通娼妓，地域性的妓女群体，20世纪：降级和标准化，卖淫业的大军，野鸡，应召女：向导社，被抛弃的卖淫群体，侵占街道）；第4章卖淫的补充形式（20世纪20—40年代）（女按摩师和女招待：卖淫业的辅助工，舞厅：位于肉欲和性欲之间，跳舞、权力及道德，舞厅现象，舞厅里的生活，舞女的状况：舞女和大班）；第5章20世纪的妓女：一篇社会人类学的短文（数字游戏：妓女的队伍，妓女的籍贯，年龄分类，从事卖淫的原因，妓女的结局）；第6章性行为、苦难与暴力（性行为方式，性病，作为替罪羊和折磨对象的妓女，在卖淫场所的犯罪）；第3部分卖淫业的场所和经济；第7章上海和中国的女性市场（上海：妇女贸易的焦点，交易的组织，不法商人的身份，贸易的受害者，妇女的价格，她们的目的地，拉皮条的人，绑架和诱拐：详情，对不法商人的镇压和处罚，出路）；第8章城市中的卖淫场所（再现卖淫业的布局，19世纪的卖淫地点，20世纪卖淫现象的扩展，卖淫业的"黄金圈"，里弄：卖淫业的天堂）；第9章妓院内部的组织与管理（概况，内部，妓院的规模和资历，妓女的流传比率，嫖客，经营者和鸨母，女仆，乐师和妓院的雇员）；第10章性的经济（日常开支，服务的费用和高级妓院的收入，妓女的收入，妓院的经营，金钱的循环，债务和金钱上的冲突，普通妓院的经济）；第4部分管理娼妓的失败；第11章疾病预防与道德规范（1860—1914）（规章制度，管理论的出现，性病医院，妓业的税收政策，中国政府与"道德"问题）；第12章上海的废娼运动（1815—1925）（上海废娼运动的出现，是"道德"还是"务实"？淫业调查委员会的成立，关于取缔妓院的论争，关闭妓院之影响，中国人的反映，讨论的终结与妓院的卷土重来）；第13章国民党与中国模式的管理论（1927—1949年）[国民党政府治理娼妓之第一阶段（1927—1937），国民党、国联、"黄奴交易"，日据时期的娼妓问题，国民党政府治理娼妓之第二阶段（1945—1949）]；第14章娼妓救济团体（1880—1949）（拯救身体与灵魂：济良所，中国救济妇孺总会）；结语；附录（1表格目录，2图表目录，3插图目录，4地图目录，5参考文献）；译后记。

史研究译丛本（熊月之、张晓敏执行编委），上海：上海古籍出版社2004年7月第1版。

0405

1927—1937年的上海——市政府、地方性和现代化①

［法］安克强（Christian Henriot）著　**张培德**、辛文锋、肖庆璋译

上海史研究译丛本（熊月之、张晓敏执行编委），上海：上海古籍出版社2004年8月第1版。

0406

法国近代汉学巨擘——儒莲

［法］高第著　**马军**译　载阎纯德主编《汉学研究》第8集，北京：中华书局2004年10月版。

---

① 目录见下：致谢；导言；第1章历史的重负（缓慢的酝酿，地方自主的扩大，新的市政机构，1911：短command的胜利，漫长的等待，国民革命的希望，新政权的创建）；第2章法律要旨（市政法规：先例，1927年的法规，管辖权的争论，1928年和1930年的法规，市政府机构，市参议会）；第3章市政权和地方精英（国民党地方党部——国民党的少壮派在上海、初次尝试、1929年的代表大会及其影响、1930：坚持党的主张、1932—1937：出现瘫痪，地方名流的小圈子——1927年的市参议会、名流悄然官复原位、商团的改革、1932：恢复、市参议会的责任）；第4章1931—1932年的危机（抵制日货运动，日本反应，国民党的作用，民族危机与地方冲突，12月8日事件，上海的政治和社会动荡，国民党地方党部的瓦解，市政府的重组，走向同日本的对抗，日本的侵略，紧急救济的组织，战区的恢复，重建，重建计划，民众中的抗议运动）；第5章市政府职员（主要的市政府官员，市政府职员）；第6章市政府财政（市政府的财政机构，市政府附属的财政机构，市政府的收入来源，市政府的财政困难，市政贷款，财政改革与商人的不满）；第7章城市规划（市内的住房和交通，上海公用事业，大上海计划，市政规划）；第8章现代化的试验区（教育政策——当局和管辖权的争论、市立学校、私立学校、租界的教育、民众教育、开展识字运动，公共卫生政策——学校卫生、社会卫生、公共卫生基础设施的发展）；第9章传统与现代化（社会事务局工作范围——运作方式、大米战，对贫穷的挑战——与慈善机构的联系、难民问题、控制贫民窟的斗争、人民信贷中心）；结论　国家、党派、精英与中国社会；附录　市政府中的关系；参考文献；译后记。

0407

欧文汉学书目

［日］石田干之助撰　**甘慧杰**译　**马军**校注　载阎纯德主编《汉学研究》第 8 集，北京：中华书局 2004 年 10 月版。

0408

霓虹灯外——20 世纪初日常生活中的上海[①]

卢汉超著　**段炼**、吴敏、子羽译　上海史研究译丛本(熊月之、张晓敏执行编委)，上海：上海古籍出版社 2004 年 12 月第 1 版。

2005 年

0501

尴尬的妥协与艰难的抗争：从"孤岛"沦陷到二战结束时期的上海

［日］佐藤忠男著　**钱杭**译　《社会观察》2005 年第 6 期，2005 年 6 月 10 日。

0502

中国电影百年[②]

[①] 目录见下：导论(城乡关系：一体化还是断层？城市和近代化：商业文明的构建，我们需要怎样的"中国中心论"？)；第 1 部寻求都市梦(1. 到上海去——从种族隔离到各族混居、来自五湖四海、鱼龙混杂，2. 人力车世界——人力车、人力车夫、车夫生存状况的另一面)；第 2 部立锥之地(3. 逃离棚户区——万国建筑博览会、棚户区、棚户区居民、进厂就业：棚户区的梦想，4. 小市民之家——现代房地产市场的兴起、里弄的变革、二房东、石库门大杂烩)；第 3 部上海屋檐下(5. 石库门后——唤醒城市的人们、商贩、邻里之间，6. 石库门外——客堂间里的商业贸易、小菜场、街区购物、政治干预)；结论(过去、西方、共产主义者)；附录 1. 一项对于上海居民背景的调查；附录 2. 被采访者情况列表；参考文献；译后记。

[②] 目录见下：第 1 章抗战前中国电影业的发展进程；第 2 章 1930 年代的作品(《一(转下页)

[日]佐藤忠男著　**钱杭**译　杨晓芬校　上海：上海书店出版社2005年6月第1版。

0503

[第五部分·壹·一·(一)·4]上海七月四日美水兵枪杀老怡和纱厂工人蔡继贤——驻沪美总领事克宁汉复交涉署函,为美水兵罪行辩护(译自《大陆报》1925年8月2日)

佚名译　载上海社会科学院历史研究所编《五卅运动史料》第3卷,上海：上海人民出版社2005年12月第1版。

0504

[第五部分·壹·三·(一)]审讯五卅惨案记录选译

(接上页)串珍珠》《火山情血》《小玩意》《春蚕》《脂粉市场》《神女》《桃李劫》《大路》《天伦》《船家女》《迷途的羔羊》《青年进行曲》《压岁钱》《马路天使》《新旧时代》《夜半歌声》《十字街头》《摇钱树》《艺海风光》,恐怖侦探电影作家——马徐维邦,《木兰从军》《麻风女》,水墨画笔法的动画片——《铁扇公主》);第3章从上海"孤岛"沦陷到战争结束(《夜班歌声续集》《寒山夜雨》《秋海棠》《万世流芳》);第4章二战后至新中国成立之前(《天堂春梦》《太太万岁》《一江春水向东流》《松花江上》《遥远的爱》《万家灯火》《假凤虚凰》《小城之春》《街头巷尾》《表》《哀乐中年》《乌鸦与麻雀》);第5章中华人民共和国成立初期的电影(《我这一辈子》《武训传》《林家铺子》《家》《新局长到来之前》《鲁班的传说》《大闹天宫》《李双双》《早春二月》,石挥的《关连长》——新中国早期电影史上一部被埋没的佳作);第6章文革结束后的中国电影(《人到中年》《逆光》《城南旧事》《秋瑾》《大桥下面》《不该发生的故事》《喜盈门》《包氏父子》);第7章文革之后的恢复期(谢晋：《天云山传奇》《高山下的花环》《芙蓉镇》,吴贻弓：《巴山夜雨》,吴天明：《没有航标的河流》《人生》《老井》,王君正：《山林中头一个女人》,张暖忻：《青春祭》《北京,你早》,颜学恕：《野山》);第8章第五代导演的革新(《一个和八个》《黄土地》《大阅兵》《孩子王》《边走边唱》《霸王别姬》《红高粱》《菊豆》《秋菊打官司》《盗马贼》《大太监李莲英》《蓝风筝》《晚钟》《黑炮事件》);第9章新一代导演向人们展现出新的生活感受(《找乐》《炮打双灯》《新香》《哦,香雪》《留守女士》《二嫫》);第10章九十年代以后的中国电影(《活着》《一个也不能少》《我的父亲母亲》《红粉》《那山那人那狗》《草房子》《英雄》《十面埋伏》);第11章香港电影(《客途秋恨》《阮玲玉》《天国逆子》《堕落天使》《美国心》《川岛芳子》《女人,四十》《无间道》);第12章台湾电影(台湾电影表现出的中国传统风格,台湾电影的政治性,健康写实路线,台湾电影中的外省人,80年出现的台湾电影新浪潮)。

佚名译　载上海社会科学院历史研究所编《五卅运动史料》第3卷,上海:上海人民出版社2005年12月第1版。

0505

[第五部分·壹·四·(二)·1]《字林西报》社论——无条件投降(译自《字林西报》1925年6月3日社论);罢工问题(译自《字林西报》1925年6月5日社论);微现光明(译自《字林西报》1925年6月8日社论);打开天窗说亮话(译自《字林西报》1925年6月18日社论);停他们的电(译自《字林西报》1925年7月2日社论);谁付这个代价？(译自《字林西报》1925年7月9日社论);罢工领袖们的最后一着(译自《字林西报》1925年7月21日社论);听其自然的政策(译自《字林西报》1925年8月5日社论)

佚名译　载上海社会科学院历史研究所编《五卅运动史料》第3卷,上海:上海人民出版社2005年12月第1版。

0506

[第五部分·壹·四·(二)·2]《大陆报》社论——责任的确定(译自《大陆报》1925年6月4日社论);两种对抗的势力(译自《大陆报》1925年6月12日社论);我们飘荡到何处去？(译自《大陆报》1925年6月17日社论);解决当前纠纷的一条出路(译自《大陆报》1925年7月7日社论);保守派出场呢,还是过激派继续当权？(译自《大陆报》1925年7月8日社论);保持沉默的上海少数派(译自《大陆报》1925年7月14日社论)

佚名译　载上海社会科学院历史研究所编《五卅运动史料》第3卷,上海:上海人民出版社2005年12月第1版。

0507

[第五部分·壹·四·(三)·1]工部局卑鄙策划反宣传——《字林西

报》社论：论《诚言》(译自《字林西报》1925年8月7日)；工部局成立宣传处进行反宣传(译自《上海工部局年报(1925)》第1部分第71页)；工部局总裁约翰逊致向普金函(原件存上海市档案馆)；沛登·格利芬致普金函(原件存上海市档案馆)

  佚名译 载上海社会科学院历史研究所编《五卅运动史料》第3卷,上海：上海人民出版社2005年12月第1版。

0508

[第五部分·壹·四·(三)·2]《诚言》出版发行情况——《诚言》第四号：美国女教士梅沱斯及总领事经过之证实(译自《大陆报》1925年7月9日)；《诚言》第九号：上海之安分良民望勿附和不安分之暴徒

  佚名译 载上海社会科学院历史研究所编《五卅运动史料》第3卷,上海：上海人民出版社2005年12月第1版。

0509

[第五部分·壹·四·(四)]采取停电措施,打击民族资产阶级,胁迫各厂复工——安诺德致工部局总董费信惇函(原件存上海市档案馆)

  佚名译 载上海社会科学院历史研究所编《五卅运动史料》第3卷,上海：上海人民出版社2005年12月第1版。

0510

[第五部分·壹·五·(二)]万国商团司令关于镇压五卅运动的报告(译自《上海公共租界工部局年报(1925年)》,第8至10页)

  佚名译 载上海社会科学院历史研究所编《五卅运动史料》第3卷,上海：上海人民出版社2005年12月第1版。

0511

[第五部分·壹·五·(三)]工部局火政处关于参加镇压五卅运动的

报告(译自《上海公共租界工部局年报(1925年)》,第22、23页)

佚名译　载上海社会科学院历史研究所编《五卅运动史料》第3卷,上海:上海人民出版社2005年12月第1版。

0512

[第五部分·贰·二·(三)]六国调查委员会函电及谈判记录——领袖公使致上海领袖领事电(1925年6月8日)(译自《日本外务省档案》显微胶卷第564卷);领袖公使致上海领袖领事电(1925年6月8日)(译自《日本外务省档案》显微胶卷第564卷);六国委员团致北京领袖公使函(1925年6月25日)(译自《日本外务省档案》显微胶卷第565卷)

佚名[①]**译**　载上海社会科学院历史研究所编《五卅运动史料》第3卷,上海:上海人民出版社2005年12月第1版。

0513

[第五部分·叁·二·(四)·(4)]查封上海总工会,捕杀工会领袖——戒严司令部、工部局搜捕刘华(译自《大陆报》1925年7月15日)

佚名译　载上海社会科学院历史研究所编《五卅运动史料》第3卷,上海:上海人民出版社2005年12月第1版。

0514

[第五部分·叁·二·(四)·(5)]查封基层工会,严厉取缔集会、游行和罢工,搜捕秘密工会——戒严司令部令电车工会解散,强迫工人复工(译自《大陆报》1925年8月11日、8月14日)

佚名译　载上海社会科学院历史研究所编《五卅运动史料》第3

---

① 应为吴绳海。

卷,上海:上海人民出版社2005年12月第1版。

0515

[第五部分・叁・二・(四)・(6)]工部局、英国领事对军阀镇压均表满意,水兵、外舰相继撤离,中外当局联合防止共产党活动——淞沪警察厅密令镇压共产党(译自《大陆报》1925年8月4日)

佚名译 载上海社会科学院历史研究所编《五卅运动史料》第3卷,上海:上海人民出版社2005年12月第1版。

0516

(第五部分・肆・一)美国参加各关系国谈判沪案的活动①——美国驻沪总领事克银汉致国务卿凯洛格电(1925年5月31日下午2时,上海)[译自《美国对外关系文件(1925年)》第1卷,第647页,卷宗第893・5045/56号];克银汉致凯洛格电(1925年6月3日中午,上海)(译自第1卷,第648、649页,卷宗第893・5045/60号);克银汉致凯洛格电(1925年6月3日下午3时,上海)(译自第1卷,第649、650页,卷宗第893・5045/62号);克银汉致凯洛格电(1925年6月3日下午5时,上海)(译自第1卷,第650、651页,卷宗第893・5045/61号);克银汉致凯洛格电(1925年6月4日下午6时,上海)(译自第1卷,第651页,卷宗第893・5045/63号);凯洛格致克银汉电(1925年6月4日下午5时,华盛顿)(译自第1卷,第651、652页,卷宗第893・5045/63号);美国驻华代办梅耶致凯洛格电(1925年6月4日下午5时,北京)(译自第1卷,第652、653页,卷宗第893・5045/66号);梅耶致凯洛格电(1925年6月4日下午7时,北京)(译自第1卷,第653、654页,卷宗第893・5045/69号);梅耶致凯洛格电(1925年6月5日下午1时,北京)(译自第1卷,第655、656页,卷宗第

---

① 系《美国对外关系文件(1925年)》选译。

893·5045/70号);美国海军部部长魏尔勃致凯洛格函(1925年6月6日,华盛顿)(译自第1卷,第656页,卷宗第893·00/6272号);美国副国务卿格鲁备忘录(1925年6月6日,华盛顿)(译自第1卷,第657、658页,卷宗第893·5045/75号);梅耶致凯洛格电(1925年6月6日下午6时,北京)(译自第1卷,第658、659页,卷宗第893·5045/74号);梅耶致凯洛格电(1925年6月8日下午7时,北京)(译自第1卷,第660页,卷宗第893·5045/78号);克银汉致凯洛格电(1925年6月9日下午4时,上海)(译自第1卷,第660、661页,卷宗第893·5045/80号);克银汉致凯洛格电(1925年6月10日上午11时,上海)(译自第1卷,第661、662页,卷宗第893·5045/81号);克银汉致凯洛格电(1925年6月10日下午6时,华盛顿)(译自第1卷,第662、663页,卷宗第893·5045/80号);克银汉致凯洛格电(1925年6月11日下午5时,上海)(译自第1卷,第663页,卷宗第893·5045/85号);克银汉致凯洛格电(1925年6月12日中午,上海)(译自第1卷,第663、664页,卷宗第893·5045/86号);凯洛格致梅耶电(1925年6月12日下午5时,华盛顿)(译自第1卷,第664页,卷宗第893·00/6284a号);梅耶致凯洛格电(1925年6月12日下午6时,北京)(译自第1卷,第664至666页,卷宗第893·5045/88号);梅耶致凯洛格电(1925年6月14日下午3时,北京)(译自第1卷,第666页,卷宗第893·5045/89号);梅耶致凯洛格电(1925年6月19日下午6时,北京)(译自第1卷,第667、668页,卷宗第893·5045/96号);梅耶致凯洛格电(1925年6月20日下午3时,北京)(译自第1卷,第669页,卷宗第893·5045/97号);梅耶致凯洛格电(1925年7月2日上午10时,北京)(译自第1卷,第672至674页,卷宗第793·00/54号);梅耶致凯洛格电(1925年7月2日下午1时,北京)(译自第1卷,第674、675页,卷宗第893·5045/108号);凯洛格致梅耶电(1925年7月2日下午2时,华盛顿)(译自第1卷,第676页,卷宗第893·5045/96号);梅耶致凯洛格电(1925年7月3日下午7

时,北京)(译自第1卷,第676、677页,卷宗第893·5045/109号);梅耶致凯洛格电(1925年7月6日中午,北京)(译自第1卷,第677页,卷宗第893·5045/111号);格鲁致梅耶电(1925年7月6日下午6时,华盛顿)(译自第1卷,第677页,卷宗第793·00/54号);英国驻美代办齐尔顿致凯洛格照会(1925年7月7日,马萨诸塞州曼彻斯特)(译自第1卷,第678、679页,卷宗第893·5045/112号);梅耶致凯洛格电(1925年7月9日下午7时,北京)(译自第1卷,第679至681页,卷宗第893·5045/118号);梅耶致凯洛格电(1925年7月10日下午6时,北京)(译自第1卷,第681至683页,卷宗第893·5045/127号);梅耶致凯洛格电(1925年7月11日下午6时,北京)(译自第1卷,第683、684页,卷宗第893·5045/128号);凯洛格致梅耶电(1925年7月13日下午4时,华盛顿)(译自第1卷,第684页,卷宗第893·5045/127号);美国驻英大使霍顿致凯洛格电(1925年7月17日中午,伦敦)(译自第1卷,第684至686页,卷宗第893·5045/136号);凯洛格致驻华公使马慕瑞电(1925年7月18日下午4时,华盛顿)(译自第1卷,第686页,卷宗第893·5045/136号);马慕瑞致凯洛格电(1925年7月20日午夜,北京)(译自第1卷,第687至689页,卷宗第893·5045/173号);凯洛格致霍顿电(1925年7月22日下午2时,华盛顿)(译自第1卷,第689页,卷宗第893·5045/137号);霍顿致凯洛格电(1925年7月30日上午11时,伦敦)(译自第1卷,第690页,卷宗第893·5045/151号);霍顿致凯洛格电(1925年8月4日下午4时,伦敦)(译自第1卷,第691页,卷宗第893·5045/156号);凯洛格致霍顿电(1925年8月5日下午1时,华盛顿)(译自第1卷,第691页,卷宗第893·5045/156号);凯洛格致马慕瑞电(1925年8月6日下午6时,华盛顿)(译自第1卷,第692页,卷宗第893·5045/170号);马慕瑞致凯洛格电(1925年8月8日上午9时,北京)(译自第1卷,第692至695页,卷宗第893·5045/170号);马慕瑞致凯洛格电(1925年8月10日下午4时,北京)(译自第1卷,第695、696页,卷宗第893·5045/171号);凯洛格致马慕瑞电(1925年8月10日下午4时,华盛顿)(译自第1卷,第696页,卷宗第893·5045/170号);霍顿致凯洛格电(1925年8月15日下午3时,伦敦)(译自原书第1卷,第696至698页,卷宗第893·5045/183号);凯洛格致霍顿电(1925年8月21日下午5时,华盛顿)(译自第1卷,第698、699页,卷宗893·5045/187号);霍顿致凯洛格电(1925年8月27日下午1时,伦敦)(译自第1卷,第699、700页,卷宗第893·5045/197号);马慕瑞致凯洛格电(1925年8月29日下午6时,北京)(译自第1卷,第700页,卷宗第893·00/6567号);马慕瑞致凯洛格电(1925年8月30日下午5时,北京)(译自第1卷,第700、701页,卷宗第893·5045/198号);凯洛格致霍顿电(1925年8月31日下午8时,华盛顿)(译自第1卷,第702页,卷宗第893·5045/197号);霍顿致凯洛格电(1925年9月1日下午4时,伦敦)(译自第1卷,第703页,卷宗第893·5045/200号);马慕瑞致凯洛格电(1925年9月4日下午9时,北京)(译自第1卷,第703、704页,卷宗第893·5045/204号);格鲁致马慕瑞电(1925年9月4日下午5时,华盛顿)(译自第1卷,第705页,卷宗第893·5045/204号);马慕瑞致凯洛格电(1925年10月9日下午4时,北京)(译自第1卷,第710、711页,卷宗第893·5045/239号);马慕瑞致凯洛格电(1925年10月14日下午6时,北京)(译自第1卷,第711页,卷宗第893·5045/240号);凯洛格致马慕瑞电(1925年10月15日下午1时,华盛顿)(译自第1卷,第712页,卷宗第893·5045/240号);马慕瑞致凯洛格电(1925年10月16日下午6时,北京)(译自第1卷,第712页,卷宗第893·5045/241号);马慕瑞致凯洛格电(1925年11月21日下午4时,北京)(译自第1卷,第713至715页,卷宗第893·5045/253号);凯洛格致马慕瑞电(1925年11月24日下午7时,华盛顿)(译自第1卷,第715、716页,卷宗第893·5045/253号);马慕瑞致凯洛格电(1925年11月25日下午10时,北京)(译自第1卷,第

716页,卷宗第893・5045/254号);马慕瑞致凯洛格电(1925年11月27日下午7时,北京)(译自第1卷,第716、717页,卷宗第893・5045/256号);马慕瑞致凯洛格电(1925年12月12日中午,北京)(译自第1卷,第720页,卷宗第893・5045/272号);马慕瑞致凯洛格电(1925年12月21日下午8时,北京)(译自第1卷,第721页,卷宗第893・5045/277号);马慕瑞致凯洛格电(1925年12月22日下午9时,北京)(译自第1卷,第721页,卷宗第893・5045/278号)

章克生译 载上海社会科学院历史研究所编《五卅运动史料》第3卷,上海:上海人民出版社2005年12月第1版。

0517

(第五部分・肆・二)关于中国各地的反应①——梅耶致凯洛格电(1925年6月7日上午11时,北京)[译自《美国对外关系文件(1925年)》第1卷,第726页,卷宗第893・00/6247号];梅耶致凯洛格电(1925年6月10日上午11时,北京)(译自第1卷,第726页,卷宗第893・00/6252号);梅耶致凯洛格电(1925年6月13日下午3时,北京)(译自第1卷,第727、728页,卷宗第893・00/6260号);梅耶致凯洛格电(1925年6月14日下午4时,北京)(译自第1卷,第728页,卷宗第893・00/6263号);梅耶致凯洛格电(1925年6月15日上午10时,北京)(译自第1卷,第729、730页,卷宗第893,5045/90号);梅耶致凯洛格电(1925年6月16日中午,北京)(译自第1卷,第731、732页,卷宗第893・5045/91号);凯洛格致梅耶电(1925年6月16日下午5时,华盛顿)(译自第1卷,第732页,卷宗第893・5045/90号);凯洛格致梅耶电(1925年6月18日下午3时,华盛顿)(译自第1卷,第733、734页,卷宗第893・5045/88号);梅耶致凯洛格电(1925年6月19日上午10时,北京)(译自原书第1卷,第734

---

① 系《美国对外关系文件(1925年)》选译。

页,卷宗第 893·00/6291 号);梅耶致凯洛格电(1925 年 6 月 24 日下午 3 时,北京)(译自第 1 卷,第 735 页,卷宗第 893·00/6305 号);梅耶致凯洛格电(1925 年 6 月 27 日下午 3 时,北京)(译自第 1 卷,第 735、736 页,卷宗第 893·5045/105 号);马慕瑞致凯洛格电(1925 年 7 月 16 日下午 5 时,北京)(译自第 1 卷,第 736 页,卷宗第 893·5045/6399 号);马慕瑞致凯洛格电(1925 年 7 月 31 日下午 1 时,北京)(译自第 1 卷,第 737 页,卷宗第 893·00/6461 号);马慕瑞致凯洛格电(1925 年 8 月 30 日下午 1 时,北京)(译自第 1 卷,第 737 页,卷宗第 893·00/6568 号);马慕瑞致凯洛格电(1925 年 9 月 9 日下午 11 时,北京)(译自第 1 卷,第 738、739 页,卷宗第 893·00/6590 号)

章克生译 载上海社会科学院历史研究所编《五卅运动史料》第 3 卷,上海:上海人民出版社 2005 年 12 月第 1 版。

0518

(第五部分·肆·三)关于中国要求修改不平等条约的照会及各国的答复①——梅耶致凯洛格电(1925 年 6 月 24 日下午 6 时,北京)[译自《美国对外关系文件(1925 年)》第 1 卷,第 763 至 765 页,卷宗第 793·00/46 号];梅耶致凯洛格电(1925 年 6 月 26 日下午 4 时,北京)(译自第 1 卷,第 765、766 页,卷宗第 793·00/48 号);凯洛格致梅耶电(1925 年 7 月 1 日正午,华盛顿)(译自第 1 卷,第 767、768 页,卷宗第 793·00/46 号);英国驻美代办齐尔顿致凯洛格照会(1925 年 7 月 3 日,马萨诸塞州曼彻斯特)(译自第 1 卷,第 770、771 页,卷宗第 793·00/57 号);美国副国务卿格鲁致梅耶电(1925 年 7 月 6 日下午 7 时,华盛顿)(译自第 1 卷,第 774 页,卷宗第 793·00/53 号);齐尔顿致格鲁照会(1925 年 7 月 7 日,马萨诸塞州曼彻斯特)(译自第 1 卷,第 776、777 页,卷宗第 793·00/71 号);美国驻日大使班克罗夫

① 系《美国对外关系文件(1925 年)》选译。

特致凯洛格电(1925年7月12日下午1时,东京)(译自第1卷,第779页,卷宗第793·00/78号);凯洛格致齐尔顿照会(1925年7月13日,华盛顿)(译自第1卷,第780至783页,卷宗第793·00/71号);日本驻美大使松平致凯洛格备忘录(1925年7月16日,华盛顿)(译自第1卷,第783至785页,卷宗第793·00/95号);马慕瑞致凯洛格电(1925年7月16日下午9时,北京)(译自第1卷,第785至787页,卷宗第793·00/83号);凯洛格致马慕瑞电(1925年7月18日正午,华盛顿)(译自第1卷,第788页,卷宗第793·00/83号);齐尔顿致凯洛格照会(1925年7月20日,马萨诸塞州曼彻斯特)(译自第1卷,第788至790页,卷宗第793·00/91号);日本驻美大使馆致美国国务卿备忘录(1925年7月21日)(译自第1卷,第792页,卷宗第500A4e/252号);凯洛格致齐尔顿照会(1925年7月23日,华盛顿)(译自第1卷,第793至797页,卷宗第793·00/93号);马慕瑞致凯洛格电(1925年7月28日下午9时,北京)(译自第1卷,第799至802页,卷宗第893·00/6453号);马慕瑞致凯洛格电(1925年7月30日上午11时,北京)(译自第1卷,第803、804页,卷宗第793·00/109号);凯洛格致齐尔顿备忘录(1925年8月6日,华盛顿)(译自第1卷,第815、816页,卷宗第793·00/139b号);格鲁致齐尔顿照会(1925年8月22日,华盛顿)(译自第1卷,第821、822页,卷宗第793·00/146号);马慕瑞致凯洛格电(1925年9月1日下午5时,北京)(译自第1卷,第830页,卷宗第793·00/162号)

章克生译 载上海社会科学院历史研究所编《五卅运动史料》第3卷,上海:上海人民出版社2005年12月第1版。

0519

(第五部分·肆·四)关于关税特别会议①——美国驻英大使霍顿致

---

① 系《美国对外关系文件(1925年)》选译。

凯洛格电(1925年7月1日下午1时,伦敦)(译自《美国对外关系文件(1925年)》第1卷,第835、836页,卷宗第500·A4e/225号);班克罗夫特致凯洛格电(1925年7月1日下午4时,东京)(译自第1卷,第836至838页,卷宗第500·A4e/226号);马慕瑞致凯洛格电(1925年8月8日上午10时,北京)(译自第1卷,第838、839页,卷宗第500·Ade/263号);凯洛格致马慕瑞电(1925年8月10日下午5时,华盛顿)(译自第1卷,第839页,卷宗第500·A4e/263号);美国关税代表团致凯洛格电(1925年10月30日下午1时45分收到,华盛顿)(译自第1卷,第870、871页,卷宗第500·A4e/443号);凯洛格致美国代表团电(1925年10月31日下午6时,华盛顿)(译自第1卷,第875页,卷宗第500·A4e/443号);美国关税代表团致凯洛格电(1925年12月2日下午1时,北京)(译自第1卷,第883、884页,卷宗第500·A4e/480号);美国代表团史注恩致凯洛格函(1925年12月30日,北京)(译自第1卷,第885页,卷宗第500·A4e/549号)

章克生译　载上海社会科学院历史研究所编《五卅运动史料》第3卷,上海:上海人民出版社2005年12月第1版。

0520

(第五部分·伍)《日本外务省档案》(一九二五年)选译——矢田致币原电报第一七五号(1925年5月31日发)(译自显微胶卷第564卷,第469至471页);矢田致币原电报第一七七号(1925年6月1日发)(译自显微胶卷第564卷,第475至480页);芳泽致币原电报第四四九号(1925年6月2日发)(译自显微胶卷第564卷,第490至495页);芳泽致币原电报第四五〇号(1925年6月3日发)(译自显微胶卷第564卷,第496、497页);芳泽致币原电报第四五一号(1925年6月3日发)(译自显微胶卷Tel·162卷"1925—1926年北京来电",第9至12页);芳泽致币原电报第四五六号(1925年6月3日发)(译自显微胶卷 Tel·162 卷"1925—1926 年北京来电",第 17 至 20 页);矢田致币原电报第一八八号(1925 年 6 月 4 日发)(译自显微胶卷 Tel·163 卷"1925—1926 年北京来电",第 12 至 14 页);芳泽致币原电报第四六五号(1925 年 6 月 4 日发)(译自显微胶卷第 564 卷,第 522 至 524 页);芳泽致币原电报第四六八号(1925 年 6 月 6 日发)(译自显微胶卷 Tel·162 卷"1925—1926 年北京来电",第 23、24 页);矢田致币原电报第一九七号(1925 年 6 月 7 日发)(译自显微胶卷 Tel·163 卷"1925—1926 年北京来电",第 28 至 32 页);芳泽致币原电报第四七三号(1925 年 6 月 7 日发)(译自显微胶卷 Tel·162 卷"1925—1926 年北京来电",第 31 至 34 页);芳泽致币原电报第四七六号(1925 年 6 月 7 日发)(译自显微胶卷 Tel·162 卷"1925—1926 年北京来电",第 37 至 39 页);芳泽致币原电报第四七八号(1925 年 6 月 7 日发)(译自显微胶卷 Tel·162 卷"1925—1926 年北京来电",第 42 至 48 页);芳泽致币原电报第四八八号(1925 年 6 月 8 日发)(译自显微胶卷 Tel·162 卷"1925—1926 年北京来电",第 63 至 65 页);矢田致币原电报第二〇二号(1925 年 6 月 9 日发)(译自显微胶卷 Tel·163 卷"1925—1926 年北京来电",第 45 至 48 页);矢田致币原电报第二〇三号(1925 年 6 月 9 日发)(译自显微胶卷 Tel·163 卷"1925—1926 年北京来电",第 49 至 52 页);矢田致币原电报第二〇四号(1925 年 6 月 9 日发)(译自显微胶卷第 564 卷,第 567 至 570 页);芳泽致币原电报第四八九号(1925 年 6 月 9 日发)(译自显微胶卷 Tel·162 卷"1925—1926 年北京来电",第 66、67 页);芳泽致币原电报第四九一号(1925 年 6 月 9 日发)(译自显微胶卷 Tel·162 卷"1925—1926 年北京来电",第 71 至 73 页);芳泽致币原电报第四九三号(绝密)(1925 年 6 月 10 日发)(译自显微胶卷第 564 卷,第 588 至 593 页);矢田致币原电报第二〇八号(1925 年 6 月 11 日发)(译自显微胶卷第 564 卷,第 594 至 599 页);矢田致币原电报第二一〇号(1925 年 6 月 11 日发)(译自显微胶卷第 564 卷,第 600 至 602 页);

矢田致币原电报第二一一号(1925年6月11日发)(译自显微胶卷Tel·163卷"1925—1926年上海来电",第58至60页);芳泽致币原电报第四九七号(1925年6月11日发)(译自显微胶卷Tel·162卷"1925—1926年北京来电",第85至86页);矢田致币原电报第二一五号(1925年6月12日发)(译自显微胶卷Tel·163卷"1925—1926年上海来电",第65、66页);币原致芳泽电报第三三九号(1925年6月12日发)(译自显微胶卷第564卷,第617至620页);矢田致币原电报第二一九号(绝密)(1925年6月13日发)(译自显微胶卷第564卷,第664至666页);芳泽致币原电报第五〇四号(1925年6月13日发)(译自显微胶卷Tel·162卷"1925—1926年北京来电",第96至98页);芳泽致币原电报第五〇六号(绝密)(1925年6月13日发)(译自显微胶卷第564卷,第662、663页);矢田致币原电报第二二九号(1925年6月14日发)(译自显微胶卷Tel·163卷"1925—1926年上海来电",第100至104页);矢田致币原电报第二三五号(1925年6月15日发)(译自显微胶卷Tel·163卷"1925—1926年上海来电",第115至118页);芳泽致币原电报第五一一号(1925年6月15日发)(译自显微胶卷Tel·162卷"1925—1926年北京来电",第111至114页);芳泽致币原电报第五一二号(1925年6月15日发)(译自显微胶卷Tel·162卷"1925—1926年北京来电",第115至118页);芳泽致币原电报第五一三号(1925年6月15日发)(译自显微胶卷Tel·162卷"1925—1926年北京来电",第119至121页);芳泽致币原电报第五一五号(1925年6月15日发)(译自显微胶卷Tel·162卷"1925—1926年北京来电",第123至130页);芳泽致币原电报第五一六号(1925年6月15日发)(译自显微胶卷Tel·162卷"1925—1926年北京来电",第131至133页);芳泽致币原电报第五二〇号(绝密)(1925年6月16日发)(译自显微胶卷第564卷,第705至712页);矢田致币原电报第二三七号(1925年6月17日发)(译自显微胶卷Tel·163卷"1925—1926年上海来电",第119至121页);矢田致币原电报第二四五号(1925年6月18日发)(译自显微胶卷Tel·163卷"1925—1926年上海来电",第134、135页);矢田致币原电报第二四八号(1925年6月18日发)(译自显微胶卷Tel·163卷"1925—1926年上海来电",第141至145页);币原致芳泽电报合字第一三〇号(1925年6月18日发)(译自显微胶卷第564卷,第737、738页);芳泽致币原电报第五三一号(1925年6月19日发)(译自显微胶卷第564卷,第808至816页);芳泽致币原电报第五三七号(1925年6月20日发)(译自显微胶卷Tel·162卷"1925—1926年北京来电",第149至154页);矢田致币原电报第二五七号(1925年6月22日发)(译自显微胶卷Tel·163卷"1925—1926年上海来电",第162至163页);芳泽致币原电报第五三八号(1925年6月22日发)(译自显微胶卷第564卷,第867至870页);矢田致币原电报第二五八号(1925年6月23日发)(译自显微胶卷第564卷,第900至902页);芳泽致币原电报第五三九号(1925年6月23日发)(译自显微胶卷第564卷,第888至891页);芳泽致币原电报第五四〇号(绝密)(1925年6月23日发)(译自显微胶卷第564卷,第892至896页);矢田致币原电报第二六〇号(1925年6月24日发)(译自显微胶卷第564卷,第910至912页);矢田致币原电报第二六一号(1925年6月24日发)(译自显微胶卷Tel·163卷"1925—1926年上海来电",第166至168页);芳泽致币原电报第五四一号(1925年6月24日发)(译自显微胶卷第564卷,第906、907页);币原致驻美大使松平电报合字第一三三号(1925年6月24日发)(译自显微胶卷第564卷,第903至905页);矢田致币原电报第二六四号(1925年6月25日发)(译自显微胶卷第564卷,第956至959页);芳泽致币原电报第五四六号(1925年6月25日发)(译自显微胶卷第564卷,第927至930页);芳泽致币原电报第五五二号(1925年6月25日发)(译自显微胶卷第564卷,第946、947页);币原致矢田电报第七〇号(1925年6月26日发)(译自显微胶卷第564卷,第963至967页);矢田致币原电报第二六七号

(1925年6月27日发)(译自显微胶卷第564卷,第1012至1015页);芳泽致币原电报第五六一号(1925年6月27日发)(译自显微胶卷Tel·162卷"1925—1926年北京来电",第174、175页);芳泽致币原电报第五六三号(1925年6月28日发)(译自显微胶卷第564卷,第1008至1010页);芳泽致币原电报第五六五号(1925年6月28日发)(译自显微胶卷第564卷,第1020至1026页);矢田致币原电报第二七一号(1925年6月29日发)(译自显微胶卷第564卷,第1047至1052页);币原致芳泽电报第三六一号(最急绝密)(1925年6月29日发)(译自显微胶卷第564卷,第1035至1039页);日本驻华公使馆武官致参谋次长电报支第一七九号(显微胶卷第564卷,第1156页);矢田致币原电报第二七六号(1925年7月1日发)(译自显微胶卷第564卷,第1146至1149页);芳泽致币原电报第五六八号(1925年7月1日发)(译自显微胶卷第564卷,第1107、1108页);芳泽致币原电报第五七〇号(1925年7月1日发)(译自显微胶卷第564卷,第1110、1111页);芳泽致币原电报第五七四号(1925年7月2日发)(译自显微胶卷第564卷,第1133至1135页);芳泽致币原电报第五七五号(1925年7月2日发)(译自显微胶卷第564卷,第1136至1138页);芳泽致币原电报第五七七号(1925年7月2日发)(译自显微胶卷第564卷,第1141至1145页);芳泽致币原电报第五八三号(1925年7月2日发)(译自显微胶卷第564卷,第1159至1162页);矢田致币原电报第二七七号(1925年7月3日发)(译自显微胶卷第564卷,第1173至1175页);矢田致币原电报第二七八号(1925年7月3日发)(译自显微胶卷第564卷,第1176、1177页);矢田致币原电报第二七九号(最急电)(1925年7月3日发)(译自显微胶卷第564卷,第1178至1180页);芳泽致币原电报第五八九号(1925年7月3日发)(译自显微胶卷第564卷,第1227至1229页);芳泽致币原电报第五九〇号(1925年7月3日发)(译自显微胶卷第564卷,第1230、1231页);币原致芳泽电报第三七五号(最急电)(1925年7月3

日发)(译自显微胶卷第564卷,第1189至1192页);币原致芳泽电报第三七七号(最急电)(1925年7月3日发)(译自显微胶卷第564卷,第1196至1205页);驻英代办吉田致币原电报第三一五号(1925年7月3日发)(译自显微胶卷第564卷,第1167、1168页);驻法大使石井致币原电报第二五三号(1925年7月3日发)(译自显微胶卷第564卷,第1340、1341页);币原致芳泽电报第三八〇号(最急电)(1925年7月4日发)(译自显微胶卷第564卷,第1241至1247页);矢田致币原电报第二八六号(1925年7月5日发)(译自显微胶卷第564卷,第1323、1324页);矢田致币原电报第二八八号(1925年7月6日发)(译自显微胶卷第564卷,第1325至1327页);矢田致币原电报第二九〇号(1925年7月8日发)(译自显微胶卷第565卷,第1440至1442页);矢田致币原电报第二九一号(1925年7月8日发)(译自显微胶卷Tel·163卷"1925—1926年上海来电",第182、183页);矢田致币原电报第二九五号(最急电)(1925年7月8日发)(译自显微胶卷Tel·163卷"1925—1926年上海来电",第184至186页);芳泽致币原电报第六〇五号(1925年7月8日发)(译自显微胶卷第565卷,第1437至1439页);芳泽致币原电报第六一四号(1925年7月8日发)(译自显微胶卷第565卷,第1469至1474页);驻香港总领事村上致币原电报第七四号(1925年7月8日发)(译自显微胶卷第565卷,第1456至1459页);矢田致币原电报第二九六号(1925年7月10日发)(译自显微胶卷第565卷,第1782至1784页);矢田致币原电报第二九九号(1925年7月10日发)(译自显微胶卷第565卷,第1912、1913页);矢田致币原电报第三〇〇号(1925年7月10日发)(译自显微胶卷Tel·163卷"1925—1926年上海来电",第189、190页);芳泽致币原电报第六二八号(1925年7月10日发)(译自显微胶卷第565卷,第1827至1830页);芳泽致币原电报第六三〇号(1925年7月10日发)(译自显微胶卷第565卷,第1835至1841页);芳泽致币原电报第三〇一号(1925年7月11日发)(译自显微胶卷第565卷，第1884、1885页）；矢田致币原电报第三〇三号（1925年7月12日发）（译自显微胶卷第565卷，第1890至1891页）；芳泽致币原电报第六三九号（1925年7月13日发）（译自显微胶卷P38卷PVM12—56，第23990至23992页）；矢田致币原电报第三〇四号（1925年7月14日发）（译自显微胶卷Tel·163卷"1925—1926年上海来电"，第192、193页）；芳泽致币原电报第六四二号（1925年7月14日发）（译自显微胶卷Tel·162卷"1925—1926年上海来电"，第185页）；芳泽致币原电报第六四六号（1925年7月14日发）（译自显微胶卷P39卷PVM12—56，第24046至24048页）；矢田致币原电报第三〇七号（1925年7月15日发）（译自显微胶卷第565卷，第2007至2010页）；芳泽致币原函机密第三三四号（1925年7月15日发）（译自显微胶卷第566卷，第2470至2475页）；矢田致币原电报第三〇八号（1925年7月16日发）（译自显微胶卷第565卷，第2011、2012页）；芳泽致币原电报第六五二号（1925年7月16日发）（译自显微胶卷第565卷，第2028至2033页）；日本驻上海武官冈村致参谋总长电报第六一号（1925年7月16日发）（译自显微胶卷第565卷，第2111至2112页）；矢田致币原电报第三一二号（1925年7月17日发）（译自显微胶卷第565卷，第2038、2039页）；矢田致币原电报第三一四号（1925年7月18日发）（译自显微胶卷第566卷，第2064至2068页）；矢田致币原函机密第一二四号——与许交涉员会谈要点（1925年7月20日发）（译自显微胶卷第566卷，第2928至2935页）；币原致芳泽电报第四二二号（1925年7月20日发）（译自显微胶卷第565卷，第2121至2125页）；驻法大使石井致币原电报第二七四号（1925年7月20日发）（译自显微胶卷第566卷，第2143、2144页）；矢田致币原电报第三二三号（绝密）（1925年7月23日发）（译自显微胶卷Tel·163卷"1925—1926年上海来电"，第201至203页）；芳泽致币原电报第六六三号（1925年7月23日发）（译自显微胶卷第566卷，第2196至2203页）；驻美大使松平致币原电报第二四一号（最急电）

(1925年7月23日到)(译自显微胶卷第566卷,第2188至2194页);矢田致币原电报第三二八号(1925年7月26日发)(译自显微胶卷Tel·163卷"1925—1926年上海来电",第206至210页);矢田致币原电报第三三二号(1925年7月28日发)(译自显微胶卷Tel·163卷"1925—1926年上海来电",第213至215页);矢田致币原电报第三三三号(1925年7月28日发)(译自显微胶卷Tel·163卷"1925—1926年上海来电",第216至219页);芳泽致币原电报第六八四号(1925年7月28日发)(译自显微胶卷第566卷,第2521、2522页);矢田致币原电报第三四〇号(1925年8月4日发)(译自显微胶卷Tel·163卷"1925—1926年上海来电",第225、226页);矢田致币原电报第三四一号(1925年8月4日发)(译自显微胶卷Tel·163卷"1925—1926年上海来电",第227、228页);芳泽致币原电报第七〇二号(1925年8月5日发)(译自显微胶卷第566卷,第2855至2858页);芳泽致币原电报第七二四号(1925年8月10日发)(译自显微胶卷第567卷,第3041、3042页);矢田致币原电报第三四六号(1925年8月13日发)(译自显微胶卷第567卷,第3146至3148页);矢田致币原电报第三四七号(1925年8月13日发)(译自显微胶卷第567卷,第3149至3152页);矢田致币原电报第三四八号(1925年8月14日发)(译自显微胶卷第567卷,第3181至3183页);矢田致币原电报第三四九号(1925年8月18日发)(译自显微胶卷第567卷,第3243至3246页);矢田致币原电报第三五一号(1925年8月20日发)(译自档案显微胶卷Tel·163卷"1925—1926年上海来电",第231至234页);币原致驻美大使松平电报第一八四号(1925年8月22日发)(译自显微胶卷第567卷,第3358、3359页);币原致芳泽电报第五〇九号(1925年8月24日发)(译自显微胶卷第567卷,第3400至3402页);芳泽致币原电报第七八一号(1925年8月26日发)(译自显微胶卷第567卷,第3432至3435页);矢田致币原电报第三六〇号(1925年8月27日发)(译自显微胶卷第567卷,第3446至3448

页);芳泽致币原电报第八二七号(1925年9月8日发)(译自显微胶卷第567卷,第3576至3578页);币原致驻美大使松平电报第二一〇号(1925年9月12日发)(译自显微胶卷第567卷,第3618至3620页);矢田致币原电报第三七九号(1925年9月15日发)(译自显微胶卷第567卷,第3630页);芳泽致币原电报第八七八号(1925年9月17日发)(译自显微胶卷第567卷,第3702、3703页);芳泽致币原电报第九〇四号(1925年9月24日发)(译自显微胶卷第567卷,第3743至3748页);芳泽致币原电报第九〇五号(1925年9月24日发)(译自显微胶卷第567卷,第3749至3753页);芳泽致币原电报第九〇六号(1925年9月24日发)(译自显微胶卷第567卷,第3754、3755页);芳泽致币原电报第九六三号(1925年10月8日发)(译自显微胶卷第567卷,第3912至3914页);矢田致币原电报第四二四号(1925年11月11日发)(译自显微胶卷第568卷,第4097至4099页);币原致芳泽电报第七一六号(1925年11月30日发)(译自显微胶卷第568卷,第4130至4134页);芳泽致币原电报第一一一〇号(1925年12月4日发)(译自显微胶卷第568卷,第4154至4162页);芳泽致币原电报第一一三四号(1925年12月11日发)(译自显微胶卷第568卷,第4203至4205页);币原致芳泽电报第七三一号(1925年12月12日发)(译自显微胶卷第568卷,第4185至4188页);矢田致币原电报第四六四号(1925年12月19日发)(译自显微胶卷第568卷,第4497、4498页);矢田致币原电报第四七二号(1925年12月22日发)(译自显微胶卷第568卷,第4508至4510页);矢田致币原电报第四八三号(1925年12月31日发)(译自显微胶卷第568卷,第4537、4538页);芳泽致币原电报第五四号(1926年1月27日发)(译自显微胶卷第568卷,第4695页)

佚名[①]译　载上海社会科学院历史研究所编《五卅运动史料》第

---

① 应为吴绳海。

3卷,上海:上海人民出版社2005年12月第1版。

2006 年

0601

圣约翰大学的最后岁月(1948—1952)①

　　沈鉴治英语口述　**高俊**翻译整理　《史林》2006年增刊,2006年4月。

0602

利用口述史料研究中国近现代史的可能性——以山西省盂县日军性暴力研究为例

　　[日]小浜正子著　**葛涛**译　《史林》2006年第3期,2006年6月20日。

0603

(第二章·二)论建筑;(第四章·八)论园艺②

　　[英]弗朗西斯·培根著　**张和声**译　载林徽因等著《建筑之美》,北京:团结出版社2006年7月第1版。

0604

1903:德国记者蔡博眼中的上海

　　奥伊根·蔡博(Eugen Zabel)文　**王维江**、吕澍译　载孙逊、杨剑龙主编《都市文化研究》第2辑都市、帝国与先知,上海:上海三联

---

① 上海圣约翰大学校史编辑委员会组编,徐以骅主编《上海圣约翰大学(1879—1952)》(上海人民出版社2009年5月版)第183页页下注5,对该文"英语口述"过程的真实性表示质疑。

② 前有全译本,参见上编单元号0401。

书店 2006 年 8 月第 1 版。

(第十篇)1903：德国记者蔡博(Eugen Zabel)眼中的上海

载**王维江**、吕澍辑译《另眼相看：晚清德语文献中的上海》，外国文献中的上海，上海：上海辞书出版社 2009 年 8 月第 1 版。

0605

1904：多夫兰博士眼中的上海

弗兰茨·多夫兰文　**王维江**、吕澍译　载孙逊、杨剑龙主编《都市文化研究》第 2 辑都市、帝国与先知，上海：上海三联书店 2006 年 8 月第 1 版。

(第十一篇)1904：多夫兰(Doflein)博士眼中的上海

载**王维江**、吕澍辑译《另眼相看：晚清德语文献中的上海》，外国文献中的上海，上海：上海辞书出版社 2009 年 8 月第 1 版。

0606

重新审视宗族的历史性特质

［日］井上彻著　**钱杭**译　载钱杭主编《传统中国研究集刊》第 1 辑，上海：上海人民出版社 2006 年 12 月第 1 版。

2007 年

0701

导论：一部现代创世神话吗？；(第 1 部)无生命的宇宙；(第 2 部·第 4 章)生命的起源及进化论

段炼译　载［美］大卫·克里斯蒂安著，晏可佳、**段炼**、房芸芳、姚蓓琴译《时间地图：大历史导论》，上海：上海社会科学院出版社 2007 年 1 月第 1 版//北京：中信出版集团股份有限公司 2017 年 6 月第 1 版。

0702

论学习①

［英］弗兰西斯·培根著　**张和声**译　载王宏印编著《中外文学经典翻译教程》，北京：高等教育出版社2007年3月第1版。

0703

荷兰对汉学研究的贡献

［荷兰］戴闻达讲演　**马军**译注　《史林》2007年增刊，2007年11月30日。

荷兰对汉学研究的贡献

［荷兰］戴闻达讲演　**马军**译注　载阎纯德主编《汉学研究》第10集，北京：学苑出版社2007年11月版。

2008 年

0801

中国的宗族与国家礼制：从宗法主义角度所作的分析②

---

① 前有全译本，参见上编单元号0401。
② 目录见下：中文版序；绪言；序章；第1部（1. 重新审视宗族的历史性特质——前言、关于对下层农民再生产的保障问题、同时代人的宗族论、宗族集团的构造、结语，2. 宗法继承——前言、名门家系、"家"的流动性、宗族形成的各种类型、大家族、结语）；第2部（3. 明代的祖先祭祀与家庙——前言、《家礼》与宗法原理、朝廷的观点、结语，4. 夏言提案——明朝嘉靖年间的家庙制度改革——前言、始祖·先祖祭祀、家庙、改革方案何去何从、结语，5. 宗族形成的重新启动——以明代中期以后的苏州地区为对象——前言、宗法观念、府城、与乡村地区的关系、结语）；第3部（6. 清朝与宗法主义——前言、雍正帝的《圣谕广训》、保护条例、家庙制度、结语，7. 清代的苏州社会与宗族——前言、范氏、义庄设立活动的延续、盗卖盗买、结语，8. 宗族普及的一个实例——以江苏洞庭东山为对象——前言、居民的成功、繁荣与没落、席氏、翁氏、结语，9. 珠江三角洲宗族的普及——前言、宗法与乡礼、宗族的普及、宗族组织的特质和"官族"的形成、结语、终章）；附篇　明朝对服制的改定——《孝慈录》的编纂（前言、洪武元年的服制、为母所定之服制、太祖的家族观）；后记；译后记。

［日］井上彻著　钱杭译　钱圣音校　上海：上海书店出版社2008年6月第1版。

0802

(第二章·8)17世纪的浪漫派、节义派与殉道派；(第五章·26)跨国界的比较性研究；(第五章·28)关于中国档案和美国的中国近代史研究

　　张秀莉译　载［美］魏斐德(Frederic E. Wakeman Jr.)著,梁禾主编《讲述中国历史》,北京：东方出版社2008年6月第1版//北京：人民出版社2013年9月第1版。

0803

(第二章·11)盛清：1683—1839；(第六章·29)历史变化的模式：1839—1989年中国的国家与社会

　　何方昱译　载［美］魏斐德(Frederic E. Wakeman Jr.)著,梁禾主编《讲述中国历史》,北京：东方出版社2008年6月第1版//北京：人民出版社2013年9月第1版。

0804

(第三章·13)中华帝国晚期的地方治理之演进

　　高俊译　载［美］魏斐德(Frederic E. Wakeman Jr.)著,梁禾主编《讲述中国历史》,北京：东方出版社2008年6月第1版//北京：人民出版社2013年9月第1版。

0805

(第三章·14)清征服江南时期的地方观念和忠君思想——江阴悲剧

　　唐巧天译　载［美］魏斐德(Frederic E. Wakeman Jr.)著,梁禾主编《讲述中国历史》,北京：东方出版社2008年6月第1版//北京：

0806

(第三章·15)广东的秘密会社

王健①译　载［美］魏斐德（Frederic E. Wakeman Jr.）著,梁禾主编《讲述中国历史》,北京:东方出版社2008年6月第1版//北京:人民出版社2013年9月第1版。

0807

(第三章·16)太平天国史学史新动向

王敏译　载［美］魏斐德（Frederic E. Wakeman Jr.）著,梁禾主编《讲述中国历史》,北京:东方出版社2008年6月第1版//北京:人民出版社2013年9月第1版。

0808

(第四章·17)抗战时期的政治恐怖主义

宋京译　载［美］魏斐德（Frederic E. Wakeman Jr.）著,梁禾主编《讲述中国历史》,北京:东方出版社2008年6月第1版//北京:人民出版社2013年9月第1版。

0809

(第四章·19)战时上海的走私

李亦婷、李伟华译　载［美］魏斐德（Frederic E. Wakeman Jr.）著,梁禾主编《讲述中国历史》,北京:东方出版社2008年6月第1版//北京:人民出版社2013年9月第1版。

---

① 1976年生。

0810

(第四章·21)关于南京政府的修正观念——儒家法西斯主义

王郡译 载[美]魏斐德(Frederic E. Wakeman Jr.)著,梁禾主编《讲述中国历史》,北京:东方出版社2008年6月第1版//北京:人民出版社2013年9月第1版。

0811

(第五章·22)在南京与四位历史学者的对话

陈志和整理 **饶玲一**译 载[美]魏斐德(Frederic E. Wakeman Jr.)著,梁禾主编《讲述中国历史》,北京:东方出版社2008年6月第1版//北京:人民出版社2013年9月第1版。

0812

(第五章·23)来自中国的报告:粉碎四人帮以后的中国历史学

张培德译 载[美]魏斐德(Frederic E. Wakeman Jr.)著,梁禾主编《讲述中国历史》,北京:东方出版社2008年6月第1版//北京:人民出版社2013年9月第1版。

0813

(第五章·27)中国历史档案新近解密

饶玲一译 载[美]魏斐德(Frederic E. Wakeman Jr.)著,梁禾主编《讲述中国历史》,北京:东方出版社2008年6月第1版//北京:人民出版社2013年9月第1版。

0814

(第六章·30)朱瑞对澳门的占领与中国对近代早期帝国主义的回应

徐涛译 载[美]魏斐德(Frederic E. Wakeman Jr.)著,梁禾主编《讲述中国历史》,北京:东方出版社2008年6月第1版//北京:

人民出版社 2013 年 9 月第 1 版。

0815

1861 年：普鲁士外交特使团报告中的上海

王维江、吕澍译　载孙逊、杨剑龙主编《都市空间与文化想象》第 5 辑都市文化研究，上海：上海三联书店 2008 年 10 月第 1 版。

（第一篇）1861 年：普鲁士外交特使团报告中的上海

载王维江、吕澍辑译《另眼相看：晚清德语文献中的上海》，外国文献中的上海，上海：上海辞书出版社 2009 年 8 月第 1 版。

0816

关于曹魏爵制若干问题的考察

［日］守屋美都雄著　**钱杭**译　载钱杭主编《传统中国研究集刊》第 5 辑，上海：上海人民出版社 2008 年 12 月第 1 版。

0817

英国汉学家庄延龄教授

［英］倭纳著　**马军**译　载朱政惠主编《海外中国学评论》第 3 辑，上海：上海辞书出版社 2008 年 12 月版。

0818

1861 年：艾林波伯爵在上海的书信

王维江、吕澍译　载朱政惠主编《海外中国学评论》第 3 辑，上海：上海辞书出版社 2008 年 12 月版。

（第二篇）1861 年：艾林波伯爵（Graf zu Eulenburg）书信中的上海

载王维江、吕澍辑译《另眼相看：晚清德语文献中的上海》，外国文献中的上海，上海：上海辞书出版社 2009 年 8 月第 1 版。

2009 年

0901

原侵华日军上海宪兵队特高课课长林秀澄谈郑苹如案

  吴健熙译 承载、孙晓瑶校 载许洪新著《一个女间谍》，上海：上海辞书出版社 2009 年 4 月第 1 版。

0902

另眼相看：晚清德语文献中的上海①

  王维江、吕澍辑译 外国文献中的上海，上海：上海辞书出版社 2009 年 8 月第 1 版。

0903

绪论；(第一章)战前中国经济：概览；(第二章)制造业；(第三章)银行业与货币系统(前面部分)

  唐巧天译 载[美]托马斯·罗斯基著，**唐巧天**、毛立坤、姜修宪译，李天锋、吴松弟校《战前中国经济的增长》，杭州：浙江大学出版社 2009 年 10 月第 1 版。

---

① 目录见下：序(周振鹤)，前言，第 1 篇 1861：普鲁士外交特使团报告中的上海，第 2 篇 1861：艾林波伯爵(Graf zu Eulenburg)书信中的上海，第 3 篇 1861：斯庇思(Gustav Spiess)游记中的上海，第 4 篇 1861：随船牧师柯艾雅(Kreyher)日记中的上海，第 5 篇 1862—1864：拉度维茨(Joseph Maria von Radowitz)书信中的上海，第 6 篇 1868：李希霍芬(Freiherr von Richthofen)日记中的上海，第 7 篇 1888：恩司诺(Exner)经济报告中的上海，第 8 篇 1894：海司(Ernst von Hesse-Wartegg)文章中的上海，第 9 篇 1898：记者高德满(Goldmann)眼中的上海，第 10 篇 1903：德国记者蔡博(Eugen Zabel)眼中的上海，第 11 篇 1904：多夫兰(Doflein)博士眼中的上海，第 12 篇 1912：专栏作家赛克(Secker)文章里的上海，后记。(该书部分篇目前曾刊发，参见上编单元号 0604、0605、0815、0818)

0904

苏报案审讯记录选译

王敏译　载上海市档案馆编《上海档案史料研究》第 7、8、9 辑,上海:上海三联书店 2009 年 10 月第 1 版、2010 年 6 月第 1 版、2010 年 11 月第 1 版。

(附录一)苏报案审讯记录

王敏译　载王敏著《苏报案研究》,上海:上海人民出版社 2010 年 3 月第 1 版。

(第一部分·壹)苏报案审讯记录——12 月 3 日审讯记录;12 月 4 日审讯记录;12 月 5 日审讯记录;12 月 7 日审讯记录

王敏译　载上海社会科学院历史研究所编《辛亥革命在上海史料选辑》,增订本,上海:上海人民出版社 2011 年 8 月第 1 版。

0905

神灵、教派、香头:地方文化中的宗教知识

[新西兰]杜博思著　**池桢**、胡雯译　《民俗研究》2009 年第 4 期,2009 年 12 月。

神灵、教派、香头:地方文化中的宗教知识

[新西兰]杜博思著　**池桢**、胡雯译　《人大复印报刊资料·文化研究》2010 年第 5 期。

0906

夜来临——吴国桢见证的国共争斗①

---

① 目录见下:译校说明(校注者);吴国桢简历(马军);第 1 章童年(1. 鄂西老家,2. 三岁上学,3. 崭新世界,4. 模范小学,5. 风暴前夜,6. 辛亥革命,7. 南开中学,8. 二十一条,9. 张勋复辟,10. 就读清华);第 2 章苦难的中国(1. 赴美留学,2. 上海辛酸,3. 北上见闻,4. 军阀横行,5. 帝国主义,6. 租界奇闻,7. 殖民主义,8. 何去何从);第 3 章国共从合作到分裂(1. 由孙到蒋,2. 国共合作,3. 同床异梦,4. 共同北伐,5. 反帝策(转下页)

吴国桢著　吴修垣译　**马军**校订、注释　香港：中文大学出版社 2009 年版。

2010 年

1001
1905 年抵制美货运动——中国城市抗争的研究①

(接上页)略,6. 智夺租界,7. 赵氏夫妇,8. 共党招怨,9. 入党前后,10. 国共分裂,11. 蒋之诡谲,12. 五雄割据,13. 蒋的集权,14. 日本入侵);第 4 章剿共战争(1. 中共六大,2. 立三路线,3. 毛星升起,4. 攘外安内,5. 仕途青云,6. 剿共碰壁,7. 礼义廉耻,8. 秘密武器,9. 扼杀共党,10. 万里长征,11. 抗日呼吁,12. 西安事变,13. 壮哉悲哉,14. 抗日统战);第 5 章抗战中的内部纷争(1. 七七前后,2. 再晤同窗,3. 两面政策,4. 中苏关系,5. 中共受益,6. 边区政府,7. 秘密文件,8. 皖南事变,9. 百团大战,10. 原因何在,11. 军事颠覆,12. 鲜明对比,13. 阶级斗争,14. 严密组织,15. 无可奈何);第 6 章为什么失去大陆？(1. 民主鼓动,2. 中间党派,3. 谈孙夫人,4. 鼓动升级,5. 苏联出马,6. 美国政策,7. 谈史迪威,8. 说赫尔利,9. 重庆谈判,10. 抢占满洲,11. 两种选择,12. 论马歇尔,13. 评魏德迈,14. 两个注解);第 7 章共产党的斗争策略(1. 研究共党,2. 不得其解,3. 较量上海,4. 个案研究,5. 真相大白,6. 新手培训,7. 行动锻炼,8. 内部联络,9. 独创办法,10. 党纪之谜,11. 塔式控制,12. 七点分析,13. 剖析铁托);第 8 章我在台湾的民主实践(1. 预言成真,2. 台岛危机,3. 工具主席,4. 司令之争,5. 棘手差使,6. 一岛两府,7. 若干改革,8. 民主主席,9. 军中腐败,10. 真正目标,11. 特务横行,12. 自由选举,13. 光复大陆,14. 需要外援,15. 两个条件,16. 否定台独,17. 突然失宠,18. 说蒋经国,19. 主持正义,20. 根本分歧,21. 父子总裁,22. 控制军队,23. 思想控制,24. 最后摊牌,25. 六条建议,26. 别后台湾);第 9 章尾声(1. 本书性质,2. 问题何在,3. 教训何在,4. 检验共党,5. 拆除"铁幕",6. 警惕假象,7. 几点分析,8. 潜在危险,9. 可悲结论,10. 如何对付,11. 应做两事,12. 重新评估,13. 真正优势,14. 我的体验,15. 调整政策,16. 四种可能,17. 黑夜来临)。

① 目录见下：中文版自序；序；引言；第 1 章一场城市抗争的酝酿：历史背景(排华法案,中国人的政治觉醒,在美华人受虐种种,围绕新劳工条约的谈判)；第 2 章城市抗争的兴起：上海的抵制运动(第一阶段：5 月 10 日—7 月 20 日,第二阶段：7 月 20 日—8 月 31 日,第三阶段：1905 年 8 月 31 日之后)；第 3 章城市抗争与排外主义：广州的抵制运动(排外传统与抵制运动,爱丽丝·罗斯福到访,殉难者及抵制英雄的塑造)；第 4 章城市抗争与革命：海外华人社群的抵制活动(在美华人与抵制运动,新加坡、马来亚华人与抵制运动,抵制运动与 1911 年的革命)；第 5 章抵制运动之普及：宣传与动员(抵制行(转下页)

［新加坡］黄贤强著　**高俊**译　海外中国城市史研究译丛本（熊月之主任），上海：上海辞书出版社2010年2月第1版。

1002

在表演和宣传之间：上海民营企业职员阶层的重组与群众运动，1949—1952年

［日］岩间一弘著　**甘慧杰**译　载巫仁恕、康豹、林美莉主编《从城市看中国的现代性》，台北："中研院"近代史研究所2010年3月版。

（下编·第八章）在表现与宣传之间——新中国的成立与大众行为的秩序

甘慧杰译　载［日］岩间一弘著，**葛涛**、**甘慧杰**译《上海大众的诞生与变貌——近代新兴中产阶级的消费、动员和活动》，海外中国城市史研究译丛本（熊月之主任），上海：上海辞书出版社2016年2月第1版。

1003

欧美的汉籍收藏

［日］石田干之助著　**甘慧杰**译　**马军**校注　载阎纯德主编《汉学研究》第12集，北京：学苑出版社2010年4月版。

1004

1867年以前中籍西译要目

［英］伟烈亚力（Alexander Wylie）著　**马军**译　载张西平主编《汉学研究》第20辑，郑州：大象出版社2010年11月版。

（接上页）动中的社会精英，公众演说，宣传动员中的语言应用）；第6章互斥背信：作为中美对抗的抵制运动（中国官员的态度，美国人做出的反应）；第7章余响：城市抗争的遗产（1908年的抵制日货运动，民众运动的兴起）；参考文献；译后记。

2011 年

1101

回忆德国纳粹时期的大屠杀

　　［德］Peter Carrier 著　伍迅①译　《史林》2011 年第 2 期，2011 年 4 月 20 日。

当代德国纳粹大屠杀集体记忆的争议

　　［德］彼得·凯利著　伍讯译　《中国社会科学文摘》2011 年第 8 期，8 月 1 日。

1102

山的那一边（被俘德国将领谈二战）②

　　［英］李德·哈特（Basil H. Liddell Hart）著　张和声译　上海：上海人民出版社 2011 年 8 月第 1 版/2015 年 7 月版。

1103

上海美国社区主义者与"五卅"危机——加强与外国社区的联系

---

① 即徐锋华。
② 初版序言；本版序言；第一部分希特勒的将领（1. 自寻死路的分裂，2. 泽克特打造军队，3. 布隆贝格和弗里奇时期，4. 勃劳希契和哈尔德时期，5. 古德里安将军——初期胜利的缔造者，6. "阳光下的战士"——隆美尔，7. 阴影下的军人，8. "老卫兵"——伦德施泰特）；第二部分走向战争（9. 希特勒的崛起，10. 装甲部队的崛起）；第三部分德国将领眼中的战争（11. 希特勒如何打败法国和拯救英国，12. 兵临敦刻尔克时下令"暂停进军"，13. 法国战事的终结和德军首次受挫，14. 哑火于地中海，15. 希特勒入侵苏联，16. 何以兵败莫斯科，17. 兵败斯大林格勒和高加索，18. 兵败斯大林格勒之后，19. 红军，20. 盟军进攻意大利，21. 诺曼底失陷，22. 西线指挥部眼中的刺杀希特勒密谋，23. 希特勒孤注一掷——第二次阿登战役，24. 希特勒——一位年轻将领的看法）；结论；德军高级将领列表；译名对照表；战争是政治的破产（译后记）。

[美]何振模著　张生译　载上海市档案馆编《上海档案史料研究》第11辑,上海：上海三联书店2011年12月第1版。

(第三章)上海美国社区主义者与"五卅"运动：加强与外国社区的联系(1925)

张生译　载[美]何振模(James L. Huskey)著,张笑川、张生、唐艳香译《上海的美国人：社区形成与对革命的反应(1918—1928)》,海外中国城市史研究译丛本(熊月之主任),上海：上海辞书出版社2014年11月第1版。

2012 年

1201

悼念明恩溥博士

[美]博晨光著　马军译　载朱政惠主编《海外中国学评论》第4辑,上海：上海辞书出版社2012年1月版。

1202

晚清上海史①

---

① 目录见下：译者序；序言；引言；第1章上海开埠(英国欲在上海贸易的早期努力,林赛使命：不友好的接待和令人沮丧的失败,舟山及其吸引力,战争,上海保卫战,吴淞战役,攻占上海,和平谈判,南京条约,企图夺取舟山：对上海的影响,舟山是如何被放弃的,英国的克制和清廷外交的产物)；第2章外国租界兴起(早期定居者和他们的苦恼,上海城中的外国侨民,贸易垄断,土地使用权,英租界,土地章程的缺点,法租界,美租界,早期的国际纠纷,青浦教案及其对租界的影响,丝、茶和鸦片,著名的快船队,商贸的黄金时代,银两货币)；第3章小刀会阴影下的上海(太平天国叛乱,南京的陷落、上海的恐慌,不干预政策,租界的防御措施,小刀会袭取上海城,围攻上海城,违反中立,所谓的泥城之战,一个可耻的事件,撤销英国海军支援,法国和小刀会间的敌对行动,炮轰上海城,小刀会的最后突围,骇人听闻的恐怖)；第4章税制改革和市政弊端(太平军对上海的首次影响,停滞的贸易和财政混乱,上海海关：海关大楼被叛乱分子捣毁、外国代理的临时(转下页)

［葡萄牙］裘昔司著　孙川华译　**吴健熙**、徐栋良校　上海：上海社会科学院出版社2012年7月第1版。

1203
悼念俄国人类学家、通古斯学家史禄国教授

［俄］谢列布连尼科夫撰　**马军译**　载上海社会科学院世界中国学研究所编《中国学》第1辑，上海：上海人民出版社2012年8月版。

1204
悼念钢和泰男爵

(接上页)海关，英国官员和商人间的摩擦，上海成为一个自由港，最早的清帝国海关，土地章程的修订，外国租界的合并，工部局，中国人疯狂地涌入租界，"市政"的失职，外国居留地的丧失，市民意识的缺失）；第5章太平军在上海（苏州的沦陷，太平军进军上海，两江总督的困境和谋略，英法联军保卫上海，击退太平军，清廷官员的谎言和太平军的妄想，30英里半径圈，太平军再袭上海，租界内的密谋，微妙的分离，太平军袭击吴淞和浦东，贸易中断，太平军的暴行，太平军包围上海，上海的防御，消极防御的缺陷）；第6章30英里半径圈内的较量（常胜军的起源，华尔的早期冒险，英法联军的支持，征战浦东、摧毁太平军的坚固据点，何伯将军和30英里半径圈，较量，卜罗德将军之死，中国政府的冷漠，无效的较量，英法军队的撤离，俄国提出援助，无限制的武器交易，上海周边的短战，华尔之死，白齐尔和他的大胜，官军的暴行）；第7章从白齐文的陨落到戈登的崛起（白齐文掌控常胜军，他的解职，他的继任者的重大失策，为白齐文的复职而奔忙，戈登的授命与初试锋芒，太平军的反复，攻打太仓，更多的官军暴行，戈登的首次困境：士兵哗变、整顿部队，攻克昆山）；第8章攻陷苏州（占领战略要地，戈登遇到麻烦，白齐文投入太平军，危急关头，殊死战斗，幸免一死，白齐文和他的外籍军团，白齐文的阴谋，他的悲惨而神秘的结局，攻打苏州，遭遇顽抗，顽敌之死，苏州投降，诸王惨遭杀害，戈登的态度，李鸿章的理由，太平军的最后抵抗，攻克南京，遣散常胜军，戈登的荣耀）；第9章市政改革（中国人涌入租界，市政系统的不足之处，新体制的构想，自由市计划，卜鲁斯爵士：他对上海的态度和他的亲中国政变，1854年法租界从市政系统撤出，蒲安臣计划，建议中国人参与市政管理，微妙的反提案，上海希望的破灭，建议一个国际化的巴比伦，中外会审公廨，工部局的法律地位，美租界，法租界的新体制，公董局和领事，新的土地章程）；第10章昌平年代（太平天国完结后大批难民离开上海，商业大危机，日本开放带来的机运，开放长江通商口岸，中国的首条铁路，进展和扩展，骚乱，英法间的竞争和相互利用，上海日益繁荣，现代巴比伦，反常的租界模式，错失良机，展望上海）；后记。（该书前有选译，参见上编单元号5806）

［德］谢礼士（Ernst Schierlitz）著　**马军**译　载阎纯德主编《汉学研究》第 14 集，北京：学苑出版社 2012 年 8 月版。

1205

德语文献中晚清的北京①

［德］艾林波、巴兰德著　**王维江**、吕澍辑译　福州：福建教育出版社 2012 年 10 月第 1 版。

2013 年

1301

欧洲形成中的亚洲（第 2 卷奇迹的世纪第 3 册学术研究）②

［美］唐纳德·F. 拉赫著　**何方昱**译　张勇安校译　北京：人民出版社 2013 年 3 月第 1 版。

1302

欧美人的满洲地理研究

---

① 目录见下：第 1 篇 1861：普鲁士东亚外交特使团报告中的北京，第 2 篇 1861：特使艾林波书信中的北京，第 3 篇 1861：商业代表斯庇思游记中的北京，第 4 篇 1861：随船牧师柯艾雅日记中的北京，第 5 篇 1864：领事拉度维茨书信中的北京，第 6 篇 1868 年：丝绸商人克莱尔游记中的北京，第 7 篇 1861—1893：公使巴兰德回忆录中的北京，第 8 篇 1886：银行家恩司诺经济报告中的北京，第 9 篇 1890—1891：使馆翻译生佛尔克书信中的北京，第 10 篇 1898：记者高德满报道中的北京，第 11 篇 1888—1889、1894—1895：汉学家福兰阁回忆录中的北京，第 12 篇 1898：记者海司报道中的北京，第 13 篇 1900：奥地利公使讷色恩夫人回忆录中的北京。

② 目录见下：引言；第 9 章技术与自然科学（1. 技术与工程学，2. 数学与天文学，3. 航海术与航海，4. 炼金术和化学，5. 植物学）；第 10 章制图学和地理学（1. 托勒密的淡出，2. 新制图学，3. 地图集、赞助和地理知识）；第 11 章语言和语言学［1. 词源，2. 语言观念的复兴，3. 分类与比较，4. 和谐性和普遍性，5. 再混合，附录：引入到欧洲词汇表的亚洲词汇（16 世纪）］；第 12 章结语。

［日］石田干之助著　**马军**译　笹田和子校　载阎纯德主编《汉学研究》第15集,北京：学苑出版社2013年4月版。

1303
新自由主义想象与理性空间

［美］马丁·杰伊著　**叶斌**译　《哲学分析》2013年第6期,2013年12月25日。

1304
英国外交文书选译：英国关于《费唐报告》的反应（上、下）

王敏译　载上海市档案馆编《上海档案史料研究》第14、15辑,上海：上海三联书店2013年6月第1版,2013年12月第1版。

2014年

1401
内战时期美国军方在上海的不端行为——以臧大咬子事件为例

［美］威尔金森著　**徐锋华**译　载熊月之主编《上海史国际论丛》第1辑,北京：生活·读书·新知三联书店2014年4月第1版。

1402
上海的"华人与狗不得入内"之标志——传说、历史与时代象征

［英］毕可思、［美］华志建著　**张生**译　载熊月之主编《上海史国际论丛》第1辑,北京：生活·读书·新知三联书店2014年4月第1版。

1403
上海的大众时代

［日］岩间一弘著　**葛涛**译　载熊月之主编《上海史国际论丛》第 1 辑,北京:生活·读书·新知三联书店 2014 年 4 月第 1 版。
(绪论)上海的大众时代

葛涛译　载［日］岩间一弘著,**葛涛**、**甘慧杰**译《上海大众的诞生与变貌——近代新兴中产阶级的消费、动员和活动》,海外中国城市史研究译丛本(熊月之主任),上海:上海辞书出版社 2016 年 2 月第 1 版。

1404
社会视野中的上海——来自朗格的报告

［美］朗格著　**高俊**译　载熊月之主编《上海史国际论丛》第 1 辑,北京:生活·读书·新知三联书店 2014 年 4 月第 1 版。
上海社会概况

［美］朗格著　**高俊**译　载［美］朗格等著,高俊等译,王敏等校《上海故事》,上海地方志外文文献丛书本,北京:生活·读书·新知三联书店 2017 年 2 月第 1 版。

1405
上海租界历史杂录(1842—1856)

［英］卡莱斯著　**钟煜星**译　**王敏**校　载熊月之主编《上海史国际论丛》第 1 辑,北京:生活·读书·新知三联书店 2014 年 4 月第 1 版。
上海租界历史杂录(1842—1856)

［英］卡莱斯著　**钟煜星**译　**王敏**校　载［美］朗格等著,高俊等译,王敏等校《上海故事》,上海地方志外文文献丛书本,北京:生活·读书·新知三联书店 2017 年 2 月第 1 版。

1406
19 世纪 80 年代上海的司法与社会

麦克法兰著　**王健**①译　载熊月之主编《上海史国际论丛》第1辑，北京：生活·读书·新知三联书店2014年4月第1版。

1407
远东生活回忆录
　　[美]魏德卯著　房芸芳译　**池桢**校　载熊月之主编《上海史国际论丛》第1辑，北京：生活·读书·新知三联书店2014年4月第1版。
远东生活回忆录
　　[美]魏德卯著　房芸芳译　**池桢**校　载[美]朗格等著，高俊等译，王敏等校《上海故事》，上海地方志外文文献丛书本，北京：生活·读书·新知三联书店2017年2月第1版。

1408
中国帝制时代的地方政府
　　吴国桢著　**马军**译　载阎纯德主编《汉学研究》第16集，北京：学苑出版社2014年6月版。

1409
儒家排斥"异端"的基本原则
　　[荷兰]高延（J. J. De Groot）撰　**芮传明**译　载芮传明编《现代学术精品精读：中国民间宗教卷》，上海：上海人民出版社2014年9月第1版。

1410
上海的法国人（1849—1949）②

---

① 1976年生。
② 目录见下：前言；草创时期；第1章玛蒙的冒险（1. 先驱者和洋行，2. 商业界的圣母，3. 中国合伙人，4. 变幻莫测的旅行）；第2章凯撒的忧伤（5. 领事、董事和特派（转下页）

［法］居伊·布罗索莱著　**牟振宇**译　海外中国城市史研究译丛本(熊月之主任)，上海：上海辞书出版社2014年10月第1版。

1411

(第四章)"五卅"运动的后果：世界主义者的主动性(1925—1926)

张生译　载［美］何振模(James L. Huskey)著，张笑川、**张生**、唐艳香译《上海的美国人：社区形成与对革命的反应(1918—1928)》，海外中国城市史研究译丛本(熊月之主任)，上海：上海辞书出版社2014年11月第1版。

1412

天堂与现代性之间：建设苏州(1895—1937)①

(接上页)员，6. 内战背景下的上海，7. 上海的日本人，8. 海军)；第3章上帝的荣耀(9. 勇敢的耶稣会，10. 震旦大学，11. 教派之争)；第4章不定的岁月(12. 艺术、科学和文学，13. 婴幼儿，14. 习俗和社交，15. 醉生梦死)；第5章最后的纪念(16. 争执，17. 红色的结局)；附录［1. 大事记，2. 中国人名和地名的拼法，3. 新旧路名对照，4. 法国驻沪领事表，5. 震旦大学的耶稣会士和法国世俗教师(1935—1951)，6. 赖安建筑行在上海营造的建筑，7. 1935—1945年间上海中学的法国学生名单，8. 文献及目录索引，9. 机构名称缩写及人物索引］；译后记。(该书前有他人选译，即［法］居伊·布罗索莱(Guy Brossollet)著，曹胜梅译，郑泽青校《上海的法国人(1849—1949)》，载熊月之、马学强、晏可佳选编《上海外国人(1842—1949)》，上海史研究译丛本(熊月之、张晓敏执行编委)，上海：上海古籍出版社2003年12月第1版)

① 目录见下：中文版序言；致谢；导言(苏州城及其方位的象征意义，苏州和社会变革，空间变化与社会转型，城市空间与地方，思想观念的转变，国家范畴内的地方国有化及其定位，本书框架)；第1部分从道路到现代性；第1章马路：工业与恶习的诞生地(苏州的城市道路及其国际/国家意义，马路：外国技术的本土化，商务局：防御性发展与官僚资本主义，张之洞的设想：作为工业防卫线的马路，赞助商务局之争，民众的马路观，文明的代价：迁坟，休闲、经济与街道，西洋建筑对于马路的道德挑战，妇女上街，新式茶馆：消费空间的变迁，搭乘马车成为大众娱乐，马路房地产：拓展投机生意，伤风败俗的事业：或利或弊)；第2章马路：滋养城市的脉络(修建城内马路，地方自治，作为政治与社会话语主体的道路，流通与城市主干道，城市动脉与社会政策下的道路流通，开放苏州城墙，民众对于道路的看法)；第2部分"传统"之中的府学文庙；第3章礼仪结构与学术体系的革新(守护神龙与科举考试，历史探究中的文庙，文庙在苏州，外国教会与府学，(转下页)

［美］柯必德著　　**何方昱**译　　海外中国城市史研究译丛本（熊月之主任），上海：上海辞书出版社 2014 年 12 月第 1 版。

2015 年

1501

上海外国租界《1854 年土地章程》新译

　　叶斌译注　　载周武主编《上海学》第 2 辑，上海：上海人民出版社 2015 年 4 月第 1 版。

1502

基督教传教士与中国政治

　　张秀莉译　　载马学强、王海良主编《〈密勒氏评论报〉总目与研究》，上海：上海书店出版社 2015 年 5 月第 1 版。

1503

上海建筑的显著进步：机械正在代替人力

　　李家涛译　　**池桢**校　　载马学强、王海良主编《〈密勒氏评论报〉总目与研究》，上海：上海书店出版社 2015 年 5 月第 1 版。

（接上页）美国传教士眼中的文庙与中国文明，新时代的孔子与孔庙，孔子诞辰的公共纪念，祭孔典礼的提升）；第 4 章现代中国的文化建设（民初孔子与国家定义的民族主义，文庙与旅游业，文庙与中国文明：一名日本记者的视角，文庙与国民党，都市规划与被废弃的文庙，孔子诞辰与新生活运动，文庙与中国建筑史）；第 3 部分保存国粹；第 5 章寒山钟声（苏州古迹与过去的用途，作为社会政治议题的历史保护，古迹与国粹，寒山寺：古意与民族气节，程德全笔下的寒山寺与国家改革）；第 6 章重估都市景观中的国家财产（民国的古物保护：国家立场，南京十年苏州的古物保护，苏州保墓运动：都市秩序变动中的道德观，坟墓与征地，玄妙观：国家财富与经济民族主义）；结束语"中国文化后院"中的古迹保护与工业发展；参考书目；译后记；索引。

1504

苏联元帅崔可夫之孙给历史所学术会议发来贺信

　　H. B. 崔可夫院士撰　**褚晓琦**译　《上海社会科学院》总第 187 期,2015 年 6 月 30 日。

1505

吴国桢忆谈西安事变

　　吴国桢原撰　**马军**、吴修垣摘译　《档案春秋》2015 年第 12 期,2015 年 12 月 10 日。

1506

南京路上的英印统治:条约口岸上海的锡克巡捕

　　[英]杰逸(Isabella Jackson)著　**王迪**译　**施恬逸**校　载熊月之主编《上海史国际论丛》第 2 辑,北京:生活·读书·新知三联书店 2015 年 12 月第 1 版。

1507

上海故事——从开埠到对外贸易

　　[英]麦克莱伦(J. W. Maclellan)著　刘雪芹译　**张秀莉**、**王敏**译　载熊月之主编《上海史国际论丛》第 2 辑,北京:生活·读书·新知三联书店 2015 年 12 月第 1 版。

上海故事——从开埠到对外贸易

　　[英]麦克莱伦著　刘雪琴译　**张秀莉**、**王敏**译　载[美]朗格等著,高俊等译,王敏等校《上海故事》,上海地方志外文文献丛书本,北京:生活·读书·新知三联书店 2017 年 2 月第 1 版。

1508

1890 年代的上海及其周边地区

[英]克拉克(J. D. Clark)著　　王健①译　载熊月之主编《上海史国际论丛》第2辑，北京：生活·读书·新知三联书店2015年12月第1版。

2016年

1601

中日战争下日本帝国投向上海的"视线"——以上海观光媒体为中心

　　[日]高纲博文著　　葛涛译　《史林》2016年第1期，2016年2月20日。

1602

上海大众的诞生与变貌——近代新兴中产阶级的消费、动员和活动②

---

① 1976年生。
② 目录见下：中文版序言；译者说明；绪论　上海的大众时代（1. 大众时代拉开帷幕，2. 近代上海的大众消费社会，3. 诞生大众的秩序结构，4. 上海政治与职员、工人的动员，5. 从大众消费到大众动员——20世纪20—50年代的变化与连续，6. 本书的课题、视点、资料）；上编　从两次世界大战间隔期到战时、战后；第1章被展示的群众的诞生——由《新闻报》广告所见之新兴中产阶级与大众消费（1. 从商业广告探求大众消费，2. 民国时期上海的媒体环境，3. 图版广告所表现的大众消费，4. 出现在《新闻报》中的"大众"）；第2章女影星阮玲玉的自杀与拂晓期的大众消费社会（1. 如何看待电影女星的自杀，2. 自杀发生的经过，3. 聚集在遗体周围的群众，4. "谈阮"——围绕阮玲玉自杀的舆论，5. 被商业利用的自杀，6. 虚假、不当广告的取缔与消费者意识，7. 20世纪30年代上海的大众消费社会）；第3章集体结婚式与新兴中产阶级的大众消费、大众动员（1. 集团婚礼为什么流行，2. 包办婚姻、强迫婚姻与"文明结婚"，3. 两次世界大战间隔期市政府举办的集团结婚式，4. 战争时期——民间企业、团体的集团结婚式，5. 战后时期——市政府重新举办集团结婚式，6. 新中国成立初期——从仪式结婚走向登记结婚，7. 大众婚礼的流行）；第4章娱乐与消费的大众动员——战时、战后的联谊会（1. 关于战时、战后上海新兴中产阶级的视点，2. 联谊会的设立与运作，3. 娱乐在战时的意义，4. 日军进驻公共租界后的联谊会，5. 战后的联谊会与娱乐，6. 消费合作社与战时、战后的消费生活，7. 后世对联谊会评价的变化，8. 娱乐、消费与动员的一体化）；下编　从战后到新中国成立初期；第5章"汉奸"检举与战后上海大众——以李泽事件为例（1. 从李泽事（转下页）

［日］岩间一弘著　**葛涛、甘慧杰**译　海外中国城市史研究译丛本(熊月之主任)，上海：上海辞书出版社2016年2月第1版。

1603

乱世中的信任：民国时期天津的货币、银行及国家——社会关系①

［美］史瀚波著　**池桢**译　海外中国城市史研究译丛本(熊月之主任)，上海：上海辞书出版社2016年2月第1版。

1604

(上编·第四章)娱乐与消费的大众动员——战时、战后的联谊会

葛涛译　载［日］岩间一弘著，**葛涛、甘慧杰**译《上海大众的诞生与变貌——近代新兴中产阶级的消费、动员和活动》，海外中国城市史研究译丛本(熊月之主任)，上海：上海辞书出版社2016年2月第

(接上页)件解读战后上海，2. 被大众情绪所制裁，3. 从检举运动到逮捕，4. 逮捕的余波，5. 投向辩护人的目光，6. "高级职员"的作用，7. 审判的展开，8. 审判的迂回曲折与大众情绪的动向，9. 从检举"汉奸"运动到"五反"运动的连续性);第6章市参议员选举与检举"汉奸"运动(1. 选举反映的时代状况，2. 选举战与大众，3. 选举中的歪门邪道与操作，4. 围绕"汉奸"检举期限的论战，5. 检举市参议员的谣言与舆论，6. 选举、检举、大众);第7章从"上海小姐"竞选看战后大众社会(1. "上海竞选"为什么举办，2. 上海小姐竞选的举办，3. "上海小姐"竞选与大众媒体，4. 围绕小姐竞选的舆论动态，5. "汉奸之女"与"上海小姐之父"，6. "上海小姐"出演香港电影，7. 选美竞选和大众媒体);第8章在表现与宣传之间——新中国的成立与大众行为的秩序(1. 变化中的大众，2. "三反""五反"运动中的高级职员，3. "民主改革补课"运动和职员阶层，4. 公私合营与"高级职员""资方代理人"的立场，5. "资方代理人"体验的反右派斗争，6. 多样化、尖锐化的动员手段和"大众压力"的高涨;结论　大众的诞生与变貌的活力;参考文献。(该书有若干选译,参见上编单元号1002、1403、1602)

① 目录见下：致谢;对币值的一点说明;中文版序言;导论;第1章个人网络与国家需求;第2章天津1916：暂停兑换;第3章地方监管机构、纸老虎和好公民;第4章军阀政府的游戏规则;第5章南京国民政府早期的统治和新环境;第6章国际危机时期的信任;结论;附录(A：天津现代银行的货币流通，B：设在天津的各银行中外文名称，C：《钱荒白话歌》，D：1927年天津中国银行为政府提供的贷款);参考文献。

1版。

娱乐与消费的大众动员——战时、战后的联谊会

[日]岩间一弘著　**葛涛**译　载[日]高纲博文主编,陈祖恩等译《战时上海（1937—1945）》,上海：上海远东出版社2016年3月第1版。

1605

世界的帝国：唐朝①

[美]陆威仪著　**张晓东**、冯世明译　方宇校　哈佛中国史本([加]卜正民主编,3),北京：中信出版社2016年10月第1版。

1606

抗战期间上海工人的罢工斗争——《密勒氏评论报》选译（1939年9月—1940年10月）

上海工人运动史料委员会译　张宇、**段炼**整理校注　载周武主编《上海学》第3辑,上海：上海人民出版社2016年11月版。

---

① 目录见下：导言；第1章帝国的地理环境（中国古代的心脏地带——关中,东北部、中原和四川,南方,漕运,"内部"领域与"外部"领域）；第2章从开国到内乱（唐帝国的巩固,玄宗皇帝的统治和"安史之乱",唐朝军事制度,中国的中世纪"贵族",唐朝法律,土地所有制与赋税）；第3章藩镇与专使（地方与中央的权力博弈,党争,地方权力的多元化,军事地方主义和新的政治角色,财政地方主义和新的政治角色）；第4章城市生活（长安和洛阳的布局,长安的花街柳巷,花卉热,唐朝城市的商业化,税收与货币）；第5章乡村社会（土地占有的新形态,农业技术,长途贸易和商业化,茶叶和糖）；第6章外部世界（称"天可汗"的唐朝统治者,东亚的出现,国际贸易重组,在唐朝的外国人,被看成异族的佛教徒）；第7章宗教关系（唐代家庭中的妇女,祖先祭祀的变化,唐代大族,大族的终结）；第8章宗教（唐代的道教,道姑和女仙,中国汉化佛教的出现,国家和地方的儒教礼仪,儒教经典的重新解读,印刷术）；第9章写作（初唐诗的基调和辞藻,盛唐诗对前代诗歌的继承,不断变化的诗人形象,唐代传奇,散文）；结语；致谢。

1607

宗方小太郎日记(未刊稿)①

［日］宗方小太郎著　**甘慧杰**译　日本近代对外侵略史料丛书本,上海:上海人民出版社2016年12月第1版。

1608

卫三畏自传

［美］卫三畏撰　**马军**译　载陶德民编《卫三畏在东亚——美日所藏资料选编》,郑州:大象出版社2016年12月第1版。

2017 年

1701

上海最后的日文报纸《改造日报》——围绕其"灰色地带"背景的考察

［日］高纲博文著　**葛涛**译　《史林》2017年第1期,2017年2月1日。

---

① 目录见下:出版说明,《宗方小太郎日记(未刊稿)》序言,译者序,译者说明,明治二十年(1887年),明治二十一年(1888年),明治二十二年(1889年),明治二十三年(1890年),明治二十四年(1891年),明治二十五年(1892年),明治二十六年(1893年),明治二十七年(1894年),明治二十八年(1895年),明治二十九年(1896年),明治三十年(1897年),明治三十一年(1898年),明治三十二年(1899年),明治三十三年(1900年),明治三十四年(1901年),明治三十五年(1902年),明治三十六年(1903年),明治三十七年(1904年),明治三十八年(1905年),明治三十九年(1906年),明治四十年(1907年),明治四十一年(1908年),明治四十二年(1909年),明治四十三年(1910年),明治四十四年(1911年),明治四十五年(1912年),大正二年(1913年),大正三年(1914年),大正四年(1915年),大正五年(1916年),大正六年(1917年),大正七年(1918年),大正八年(1919年),大正九年(1920年),大正十年(1921年),大正十一年(1922年),大正十三年(1923年)。该日记前有选译,参见上编单元号8802、9306。

1702

上海游记

　　［英］福钧著　　韩瑞华译　　**王敏**校　　载［美］朗格等著,高俊等译,王敏等校《上海故事》,上海地方志外文文献丛书本,北京:生活·读书·新知三联书店 2017 年 2 月第 1 版。

1703

小孩日记

　　［美］埃尔希·麦考密克著　　张静译　　**何方昱**校　　载［美］朗格等著,高俊等译,王敏等校《上海故事》,上海地方志外文文献丛书本,北京:生活·读书·新知三联书店 2017 年 2 月第 1 版。

1704

上海租界及老城厢素描①

　　［英］麦克法兰等著　　**王健**译　　上海地方志外文文献丛书本,北京:生活·读书·新知三联书店 2017 年 7 月第 1 版。

1705

1900 年以前的上海

　　D.沃尔斯·史密斯著　　**施恬逸**译　　**王敏**校　　载熊月之主编《上

---

① 目录见下:上海租界及老城厢素描(会审公廨,和平之神刘郁膏的入祀,竹镇上的马尼拉斗鸡场,月亮生日:夜幕下的上海城,看台上的早晨和马驹的拍卖,马夫间的比赛或本地人的竞争,午夜火警,中国戏院中的一次演出,上海县城:街道、寺庙、监狱以及园林,黄包车与黄包车夫,城门口奇怪的货摊,中国的独轮车和苦力,中国印刷工,中国戏法:虹口码头的艺人,中英混杂的店招,华人巡捕,中国跟班,木枷和戴着锁链做苦工的囚犯们,扬子江上的旅行:从上海到汉口);上海和周边地区概述及其他(导言,上海的电话交换台,正广和公司的蒸汽工厂和蒸馏间,中国的赌博,上海的中国"林荫大道"和福州路的日日夜夜,中国阿妈,中国的噪音,大马路上的监狱,中国内地会,汉璧礼养蒙学堂,圣芳济学校,上海图书馆,上海博物馆,江苏制酸厂、化工厂和肥皂厂,火柴厂,北京印象,北京的关帝庙,中国西部游记,坐着游船去山中旅行)。

海史国际论丛》第3辑,上海：上海人民出版社 2017 年 10 月第 1 版。

1706

上海法国人史料二则

埃里克·阿迈德、于贝尔·博宁著　**牟振宇**译　侯庆斌校　载熊月之主编《上海史国际论丛》第 3 辑,上海：上海人民出版社 2017 年 10 月第 1 版。

1707

上海租界纳税人会议关于华人代表权提案辩论资料汇编

王敏辑译　载熊月之主编《上海史国际论丛》第 3 辑,上海：上海人民出版社 2017 年 10 月第 1 版。

1708

有关"法电"罢工的翻译资料(1)

佚名译　**劲草**整理　载马军、蒋杰主编《上海法租界史研究》第 2 辑,上海社会科学院出版社 2017 年 12 月第 1 版。

上海社会科学院历史研究所译校者索引

说明：

1. 本索引所收的"译校者"系指上海社会科学院历史研究所的研究人员和在读研究生。

2. 人名排列以汉语拼音为序，若首字相同，则依次字，以此类推。

3. 单元、条目注释里涉及的译校者信息亦编入其中。

4. 索引内的数字系指单元号。

C

陈崇武　8604、8637、8903

陈克艰　0109、0301

陈同　9501、0308

陈祖恩　9302、9603、9903、0001、0304

陈祖怀　9104、9303

承载　9004、9006、9007、9304、9402、9604

程兆奇　0003

池桢　0905、1407、1503、1603

褚晓琦　0321、1504

D

邓新裕　8636、8902、8906、9204

段炼　0408、0701、1606

F

方诗铭　6002

冯正宝　8610、8611、8612、8802、9306

G

甘慧杰　9404、9601、9604、0203、0302、0309、0316、0407、1002、1003、1602、1604、1607

高俊　0601、0804、1001、1404
葛涛　0311、0602、1002、1403、1601、1602、1604、1701
顾长声　5801、5802、5805、5813、5814、5817、5818、5819、6101、8103
顾竹君　8304、8308、8609

H

罕因（章克生笔名）　6105、9301
何方昱　0803、1301、1412、1703
贺玉梅　5907
黄婷　0103、0313、0320
黄芷君　8001、8511、8613

J

金亚声　8103
劲草（马军笔名）　1708

L

李德靖　8805
李家涛　1503
李谦　8512、8633、8703、8908、9001、9106、9305
李天纲　8705、8904、9003、9802
李伟华　0809
李秀石　8501、8510、8701、8702、8804
李亦婷　0809
林永俣　8202
卢汉超　8203
吕静　9103
陆菁　8904
陆文雪　9701
罗苏文　9501

M

马博庵　5801、5802、5805、5806、5813、5814、5815、5816、5817、5818、5819、6004、6056、6601、6602、6603、6604、8301、8303、8307
马军（又见劲草）　9701、9801、9901、9904、0004、0107、0406、0407、0703、0817、0906、1003、1004、1201、1203、1204、1302、1408、1505、1608
牟振宇　1410、1706

N

倪静兰　5807、5808、6031、6032、6039、6040、8123、8124、8131、8132、8135、8309、8310、8702

P

潘光　9101
彭晓亮　0322

Q

钱杭　9205、9502、9902、0403、0501、0502、0606、0801、0816
谯枢铭　8907

R

饶玲一　0811、0813
芮传明　8602、9206、9207、0201、0202、0310、1409

S

邵建　0305、0314、0317
沈恒春　8203

沈宏礼　8504
沈遐士　6601、6602、6603、6604
施礼康　9105
石培华　8704
施恬逸　1506、1705
宋钻友　0306
宋京　0319、0808

T

唐巧天　0805、0903
汤仁泽　0102

W

王迪　1506
王健（1976 年生）　0806、1406、1508、1704
王郡　0810
王敏　0807、0904、1304、1405、1507、1702、1705、1707
王维江　0604、0605、0815、0818、0902、1205
王作求　6004、8103、8512、8706、9201
魏楚雄　8905
吴德铎　9102
吴健熙　9203、9403、0101、0103、0104、0105、0106、0108、0901、1202
吴竟成　8401、8512、8601、8633、8909、9008
吴乾兑　8301、8303、8307、9005
吴绳海　5905、5908、6001、6002、6003、6004、6012、6047、6048、6049、6050、6051、6054、6055、7601、7801、8103、8104、8106、8107、8109、8110、8111、8112、8113、8114、8115、8116、8117、8118、8120、8121、8122、8126、8127、8129、8130、8133、8610、8611、8612、8634、8802、9306、0512、0513、0514、0515、0520
伍迅（徐锋华笔名）　1101

X

徐锋华（又见伍迅）　1101、1401
徐涛　0814
徐元基　9401
徐肇庆　8304、8308、8633
新之（周殿杰笔名）　8635

Y

叶斌　9701、1303、1501
叶元龙（又见翼升）　6101、6202、6203、6234、8103、8508
佚名　5809、5810、5811、5812、6004、6005、6006、6007、6008、6009、6010、6011、6012、6013、6014、6015、6016、6017、6018、6019、6020、6021、6022、6023、6024、6025、6026、6027、6028、6029、6030、6031、6032、6033、6034、6035、6036、6037、6038、6039、6040、6041、6042、6043、6044、6045、6046、6047、6048、6049、6050、6051、6052、6053、8103、8104、8105、8106、8107、8108、8109、8110、8111、8112、8113、8114、8115、8116、8117、8118、8119、8120、8121、8122、8123、

8124、8125、8126、8127、8128、
8129、8130、8131、8132、8133、
8134、8135、8136、8302、8615、
8616、8617、8618、8619、8620、
8621、8622、8623、8624、8625、
8626、8627、8628、8629、8630、
8631、8632、0503、0504、0505、
0506、0507、0508、0509、0510、
0511、0512、0520

翼升(叶元龙笔名)　6105、9301

雍家源　8505、8506、8507

余建华　9002

虞卫东　9101

俞新天　8801、8905、8906

袁燮铭　9501、0404

苑晔　8509

Z

张国瑞　8001、8613

张和声　8603、8614、9202、0312、
0315、0318、0401、0402、0603、
0702、1102

张剑　0101

章克生(又见罕因)　5801、5802、
5803、5804、5805、5806、5813、
5815、5816、5901、5902、5903、
5904、5906、6101、6102、6103、
6104、6201、6401、6501、7701、
8001、8002、8003、8004、8005、
8006、8007、8101、8102、8103、
8201、8301、8302、8303、8304、
8305、8306、8307、8308、8401、
8502、8503、8505、8506、8507、
8511、8512、8601、8605、8606、
8607、8608、8613、8633、8702、
8703、8706、8803、8901、8908、
9001、9008、9104、9106、9201、
9305、9602、0516、0517、0518、0519

张培德　8503、9501、0002、0405、
0812

张生　1103、1402、1411

张晓东　1605

张秀莉　0307、0802、1502、1507

郑祖安　9102、0303

钟煜星　1405

周殿杰(又见新之)　8635

周锦皴　8906、9204

附　录

上海社会科学院历史研究所译校外文报纸、外交档案篇目汇编

马　军　编注

编者按：与编年的方式相对应，本附录以各外文报纸和外交档案为单位，旨在反映上海社会科学院历史研究所的翻译成果，同时也为当今的研究者们提供检索的便利，并使之避免重复劳动。"文献名缩略语"与"文献名"对照表附后备查。

一、外文报纸部分

1.《北华捷报》[①]（以原文发表时间为序）

译文标题	原文所刊期数与版面	原文发表时间	译文首版、首刊所载文献名缩略语（页码）	译文再版、再刊所载文献名缩略语（页码）
袁祖德布告一	163期22页	1853.9.10	刀1(190、191)	刀2(192、193)
小刀会起事的前前后后	163期22页	1853.9.10	刀1(52—56)	刀2(52—56)
小刀会占领上海县城要闻	163期22页	1853.9.10	刀1(56—58)	刀2(56—58)

[①] 主要译校者有马博庵、章克生、顾长声、雍家源、吴乾兑等。

(续表)

译文标题	原文所刊期数与版面	原文发表时间	译文首版、首刊所载文献名缩略语（页码）	译文再版、再刊所载文献名缩略语（页码）
卡巴尼斯通讯①	163期22页	1853.9.10	刀1(58—61)	刀2(58—61)
吴健彰脱逃纪实	163期22页	1853.9.10	刀1(293、294)	刀2(306、307)
小刀会部队的战斗消息	164期26页	1853.9.17	刀1(61、62)	刀2(61、62)
英国领事馆为颁布船舶结关临时规则的通告	164期26页	1853.9.17	刀1(294—299)	刀2(308—313)
美国领事馆为颁布船舶结关临时规则的通告	164期26页	1853.9.17	刀1(299—301)	刀2(313—315)
大明国统理政教招讨副元帅兼署上海县事林示	164期27页	1853.9.17	刀1(8、9)	刀2(8、9)
大明国统理政教招讨大元帅刘示	164期27页	1853.9.17	刀1(10、11)	刀2(10、11)
二	165期32页	1853.9.21	刀1(191、192)	
丁国恩布告	166期34页	1853.10.1	刀1(192、193)	
仲孙樊、蓝蔚雯布告	166期34页	1853.10.1	刀1(193)	
卡巴尼斯通讯一	166期34页	1853.10.1	刀1(64—66)	刀2(64—66)
二	166期34页	1853.10.1	刀1(67、68)	刀2(67、68)
太平天国招讨大元帅刘示	166期34页	1853.10.1	刀1(13、14)	刀2(13、14)
大明国统理政教招讨副元帅林示	166期34页	1853.10.1	刀1(14、15)	刀2(14、15)

① 该文前曾以"小刀会占据上海目击记"为题，载于中国史学会主编《太平天国》第6册，中国近代史资料丛刊本，上海：神州国光社1952年7月初版。

(续表)

译文标题	原文所刊期数与版面	原文发表时间	译文首版、首刊所载文献名缩略语(页码)	译文再版、再刊所载文献名缩略语(页码)
大明国统理政教招讨大元帅刘示	166期34页	1853.10.1	刀1(15)	刀2(15)
小刀会首领刘丽川访问记①	166期38页	1853.10.1	刀1(62、63)	刀2(62、63)
英国领事致吴健彰照会	167期38页	1853.10.8	刀1(301—303)	刀2(315—317)
英国领事馆通告	167期38页	1853.10.8	刀1(303、304)	刀2(317、318)
苏州河桥头的战争	167期39页	1853.10.8	刀1(68—70)	刀2(68—70)
卡巴尼斯通讯	167期39页	1853.10.8	刀1(70—74)	刀2(70—74)
战况报道	168期42页	1853.10.15	刀1(74、75)	刀2(74、75)
成功的战略	168期42页	1853.10.15	刀1(75)	刀2(75)
围攻上海城的一些情况	168期42页	1853.10.15	刀1(76)	刀2(76)
关于"羚羊"号的报道	168期42页	1853.10.15	刀1(304)	刀2(318)
刘存厚布告	168期44页	1853.10.15	刀1(194)	
太平天国统理政教招讨大元帅刘示	168期44页	1853.10.15	刀1(15、16)	刀2(15、16)
关于吴健彰照会的报道	169期46页	1853.10.22	刀1(305)	刀2(319)
英国领事馆第二十四号通告	169期47页	1853.10.22	刀1(305)	刀2(319)
吴健彰通告	169期47页	1853.10.22	刀1(305、306)	刀2(319、320)

① 该文前曾载于中国史学会主编《太平天国》第6册,中国近代史资料丛刊本,上海:神州国光社1952年7月初版。

(续表)

译 文 标 题	原文所刊期数与版面	原文发表时间	译文首版、首刊所载文献名缩略语(页码)	译文再版、再刊所载文献名缩略语(页码)
英国领事复吴健彰照会	169期47页	1853.10.22	刀1(306、307)	刀2(320、321)
吴健彰致英国领事函	169期47页	1853.10.22	刀1(307、308)	刀2(321、322)
英国领事复吴健彰函	169期47页	1853.10.22	刀1(308)	刀2(322)
吴健彰致英国领事照会	169期47页	1853.10.22	刀1(309、310)	刀2(323、324)
刘丽川致各国领事函	169期47页	1853.10.22	刀1(16—18)	刀2(16—18)
英国领事复吴健彰照会	169期48页	1853.10.22	刀1(310—313)	刀2(324—327)
战况报道	170期50页	1853.10.29	刀1(77)	刀2(77)
吴健彰致英国领事照会	170期52页	1853.10.29	刀1(313、314)	刀2(327、328)
英国领事复吴健彰函	170期52页	1853.10.29	刀1(314)	刀2(328)
英国领事馆第二十五号通告	170期52页	1853.10.29	刀1(314、315)	刀2(328、329)
有关吴健彰的报道	171期54页	1853.11.5	刀1(315、316)	刀2(329、330)
美国领事馆通告	171期54页	1853.11.5	刀1(316、317)	刀2(330、331)
美国副领事致吴健彰函	171期54页	1853.11.5	刀1(317、318)	刀2(331、332)
美国副领事关于上海海关税务人员办公地点的通知	171期54页	1853.11.5	刀1(318)	刀2(332)

（续表）

译文标题	原文所刊期数与版面	原文发表时间	译文首版、首刊所载文献名缩略语（页码）	译文再版、再刊所载文献名缩略语（页码）
奥古斯汀洋行等致英法葡荷汉堡普鲁士等国领事函（附各国领事复函及奥古斯汀洋行等致美国副领事函）	171期54页	1853.11.5	刀1(319—324)	刀2(333—338)
美国副领事复奥古斯汀洋行等函	171期54页	1853.11.5	刀1(324)	刀2(338)
美国驻华公使马沙利复美国副领事金能亨正式公文	171期54页	1853.11.5	刀1(324—326)	刀2(338—340)
吉尔杭阿、虎嵩林、吴健彰、刘存厚等布告	171期56页	1853.11.5	刀1(194、195)	
蓝蔚雯、刘存厚布告	171期56页	1853.11.5	刀1(196、197)	
许乃钊布告	171期56页	1853.11.5	刀1(197)	
英国领事馆通告	171期56页	1853.11.5	刀1(326、327)	刀2(340、341)
英国领事复吴健彰照会	171期56页	1853.11.5	刀1(327、328)	刀2(341、342)
一个美国人的来信	171期56页	1853.11.5	刀1(328—331)	刀2(342—345)
记星期四海战和登陆进攻上海县城经过	172期58页	1853.11.12	刀1(78—80)	刀2(78—80)
惨绝人寰的屠杀	172期58页	1853.11.12	刀1(80—82)	刀2(80—82)
刘存厚布告一	172期58页	1853.11.12	刀1(197、198)	

（续表）

译 文 标 题	原文所刊期数与版面	原文发表时间	译文首版、首刊所载文献名缩略语（页码）	译文再版、再刊所载文献名缩略语（页码）
法国代理领事复吴健彰函（倪静兰译《上海法租界史》内改为"法国代理领事爱棠复函吴道台"）	172期59页	1853.11.12	刀1(331、332)	刀2(345、346);法1(172、173);法2(118、119)
二	172期59页	1853.11.12	刀1(198、199)	
吉尔杭阿、虎嵩林、刘存厚布告	172期59页	1853.11.12	刀1(199、200)	
战况报道一	173期62页	1853.11.19	刀1(82、83)	刀2(82、83)
英国领事馆第二十七号通告	173期63页	1853.11.19	刀1(332—337)	刀2(346—351)
许乃钊布告	174期67页	1853.11.26	刀1(195)	
二	175期70、71页	1853.12.3	刀1(83、84)	刀2(83、84)
吴健彰致英国领事函	175期71页	1853.12.3	刀1(337、338)	刀2(351、352)
文翰致英国领事第九十号公文	175期71页	1853.12.3	刀1(340、341)	刀2(354、355)
英国领事馆第二十九号通告	175期71页	1853.12.3	刀1(340)	刀2(354)
英国领事致吴健彰函	175期71页	1853.12.3	刀1(341—343)	刀2(355—357)
目击者的战况特写	176期74页	1853.12.10	刀1(84—89)	刀2(84—89)
二	176期74页	1853.12.10	刀1(338—340)	刀2(352—354)
英国领事复吴健彰函	176期74页	1853.12.10	刀1(343、344)	刀2(357、358)

（续表）

译 文 标 题	原文所刊期数与版面	原文发表时间	译文首版、首刊所载文献名缩略语（页码）	译文再版、再刊所载文献名缩略语（页码）
英国领事第三十号通告	176 期 74 页	1853.12.10	刀 1(345)	刀 2(359)
前哨战报道	177 期 78 页	1853.12.17	刀 1(92—94)	刀 2(92—94)
麦都思通讯	177 期 78、79 页	1853.12.17	刀 1(94—97)	刀 2(94—97)
吴健彰的可怖罪行	177 期 79 页	1853.12.17	刀 1(89—92)	刀 2(89—92)
英国领事馆第三十二号通告	178 期 82 页	1853.12.24	刀 1(345—347)	刀 2(359—361)
英国领事馆第三十三号通告	179 期 86 页	1853.12.31	刀 1(347、348)	刀 2(361、362)
英国领事致吴健彰函	179 期 86 页	1853.12.31	刀 1(348)	刀 2(362)
英国领事馆第三十四号通告	179 期 86 页	1853.12.31	刀 1(348、349)	刀 2(362、363)
法国人声言要进攻上海城	179 期 87 页	1853.12.31	刀 1(349—354)	刀 2(363—368)
战况报道一	181 期 94 页	1854.1.14	刀 1(97)	刀 2(97)
英国领事馆第二号通告	181 期 94 页	1854.1.14	刀 1(354)	刀 2(368)
二	182 期 98 页	1854.1.21	刀 1(97、98)	刀 2(97、98)
苏州乡勇射击外侨	182 期 98 页	1854.1.21	刀 1(354、355)	刀 2(368、369)
美国领事馆通告	183 期 102 页	1854.1.28	刀 1(355、356)	刀 2(369、370)
关于上海关税问题的评论一	183 期 102 页	1854.1.28	刀 1(356—361)	刀 2(370—375)
二	184 期 106 页	1854.2.4	刀 1(361、362)	刀 2(375、376)

上编　上海社会科学院历史研究所翻译成果详目（1958—2017 年）

（续表）

译 文 标 题	原文所刊期数与版面	原文发表时间	译文首版、首刊所载文献名缩略语（页码）	译文再版、再刊所载文献名缩略语（页码）
英国领事馆通告	184 期 106 页	1854.2.4	刀 1(363)	刀 2(377)
英国领事致吴健彰函	184 期 106 页	1854.2.4	刀 1(363—365)	刀 2(377—379)
英国领事馆第六号通告（附编者评论）	185 期 110 页	1854.2.11	刀 1(365—368)	刀 2(379—382)
晏玛太通讯	185 期 111 页	1854.2.11	刀 1(98—100)	刀 2(98—100)
战况报道	186 期 114 页	1854.2.18	刀 1(100、101)	刀 2(100、101)
太平天国统理政教招讨大元帅刘示	187 期 118 页	1854.2.25	刀 1(18,19)	刀 2(18,19)
关于交战双方行动的详细报道	190 期 130 页	1854.3.18	刀 1(102—104)	刀 2(102—104)
3 月 20 日早上的战斗	191 期 134 页	1854.3.25	刀 1(101、102)	刀 2(101、102)
战况报道一	192 期 138 页	1854.4.1	刀 1(104、105)	刀 2(104、105)
关于拆毁洋泾桥的报道	192 期 138 页	1854.4.1	刀 1(368—370)	刀 2(382—384)
吴健彰致外国领事的三件照会	192 期 138 页	1854.4.1	刀 1(370—373)	刀 2(384—387)
英美联合进攻上海官军军营（附清方与英领来往公函）	193 期 142、143 页	1854.4.8	刀 1(373—391)	刀 2(387—405)
美国海军司令官通告	194 期 146 页	1854.4.15	刀 1(392)	刀 2(406)
英国领事馆第九十七号公函	194 期 146 页	1854.4.15	刀 1(392—394)	刀 2(406—408)

(续表)

译文标题	原文所刊期数与版面	原文发表时间	译文首版、首刊所载文献名缩略语（页码）	译文再版、再刊所载文献名缩略语（页码）
英国"恩康脱"号舰长致英国领事函	194期146页	1854.4.15	刀1(394)	刀2(408)
大明国统理政教招讨副元帅陈示	194期146页	1854.4.15	刀1(19、20)	刀2(19、20)
一个非正规士兵的通讯	194期146页	1854.4.15	刀1(395—397)	刀2(409—411)
上海全体外国侨民致英国领事函	194期146、147页	1854.4.15	刀1(397—400)	刀2(411—414)
英国领事复上海全体外国侨民函	194期147页	1854.4.15	刀1(400—414)	刀2(414—416)
上海全体外国侨民致美国领事函	194期147页	1854.4.15	刀1(402、403)	刀2(416、417)
美国领事复上海全体外国侨民函	194期147页	1854.4.15	刀1(403、404)	刀2(417、418)
美国领事致"卜利茅资"号舰长函	194期147页	1854.4.15	刀1(404、405)	刀2(418、419)
美国海军司令馆复美国领事函	194期147页	1854.4.15	刀1(405)	刀2(419)
英美法三国领事文告	195期150、151页	1854.4.22	刀1(405—410)	刀2(419—424)
二	196期154页	1854.4.29	刀1(105)	刀2(105)
许乃钊布告	196期154页	1854.4.29	刀1(200、201)	刀2(200、201)
英美法三国领事通告	196期154页	1854.4.29	刀1(410)	刀2(424)
关于上海贸易情况的报道	197期158页	1854.5.6	刀1(410、411)	刀2(424、425)

上编　上海社会科学院历史研究所翻译成果详目(1958—2017年) 　199

(续表)

译　文　标　题	原文所刊期数与版面	原文发表时间	译文首版、首刊所载文献名缩略语(页码)	译文再版、再刊所载文献名缩略语(页码)
清舰扣押上海居民	198期162页	1854.5.13	刀1(201、202)	刀2(201、202)
有关许乃钊、吉尔杭阿、吴健彰的报道	199期166页	1854.5.20	刀1(202、203)	刀2(202、203)
吴健彰致英国领事照会	199期167页	1854.5.20	刀1(411、412)	刀2(425、426)
英美法三国领事复吴健彰照会	199期167页	1854.5.20	刀1(412、413)	刀2(426、427)
英美法三国领事联合通告	199期167页	1854.5.20	刀1(413、414)	刀2(427、428)
太平天国大元帅刘示	199期167页	1854.5.20	刀1(20—23)	刀2(20—23)
大明太平天国统理政教招讨大元帅刘示	199期167页	1854.5.20	刀1(23—25)	刀2(23—25)
三	200期170页	1854.5.27	刀1(106、107)	刀2(106、107)
有关林阿福的报道	202期179页	1854.6.10	刀1(107)	刀2(107)
战况报道	204期186页	1854.6.24	刀1(415、416)	刀2(429、430)
英国领事馆通告	206期194页	1854.7.8	刀1(417)	刀2(431)
英美法三国领事通告	206期194页	1854.7.8	刀1(418、419)	刀2(432、433)
论新海关机构与各国遵守条约、保持中立的政策	206期194页	1854.7.8	刀1(419—422)	刀2(433—436)
英美法三国领事联合通告	206期194页	1854.7.8	刀1(425、426)	刀2(439、440)

(续表)

译文标题	原文所刊期数与版面	原文发表时间	译文首版、首刊所载文献名缩略语(页码)	译文再版、再刊所载文献名缩略语(页码)
上海海关征税规则	206期194、195页	1854.7.8	刀1(423—425)	刀2(437—439)
上海英美法租界地皮章程	206期195页	1854.7.8	刀1(426—430)	刀2(440—444)
关税管理委员会成立简讯	207期198页	1854.7.15	刀1(431)	刀2(445)
英国领事馆通告	207期198页	1854.7.15	刀1(431、432)	刀2(445、446)
战况报道	209期206页	1854.7.29	刀1(107、108)	刀2(107、108)
有关许乃钊、吴健彰被撤职的报道	211期6页	1854.8.12	刀1(203)	刀2(203)
吉尔杭阿虚报战功	216期26页	1854.9.16	刀1(108、109)	刀2(108、109)
克拉兰敦赞成上海英国当局的行动	216期26页	1854.9.16	刀1(432)	刀2(446)
战况报道	218期34页	1854.9.30	刀1(109、110)	刀2(109、110)
有关吴健彰的报道	218期34页	1854.9.30	刀1(203)	刀2(203)
刘丽川和陈阿林的消息	220期42页	1854.10.14	刀1(110)	刀2(110)
谣传清军将在跑马厅西建立新营	220期42页	1854.10.14	刀1(204)	刀2(204)
"究竟应该怎么办?"	221期46页	1854.10.21	刀1(432—436)	刀2(446—450)
英国与吉尔杭阿交涉哨兵被击事件	222期49页	1854.10.28	刀1(436、437)	刀2(450、451)

(续表)

译文标题	原文所刊期数与版面	原文发表时间	译文首版、首刊所载文献名缩略语(页码)	译文再版、再刊所载文献名缩略语(页码)
关于法国干涉行为的评论	223期54页	1854.11.4	刀1(437、438)	刀2(451、452)
评论法国的干涉政策	224期58页	1854.11.11	刀1(438、439)	刀2(452、453)
法军保护建筑防御墙	224期58页	1854.11.11	刀1(439)	刀2(453)
清军袭击法人	224期58页	1854.11.11	刀1(440)	刀2(454)
清军向美国卫兵开火	224期58页	1854.11.11	刀1(440)	刀2(454)
关于英美法建界墙等报道	226期66页	1854.11.25	刀1(441、442)	刀2(455、456)
战况报道一	228期74页	1854.12.9	刀1(110、111)	刀2(110、111)
英美两国领事通告	228期74页	1854.12.9	刀1(442、443)	刀2(456、457)
法国舰队司令官致法国领事公函	229期78页	1854.12.16	刀1(443、444)	刀2(457、458)
法军炮轰上海城	229期78页	1854.12.16	刀1(444—446)	刀2(458—460)
法军拆毁炮台	229期78页	1854.12.16	刀1(446、447)	刀2(460、461)
法军攻打东门炮台	229期78页	1854.12.16	刀1(447)	刀2(461)
某外国人在上海县城活动的报道	229期78页	1854.12.16	刀1(447、448)	刀2(461、462)
评论法军最近行动	230期82页	1854.12.23	刀1(448—454)	刀2(462—468)
英国领事馆通告（附辣厄尔致法国驻沪领事函）	230期82页	1854.12.23	刀1(454、455)	刀2(468、469)
奥加拉汉致英国领事函	230期82页	1854.12.23	刀1(455)	刀2(469)

(续表)

译文标题	原文所刊期数与版面	原文发表时间	译文首版、首刊所载文献名缩略语（页码）	译文再版、再刊所载文献名缩略语（页码）
法国驻沪代理领事致英国领事函	230期82页	1854.12.23	刀1(456、457)	刀2(470、471)
二	231期86页	1854.12.30	刀1(111、112)	刀2(111、112)
英国臣民潘西凡等致英国领事函	231期86页	1854.12.30	刀1(457—459)	刀2(471—473)
英国领事复潘西凡等函	231期86页	1854.12.30	刀1(459—462)	刀2(473—476)
法军与清军会攻上海城受挫	232期90页	1855.1.6	刀1(462、463)	刀2(476、477)
"为壮士们鸣钟，壮士们已不在人间！"	233期96页	1855.1.13	刀1(464—469)	刀2(478—483)
英国领事馆通告	233期96页	1855.1.13	刀1(469、470)	刀2(483、484)
三	234期100页	1855.1.20	刀1(112)	刀2(112)
英国领事馆第十二号公函（附英国海军少将致奥加拉汉函）	234期100页	1855.1.20	刀1(471、472)	刀2(485、486)
孙丰报告（附报道及揭帖）	234期101页	1855.1.20	刀1(204—206)	刀2(204—206)
蓝蔚雯布告	234期101页	1855.1.20	刀1(206、207)	刀2(206、207)
吉尔杭阿布告一	234期101页	1855.1.20	刀1(207)	刀2(207)
英国领事布告	234期101页	1855.1.20	刀1(470)	刀2(484)
约翰·赖克兰通讯	234期101页	1855.1.20	刀1(472—477)	刀2(486—491)
陈阿林示	235期104页	1855.1.27	刀1(27、28)	刀2(27、28)
英美法严密封锁县城	236期108页	1855.2.3	刀1(477、478)	刀2(491、492)

(续表)

译 文 标 题	原文所刊期数与版面	原文发表时间	译文首版、首刊所载文献名缩略语（页码）	译文再版、再刊所载文献名缩略语（页码）
四	237期112页	1855.2.10	刀1(113)	刀2(113)
一个传教士的通讯	237期112页	1855.2.10	刀1(478—480)	刀2(492—494)
临时通讯员报道	238期116页	1855.2.17	刀1(113—115)	刀2(113—115)
英国艇艄"克斯勃脱"号被袭击	238期116页	1855.2.17	刀1(481)	刀2(495)
三合会撤离上海	239期120页	1855.2.24	刀1(115—117)	刀2(115—117)
上海城现状	239期120页	1855.2.24	刀1(117)	刀2(117)
三合会放弃上海城后的情况	239期120页	1855.2.24	刀1(118、119)	刀2(118、119)
上海县城和城郊一带的现状	239期120页	1855.2.24	刀1(119—121)	刀2(119—121)
清军占领上海县城经过的另一个报道	239期120页	1855.2.24	刀1(121—123)	刀2(121—123)
二	239期120页	1855.2.24	刀1(208)	刀2(208)
孙丰布告	239期120页	1855.2.24	刀1(208、209)	刀2(208、209)
青浦松江平静无事	239期120、121页	1855.2.24	刀1(123)	刀2(123)
关于清军占领上海县城的本地人报道	240期124页	1855.3.3	刀1(124、125)	刀2(124、125)
清军在上海城内焚烧屠杀	240期124页	1855.3.3	刀1(125、126)	刀2(125、126)
清军进入上海城后的零星报道	240期124页	1855.3.3	刀1(126、127)	刀2(126、127)
一个外侨K的来信	241期129页	1855.3.10	刀1(481—487)	刀2(495—501)

(续表)

译文标题	原文所刊期数与版面	原文发表时间	译文首版、首刊所载文献名缩略语(页码)	译文再版、再刊所载文献名缩略语(页码)
裨治文关于东王北王内讧的通讯报导	336期	1857.1.3	译(72—78)	通(495—498)
东王北王内讧事件始末	352、354期	1857.4.25,5.9	译(79—92)	通(498—505)
太平军进抵常州	511期	1860.5.12	刀1(77、78)	
上海知县布防,何桂清在上海招兵	511期	1860.5.12	刀1(78、79)	
清军溃败后的狼狈情形	512期	1860.5.19	太(79—81)	
美公使华若翰乘舰抵沪	513期	1860.5.26	太(81)	
太平军进军苏杭,严炳等在上海准备响应	514期	1860.6.2	太(81—84)	
英法军队为清政府防守上海县城	514期	1860.6.2	太(84—86)	
太平军进军苏常,上海、松江等地陷入混乱	515期	1860.6.9	太(86—88)	
英法军队在老闸桥及上海县城布防	515期	1860.6.9	太(88—90)	
道台吴煦的"安民布告"	515期	1860.6.9	太(91)	
太平军攻克苏常后上海等地的"防卫"措施	516期	1860.6.16	太(91—93)	
何桂清、薛焕勾结英法出兵苏州的阴谋	516期	1860.6.16	太(94、95)	
苏美法三国的驻沪海陆军	516期	1860.6.16	太(96、97)	

（续表）

译文标题	原文所刊期数与版面	原文发表时间	译文首版、首刊所载文献名缩略语（页码）	译文再版、再刊所载文献名缩略语（页码）
何桂清主张依靠外国侵略者"恢复秩序"	517期	1860.6.23	太（97、98）	
英法美驻沪海军搜查二百余艘民船	517期	1860.6.23	太（99、100）	
传教士赫威尔等三人到苏州访问太平军的经过（再刊时标题改为"传教士赫威尔等就访问苏州太平军的经过给《北华捷报》的信"）	518期	1860.6.30	太（41—52）	译（93—103）；通（569—574）
嘉定知县自杀	518期	1860.6.30	太（100）	
英法军队开往苏州河沿线布防	518期	1860.6.30	太（101、102）	
传教士艾约瑟等五人赴苏州谒见忠王的经过（再刊时标题改为"艾约瑟等五名传教士赴苏州谒见忠王的经过和观感"）	519期	1860.7.7	太（52—60）	译（103—110）；通（574—578）
英领事密迪乐的通告	519期	1860.7.7	太（102、103）	
上海道、松江府发贴告示	519期	1860.7.7	太（103—105）	
外国人至松江搜集情报	519期	1860.7.7	太（105—107）	
反对清朝官员出卖上海城的揭帖	519期	1860.7.7	太（107、108）	

(续表)

译文标题	原文所刊期数与版面	原文发表时间	译文首版、首刊所载文献名缩略语(页码)	译文再版、再刊所载文献名缩略语(页码)
上海道逮捕广东人八名	519期	1860.7.7	太(108)	
太平军和加里波的"为着同样的原因而战斗"	520期	1860.7.14	太(109—112)	
广东勇士二百人准备举行暴动	520期	1860.7.14	太(112)	
上海道与知县发贴布告	520期	1860.7.14	太(112—114)	
薛焕勾结外国侵略军的活动	520期	1860.7.14	太(114—116)	
太平军在周浦、泗泾击败清军	521期	1860.7.21	太(116—118)	
租界与县城陷于极度恐慌	521期	1860.7.21	太(119)	
太平军再占嘉定	522期	1860.7.28	太(119—121)	
关于驱逐租界内一切形迹可疑华人的主张	522期	1860.7.28	太(121—124)	
英领事密迪乐的通告	524期	1860.8.11	太(124、125)	
太平军进攻上海前的军事行动	524期	1860.8.11	太(125—128)	
忠王李秀成谆谕上海四民(再刊时标题改为"太平军进军上海的布告")	525期	1860.8.18	太(3—5)	译(1—3)
上海各处发现太平军的布告	525期	1860.8.18	太(129、130)	
英国读者C君投书,指责英法军队干涉太平军对上海的进攻	525期	1860.8.18	太(142—147)	

(续表)

译 文 标 题	原文所刊期数与版面	原文发表时间	译文首版、首刊所载文献名缩略语(页码)	译文再版、再刊所载文献名缩略语(页码)
英法联军致苏州方面军队长官的通告	526 期	1860.8.25	太(5)	
忠王李秀成在徐家汇天主堂贴出的布告(再刊时标题改为"忠王李秀成在徐家汇天主堂发贴的布告")	526 期	1860.8.25	太(7、8)	译(5、6)
太平军进攻上海的经过	526 期	1860.8.25	太(131—138)	
传教士米勒报告与太平军相值的情形	526 期	1860.8.25	太(139、140)	
太平军进攻上海的动机	526 期	1860.8.25	太(140—142)	
读者C君投书续	526 期	1860.8.25	太(148—156)	
忠王李秀成致英美葡三国领事书	527 期	1860.9.1	太(8—11)	译(6—8)
忠王李秀成给上海各国领事通告	527 期	1860.9.1	太(11、12)	译(8、9)
传教士艾约瑟等五人赴苏州谒见干王和忠王的经过(再刊时标题改为"艾约瑟等五名传教士赴苏州谒见干王和忠王的报导")	527 期	1860.9.1	太(61—64)	译(111—113);通(578、579)
太平军撤退后上海附近情况	527 期	1860.9.1	太(157、158)	
太平军主将周文嘉谕各地士民	528 期	1860.9.8	太(6、7)	译(3、4)
太平军攻占乍浦、平湖	528 期	1860.9.8	太(158、159)	

(续表)

译文标题	原文所刊期数与版面	原文发表时间	译文首版、首刊所载文献名缩略语(页码)	译文再版、再刊所载文献名缩略语(页码)
太平军在宝山、吴淞、南翔等地的军事活动	529期	1860.9.15	太(159—161)	
英军在上海加强"防御工事"	529期	1860.9.15	太(161—163)	
上海等县绅商向英法领事呈交"意见书"	530期	1860.9.22	太(163、164)	
太平军在松江、青浦、嘉定等地的活动	533期	1860.10.13	太(164—166)	
忠王李秀成致英国专使额尔金勋爵书	535期	1860.10.27	太(13—18)	译(9—13)
传教士罗孝全到苏州谒见忠王的经过(再刊时标题改为"美国教士罗孝全报告到苏州谒见忠王的经过")	535期	1860.10.27	太(64—66)	译(113—116);通(580、581)
清军增援上海	536期	1860.11.3	太(166—168)	
太平军使苏州更兴旺,清军在上海附近抢劫	539期	1860.11.24	太(168—170)	
太平军在周浦、嘉定的军事活动	540期	1860.12.1	太(170—173)	
清军官兵在上海县的骚动	542期	1860.12.15	太(173、174)	
太平军在黄渡附近战胜清军	544期	1860.12.29	太(174、175)	
一八六〇年的回顾(节译)	546期	1861.1.12	太(421—426)	

（续表）

译　文　标　题	原文所刊期数与版面	原文发表时间	译文首版、首刊所载文献名缩略语（页码）	译文再版、再刊所载文献名缩略语（页码）
太平军进攻吴淞后撤回青浦	547期	1861.1.19	太（175—177）	
太平军突袭真如	555期	1861.3.16	太（177、178）	
太平军在青浦县郊同"民团"战斗	557期	1861.3.30	太（178—180）	
太平军在湖州、杭州、青浦等地的军事活动	558期	1861.4.6	太（180、181）	
太平军在苏浙两省各地建立地方政权	559期	1861.4.13	太（181—184）	
太平军在洞庭山击败清军	560期	1861.4.21	太（184、185）	
太平军攻占乍浦	561期	1861.4.27	太（185、186）	
青浦、嘉定太平军进逼上海	571期	1861.7.6	太（186）	
太平军在青浦击败清军	572期	1861.7.13	太（187、188）	
上海城内严查太平军	575期	1861.8.3	太（188、189）	
太平军在上海城周围与嘉定、南翔一带的活动	576期	1861.8.10	太（189—191）	
上海各城门加紧戒备	577期	1861.8.17	太（191、192）	
清军进扰泗泾等地	578期	1861.8.24	太（192）	
太平军向闵行、浦东推进	583期	1861.9.28	太（192、193）	

(续表)

译文标题	原文所刊期数与版面	原文发表时间	译文首版、首刊所载文献名缩略语(页码)	译文再版、再刊所载文献名缩略语(页码)
关于加强上海防务的意见	584期	1861.10.5	太(193—195)	
上海外国侵略军的实力	585期	1861.10.12	太(195—198)	
太平军在上海附近的活动	585期	1861.10.12	太(198—201)	
英国炮兵队移防租界	590期	1861.11.16	太(201、202)	
太平军进抵吴淞	591期	1861.11.23	太(202—204)	
一八六一年的回顾(节译)	597期	1862.1.4	太(427—432)	
英美传教士仇视太平天国的情形	598期	1862.1.11	太(67、68)	
关于加强租界"防御工事"的意见	598期	1862.1.11	太(207—210)	
工部局通告	599期	1862.1.18	太(210)	
太平军进逼上海	599期	1862.1.18	太(211—218)	
美国传教士与商人集议组织"虹口防务委员会"	599期	1862.1.18	太(219、220)	
关于严格奉行工部局通告的意见	599期	1862.1.18	太(220)	
读者提出对付太平军的三种办法	599期	1862.1.18	太(220—226)	
英法领事宣布上海县城及四郊为"联军占领地区"	600期	1862.1.25	太(226、227)	
英领事召开特别会议	600期	1862.1.25	太(227—236)	

（续表）

译 文 标 题	原文所刊期数与版面	原文发表时间	译文首版、首刊所载文献名缩略语（页码）	译文再版、再刊所载文献名缩略语（页码）
上海租界"防御工事"的扩充	601 期	1862.2.1	太（236—239）	
美租界防务委员会召开侨民与租地人会议	601 期	1862.2.1	太（240—244）	
野猫口太平军缉捕外国走私商人的船货	602 期	1862.2.8	太（244、245）	
太平军进抵黄浦江东岸	602 期	1862.2.8	太（245、246）	
外国侵略军至大场镇侦察	603 期	1862.2.15	太（246—248）	
关于放弃"中立"向太平军"宣战"的主张	604 期	1862.2.22	太（248—251）	
法军破坏太平军从董家渡对岸渡江攻取上海县城	604 期	1862.2.22	太（251、252）	
英军破坏野猫口太平天国海关	604 期	1862.2.22	太（252—255）	
外国侵略军袭击浦东太平军	604 期	1862.2.22	太（255）	
上海清吏屠杀太平军俘虏	605 期	1862.3.1	太（256）	
工部局在美租界搜缴私藏武器军火	605 期	1862.3.1	太（257、258）	
罗孝全致美驻华公使蒲安臣书	606 期	1862.3.8	太（69—74）	
关于放弃"不干涉政策"，支持清政府扑灭革命的主张	606 期	1862.3.8	太（258—261）	

(续表)

译文标题	原文所刊期数与版面	原文发表时间	译文首版、首刊所载文献名缩略语(页码)	译文再版、再刊所载文献名缩略语(页码)
闵行附近的战斗	606 期	1862.3.8	太(261—265)	
外国侵略军到徐家汇郊外侦察	607 期	1862.3.15	太(265、266)	
关于不要泄露英法军队进攻太平军计划的意见	607 期	1862.3.15	太(266—268)	
何伯、戈登至南翔、野鸡墩等地侦察	607 期	1862.3.15	太(268、269)	
万国商团关于增设炮兵队的决议	607 期	1862.3.15	太(269)	
太平军在朱泾与华尔洋枪队激战	608 期	1862.3.22	太(269、270)	
关于帮助清政府编练军队与改革财政的主张	608 期	1862.3.22	太(270—272)	
上海茶业包装工人的反抗斗争	608 期	1862.3.22	太(273—275)	
英军在浦东等地攻击太平军	609 期	1862.3.29	太(275、276)	
何伯等到七宝、王家寺等地侦察	609 期	1862.3.29	太(276、277)	
何伯等再至周浦、王家寺等地侦察	609 期	1862.3.29	太(278)	
王家寺之战,何伯负伤	610 期	1862.4.5	太(278—280)	
上海租界防务委员会的报告	610 期	1862.4.5	太(280—285)	
王家寺与罗家港两次战斗	611 期	1862.4.12	太(285—292)	

(续表)

译文标题	原文所刊期数与版面	原文发表时间	译文首版、首刊所载文献名缩略语(页码)	译文再版、再刊所载文献名缩略语(页码)
关于向上海周围地区太平军发动进攻的主张	612期	1862.4.19	太(293—295)	
周浦之战	612期	1862.4.19	太(295—300)	
关于由英国占领江南的主张	614期	1862.5.3	太(300—303)	
嘉定之战	614期	1862.5.3	太(303—310)	
关于占领上海附近各省的主张	615期	1862.5.10	太(310—312)	
青浦之战	616期	1862.5.17	太(313—323)	
南桥与柘林之战，法军提督卜罗德毙命	617期	1862.5.24	太(325—334)	
卜罗德传略	617期	1862.5.24	太(334—336)	
太平天国管辖地区、人口与军事力量	618期	1862.5.31	太(336—340)	
南翔之战	618期	1862.5.31	太(340—347)	
太平军进攻松江、青浦等处	619期	1862.6.7	太(347、348)	
英军退回租界后的情形	620期	1862.6.14	太(349—351)	
太平军进攻老闸桥、苏州河桥等地	620期	1862.6.14	太(351、352)	
太平军攻克青浦，活捉法尔思德	620期	1862.6.14	太(352—354)	
华尔洋枪队侵占金山县城	626期	1862.7.26	太(354)	
太平军再次包围青浦县城	629期	1862.8.16	太(355)	

(续表)

译文标题	原文所刊期数与版面	原文发表时间	译文首版、首刊所载文献名缩略语（页码）	译文再版、再刊所载文献名缩略语（页码）
太平军在大场、南翔一带的军事活动	630期	1862.8.23	太(355、356)	
太平军进攻法华镇与老闸桥地区	631期	1862.8.30	太(356—358)	
太平军在法华镇、静安寺一带同英军激战	632期	1862.9.6	太(358—365)	
华尔在慈溪被太平军击毙	635期	1862.9.27	太(365)	
英皇家工程队修建英军过冬营房	636期	1862.10.4	太(366)	
对何伯"挽救上海租界"的颂扬	639期	1862.10.25	太(367—370)	
前往嘉定镇压太平军的英法侵略军实力一览	639期	1862.10.25	太(370—372)	
英法军队再次侵占嘉定县城	639期	1862.10.25	太(372、373)	
英法军队再次侵占嘉定县城的经过	640期	1862.11.1	太(373—382)	
太平军反攻南翔	642期	1862.11.15	太(382)	
关于侵占苏州、镇江等地的主张	643期	1862.11.22	太(383—385)	
太平军在青浦县白鹤江镇同白齐文洋枪队战斗	643期	1862.11.22	太(385—387)	
上海租界内出现太平军布告	643期	1862.11.22	太(387)	
关于进一步控制上海海关与财政的阴谋	644期	1862.11.29	太(388—390)	

（续表）

译文标题	原文所刊期数与版面	原文发表时间	译文首版、首刊所载文献名缩略语（页码）	译文再版、再刊所载文献名缩略语（页码）
关于吴煦卸任上海道的评论	644 期	1862.11.29	太（390、391）	
关于进攻苏州、南京，扑灭太平天国革命的主张	646 期	1862.12.13	太（391—393）	
关于"赦免"俘虏的阴谋	646 期	1862.12.13	太（393、394）	
英军在上海周围地区进行侦测	646 期	1862.12.13	太（394—397）	
对理雅各关于太平天国文章的评论	647 期	1862.12.20	太（397—401）	
英军在嘉定的屠杀和抢劫	647 期	1862.12.20	太（401—403）	
一八六二年的回顾	649、650、651、653、656 期	1863.1.3,1.10,1.17,1.31,2.21	太（433—478）	
在管带"常胜军"人选问题上的争吵	650 期	1863.1.10	太（404）	
英军在上海郊区侦察	653 期	1863.2.7	太（404—408）	
太仓之战	656 期	1863.2.21	太（408—415）	
太平军一次投书	656 期	1863.2.21	太（19—23）	
太平军二次投书	658 期	1863.3.7	太（23—26）	
太平军三次投书	660 期	1863.3.21	太（26—31）	
对太平军投书的反应	660 期	1863.3.21	太（32—35）	
英军在浏河受到太平军炮击	664 期	1863.4.18	太（415—417）	
太平军四次投书	669 期	1863.5.23	太（35—38）	

(续表)

译文标题	原文所刊期数与版面	原文发表时间	译文首版、首刊所载文献名缩略语(页码)	译文再版、再刊所载文献名缩略语(页码)
清军象恶魔般地虐待和残杀俘虏	672期	1863.6.13	太(417、418)	
一八六三年的回顾	702、703期	1864.1.9、1.16	太(478—508)	
英商纱厂达成复工协议		1925.10.3	卅2(659、660)	

2.《字林西报》①（以原文发表时间为序）

译文标题	原文所刊期数与版面	原文发表时间	译文首版、首刊所载文献名缩略语(页码)	译文再版、再刊所载文献名缩略语(页码)
上海法租界公董局组织章程		1866.7.14	法1(410—416)	法2(277—282)
上海人民在汉璧礼路上对帝国主义武装展开英勇斗争		1919.6.9	五1(332、333)	五2(332、333)
先施、永安两公司职工反对资方勾结帝国主义破坏罢市		1919.6.9	五1(387)	五2(387)
英商耶松老船坞和瑞镕机器造船厂工人罢工		1919.6.10	五1(334、335)	五2(334、335)
江南船坞工人罢工		1919.6.10	五1(335)	五2(335)
美商慎昌洋行电器工人罢工		1919.6.10	五1(336)	五2(336)

---

① 译者应有马博庵、章克生、王作求、叶元龙、顾长声、金亚声、倪静兰等。

(续表)

译文标题	原文所刊期数与版面	原文发表时间	译文首版、首刊所载文献名缩略语(页码)	译文再版、再刊所载文献名缩略语(页码)
上海人民在山东路上对帝国主义武装展开英勇斗争		1919.6.10	五1(341、342)	五2(341、342)
英国《字林西报》叫嚣武装镇压三罢		1919.6.10	五1(771—774)	五2(771—774)
电车工人等严词拒绝劝阻,坚决实行罢工		1919.6.11	五1(307—309)	五2(307—309)
6月10日沪东工人举行万人大示威		1919.6.11	五1(371、372)	五2(371、372)
沪宁铁路工人不顾劝阻,坚决实行罢工		1919.6.12	五1(366、367)	五2(366、367)
铁路工人不顾劝阻,坚决罢工		1919.6.12	五1(367—369)	五2(367—369)
《字林西报》的报道		1919.6.14	五1(439—442)	五2(439—442)
丰田纱厂工人罢工		1925.2.17	卅1(310—312)	
英国《字林西报》社论《布尔什维主义在纱厂》		1925.2.18	卅1(379—382)	
《字林西报》的报道		1925.6.1	卅1(704—710)	
《字林西报》关于总商会被迫同意罢市的报道		1925.6.1	卅1(750—754)	
六月二日代表会议		1925.6.3	卅2(1037)	
社论:无条件投降		1925.6.3	卅3(750—752)	
社论:罢工问题		1925.6.5	卅3(753、754)	
社论:微现光明		1925.6.8	卅3(754、755)	
社论:打开天窗说亮话		1925.6.18	卅3(755—757)	

（续表）

译文标题	原文所刊期数与版面	原文发表时间	译文首版、首刊所载文献名缩略语（页码）	译文再版、再刊所载文献名缩略语（页码）
社论：停他们的电		1925.7.2	卅3(758、759)	
社论：谁付这个代价？		1925.7.9	卅3(759—762)	
社论：罢工领袖们的最后一着		1925.7.21	卅3(762—765)	
社论：听其自然的政策		1925.8.5	卅3(765—769)	
社论：论《诚言》		1925.8.7	卅3(782、783)	
帝国主义逮捕刘华并引渡给军阀		1925.12.1	卅2(723、724)	
工人学生积极营救刘华		1925.12.7	卅2(725)	
刘华被秘密杀害		1925.12.19	卅2(725)	
永安纱厂三千工人罢工，资方拒绝工人要求		1940.2.28	海(428、429)	

3. 《大陆报》[①]（以原文发表时间为序）

译文标题	原文所刊期数与版面	原文发表时间	译文首版、首刊所载文献名缩略语（页码）	译文再版、再刊所载文献名缩略语（页码）
旅沪日本侨民威胁上海人民的狂妄招贴		1919.5.21	五1(803、804)	五2(803、804)
码头工人支援罢市，准备罢工		1919.6.6	五1(294)	五2(294)

① 译者应有马博庵、章克生、王作求、叶元龙、顾长声、金亚声等。

(续表)

译文标题	原文所刊期数与版面	原文发表时间	译文首版、首刊所载文献名缩略语(页码)	译文再版、再刊所载文献名缩略语(页码)
上海人民在福州路上对帝国主义武装展开英勇斗争		1919.6.7	五1(315—318)	五2(315—318)
公共租界汽车司机罢工,汽车行全部停业		1919.6.10	五1(338)	五2(338)
6月8日日商纱厂罢工工人一万五千人示威		1919.6.10	五1(355)	五2(355)
6月9日上海海员大罢工,中外商船完全停航		1919.6.10	五1(360、361)	五2(360、361)
电话工人罢工		1919.6.11	五1(345、346)	五2(345、346)
法国领事韦尔德动员全部法侨及武装,镇压上海人民		1919.6.11	五1(768、769)	五2(768、769)
轮船工人坚持罢工,拒绝帝国主义分子的劝诱		1919.6.12	五1(351)	五2(351)
《大陆报》的报道		1919.6.13	五1(433—438)	五2(433—438)
日舰四艘驶沪威胁三罢斗争		1919.6.13	五1(804)	五2(804)
会审公廨无理判处爱国工人徒刑罚款		1919.6.22	五1(753)	五2(753)
会审公廨对爱国工农无理判处徒刑罚款		1919.6.29	五1(754、755)	五2(754、755)
美国《大陆报》社论《纱厂罢工的教训》		1925.2.27	卅1(382—385)	

(续表)

译文标题	原文所刊期数与版面	原文发表时间	译文首版、首刊所载文献名缩略语(页码)	译文再版、再刊所载文献名缩略语(页码)
《大陆报》的报道		1925.5.31	卅1(710—715)	
社论:责任的确定		1925.6.4	卅3(769、770)	
西报、西书店华工罢工,各报馆窘急不堪		1925.6.6	卅2(36、37)	
总罢工其间的上海电话		1925.6.7	卅2(26)	
上海电气公司、英美烟草公司和附属印刷厂等工人罢工		1925.6.10	五1(337)	五2(337)
海员罢工传单		1925.6.11	卅2(52)	
社论:两种对抗的势力		1925.6.12	卅3(771、772)	
万人大会追悼顾正红		1925.6.17	卅1(573)	
社论:我们飘荡到何处去?		1925.6.17	卅3(772—774)	
驳船工人罢工		1925.6.18	卅2(56、57)	
黄包车准备组织工会		1925.6.23	卅2(94、95)	
追悼会后工人结队游行并散发传单		1925.7.2	卅2(501)	
社论:解决当前纠纷的一条出路		1925.7.7	卅3(774—776)	
社论:保守派出场呢,还是过激派继续当权?		1925.7.8	卅3(776—779)	

（续表）

译文标题	原文所刊期数与版面	原文发表时间	译文首版、首刊所载文献名缩略语（页码）	译文再版、再刊所载文献名缩略语（页码）
《诚言》第四号：美国女教士梅沱斯及总领事经过之证实		1925.7.9	卅3(791)	
社论：保持沉默的上海少数派		1925.7.14	卅3(779—781)	
戒严司令部、工部局搜捕刘华		1925.7.15	卅3(1030、1031)	
徐可升代表上海总商会函《大陆报》		1925.7.21	卅2(592)	
驻沪美总领事克宁汉复交涉署函，为美水兵罪行辩护		1925.8.2	卅3(646、647)	
淞沪警察厅密令镇压共产党		1925.8.4	卅3(1045)	
戒严司令部令电车工会解散，强迫工人复工		1925.8.11，8.14	卅3(1033)	
商总联声称在工商学联合会解散后，绝未参予五卅有关事项		1925.11.20	卅2(849)	
永安纱厂三千工人罢工，资方拒绝工人要求		1940.2.28	海(428、429)	

4. 《密勒氏评论报》①(以原文发表时间为序)

译文标题	原文所刊卷期、版面	原文发表时间	译文首版、首刊所载文献名缩略语(页码)	译文再版、再刊所载文献名缩略语(页码)
美国驻华商务参赞认为抵货运动系扩张美国匹头市场的良好机会	8卷14期542页	1919.5.31	五1(787、788)	五2(787、788)
《密勒氏评论报》的报道	33卷8期	1925.7.25	卅1(715—719)	
基督教传教士与中国政治	35卷2期	1925.12.12	密(1123—1125)	
上海建筑的显著进步:机械正在代替人力	39卷1期	1926.12.4	密(1132—1142)	
江南造船厂工人击沉日本船只		1939.9.30	海(421)	
耶松船坞工人罢工		1939.12.2	海(422)	
法电内勤职员短时间罢工		1940.1.27	海(423)	
伪市长傅晓庵为外国人解决罢工纠纷,但要求承认		1940.6.15	海(423、424)	
上海纺织业概况		1940.6.29	海(424—426)	
上海公用事业概况		1940.7.6	海(426—428)	
本市公用事业工人罢工(三起)		1940.7.27	海(429、430)	
捕房解决了煤气公司罢工		1940.8.24	海(430)	

---

① 译校者有黄芷君、章克生、张秀莉、池桢等。

(续表)

译文标题	原文所刊卷期、版面	原文发表时间	译文首版、首刊所载文献名缩略语(页码)	译文再版、再刊所载文献名缩略语(页码)
法租界公用事业罢工		1940.10.19	海(431、432)	
法商电车公司向南京恐怖分子屈服,工人复工		1940.10.26	海(432、433)	
反饥饿斗争在进军——评论和分析当前中国学生运动	105卷13期	1947.5.24	青(41—43)	
学潮危机	105卷13期	1947.5.24	青(43—45)	

5.《中法新汇报》①(以原文发表时间为序)

译文标题	原文所刊期数与版面	原文发表时间	译文首版、首刊所载文献名缩略语(页码)	译文再版、再刊所载文献名缩略语(页码)
上海学联开会,宣告该会并未解散,并议决对罢免曹、陆、章事不能认为满意		1919.6.12	五1(610、611)	五2(610、611)
上海学联发出传单,号召继续斗争		1919.6.13	五1(611、612)	五2(611、612)
日报评论,对工人罢工进行恫吓		1919.6.13	五1(803)	五2(803)

① 倪静兰译。

二、外交档案部分

1.《美国对外关系文件》[①](以档案形成时间为序)

译 文 标 题	原文所在年份、卷数、页码、卷宗号	译文首版、首刊所载文献名缩略语(页码)	译文再版、再刊所载文献名缩略语(页码)
芮恩施6月7日电美国国务院,报告反日运动扩大	1919年,1卷696页	五1(775、776)	五2(775、776)
芮恩施6月9日下午四时电美国国务院,报告上海"局势严重"	1919年,1卷696、697页	五1(776、777)	五2(776、777)
芮恩施6月9日午夜再电美国国务院,报告上海"局势益趋严重"	1919年,1卷697、698页	五1(777、778)	五2(777、778)
美国驻华公使芮恩施阴谋迫使中国接受"国际共管方案"	1919年,2卷491—498页,文件D2342号	五1(60、65)	五2(60、65)
美国驻沪总领事克银汉致国务卿凯洛格电(1925年5月31日下午2时,上海)	1925年,1卷647页,卷宗893·5045/56号	卅3(1048、1049)	
克银汉致凯洛格电(1925年6月3日中午,上海)	1925年,1卷648、649页,卷宗893·5045/60号	卅3(1049、1050)	
克银汉致凯洛格电(1925年6月3日下午3时,上海)	1925年,1卷649、650页,卷宗893·5045/62号	卅3(1050、1051)	
克银汉致凯洛格电(1925年6月3日下午5时,上海)	1925年,1卷650、651页,卷宗893·5045/61号	卅3(1051、1052)	

---

① 主要系章克生译。

(续表)

译　文　标　题	原文所在年份、卷数、页码、卷宗号	译文首版、首刊所载文献名缩略语(页码)	译文再版、再刊所载文献名缩略语(页码)
凯洛格致克银汉电(1925年6月4日下午5时,华盛顿)	1925年,1卷651、652页,卷宗893·5045/63号		卅3(1052、1053)
美国驻华代办梅耶致凯洛格电(1925年6月4日下午5时,北京)	1925年,1卷652、653页,卷宗893·5045/66号		卅3(1053、1054)
克银汉致凯洛格电(1925年6月4日下午6时,上海)	1925年,1卷651页,卷宗893·5045/63号		卅3(1052)
梅耶致凯洛格电(1925年6月4日下午7时,北京)	1925年,1卷653、654页,卷宗893·5045/69号		卅3(1054—1056)
梅耶致凯洛格电(1925年6月5日下午1时,北京)	1925年,1卷655、656页,卷宗893·5045/70号		卅3(1056)
梅耶致凯洛格电(1925年6月6日下午6时,北京)	1925年,1卷658、659页,卷宗893·5045/74号		卅3(1059、1060)
美国海军部部长魏尔勃致凯洛格函(1925年6月6日,华盛顿)	1925年,1卷656页,卷宗893·00/6272号		卅3(1057)
美国副国务卿格鲁备忘录(1925年6月6日,华盛顿)	1925年,1卷657、658页,卷宗893·5045/75号		卅3(1057—1059)
梅耶致凯洛格电(1925年6月7日上午11时,北京)	1925年,1卷726页,卷宗893·00/6247号		卅3(1121、1122)
梅耶致凯洛格电(1925年6月8日下午7时,北京)	1925年,1卷660页,卷宗893·5045/78号		卅3(1060、1061)

(续表)

译 文 标 题	原文所在年份、卷数、页码、卷宗号	译文首版、首刊所载文献名缩略语（页码）	译文再版、再刊所载文献名缩略语（页码）
克银汉致凯洛格电（1925年6月9日下午4时，上海）	1925年，1卷660、661页，卷宗893·5045/80号		卅3（1061、1062）
克银汉致凯洛格电（1925年6月10日上午11时，上海）	1925年，1卷661、662页，卷宗893·5045/81号		卅3（1062、1063）
梅耶致凯洛格电（1925年6月10日上午11时，北京）	1925年，1卷726页，卷宗893·00/6252号		卅3（1122）
克银汉致凯洛格电（1925年6月10日下午6时，华盛顿）	1925年，1卷662、663页，卷宗893·5045/80号		卅3（1064）
克银汉致凯洛格电（1925年6月11日下午5时，上海）	1925年，1卷663页，卷宗893·5045/85号		卅3（1064、1065）
克银汉致凯洛格电（1925年6月12日中午，上海）	1925年，1卷663、664页，卷宗893·5045/86号		卅3（1065）
凯洛格致梅耶电（1925年6月12日下午5时，华盛顿）	1925年，1卷664页，卷宗893·00/6284a号		卅3（1065、1066）
梅耶致凯洛格电（1925年6月12日下午6时，北京）	1925年，1卷664—666页，卷宗893·5045/88号		卅3（1066—1068）
梅耶致凯洛格电（1925年6月13日下午3时，北京）	1925年，1卷727、728页，卷宗893·00/6260号		卅3（1122、1123）
梅耶致凯洛格电（1925年6月14日下午3时，北京）	1925年，1卷666页，卷宗893·5045/89号		卅3（1068、1069）

（续表）

译　文　标　题	原文所在年份、卷数、页码、卷宗号	译文首版、首刊所载文献名缩略语（页码）	译文再版、再刊所载文献名缩略语（页码）
梅耶致凯洛格电（1925年6月14日下午4时，北京）	1925年，1卷728页，卷宗893·00/6263号		卅3(1123、1124)
梅耶致凯洛格电（1925年6月15日上午10时，北京）	1925年，1卷729、730页，卷宗893,5045/90号		卅3(1124—1126)
梅耶致凯洛格电（1925年6月16日中午，北京）	1925年，1卷731、732页，卷宗893·5045/91号		卅3(1126、1127)
凯洛格致梅耶电（1925年6月16日下午5时，华盛顿）	1925年，1卷732页，卷宗893·5045/90号		卅3(1128)
凯洛格致梅耶电（1925年6月18日下午3时，华盛顿）	1925年，1卷733、734页，卷宗893·5045/88号		卅3(1128、1129)
梅耶致凯洛格电（1925年6月19日上午10时，北京）	1925年，1卷734页，卷宗893·00/6291号		卅3(1129)
梅耶致凯洛格电（1925年6月19日下午6时，北京）	1925年，1卷667、668页，卷宗893·5045/96号		卅3(1069、1070)
梅耶致凯洛格电（1925年6月20日下午3时，北京）	1925年，1卷669页，卷宗893·5045/97号		卅3(1071、1072)
梅耶致凯洛格电（1925年6月24日下午3时，北京）	1925年，1卷735页，卷宗893·00/6305号		卅3(1130、1131)
梅耶致凯洛格电（1925年6月24日下午6时，北京）	1925年，1卷763—765页，卷宗793·00/46号		卅3(1136—1138)

(续表)

译文标题	原文所在年份、卷数、页码、卷宗号	译文首版、首刊所载文献名缩略语(页码)	译文再版、再刊所载文献名缩略语(页码)
梅耶致凯洛格电(1925年6月26日下午4时,北京)	1925年,1卷765、766页,卷宗793·00/48号	卅3(1138—1140)	
梅耶致凯洛格电(1925年6月27日下午3时,北京)	1925年,1卷735、736页,卷宗893·5045/105号	卅3(1131、1132)	
凯洛格致梅耶电(1925年7月1日正午,华盛顿)	1925年,1卷767、768页,卷宗793·00/46号	卅3(1140、1141)	
美国驻英大使霍顿致凯洛格电(1925年7月1日下午1时,伦敦)	1925年,1卷835、836页,卷宗500·A4e/225号	卅3(1174、1175)	
班克罗夫特致凯洛格电(1925年7月1日下午4时,东京)	1925年,1卷836—838页,卷宗500·A4e/226号	卅3(1175—1177)	
梅耶致凯洛格电(1925年7月2日上午10时,北京)	1925年,1卷672—674页,卷宗793·00/54号	卅3(1072—1074)	
梅耶致凯洛格电(1925年7月2日下午1时,北京)	1925年,1卷674、675页,卷宗893·5045/108号	卅3(1074—1076)	
凯洛格致梅耶电(1925年7月2日下午2时,华盛顿)	1925年,1卷676页,卷宗893·5045/96号	卅3(1076)	
梅耶致凯洛格电(1925年7月3日下午7时,北京)	1925年,1卷676、677页,卷宗893·5045/109号	卅3(1076、1077)	
英国驻美代办齐尔顿致凯洛格照会(1925年7月3日,马萨诸塞州曼彻斯特)	1925年,1卷770、771页,卷宗793·00/57号	卅3(1141、1142)	

(续表)

译文标题	原文所在年份、卷数、页码、卷宗号	译文首版、首刊所载文献名缩略语(页码)	译文再版、再刊所载文献名缩略语(页码)
梅耶致凯洛格电(1925年7月6日中午,北京)	1925年,1卷677页,卷宗893·5045/111号	卅3(1077、1078)	
格鲁致梅耶电(1925年7月6日下午6时,华盛顿)	1925年,1卷677页,卷宗793·00/54号	卅3(1078)	
美国副国务卿格鲁致梅耶电(1925年7月6日下午7时,华盛顿)	1925年,1卷774页,卷宗793·00/53号	卅3(1142、1143)	
英国驻美代办齐尔顿致凯洛格照会(1925年7月7日,马萨诸塞州曼彻斯特)	1925年,1卷678、679页,卷宗893·5045/112号	卅3(1078—1080)	
齐尔顿致格鲁照会(1925年7月7日,马萨诸塞州曼彻斯特)	1925年,1卷776、777页,卷宗793·00/71号	卅3(1143—1145)	
梅耶致凯洛格电(1925年7月9日下午7时,北京)	1925年,1卷679—681页,卷宗893·5045/118号	卅3(1080—1082)	
梅耶致凯洛格电(1925年7月10日下午6时,北京)	1925年,1卷681—683页,卷宗893·5045/127号	卅3(1082—1084)	
梅耶致凯洛格电(1925年7月11日下午6时,北京)	1925年,1卷683、684页,卷宗893·5045/128号	卅3(1085)	
美国驻日大使班克罗夫特致凯洛格电(1925年7月12日下午1时,东京)	1925年,1卷779页,卷宗793·00/78号	卅3(1145、1146)	
凯洛格致梅耶电(1925年7月13日下午4时,华盛顿)	1925年,1卷684页,卷宗893·5045/127号	卅3(1086)	

(续表)

译文标题	原文所在年份、卷数、页码、卷宗号	译文首版、首刊所载文献名缩略语(页码)	译文再版、再刊所载文献名缩略语(页码)
凯洛格致齐尔顿照会(1925年7月13日,华盛顿)	1925年,1卷780—783页,卷宗793·00/71号		卅3(1146—1149)
马慕瑞致凯洛格电(1925年7月16日下午5时,北京)	1925年,1卷736页,卷宗893·5045/6399号		卅3(1132)
马慕瑞致凯洛格电(1925年7月16日下午9时,北京)	1925年,1卷785—787页,卷宗793·00/83号		卅3(1152—1155)
日本驻美大使松平致凯洛格备忘录(1925年7月16日,华盛顿)	1925年,1卷783—785页,卷宗793·00/95号		卅3(1150—1152)
美国驻英大使霍顿致凯洛格电(1925年7月17日中午,伦敦)	1925年,1卷684—686页,卷宗893·5045/136号		卅3(1086—1088)
凯洛格致马慕瑞电(1925年7月18日正午,华盛顿)	1925年,1卷788页,卷宗793·00/83号		卅3(1155、1156)
凯洛格致驻华公使马慕瑞电(1925年7月18日下午4时,华盛顿)	1925年,1卷686页,卷宗893·5045/136号		卅3(1089)
马慕瑞致凯洛格电(1925年7月20日午夜,北京)	1925年,1卷687—689页,卷宗893·5045/173号		卅3(1089—1092)
齐尔顿致凯洛格照会(1925年7月20日,马萨诸塞州曼彻斯特)	1925年,1卷788—790页,卷宗793·00/91号		卅3(1156—1158)
日本驻美大使馆致美国国务卿备忘录(1925年7月21日)	1925年,1卷792页,卷宗500A4e/252号		卅3(1158、1159)

(续表)

译 文 标 题	原文所在年份、卷数、页码、卷宗号	译文首版、首刊所载文献名缩略语(页码)	译文再版、再刊所载文献名缩略语(页码)
凯洛格致霍顿电(1925年7月22日下午2时,华盛顿)	1925年,1卷689页,卷宗893·5045/137号		卅3(1092)
凯洛格致齐尔顿照会(1925年7月23日,华盛顿)	1925年,1卷793—797页,卷宗793·00/93号		卅3(1159—1164)
马慕瑞致凯洛格电(1925年7月28日下午9时,北京)	1925年,1卷799—802页,卷宗893·00/6453号		卅3(1164—1168)
霍顿致凯洛格电(1925年7月30日上午11时,伦敦)	1925年,1卷690页,卷宗893·5045/151号		卅3(1093)
马慕瑞致凯洛格电(1925年7月30日上午11时,北京)	1925年,1卷803、804页,卷宗793·00/109号		卅3(1169、1170)
马慕瑞致凯洛格电(1925年7月31日下午1时,北京)	1925年,1卷737页,卷宗893·00/6461号		卅3(1132、1133)
霍顿致凯洛格电(1925年8月4日下午4时,伦敦)	1925年,1卷691页,卷宗893·5045/156号		卅3(1093、1094)
凯洛格致霍顿电(1925年8月5日下午1时,华盛顿)	1925年,1卷691页,卷宗893·5045/156号		卅3(1094)
凯洛格致马慕瑞电(1925年8月6日下午6时,华盛顿)	1925年,1卷692页,卷宗893·5045/170号		卅3(1094、1095)
凯洛格致齐尔顿备忘录(1925年8月6日,华盛顿)	1925年,1卷815、816页,卷宗793·00/139b号		卅3(1170—1172)

(续表)

译文标题	原文所在年份、卷数、页码、卷宗号	译文首版、首刊所载文献名缩略语（页码）	译文再版、再刊所载文献名缩略语（页码）
马慕瑞致凯洛格电（1925年8月8日上午9时，北京）	1925年，1卷692—695页，卷宗893·5045/170号		卅3(1095—1098)
马慕瑞致凯洛格电（1925年8月8日上午10时，北京）	1925年，1卷838、839页，卷宗500·Ade/263号		卅3(1178、1179)
马慕瑞致凯洛格电（1925年8月10日下午4时，北京）	1925年，1卷695、696页，卷宗893·5045/171号		卅3(1099)
凯洛格致马慕瑞电（1925年8月10日下午4时，华盛顿）	1925年，1卷696页，卷宗893·5045/170号		卅3(1099)
凯洛格致马慕瑞电（1925年8月10日下午5时，华盛顿）	1925年，1卷839页，卷宗500·A4e/263号		卅3(1179)
霍顿致凯洛格电（1925年8月15日下午3时，伦敦）	1925年，1卷696—698页，卷宗893·5045/183号		卅3(1100—1102)
凯洛格致霍顿电（1925年8月21日下午5时，华盛顿）	1925年，1卷698、699页，卷宗893·5045/187号		卅3(1103)
格鲁致齐尔顿照会（1925年8月22日，华盛顿）	1925年，1卷821、822页，卷宗793·00/146号		卅3(1172、1173)
霍顿致凯洛格电（1925年8月27日下午1时，伦敦）	1925年，1卷699、700页，卷宗893·5045/197号		卅3(1103、1104)
马慕瑞致凯洛格电（1925年8月29日下午6时，北京）	1925年，1卷700页，卷宗893·00/6567号		卅3(1104)

(续表)

译文标题	原文所在年份、卷数、页码、卷宗号	译文首版、首刊所载文献名缩略语(页码)	译文再版、再刊所载文献名缩略语(页码)
马慕瑞致凯洛格电(1925年8月30日下午1时,北京)	1925年,1卷737页,卷宗893·00/6568号	卅3(1133)	
马慕瑞致凯洛格电(1925年8月30日下午5时,北京)	1925年,1卷700、701页,卷宗893·5045/198号	卅3(1104—1106)	
凯洛格致霍顿电(1925年8月31日下午8时,华盛顿)	1925年,1卷702页,卷宗893·5045/197号	卅3(1106、1107)	
霍顿致凯洛格电(1925年9月1日下午4时,伦敦)	1925年,1卷703页,卷宗893·5045/200号	卅3(1107、1108)	
马慕瑞致凯洛格电(1925年9月1日下午5时,北京)	1925年,1卷830页,卷宗793·00/162号	卅3(1173)	
格鲁致马慕瑞电(1925年9月4日下午5时,华盛顿)	1925年,1卷705页,卷宗893·5045/204号	卅3(1109)	
马慕瑞致凯洛格电(1925年9月4日下午9时,北京)	1925年,1卷703、704页,卷宗893·5045/204号	卅3(1108、1109)	
马慕瑞致凯洛格电(1925年9月9日下午11时,北京)	1925年,1卷738、739页,卷宗893·00/6590号	卅3(1133—1136)	
马慕瑞致凯洛格电(1925年10月9日下午4时,北京)	1925年,1卷710、711页,卷宗893·5045/239号	卅3(1110、1111)	
马慕瑞致凯洛格电(1925年10月14日下午6时,北京)	1925年,1卷711页,卷宗893·5045/240号	卅3(1111、1112)	

(续表)

译文标题	原文所在年份、卷数、页码、卷宗号	译文首版、首刊所载文献名缩略语(页码)	译文再版、再刊所载文献名缩略语(页码)
凯洛格致马慕瑞电(1925年10月15日下午1时,华盛顿)	1925年,1卷712页,卷宗893·5045/240号		卅3(1112)
马慕瑞致凯洛格电(1925年10月16日下午6时,北京)	1925年,1卷712页,卷宗893·5045/241号		卅3(1112,1113)
美国关税代表团致凯洛格电(1925年10月30日下午1时45分收到,华盛顿)	1925年,1卷870、871页,卷宗500·A4e/443号		卅3(1179—1181)
凯洛格致美国代表团电(1925年10月31日下午6时,华盛顿)	1925年,1卷875页,卷宗500·A4e/443号		卅3(1181,1182)
马慕瑞致凯洛格电(1925年11月21日下午4时,北京)	1925年,1卷713—715页,卷宗893·5045/253号		卅3(1113—1116)
凯洛格致马慕瑞电(1925年11月24日下午7时,华盛顿)	1925年,1卷715、716页,卷宗893·5045/253号		卅3(1116,1117)
马慕瑞致凯洛格电(1925年11月25日下午10时,北京)	1925年,1卷716页,卷宗893·5045/254号		卅3(1117)
马慕瑞致凯洛格电(1925年11月27日下午7时,北京)	1925年,1卷716、717页,卷宗893·5045/256号		卅3(1117—1119)
美国关税代表团致凯洛格电(1925年12月2日下午1时,北京)	1925年,1卷883、884页,卷宗500·A4e/480号		卅3(1182,1183)
马慕瑞致凯洛格电(1925年12月12日中午,北京)	1925年,1卷720页,卷宗893·5045/272号		卅3(1119,1120)

(续表)

译 文 标 题	原文所在年份、卷数、页码、卷宗号	译文首版、首刊所载文献名缩略语(页码)	译文再版、再刊所载文献名缩略语(页码)
马慕瑞致凯洛格电(1925年12月21日下午8时,北京)	1925年,1卷721页,卷宗893·5045/277号	卅3(1120、1121)	
马慕瑞致凯洛格电(1925年12月22日下午9时,北京)	1925年,1卷721页,卷宗893·5045/278号	卅3(1121)	
美国代表团史注恩致凯洛格函(1925年12月30日,北京)	1925年,1卷885页,卷宗500·A4e/549号	卅3(1183、1184)	

2.《英国蓝皮书·关于中国事务的文书》①(以档案形成时间为序)

译 文 标 题	原文所在位置和页码	译文首版、首刊所载文献名缩略语(页码)	译文再版、再刊所载文名献缩略语(页码)
忠王李秀成致英法美三国公使书	1859—1860年,72号,附件1	译(4、5)	
朱尔典呈葛雷电(1911年10月29日)	1912年,中国1号,21号6页	辛1(1115、1116)	辛2(1115、1116);辛3(993)
英国海军部致外交部函(1911年11月3日)附:英国驻华海军总司令呈海军部电(1911年11月3日)	1912年,中国1号,31号26、27页	辛1(1116、1117)	辛2(1116、1117);辛3(994)
朱尔典呈葛雷电(1911年11月4日)	1912年,中国1号,33号27、28页	辛1(1117、1118)	辛2(1117、1118);辛3(994、995)
朱尔典呈葛雷电(1911年11月5日)	1912年,中国1号,34号28页	辛1(1118、1119)	辛2(1118、1119);辛3(995)

① 马博庵、沈遐士译。

(续表)

译　文　标　题	原文所在位置和页码	译文首版、首刊所载文献名缩略语(页码)	译文再版、再刊所载文名献缩略语(页码)
朱尔典呈葛雷电(1911年11月6日)	1912年,中国1号,37号29页	辛1(1120)	辛2(1120);辛3(996,997)
葛雷致朱尔典电(1911年11月6日)	1912年,中国1号,38号29页	辛1(1121)	辛2(1121);辛3(997)
英国海军部致外交部函(1911年11月6日)附件:英国驻华海军总司令呈海军部电(1911年11月5日)	1912年,中国1号,36号28、29页	辛1(1119、1120)	辛2(1119、1120);辛3(996)
朱尔典呈葛雷电(1911年11月7日)	1912年,中国1号,40号30页	辛1(1122、1123)	辛2(1122、1123);辛3(998)
葛雷致朱尔典电(1911年11月7日)	1912年,中国1号,41号30页	辛1(1123)	辛2(1123);辛3(999)
英国海军部致外交部函(1911年11月7日)附件:驻华海军总司令呈海军部电1911年11月7日	1912年,中国1号,39号29、30页	辛1(1121、1122)	辛2(1121、1122);辛3(997、998)
英国外交部致海军部函(1911年11月8日)	1912年,中国1号,42号30、31页	辛1(1123、1124)	辛2(1123、1124);辛3(999)
葛雷致朱尔典电(1911年11月8日)	1912年,中国1号,43号31页	辛1(1124)	辛2(1124);辛3(999)
朱尔典呈葛雷电(1911年11月10日)	1912年,中国1号,49号37页	辛1(1125、1126)	辛2(1125、1126);辛3(1000、1001)
葛雷致朱尔典电(1911年11月10日)	1912年,中国1号,50号38页	辛1(1126)	辛2(1126);辛3(1001)
英国海军部致外交部函(1911年11月10日)附件:海军部致驻香港高级海军官员电(1911年11月9日)	1912年,中国1号,48号37页	辛1(1124、1125)	辛2(1124、1125);辛3(1000)

（续表）

译 文 标 题	原文所在 位置和页码	译文首版、首刊 所载文献名 缩略语（页码）	译文再版、再刊 所载文名献 缩略语（页码）
朱尔典呈葛雷电（1911年11月12日）	1912年，中国1号,51号38页	辛1(1181、1182)	辛2(1181,1182);辛3(1123)
朱尔典呈葛雷电（1911年11月13日）	1912年，中国1号,52号38页	辛1(1127)	辛2(1127);辛3(1001、1002)
朱尔典呈葛雷电（1911年11月13日）	1912年，中国1号,53号39页	辛1(1127、1128)	辛2(1127,1128);辛3(1002)
朱尔典呈葛雷电（1911年11月15日）	1912年，中国1号,57号40页	辛1(1128)	辛2(1128);辛3(1002)
朱尔典呈葛雷文（1911年11月15日）	1912年，中国1号,99号77—79页	辛1(1128—1135)	辛2(1128—1135);辛3(1002—1006)
葛雷致朱尔典电（1911年11月15日）	1912年，中国1号,58号40页	辛1(1182)	辛2(1182);辛3(1124)
朱尔典呈葛雷文（1911年11月23日） 附件：关于以清朝海关税收担保的中国外债一览表	1912年，中国1号,121号107—110页	辛1(1151—1160)	辛2(1151—1160);辛3(1103—1108)
朱尔典呈葛雷电（1911年11月28日）	1912年，中国1号,88号71页	辛1(1182、1183)	辛2(1182,1183);辛3(1124)
朱尔典呈葛雷电（1911年12月4日）	1912年，中国1号,105号93页	辛1(1183、1184)	辛2(1183,1184);辛3(1124、1125)
朱尔典呈葛雷文（1911年12月5日） 附件一：银行家通过的决议,附件二：清政府外务部给朱尔典备忘录,附件三：清政府外务部咨朱尔典文,附件四：总税务司拟订的方案	1912年，中国3号,1号1—3页	辛1(1161—1165)	辛2(1161—1165);辛3(1108—1111)
朱尔典呈葛雷电（1911年12月8日）	1912年，中国1号,112号97页	辛1(1184)	辛2(1184);辛3(1125)

(续表)

译文标题	原文所在位置和页码	译文首版、首刊所载文献名缩略语(页码)	译文再版、再刊所载文名献缩略语(页码)
朱尔典呈葛雷电(1911年12月10日)	1912年,中国1号,117号100页	辛1(1184、1185)	辛2(1184、1185);辛3(1125、1126)
朱尔典呈葛雷电(1911年12月12日)	1912年,中国1号,122号111页	辛1(1185、1186)	辛2(1185、1186);辛3(1126)
朱尔典呈葛雷电(1911年12月15日)	1912年,中国1号,127号116页	辛1(1186)	辛2(1186);辛3(1126、1127)
朱尔典呈葛雷电(1911年12月15日)	1912年,中国1号,128号116页	辛1(1186、1187)	辛2(1186、1187);辛3(1127)
葛雷致朱尔典电(1911年12月16日)	1912年,中国1号,129号116页	辛1(1187)	辛2(1187);辛3(1127)
朱尔典呈葛雷文(1911年12月17日)	1912年,中国3号,22号21、22页	辛1(1135、1136)	辛2(1135、1136);辛3(1007、1008)
朱尔典呈葛雷文(1911年12月17日) 附件:停战的条件	1912年,中国1号,132号117页	辛1(1188—1190)	辛2(1188—1190);辛3(1128—1130)
朱尔典呈葛雷电(1911年12月18日)	1912年,中国1号,132号117页	辛1(1190、1191)	辛2(1190、1191);辛3(1130)
朱尔典呈葛雷电(1911年12月20日)	1912年,中国1号,133号118页	辛1(1191)	辛2(1191);辛3(1130)
朱尔典呈葛雷电(1911年12月24日)	1912年,中国1号,136号120页	辛1(1192)	辛2(1192);辛3(1131)
葛雷致朱尔典电(1911年12月26日)	1912年,中国1号,137号120页	辛1(1192)	辛2(1192);辛3(1131)
朱尔典呈葛雷电(1911年12月28日)	1912年,中国1号,140号123页	辛1(1192、1193)	辛2(1192、1193);辛3(1131)
朱尔典呈葛雷文(1911年12月28日) 附件:1911年12月28日的上谕	1912年,中国3号,48号65、66页	辛1(1193)	辛2(1193);辛3(1132)

(续表)

译 文 标 题	原文所在位置和页码	译文首版、首刊所载文献名缩略语(页码)	译文再版、再刊所载文名献缩略语(页码)
朱尔典呈葛雷文(1911年12月28日) 附件一：法磊士呈朱尔典文，附件二：同文照会	1912年，中国1号,46号62、63页	辛1(1194、1195)	辛2(1194、1195);辛3(1132、1133)
朱尔典呈葛雷电(1911年12月30日)	1912年，中国1号,142号125页	辛1(1195、1196)	辛2(1195、1196);辛3(1134)
朱尔典呈葛雷电(1911年12月31日)	1912年，中国1号,143号125页	辛1(1196)	辛2(1196);辛3(1134)
朱尔典呈葛雷电(1912年1月1日)	1912年，中国3号,6号16页	辛1(1197)	辛2(1197);辛3(1134、1135)
朱尔典呈葛雷文(1912年1月2日) 附件一：唐绍仪致袁世凯电(1911年12月27日)，附件二：内阁总理袁世凯等奏折	1912年，中国3号,60号76—79页	辛1(1197、1198)	辛2(1197、1198);辛3(1135)
朱尔典呈葛雷电(1912年1月5日)	1912年，中国3号,18号19页	辛1(1199)	辛2(1199);辛3(1136)
朱尔典呈葛雷文(1912年1月6日) 附件一：唐绍仪上袁世凯电(1911年12月29日)，附件二：唐绍仪上袁世凯电(1911年12月29日),附件三：唐绍仪上袁世凯电(1911年12月30日),附件四：袁世凯致唐绍仪电(1911年12月31日)	1912年，中国3号,63号85—89页	辛1(1199—1205)	辛2(1199—1205);辛3(1136—1140)
朱尔典呈葛雷电(1912年1月9日)	1912年，中国3号,30号39页	辛1(1205)	辛2(1205);辛3(1140)

(续表)

译文标题	原文所在位置和页码	译文首版、首刊所载文献名缩略语(页码)	译文再版、再刊所载文名献缩略语(页码)
朱尔典呈葛雷电(1912年1月12日)	1912年,中国3号,38号42页	辛1(1206)	辛2(1206);辛3(1141)
朱尔典呈葛雷电(1912年1月14日)	1912年,中国3号,42号43页	辛1(1206、1207)	辛2(1206、1207);辛3(1141)
朱尔典呈葛雷文(1912年1月15日)	1912年,中国3号,82号112、113页	辛1(1166—1169)	辛2(1166—1169);辛3(1113、1114)
朱尔典呈葛雷电(1912年1月15日)	1912年,中国3号,51号69页	辛1(1207)	辛2(1207);辛3(1141、1142)
朱尔典呈葛雷文(1912年1月16日) 附件一:上海外国商会致前摄政王、庆亲王与总理大臣袁世凯电(1912年1月12日),附件二:巴尔顿关于朱尔典公使同资政院议员谈话的备忘录	1912年,中国3号,83号113—115页	辛1(1207—1211)	辛2(1207—1211);辛3(1142—1144)
朱尔典呈葛雷电(1912年1月18日)	1912年,中国3号,56号73页	辛1(1211、1212)	辛2(1211、1212);辛3(1145)
朱尔典呈葛雷文(1912年1月19日) 附件:汉口外国商会致朱尔典电(1912年1月16日)	1912年,中国3号,88号120页	辛1(1212、1213)	辛2(1212、1213);辛3(1145、1146)
朱尔典呈葛雷电(1912年1月22日)	1912年,中国3号,67号97页	辛1(1213)	辛2(1213);辛3(1146)
朱尔典呈葛雷文(1912年1月22日) 附件:电报摘要	1912年,中国3号,95号122—124页	辛1(1213—1217)	辛2(1213—1217);辛3(1146—1148)
朱尔典呈葛雷电(1912年1月23日)	1912年,中国3号,68号97页	辛1(1217)	辛2(1217);辛3(1149)

(续表)

译文标题	原文所在位置和页码	译文首版、首刊所载文献名缩略语（页码）	译文再版、再刊所载文名献缩略语（页码）
葛雷致蒲徕士函（1912年1月23日）	1912年，中国3号，69号97页	辛1(1217、1218)	辛2(1217、1218)；辛3(1149)
朱尔典呈葛雷文（1912年1月23日）附件一：伍廷芳致法磊士总领事函（1912年1月5日），附件二：大总统布告各国书	1912年，中国3号，96号124—126页	辛1(1218、1219)	辛2(1218、1219)；辛3(1149、1150)
朱尔典呈葛雷文（1912年1月27日）	1912年，中国3号，99号128、129页	辛1(1219—1221)	辛2(1219—1221)；辛3(1150—1152)
朱尔典呈葛雷文（1912年1月27日）附件：上海领袖领事致外交团领袖公使朱尔典函（1911年12月22日）	1912年，中国3号，111号138页	辛1(1143—1145)	辛2(1143—1145)；辛3(1096、1097)
朱尔典呈葛雷文（1912年1月28日）	1912年，中国3号，100号129、130页	辛1(1221、1222)	辛2(1221、1222)；辛3(1152)
朱尔典呈葛雷电（1912年1月30日）	1912年，中国3号，78号110页	辛1(1222)	辛2(1222)；辛3(1152)
朱尔典呈葛雷文（1912年1月30日）附件一：外交团领袖公使致外务部照会副本，附件二：银行家会议记录，附件三：清政府外务部致外交团领袖公使的备忘录，附件四：清政府外务部致外交团的备忘录，附件五：各国公使向上海银行家发出的同文公函	1912年，中国3号，113号154—158页	辛1(1170—1177)	辛2(1170—1177)；辛3(1115—1120)

(续表)

译 文 标 题	原文所在位置和页码	译文首版、首刊所载文献名缩略语(页码)	译文再版、再刊所载文名献缩略语(页码)
汇丰银行亚迪斯致外交部次官蓝格莱函(1912年2月1日) 附件一:中国海关驻伦敦办事处致北京总税务司电报副本(1912年1月30日),附件二:伦敦汇丰银行从北京总税务司收到的电报副本(1912年1月31日)	1912年,中国3号,81号111、112页	辛1(1165、1166)	辛2(1165、1166);辛3(1112)
朱尔典呈葛雷电(1912年2月3日)	1912年,中国3号,86号116页	辛1(1222)	辛2(1222);辛3(1152、1153)
葛雷致朱尔典电(1912年2月6日)	1912年,中国3号,90号120页	辛1(1169)	辛2(1169);辛3(1114)
朱尔典呈葛雷电(1912年2月7日)	1912年,中国3号,92号121页	辛1(1169)	辛2(1169);辛3(1115)
朱尔典呈葛雷电(1912年2月12日)	1912年,中国3号,101号130页	辛1(1222、1223)	辛2(1222、1223);辛3(1153)
朱尔典呈葛雷电(1912年2月12日)	1912年,中国3号,102号130页	辛1(1223、1224)	辛2(1223、1224);辛3(1153)
朱尔典呈葛雷文(1912年2月13日) 附件一:外交团领袖公使致清政府外务部照会,附件二:清政府外务部致外交团领袖公使的照会	1912年,中国3号,128号187、188页	辛1(1177、1178)	辛2(1177、1178);辛3(1120、1121)
朱尔典呈葛雷电(1912年2月14日)	1912年,中国3号,106号131页	辛1(1224)	辛2(1224);辛3(1154)

(续表)

译文标题	原文所在位置和页码	译文首版、首刊所载文献名缩略语(页码)	译文再版、再刊所载文名献缩略语(页码)
朱尔典呈葛雷文(1912年2月23日) 附件一：法磊士呈朱尔典文(1912年2月10日)，附件二：摘抄上海民政总长李平书及外交总长伍廷芳所发致各省都督通电大意	1912年，中国3号，146号201—204页	辛1(1145—1150)	辛2(1145—1150)；辛3(1097—1100)
朱尔典呈葛雷文(1912年2月27日)	1912年，中国3号，148号207、208页	辛1(1178—1180)	辛2(1178—1180)；辛3(1121,1122)

3.《日本外务省档案》①（档案有时间者，按时间先后为序；无时间者置表格后部，按所在胶卷卷数和页码为序）

译文标题	原文所在显微胶卷及页码	译文首版、首刊所载文献名缩略语(页码)	译文再版、再刊所载文献名缩略语(页码)
矢田致币原电报第一七五号(1925年5月31日发)	564卷469—471页		卅3(1185、1186)
矢田致币原电报第一七七号(1925年6月1日发)	564卷475—480页		卅3(1186、1187)
芳泽致币原电报第四四九号(1925年6月2日发)	564卷490—495页		卅3(1188)
芳泽致币原电报第四五〇号(1925年6月3日发)	564卷496、497页		卅3(1188、1189)
芳泽致币原电报第四五一号(1925年6月3日发)	Tel·162卷"1925—1926年北京来电"9—12页		卅3(1189、1190)

---

① 除《六国调查沪案委员会报告》系倪静兰译自法文外，其余均系吴绳海译自日文。

（续表）

译 文 标 题	原文所在显微胶卷及页码	译文首版、首刊所载文献名缩略语（页码）	译文再版、再刊所载文献名缩略语（页码）
芳泽致币原电报第四五六号(1925年6月3日发)	Tel·162卷"1925—1926年北京来电"17—20页	卅3(1190、1191)	
矢田致币原电报第一八八号(1925年6月4日发)	Tel·163卷"1925—1926年北京来电"12—14页	卅3(1191)	
芳泽致币原电报第四六五号(1925年6月4日发)	564卷522—524页	卅3(1192)	
芳泽致币原电报第四六八号(1925年6月6日发)	Tel·162卷"1925—1926年北京来电"23、24页	卅3(1190、1191)	
矢田致币原电报第一九七号(1925年6月7日发)	Tel·163卷"1925—1926年北京来电"28—32页	卅3(1193、1194)	
芳泽致币原电报第四七三号(1925年6月7日发)	Tel·162卷"1925—1926年北京来电"31—34页	卅3(1195、1196)	
芳泽致币原电报第四七六号(1925年6月7日发)	Tel·162卷"1925—1926年北京来电"37—39页	卅3(1196)	
芳泽致币原电报第四七八号(1925年6月7日发)	Tel·162卷"1925—1926年北京来电"42—48页	卅3(1197、1198)	
领袖公使致上海领袖领事电(1925年6月8日)	564卷	卅3(918)	
领袖公使致上海领袖领事电(1925年6月8日)	564卷	卅3(918)	
芳泽致币原电报第四八八号(1925年6月8日发)	Tel·162卷"1925—1926年北京来电"63—65页	卅3(1198、1199)	

上编　上海社会科学院历史研究所翻译成果详目(1958—2017年)

（续表）

译　文　标　题	原文所在显微胶卷及页码	译文首版、首刊所载文献名缩略语（页码）	译文再版、再刊所载文献名缩略语（页码）
矢田致币原电报第二〇二号（1925年6月9日发）	Tel·163卷"1925—1926年北京来电"45—48页	卅3(1199、1200)	
矢田致币原电报第二〇三号（1925年6月9日发）	Tel·163卷"1925—1926年北京来电"49—52页	卅3(1200、1201)	
矢田致币原电报第二〇四号（1925年6月9日发）	564卷567—570页	卅3(1201、1202)	
芳泽致币原电报第四八九号（1925年6月9日发）	Tel·162卷"1925—1926年北京来电"66、67页	卅3(1202、1203)	
芳泽致币原电报第四九一号（1925年6月9日发）	Tel·162卷"1925—1926年北京来电"71—73页	卅3(1203、1204)	
矢田致币原电报第二〇八号（1925年6月11日发）	564卷594—599页	卅3(1205—1207)	
矢田致币原电报第二一〇号（1925年6月11日发）	564卷600—602页	卅3(1207、1208)	
矢田致币原电报第二一一号（1925年6月11日发）	Tel·163卷"1925—1926年上海来电"58—60页	卅3(1208)	
芳泽致币原电报第四九七号（1925年6月11日发）	Tel·162卷"1925—1926年北京来电"85、86页	卅3(1208、1209)	
矢田致币原电报第二一五号（1925年6月12日发）	Tel·163卷"1925—1926年上海来电"65、66页	卅3(1209、1210)	
币原致芳泽电报第三三九号（1925年6月12日发）	564卷617—620页	卅3(1210、1211)	
矢田致币原电报第二一九号（绝密）（1925年6月13日发）	564卷664—666页	卅3(1211、1212)	

(续表)

译文标题	原文所在显微胶卷及页码	译文首版、首刊所载文献名缩略语（页码）	译文再版、再刊所载文献名缩略语（页码）
芳泽致币原电报第五〇四号（1925年6月13日发）	Tel·162卷"1925—1926年北京来电"96—98页	卅3(1212)	
芳泽致币原电报第五〇六号（绝密）（1925年6月13日发）	564卷662、663页	卅3(1213)	
矢田致币原电报第二二九号（1925年6月14日发）	Tel·163卷"1925—1926年上海来电"100—104页	卅3(1213、1214)	
芳泽致币原电报第五一一号（1925年6月15日发）	Tel·162卷"1925—1926年北京来电"111—114页	卅3(1216、1217)	
芳泽致币原电报第五一二号（1925年6月15日发）	Tel·162卷"1925—1926年北京来电"115—118页	卅3(1217、1218)	
芳泽致币原电报第五一三号（1925年6月15日发）	Tel·162卷"1925—1926年北京来电"119—121页	卅3(1218、1219)	
芳泽致币原电报第五一五号（1925年6月15日发）	Tel·162卷"1925—1926年北京来电"123—130页	卅3(1219—1221)	
芳泽致币原电报第五一六号（1925年6月15日发）	Tel·162卷"1925—1926年北京来电"131—133页	卅3(1221、1222)	
芳泽致币原电报第五二〇号（绝密）（1925年6月16日发）	564卷705—712页	卅3(1222、1223)	

上编　上海社会科学院历史研究所翻译成果详目(1958—2017 年)　247

(续表)

译　文　标　题	原文所在显微胶卷及页码	译文首版、首刊所载文献名缩略语(页码)	译文再版、再刊所载文献名缩略语(页码)
矢田致币原电报第二三七号(1925 年 6 月 17 日发)	Tel・163 卷"1925—1926 年上海来电"119—121 页	卅 3(1224)	
矢田致币原电报第二四五号(1925 年 6 月 18 日发)	Tel・163 卷"1925—1926 年上海来电"134、135 页	卅 3(1225)	
矢田致币原电报第二四八号(1925 年 6 月 18 日发)	Tel・163 卷"1925—1926 年上海来电"141—145 页	卅 3(1225、1226)	
币原致芳泽电报合字第一三〇号(1925 年 6 月 18 日发)	564 卷 737、738 页	卅 3(1226、1227)	
芳泽致币原电报第五三一号(1925 年 6 月 19 日发)	564 卷 808—816 页	卅 3(1227—1229)	
芳泽致币原电报第五三七号(1925 年 6 月 20 日发)	Tel・162 卷"1925—1926 年北京来电"149—154 页	卅 3(1229、1230)	
矢田致币原电报第二五七号(1925 年 6 月 22 日发)	Tel・163 卷"1925—1926 年上海来电"162—163 页	卅 3(1230、1231)	
芳泽致币原电报第五三八号(1925 年 6 月 22 日发)	564 卷 867—870 页	卅 3(1231、1232)	
矢田致币原电报第二五八号(1925 年 6 月 23 日发)	564 卷 900—902 页	卅 3(1232、1233)	
芳泽致币原电报第五三九号(1925 年 6 月 23 日发)	564 卷 888—891 页	卅 3(1233、1234)	
芳泽致币原电报第五四〇号(绝密)(1925 年 6 月 23 日发)	564 卷 892—896 页	卅 3(1234、1235)	

(续表)

译文标题	原文所在显微胶卷及页码	译文首版、首刊所载文献名缩略语(页码)	译文再版、再刊所载文献名缩略语(页码)
矢田致币原电报第二六〇号(1925年6月24日发)	564卷910—912页	卅3(1235、1236)	
矢田致币原电报第二六一号(1925年6月24日发)	Tel·163卷"1925—1926年上海来电"166—168页	卅3(1236、1237)	
芳泽致币原电报第五四一号(1925年6月24日发)	564卷906、907页	卅3(1237)	
币原致驻美大使松平电报合字第一三三号(1925年6月24日发)	564卷903—905页	卅3(1238、1239)	
六国委员团致北京领袖公使函(1925年6月25日)	565卷	卅3(919—950)	
矢田致币原电报第二六四号(1925年6月25日发)	564卷956—959页	卅3(1239、1240)	
芳泽致币原电报第五四六号(1925年6月25日发)	564卷927—930页	卅3(1240、1241)	
芳泽致币原电报第五五二号(1925年6月25日发)	564卷946、947页	卅3(1241)	
币原致矢田电报第七〇号(1925年6月26日发)	564卷963—967页	卅3(1241、1242)	
矢田致币原电报第二六七号(1925年6月27日发)	564卷1012—1015页	卅3(1242、1243)	
芳泽致币原电报第五六一号(1925年6月27日发)	Tel·162卷"1925—1926年北京来电"174、175页	卅3(1244)	
芳泽致币原电报第五六三号(1925年6月28日发)	564卷1008—1010页	卅3(1244、1245)	
芳泽致币原电报第五六五号(1925年6月28日发)	564卷1020—1026页	卅3(1245—1247)	

上编　上海社会科学院历史研究所翻译成果详目(1958—2017 年) | 249

(续表)

译　文　标　题	原文所在显微胶卷及页码	译文首版、首刊所载文献名缩略语(页码)	译文再版、再刊所载文献名缩略语(页码)
矢田致币原电报第二七一号(1925 年 6 月 29 日发)	564 卷 1047—1052 页	卅3(1247、1248)	
矢田致币原电报第二七六号(1925 年 7 月 1 日发)	564 卷 1146—1149 页	卅3(1250、1251)	
芳泽致币原电报第五六八号(1925 年 7 月 1 日发)	564 卷 1107—1108 页	卅3(1252)	
芳泽致币原电报第五七〇号(1925 年 7 月 1 日发)	564 卷 1110、1111 页	卅3(1252、1253)	
芳泽致币原电报第五七四号(1925 年 7 月 2 日发)	564 卷 1133—1135 页	卅3(1253、1254)	
芳泽致币原电报第五七五号(1925 年 7 月 2 日发)	564 卷 1136—1138 页	卅3(1254、1255)	
芳泽致币原电报第五七七号(1925 年 7 月 2 日发)	564 卷 1141—1145 页	卅3(1255、1256)	
芳泽致币原电报第五八三号(1925 年 7 月 2 日发)	564 卷 1159—1162 页	卅3(1256、1257)	
矢田致币原电报第二七七号(1925 年 7 月 3 日发)	564 卷 1173—1175 页	卅3(1257、1258)	
矢田致币原电报第二七八号(1925 年 7 月 3 日发)	564 卷 1176—1177 页	卅3(1258、1259)	
矢田致币原电报第二七九号(最急电)(1925 年 7 月 3 日发)	564 卷 1178—1180 页	卅3(1259)	
芳泽致币原电报第五八九号(1925 年 7 月 3 日发)	564 卷 1227—1229 页	卅3(1260)	
芳泽致币原电报第五九〇号(1925 年 7 月 3 日发)	564 卷 1230、1231 页	卅3(1260、1261)	
币原致芳泽电报第三七五号(最急电)(1925 年 7 月 3 日发)	564 卷 1189—1192 页	卅3(1261、1262)	

(续表)

译文标题	原文所在显微胶卷及页码	译文首版、首刊所载文献名缩略语(页码)	译文再版、再刊所载文献名缩略语(页码)
币原致芳泽电报第三七七号(最急电)(1925年7月3日发)	564卷1196—1205页		卅3(1262—1265)
驻英代办吉田致币原电报第三一五号(1925年7月3日发)	564卷1167、1168页		卅3(1265、1266)
驻法大使石井致币原电报第二五三号(1925年7月3日发)	564卷1340、1341页		卅3(1266)
币原致芳泽电报第三八〇号(最急电)(1925年7月4日发)	564卷1241—1247页		卅3(1267、1268)
矢田致币原电报第二八六号(1925年7月5日发)	564卷1323、1324页		卅3(1268)
矢田致币原电报第二八八号(1925年7月6日发)	564卷1325—1327页		卅3(1269)
矢田致币原电报第二九〇号(1925年7月8日发)	565卷1440—1442页		卅3(1269、1270)
矢田致币原电报第二九一号(1925年7月8日发)	Tel・163卷"1925—1926年上海来电"182、183页		卅3(1270、1271)
矢田致币原电报第二九五号(最急电)(1925年7月8日发)	Tel・163卷"1925—1926年上海来电"184—186页		卅3(1271)
芳泽致币原电报第六〇五号(1925年7月8日发)	565卷1437—1439页		卅3(1272)
芳泽致币原电报第六一四号(1925年7月8日发)	565卷1469—1474页		卅3(1272—1274)

（续表）

译文标题	原文所在显微胶卷及页码	译文首版、首刊所载文献名缩略语（页码）	译文再版、再刊所载文献名缩略语（页码）
驻香港总领事村上致币原电报第七四号（1925年7月8日发）	565卷1456—1459页	卅3(1274、1275)	
矢田致币原电报第二九六号（1925年7月10日发）	565卷1782—1784页	卅3(1275、1276)	
矢田致币原电报第二九九号（1925年7月10日发）	565卷1912、1913页	卅3(1276)	
矢田致币原电报第三〇〇号（1925年7月10日发）	Tel·163卷"1925—1926年上海来电"189、190页	卅3(1276、1277)	
芳泽致币原电报第六二八号（1925年7月10日发）	565卷1827—1830页	卅3(1277、1278)	
芳泽致币原电报第六三〇号（1925年7月10日发）	565卷1835—1841页	卅3(1279、1280)	
芳泽致币原电报第三〇一号（1925年7月11日发）	565卷1884、1885页	卅3(1280、1281)	
矢田致币原电报第三〇三号（1925年7月12日发）	565卷1890、1891页	卅3(1281)	
芳泽致币原电报第六三九号（1925年7月13日发）	P38卷PVM12—56，23990—23992页	卅3(1281、1282)	
矢田致币原电报第三〇四号（1925年7月14日发）	Tel·163卷"1925—1926年上海来电"192、193页	卅3(1282、1283)	
芳泽致币原电报第六四二号（1925年7月14日发）	Tel·162卷"1925—1926年上海来电"185页	卅3(1283)	
芳泽致币原电报第六四六号（1925年7月14日发）	P39卷PVM12—56，24046—24048页	卅3(1283、1284)	

(续表)

译文标题	原文所在显微胶卷及页码	译文首版、首刊所载文献名缩略语（页码）	译文再版、再刊所载文献名缩略语（页码）
矢田致币原电报第三〇七号（1925年7月15日发）	565卷2007—2010页	卅3(1284、1285)	
芳泽致币原函机密第三三四号（1925年7月15日发）	566卷2470—2475页	卅3(1285—1288)	
矢田致币原电报第三〇八号（1925年7月16日发）	565卷2011、2012页	卅3(1288、1289)	
芳泽致币原电报第六五二号（1925年7月16日发）	565卷2028—2033页	卅3(1289—1291)	
矢田致币原电报第三一二号（1925年7月17日发）	565卷2038、2039页	卅3(1291、1292)	
矢田致币原电报第三一四号（1925年7月18日发）	566卷2064—2068页	卅3(1292、1293)	
矢田致币原函机密第一二四号——与许交涉员会谈要点（1925年7月20日发）	566卷2928—2935页	卅3(1293—1295)	
币原致芳泽电报第四二二号（1925年7月20日发）	565卷2121—2125页	卅3(1296、1297)	
驻法大使石井致币原电报第二七四号（1925年7月20日发）	566卷2143、2144页	卅3(1297、1298)	
矢田致币原电报第三二三号（绝密）（1925年7月23日发）	Tel·163卷"1925—1926年上海来电"201—203页	卅3(1298)	
芳泽致币原电报第六六三号（1925年7月23日发）	566卷2196—2203页	卅3(1299—1301)	
驻美大使松平致币原电报第二四一号（最急电）（1925年7月23日到）	566卷2188—2194页	卅3(1301—1303)	

(续表)

译文标题	原文所在显微胶卷及页码	译文首版、首刊所载文献名缩略语(页码)	译文再版、再刊所载文献名缩略语(页码)
矢田致币原电报第三二八号(1925年7月26日发)	Tel·163卷"1925—1926年上海来电"206—210页	卅3(1303、1304)	
矢田致币原电报第三三二号(1925年7月28日发)	Tel·163卷"1925—1926年上海来电"213—215页	卅3(1304、1305)	
矢田致币原电报第三三三号(1925年7月28日发)	Tel·163卷"1925—1926年上海来电"216—219页	卅3(1305、1306)	
芳泽致币原电报第六八四号(1925年7月28日发)	566卷2521、2522页	卅3(1306、1307)	
矢田致币原电报第三四〇号(1925年8月4日发)	Tel·163卷"1925—1926年上海来电"225、226页	卅3(1307)	
矢田致币原电报第三四一号(1925年8月4日发)	Tel·163卷"1925—1926年上海来电"227、228页	卅3(1308)	
芳泽致币原电报第七〇二号(1925年8月5日发)	566卷2855—2858页	卅3(1308、1309)	
芳泽致币原电报第七二四号(1925年8月10日发)	567卷3041、3042页	卅3(1309)	
矢田致币原电报第三四六号(1925年8月13日发)	567卷3146—3148页	卅3(1310)	
矢田致币原电报第三四七号(1925年8月13日发)	567卷3149—3152页	卅3(1310—1312)	
矢田致币原电报第三四八号(1925年8月14日发)	567卷3181—3183页	卅3(1312、1313)	

(续表)

译文标题	原文所在显微胶卷及页码	译文首版、首刊所载文献名缩略语（页码）	译文再版、再刊所载文献名缩略语（页码）
矢田致币原电报第三四九号（1925年8月18日发）	567卷3243—3246页		卅3(1313、1314)
矢田致币原电报第三五一号（1925年8月20日发）	Tel·163卷"1925—1926年上海来电"231—234页		卅3(1315)
币原致驻美大使松平电报第一八四号（1925年8月22日发）	567卷3358、3359页		卅3(1315)
币原致芳泽电报第五〇九号（1925年8月24日发）	567卷3400—3402页		卅3(1315、1316)
芳泽致币原电报第七八一号（1925年8月26日发）	567卷3432—3435页		卅3(1316、1317)
矢田致币原电报第三六〇号（1925年8月27日发）	567卷3446—3448页		卅3(1317、1318)
芳泽致币原电报第八二七号（1925年9月8日发）	567卷3576—3578页		卅3(1318、1319)
币原致驻美大使松平电报第二一〇号（1925年9月12日发）	567卷3618—3620页		卅3(1319、1320)
矢田致币原电报第三七九号（1925年9月15日发）	567卷3630页		卅3(1320)
芳泽致币原电报第八七八号（1925年9月17日发）	567卷3702、3703页		卅3(1320、1321)
芳泽致币原电报第九〇四号（1925年9月24日发）	567卷3743—3748页		卅3(1321、1322)
芳泽致币原电报第九〇五号（1925年9月24日发）	567卷3749—3753页		卅3(1322—1324)
芳泽致币原电报第九〇六号（1925年9月24日发）	567卷3754、3755页		卅3(1324)

(续表)

译文标题	原文所在显微胶卷及页码	译文首版、首刊所载文献名缩略语(页码)	译文再版、再刊所载文献名缩略语(页码)
芳泽致币原电报第九六三号(1925年10月8日发)	567卷3912—3914页	卅3(1324、1325)	
矢田致币原电报第四二四号(1925年11月11日发)	568卷4097—4099页	卅3(1325、1326)	
币原致芳泽电报第七一六号(1925年11月30日发)	568卷4130—4134页	卅3(1326、1327)	
芳泽致币原电报第一一〇号(1925年12月4日发)	568卷4154—4162页	卅3(1327—1329)	
芳泽致币原电报第一一三四号(1925年12月11日发)	568卷4203—4205页	卅3(1329)	
币原致芳泽电报第七三一号(1925年12月12日发)	568卷4185—4188页	卅3(1330、1331)	
矢田致币原电报第四六四号(1925年12月19日发)	568卷4497、4498页	卅3(1331)	
矢田致币原电报第四七二号(1925年12月22日发)	568卷4508—4510页	卅3(1331、1332)	
矢田致币原电报第四八三号(1925年12月31日发)	568卷4537、4538页	卅3(1332、1333)	
芳泽致币原电报第五四号(1926年1月27日发)	568卷4695页	卅3(1333)	
向日本方面提供工运情报	S350卷122—124页	卅1(394、395)	
日本驻沪总领事矢田向外相币原呈报上海日商纱厂二月罢工的经过	564卷419—463页	卅1(359—369)	
芳泽致币原电报第四九三号(绝密)	564卷588—593页	卅3(1204、1205)	

（续表）

译文标题	原文所在显微胶卷及页码	译文首版、首刊所载文献名缩略语（页码）	译文再版、再刊所载文献名缩略语（页码）
币原致芳泽电报第三六一号（最急绝密）	564卷1035—1039页	卅3(1248—1250)	
日本驻华公使馆武官致参谋次长电报支第一七九号	564卷1156页	卅3(1250)	
日本驻上海武官冈村致参谋总长电报第六一号	565卷2111、2112页	卅3(1291)	
日本厂主决议排斥工会，以高压手段对付工人	575卷MT5.3.2.155—10，50—52页	卅1(549、550)	
日本国内纱厂与在华日纱厂劳动条件比较	575卷MT5.3.2.155—10，243—257页	卅1(249—257)	
有吉对反日运动主张采取"暂时旁观"的阴险手段	649卷MT3.3.8.5,73—79页	五1(793—795)	五2(793—795)
反日运动扩大，有吉阴谋"隐忍自重，以待时机之到来"	649卷MT3.3.8.5,100—105页	五1(795—798)	五2(795—798)
有吉威胁上海封建军阀镇压反日运动	649卷MT3.3.8.5,134—139页	五1(798、799)	五2(798、799)
日商纱厂工人一万五千人展开罢工斗争	650卷2107—2109页	五1(325—327)	五2(325—327)
日本外务省大臣内田指示，阴谋对华进行长期侵略	651卷MT3.3.8.5,3249—3253页	五1(325—327)	五2(790、791)
工务局警务处关于工会发放罢工维持费的情报	1925年，《六国调查沪案委员会报告》26号附件所载《警务日报摘要》	卅1(569)	
工人在顾正红灵前集会演说，大呼"坚持到底！"	1925年，《六国调查沪案委员会报告》26号附件所载《警务日报摘要》	卅1(570、571)	

(续表)

译文标题	原文所在显微胶卷及页码	译文首版、首刊所载文献名缩略语(页码)	译文再版、再刊所载文献名缩略语(页码)
工部局警务处关于工会鼓动群众坚持罢工的情报	1925年,《六国调查沪案委员会报告》26号附件所载《警务日报摘要》	卅1(578、579)	
沪西工友俱乐部收到全国总工会及各地工会声援电和传单	1925年,《六国调查沪案委员会报告》26号附件所载《警务日报摘要》	卅1(623)	
上海大学等校学生代表开会酝酿上街演讲,恽代英到会指导	1925年,《六国调查沪案委员会报告》26号附件所载《警务日报摘要》	卅1(627)	
学生会、工会召开临时紧急会议,讨论对抗办法	1925年,《六国调查沪案委员会报告》26号附件所载《警务日报摘要》	卅1(729)	

"文献名缩略语"与"文献名"对照表(以缩略语的汉语拼音为序):

文献名缩略语	文献名	责任者	出版地、出版单位和出版时间
刀1	上海小刀会起义史料汇编	上海社会科学院历史研究所编	上海:上海人民出版社1958年9月第1版
刀2	上海小刀会起义史料汇编	上海社会科学院历史研究所编	修订本,上海:上海人民出版社1980年7月第2版
法1	上海法租界史	[法]梅朋、傅立德著,倪静兰译	上海:上海译文出版社1983年10月第1版
法2	上海法租界史	[法]梅朋、傅立德著,倪静兰译	上海:上海社会科学院出版社2007年4月第1版
海	上海学(第3编)	周武主编	上海:上海人民出版社2016年11月版
密	《密勒氏评论报》总目与研究	马学强、王海良主编	上海:上海书店出版社2015年5月第1版

(续表)

文献名缩略语	文献名	责任者	出版地、出版单位和出版时间
青	青运史研究（1985年第6期）	共青团中央青运史研究史主编	北京：1985年10月30日内部刊印
卅1	五卅运动史料（第1卷）	上海社会科学院历史研究所编	上海：上海人民出版社1981年11月第1版
卅2	五卅运动史料（第2卷）	上海社会科学院历史研究所编	上海：上海人民出版社1986年8月第1版
卅3	五卅运动史料（第3卷）	上海社会科学院历史研究所编	上海：上海人民出版社2005年12月第1版
太	太平军在上海——《北华捷报》选译	上海社会科学院历史研究所编译（马博庵选译，章克生、吴乾兑校订补充，吴乾兑编注）	上海：上海人民出版社1983年2月第1版
通	中国近代史通鉴（太平天国）	张同乐主编	北京：红旗出版社1997年7月版
五1	五四运动在上海史料选辑	上海社会科学院历史研究所编	上海：上海人民出版社1960年6月第1版
五2	五四运动在上海史料选辑	上海社会科学院历史研究所编	上海：上海人民出版社1980年12月第2版
辛1	辛亥革命在上海史料选辑	上海社会科学院历史研究所编	上海：上海人民出版社1966年2月第1版
辛2	辛亥革命在上海史料选辑	上海社会科学院历史研究所编	上海：上海人民出版社1981年3月第2版
辛3	辛亥革命在上海史料选辑	上海社会科学院历史研究所编	增订本，上海：上海人民出版社2011年8月第1版
译	太平天国史译丛（第2辑）	北京太平天国历史研究会编	北京：中华书局1983年9月第1版

中编
中国近现代史译名对照表

"中编"编撰说明

上海社会科学院历史研究所"文革"前的所务档案有许多保存在上海市档案馆里,馆藏档案 B181-1-311"上海社会科学院历史所1962年度研究项目计划表"第27页有如下的记载:

1962年度研究项目计划表:中国近现代史译名对照

负责人:章克生、顾长声

参加人:章克生、马博庵、王作求、雍家源、沈遐士、叶元龙、吴绳海、顾长声、金亚声、倪静兰、叶庆俊

本项目研究目的,基本步骤,预期最终结果:在翻译外文资料过程中,陆续积累中国近现代史专门名词(历史人物、历史事件等),作成卡片,以供研究与翻译之参考,并在此基础上,编成工具书。

年度工作进展:(第三季度)开始根据过去已收卡片加以整理,(第四季度)陆续收集并作成卡片。

此外,馆藏档案 B181-1-336"上海社会科学院历史所科研规划"第34页涉及历史研究所1962年至1971年规划项目时也有类似的记载:

项目名称:中国近现代史译名对照

内容摘要:工具书

参加人员：章克生、马博庵、顾长声、吴绳海、金亚声、雍家源、沈遐士、叶元龙、倪静兰、叶庆俊

实施步骤：逐年积累，七年完成

完成时间：1962—1968 年

上述所谓的"中国近现代史译名对照"项目，后来显然因"文革"的爆发而终未完成，当年积累的卡片和资料，现在亦不知存留何处。至于提到的"参加人员"，除叶庆俊外，均系历史所"编译组"的专业翻译，他们在 1957 年至 1966 不到 9 年的时间内，大约汉译了 500 万至 800 万字的外文史料，尽管只有少数正式发表，但依然居功至伟。

有鉴于此，编撰者拟将历史研究所具有代表性和涵盖性的 8 部文献（资料集、译著）所附之"译名对照表"挑选出来，并全数整合，以期尽可能地把 50 多年前未竟的"中国近现代史译名对照"重建出来。虽然它在篇幅上还构不成一部严格意义上的工具书，但毕竟部分反映了前辈译者们的历史贡献和文化积累，同时亦能为当今的研究者和翻译者提供检索便利。当然，它还可以和类似的工具书进行互补与比对。

所选 8 部文献（资料集、译著）的概况可见下表（以出版先后为序）：

文献名	文献名缩略语	责任者	出版地、出版社和出版时间	对照表名称	对照表所在页码
鸦片战争末期英军在长江下游的侵略罪行	鸦	中国科学院上海历史研究所筹备委员会编	上海：上海人民出版社 1958 年 10 月第 1 版	附录：汉英译名对照表	第 389—392 页
上海小刀会起义史料汇编	刀 2	上海社会科学院历史研究所编	修订本，上海：上海人民出版社 1980 年 7 月第 2 版	附录二：译名对照表	第 1245—1250 页
五四运动在上海史料选辑	五 2	上海社会科学院历史研究所编	上海：上海人民出版社 1980 年 12 月第 2 版	附录：四、主要译名对照表	第 895—898 页

(续表)

文献名	文献名缩略语	责任者	出版地、出版社和出版时间	对照表名称	对照表所在页码
太平军在上海——《北华捷报》选译	太	上海社会科学院历史研究所编译（马博庵选译，章克生、吴乾兑校订补充，吴乾兑编注）	上海：上海人民出版社1983年2月第1版	附录：译名对照表	第509—521页
上海法租界史	法1	［法］梅朋、傅立德著，倪静兰译	上海：上海译文出版社1983年10月第1版	附录四：人名译名对照表	第583—592页
上海——现代中国的钥匙	钥	［美］罗兹·墨菲著，上海社会科学院历史研究所译（章克生、徐肇庆、吴竟成、李谦译，章克生校订、加注、定稿）	上海：上海人民出版社1986年10月第1版	译名对照表	第250—257页
美商琼记洋行在华经商情况的剖析(1858—1862年)	琼	［美］斯蒂芬·洛克伍德著，章克生、王作求译	上海：上海社会科学院出版社1992年1月第1版	附录一：译名对照表	第187—197页
五卅运动史料（第3卷）	卅3	上海社会科学院历史研究所编	上海：上海人民出版社2005年12月第1版	附录：译名对照表	第1335—1359页

拙编《中国近现代史译名对照表》分**"正表"**和**"索引"**两大部分：

前者共2 048条，下分六类：一、人物、家族，二、机关、团体、派别、部队、商行、企业、教会、学校、医院、工厂、建筑，三、报纸、期刊、图书、档案、文件，四、船只、军舰、舰队，五、货币、商品，六、其他。每类之内均以英文字母为序。

后者则旨在为使用者提供从中文名称借正表内**序号**反查西文名称的便捷。其内排序依据汉语拼音，若首字相同，则依次字，余则类推。

正 表

一、人物、家族

序号	外文名称	中文名称	备注	所在文献名缩略语（页码）
1	Abend, Hallet Edward	亚朋德	美国《纽约时报》驻华通讯员（1927—1941年）	钥(250)
2	Adamson	亚当森		法1(583)
3	Adolphe	阿道夫		法1(583)
4	Aglen, Sir Francis Arthur	安格联	英国人，中国海关总税务司（1911—1927年）	卅3(1335)
5	Aglen, Sir Francis Arthur	安格联	英国人，中国海关总税务司（1911—1927年）	钥(250)
6	Agostini	阿戈斯蒂尼		法1(583)
7	Aiers, A. H.	阿牙斯	上海工部局捕房副捕头	五2(896)
8	Aimery	埃梅里		法1(583)
9	Alabaster	阿拉巴斯特		法1(583)
10	Alabaster, Chaloner	阿拉巴斯特（阿查立）	英国驻沪领事馆翻译官	太(509)
11	Alcock	阿礼国		法1(583)
12	Alcock, Rutherford	阿礼国	英国驻沪领事（1846—1854年）	太(509)

(续表)

序号	外文名称	中文名称	备注	所在文献名缩略语（页码）
13	Alcock, Rutherford	阿利国		刀2(1246)
14	Alcock, Rutherford	阿礼国	英国驻沪领事（1846—1855年），驻华公使（1865—1871年）	琼(187)
15	Alcock, Sir Rutherford	阿礼国	英国驻沪领事（1846—1855年），驻华公使（1865—1871年）	钥(250)
16	Aldridge, T. H. U.	奥尔德里奇	上海公共租界工部局电气处总工程师兼处长，中文报纸报道时称阿尔德列治	卅3(1335)
17	Allen	阿伦		法1(583)
18	Amherst, Lord William Pitt	阿美士德	英国政府派遣来华特使（1816年）	钥(250)
19	Anderson, Rear Admiral	安德森少将	英国驻沪海军首席司令	卅3(1335)
20	Anstruther	安脱路式		鸦(389)
21	Antoine	安托万		法1(583)
22	Appleton Family	阿普勒登家族		琼(192)
23	Appleton, William	阿普勒登	美国驻圣彼得堡大使	琼(187)
24	Arnhold, Harry Edward	安诺德	英国人，安利洋行董事长	卅3(1335)
25	Aroné	阿鲁内		法1(583)
26	Arrowsmith	爱罗史密		鸦(391)
27	Ashton, R. J.	阿希顿	侨民	太(509)
28	Ashton-Gwatkin, Frank T. A.	阿希顿—格华特金	英国外交部远东司参事	卅3(1335)
29	Asper	阿斯珀		法1(583)
30	Avvakum, P.	阿瓦库姆		刀2(1246)

(续表)

序号	外文名称	中文名称	备注	所在文献名缩略语（页码）
31	Bacon Family	培根家族		琼(192)
32	Baconnier	巴科尼埃		法1(583)
33	Baddeley	巴德莱		鸦(389)
34	Badly	巴德里		鸦(389)
35	Bailey, George	裴立		刀2(1248)
36	Bain, C. M.	培因	上海华洋德律风公司董事长	卅3(1335)
37	Bain, C. M.	培因	上海工部局董事,普益地产公司大班	五2(895)
38	Baker	拜克尔		鸦(390)
39	Baker, A. E.	培克	上海公共租界工部局董事,英商汇丰银行副经理	卅3(1335)
40	Baldwin, Stanley	鲍尔温	英国首相(1923—1924年、1924—1929年)	卅3(1335)
41	Balfour	巴富尔		法1(583)
42	Balfour	包福		鸦(389)
43	Balfour, George	巴富尔		刀2(1245)
44	Balfour, George	巴富尔	英国首任驻沪领事(1843—1846年)	钥(250)
45	Balfour, John	巴尔福	英国驻美大使馆官员	卅3(1335)
46	Balshazzar	巴耳沙扎	巴比伦最后的国王	太(509)
47	Bancroft	班克罗夫特	美国驻日大使	卅3(1335)
48	Barbarain	巴巴伦		刀2(1245)
49	Barbarin	巴巴兰		法1(583)
50	Barbusse, Henri	巴比塞	法国作家,法国共产党员	卅3(1336)
51	Barclay, Colonel	巴克莱	英国海军军官,上校	太(509)
52	Baron	巴隆		法1(583)

（续表）

序号	外文名称	中文名称	备注	所在文献名缩略语（页码）
53	Barres	巴雷斯		法1(583)
54	Barrière	帕吕		法1(583)
55	Barrow	巴尔罗		鸦(389)
56	Bartley	巴特雷		鸦(389)
57	Barton, Sir Sydney	巴敦	英国驻沪总领事(1922—1929年)	卅3(1336)
58	Bassard	巴萨		法1(583)
59	Bassett	巴赛特	上海英美烟草公司职员	卅3(1336)
60	Bastard	巴斯塔		法1(583)
61	Bateman, Ensign	卞特曼	英国皇家步兵第31团旗手	太(509)
62	Bates Family	贝茨家族		琼(192)
63	Batt, John T.	巴特		刀2(1245)
64	Baudéan	鲍德安		法1(583)
65	Baudéan	鲍德安		刀2(1247)
66	Baxter, Alexander	白士德	英国伦敦会传教士，广州岭南大学副校长	卅3(1336)
67	Beale	比尔		法1(583)
68	Beale, C. E.	比尔	上海公共租界工部局马差副捕头	卅3(1336)
69	Beale, T. C.	比尔		刀2(1245)
70	Bebenin, V. S.	贝比宁	上海公共租界工部局便衣西捕	卅3(1336)
71	Beckwith, N. M.	培克威斯	美国人，美商旗昌洋行成员	琼(189)
72	Bécour	贝科尔		法1(583)

(续表)

序号	外文名称	中文名称	备注	所在文献名缩略语（页码）
73	Béer	贝尔		法1(583)
74	Béhic	贝伊克		法1(583)
75	Bell, A. D.	贝尔	上海公共租界工部局董事，英商泰隆洋行大班	卅3(1336)
76	Bell, W.	贝尔	侨民	太(509)
77	Beloochee	贝卢切		法1(583)
78	Benjamin, Maurice	平治明	美商业广公司董事	卅3(1336)
79	Benzman	邦兹曼		法1(583)
80	Bérard	贝拉尔		法1(583)
81	Berkeley	巴克雷		鸦(389)
82	Bernard	贝尔纳		法1(583)
83	Bernard	柏纳德		鸦(390)
84	Bernard, J.	贝尔纳		法1(583)
85	Bernouillet	贝努耶		法1(583)
86	Berthelot	贝特罗		法1(583)
87	Berthémy	帕尔德密		法1(583)
88	Bési	罗类思		法1(583)
89	Bessières	贝西埃		法1(583)
90	Bethune	比休恩		鸦(389)
91	Bezaure	白藻泰		法1(583)
92	Bidet	比代		法1(584)
93	Billings, C. M.	别林斯	上海公共租界工部局西童公学校长	卅3(1336)
94	Birch	伯契		鸦(389)

(续表)

序号	外文名称	中文名称	备注	所在文献名缩略语（页码）
95	Birch, Lieut.	伯奇	英军旁遮普土著步兵第22团军官,中尉	太(509)
96	Bird, Charles	伯德		刀2(1246)
97	Bisset	比塞特		法1(584)
98	Blakiston, Thomas Wright	白拉克斯顿	英国皇家炮兵队少校,1859年参加第二次鸦片战争,1861年随英国水师提督贺布调查长江上游情况	钥(250)
99	Blanc	布朗		法1(584)
100	Blethen	布莱森		法1(584)
101	Blundell	卜隆德尔		鸦(389)
102	Bonham	文翰		法1(584)
103	Bonham, Samuel George	文翰	香港总督兼英国驻华全权公使(1848—1851年)	太(509)
104	Bonham, Samuel George	文翰		刀2(1245)
105	Bonnefoi	彭莱凡	法华联合部队常捷军司令	太(509)
106	Bonnefoy	博纳富瓦		法1(584)
107	Bonneville	博纳维尔		法1(584)
108	Bony	博尼		法1(584)
109	Boone	文惠廉		法1(584)
110	Boone, William Jones	文惠廉	美国圣公会江苏教区主教	太(509)
111	Boone, William Jones	文惠廉	美国圣公会主教,1845年到达上海,1848年迫使上海道台吴健彰同意开辟上海虹口区为美租界	钥(250)
112	Borderie	博尔德里		法1(584)

(续表)

序号	外文名称	中文名称	备注	所在文献名缩略语（页码）
113	Borgniet	年文思		法1(584)
114	Borlase, Capt.	博莱斯	英军军舰"珍珠"号舰长	太(509)
115	Borodin, Michael	鲍罗廷	苏联人，共产国际代表，1925年任广州国民政府最高政治顾问	卅3(1336)
116	Bosanquet, Lieut.	波桑克	英国海军军官，上尉	太(509)
117	Bosworth, Capt.	鲍斯华茨	英国海军军官	太(509)
118	Bou Rchier	胞诅		鸦(390)
119	Bourboulon	布尔布隆		法1(584)
120	Boussenat	布斯纳		法1(584)
121	Bovet	博维		法1(584)
122	Bowman, James	包门		刀2(1246)
123	Bowring	包令		法1(584)
124	Bowring, John	包令		刀2(1246)
125	Boyes	鲍埃斯		鸦(391)
126	Brancati	布朗卡蒂		法1(584)
127	Bradshaw	布拉德肖	英国皇家炮兵队军官，中队长	太(509)
128	Bredon, Robert Edward	裴式楷	英国人，1873年进中国海关，曾任副总税务司、代理总税务司	钥(250)
129	Brenier	白来尼		法1(584)
130	Brennan, Major	布雷南	英国海军军官，少校	太(509)
131	Bridgman	裨治文		法1(584)
132	Bridgman, Elijah Coleman	裨治文	美国公理会传教士	太(509)

（续表）

序号	外文名称	中文名称	备注	所在文献名缩略语（页码）
133	Bridgman, Elijah Coleman	裨治文		刀2(1247)
134	Brine	布赖恩		法1(584)
135	Brine, J. E.	白莱茵		刀2(1246)
136	Briskin	布里斯金	苏联职工联合会远东局委员长兼中央议会委员，1925年来华的苏联职工会代表团团员	卅3(1336)
137	Brooke-Smith, A.	白罗克斯密士	上海和明商会主席，英商怡和洋行经理	卅3(1336)
138	Brooke-Smith, A.	伯洛克-斯密士	上海工部局董事	五2(895)
139	Broullion	翁毅阁		法1(584)
140	Broullion, R. P.	翁毅阁		刀2(1247)
141	Brow	布芳		法1(584)
142	Brown	布朗		法1(584)
143	Brown, Capt.	布朗	英军孟买土著轻武器步兵第5团军官，队长	太(509)
144	Brown, W. S.	白郎		刀2(1246)
145	Browne	勃朗		鸦(390)
146	Bruce	卜鲁斯		法1(584)
147	Bruce, Frederick W. A.	普鲁斯	英国驻华公使兼商务监督(1858—1865年)	太(509)
148	Bruce, Sir Frederick W. A.	普鲁斯爵士	英国驻华公使兼商务监督(1858—1861年)	琼(187)
149	Bryn, H.	白林	挪威驻美大使	卅3(1336)
150	Bryner	布里内		法1(584)

(续表)

序号	外文名称	中文名称	备 注	所在文献名缩略语（页码）
151	Buchanan	布坎南		法1(584)
152	Buck, John Lossing	卜凯	美国人，南京金陵大学农学系教授（1915—1937年）	钥(250)
153	Buck, N. S.	巴克	美国学者	琼(189)
154	Buckloy	伯克利		太(509)
155	Budd, Capt.	伯德	英国陆战队军官，队长	太(509)
156	Budge, John	白齐		刀2(1246)
157	Buissonnet	比索内		法1(584)
158	Buissonnet	比逊内		刀2(1245)
159	Burdon, John Shaw	包约翰（包尔腾）	英行教会传教士	太(509)
160	Burdon, John Shaw	包约翰		刀2(1246)
161	Burgevine	白齐文		法1(584)
162	Burgevine, Henry Andrea	白齐文	清军洋枪队队副，统领	太(510)
163	Burlingame, Anson	蒲安臣	美国驻华公使（1861—1867年）	太(510)
164	Burlingame, Anson	蒲安臣	美国驻华公使（1861—1867年）	琼(187)
165	Burton	伯顿	英国皇家步兵第99团军官	太(510)
166	Bussche	巴斯奇		法1(584)
167	Butel	比泰尔		法1(584)
168	Butzon	布策		法1(584)
169	Bythesea	贝特西	英国军舰"游弋者"号司令官	太(510)
170	Cabaniss	郑爱比		法1(584)

(续表)

序号	外文名称	中文名称	备注	所在文献名缩略语（页码）
171	Cabaniss, A. B.	卡巴尼斯		刀2(1246)
172	Cadd. H.	卡得	上海公共租界工部局老闸捕房三道头西捕	卅3(1336)
173	Caldecott	贾尔考德		刀2(1247)
174	Calder	考尔德		法1(584)
175	Callery	卡莱里		法1(584)
176	Calvin, Jean	加尔文	法国人，16世纪欧洲宗教改革家	琼(187)
177	Campbell	康贝尔		鸦(390)
178	Campbell, J. D.	金登干		鸦(390)
179	Carpenter	卡庞泰		法1(584)
180	Carr	卡尔		法1(584)
181	Carr	卡尔		鸦(389)
182	Carr, Lewis	卡尔		刀2(1246)
183	Carr, Lewis	贾流意	美国人，1854年成立的上海江海关"税务管理委员会"美国代表	钥(250)
184	Carr, Lewis	贾流意	美国人，上海江海关税务管理委员会美国代表（1854年）	琼(187)
185	Carter, J. F.	卡特	侨民	太(510)
186	Casewell, John	约翰·凯斯韦尔	美国人，在纽约经商	琼(189)
187	Cass, Lewis	卡斯	美国国务卿(1857—1860年)	琼(187)
188	Cavanagh, Capt.	卡瓦纳	英国陆战队军官，队长	太(510)
189	Cecile	佘西尔		鸦(389)
190	Cécille	赛西尔		法1(584)

(续表)

序号	外文名称	中文名称	备注	所在文献名缩略语（页码）
191	Cerruti, Vittorio	翟禄第	意大利驻华公使（1922—1927年）	卅3(1336)
192	Challaye	夏莱耶		法1(584)
193	Challemaison	夏尔梅仲		法1(584)
194	Chamberlain, Joseph Austen	张伯伦	英国外交大臣（1924—1929年）	卅3(1336)
195	Champanhet	尚庞埃		法1(584)
196	Champkin, C.	向普金	大英银行经理	卅3(1337)
197	Champromain	尚罗曼		法1(584)
198	Chan Yue Chang (Choping)	陈裕昌（竹坪），即陈煦元（1821—1889年），字竹坪	浙江湖州府属南浔镇人，开设裕昌丝经行，咸丰年间来上海，曾任美商旗昌轮船公司总买办	琼(189)
199	Chapdelaine	马赖		法1(584)
200	Chapelle	夏佩尔		法1(584)
201	Chappedelaine	沙伯纶		法1(584)
202	Charlus	夏尔吕斯		法1(584)
203	Charner	夏尔内		法1(584)
204	Charrier	夏里埃		法1(584)
205	Chilton, H. G.	齐尔顿	英国驻美代办	卅3(1337)
206	Christian	克里斯琴	英国皇家步兵第31团军官，队长	太(510)
207	Clavelin	葛必达		法1(584)
208	Clavelin, P.	葛必达		刀2(1247)
209	Clerc, Alexis	葛莱克		刀2(1247)
210	Clifton, S.	克列夫登		刀2(1246)

(续表)

序号	外文名称	中文名称	备注	所在文献名缩略语（页码）
211	Cobden	柯伯敦		刀2(1246)
212	Cochrane	科什拉纳		法1(584)
213	Cock, J.	科克	上海公共租界工部局董事兼司库(1862—1865年)	太(510)
214	Codrika	科特利卡		法1(584)
215	Cole, Arthur	阿瑟·科尔	美国学者	琼(187)
216	Collier, Lawrence	科利埃	英国外交部官员	卅3(1337)
217	Collin	科兰		法1(584)
218	Collineau	科利诺		法1(585)
219	Collins, Corp.	柯林斯	英国皇家工程兵队伍长	太(510)
220	Collinson	哥林森		鸦(390)
221	Collyn	科林		法1(585)
222	Colombel	高龙鞶		法1(585)
223	Colonne	郭龙	法国作家	卅3(1337)
224	Compton, C. S.	康普顿	《北华捷报》主编	太(510)
225	Comstock, William	威廉·康斯托克	美国人，琼记洋行驻福州代表	琼(189)
226	Connolly	科诺利		法1(585)
227	Connolly, A.	康脑利		刀2(1247)
228	Contades	宫达德		法1(585)
229	Cooke, Colonel	库克	清军洋枪队指挥官,少校	太(510)
230	Cooke, G. W.	库克	英国人,伦敦《泰晤士报》记者	琼(189)
231	Cooksley, D. A. C. G.	柯克斯莱	英军陆战队军粮总监	太(510)
232	Coolidge, John Calvin	柯立芝	美国总统(1923—1925年、1925—1929年)	卅3(1337)

（续表）

序号	外文名称	中文名称	备注	所在文献名缩略语（页码）
233	Coolidge, Joseph	约瑟夫·柯立奇	美国人，美商琼记洋行共同创办人	琼(189)
234	Corbigny	科比尼		法1(585)
235	Cordier	科尔迪埃		法1(585)
236	Cordier, Henri	高第		刀2(1247)
237	Cordier, Henri	高第	法国汉学家，曾任上海美商旗昌洋行职员（1869—1876年）	钥(251)
238	Cornwall	康沃尔		法1(585)
239	Cornwall, Capt.	康华尔	英国军舰"恩康脱"号军官，上校	太(510)
240	Coste	果斯特	法国职工联合会代表，出席1925年6月7日巴黎华人反对帝国主义大会，发表演说	卅3(1337)
241	Couling, Samuel	库龄		刀2(1246)
242	Couling, Samuel	库寿龄	英国浸礼会传教士，曾在上海任英国皇家亚洲文会北华分会干事、编辑（1905—1922年）	钥(251)
243	Courcy	顾随		法1(585)
244	Cousin	库赞		法1(585)
245	Coutts	库茨		法1(585)
246	Covey, Arthur	克威	英国人，律师	卅3(1337)
247	Cowie	考伊		法1(585)
248	Cowley	考利		法1(585)
249	Cowper	考伯		鸦(389)
250	Crawford	高尔福	美国南浸信会传教士	太(510)

(续表)

序号	外文名称	中文名称	备注	所在文献名缩略语（页码）
251	Crawford, T. P.	高尔福		刀2(1247)
252	Crease, Lieut.	克利泽	英国海军军官	太(510)
253	Cressey, George Babcock	葛德石	美国浸礼会传教士，地理学家，上海沪江大学副教授(1922—1927年)	钥(251)
254	Crouch	克鲁其		鸦(389)
255	Cuddy	卡岱		鸦(389)
256	Culbertson, Michael Simpson	克陛存	美国长老会传教士	太(510)
257	Cunningham	金能亨		法1(585)
258	Cunningham	康宁汉		鸦(390)
259	Cunningham, E.	金能亨		刀2(1246)
260	Cunningham, Edward	金能亨	旗昌洋行大班，上海公共租界防务委员会委员	太(510)
261	Cunningham, Edward	金能亨	美国驻沪副领事(1852—1854年)，上海公共租界工部局董事(1862年)，美商旗昌洋行上海分行大班	琼(187)
262	Cunningham, Edwin Sheldon	克银汉（克宁翰）	美国驻沪总领事(1919—1935年)	卅3(1337)
263	Cunningham Family	金能亨家族		琼(192)
264	Curet	居雷		法1(585)
265	Cushing	顾盛		法1(585)
266	Cushing, Caleb	顾盛	美国派遣来华特使和全权公使	琼(192)
267	Cushing Family	顾盛家族		琼(192)
268	Cushny, R.	谷希尼	侨民	太(510)

(续表)

序号	外文名称	中文名称	备注	所在文献名缩略语（页码）
269	D'Aiguebelle	德克碑		法1(585)
270	Daler	达来		法1(585)
271	Dallas, B.	大赖士		刀2(1245)
272	Dallays	达拉斯		法1(585)
273	Danicourt, Mgr.	达尼古		刀2(1246)
274	Daniel, Lieut.	丹尼尔	英国皇家步兵第31团军官，中尉	太(510)
275	D'Arlot	达尔洛		法1(585)
276	Darroch, Dr. John	窦乐安（达洛克）	苏格兰人，内地会传教士，伦敦圣教书会干事	卅3(1337)
277	Dato	达托		法1(585)
278	Daubeny, C. B.	道本尼		鸦(390)
279	Davenport, Dr. C. J.	笪达文（台文卜）	上海公共租界仁济医院院长	卅3(1337)
280	Daverrones, Commander	达维荣	法国海军提督部下军官	太(510)
281	Davidson, Lieut.	戴维逊	英国陆战队军官，中尉	太(510)
282	Davis, J. F.	德庇时		法1(585)
283	Davis, J. W.	德威士		法1(585)
284	Davis, Jas. T.	戴维思		刀2(1248)
285	Davis, John Francis	德庇时		刀2(1248)
286	Davis, Sir John Francis	德庇时	英国人，阿美士德勋爵访华使团汉文正使（1816年），曾任香港总督（1844—1848年）	钥(251)
287	de Bianchi, Joao Antonio	毕养吉	葡萄牙驻华公使（1925年）	卅3(1336)
288	de Bourboulon, Alphonse	布尔布隆	法国驻华公使（1851—1857年、1860—1862年）	太(509)

（续表）

序号	外文名称	中文名称	备注	所在文献名缩略语（页码）
289	de Bourboulon, Alphonse	布尔布隆		刀2(1245)
290	de Carle Sowerby, Aurthur	苏柯仁	英国人,1923年创办《中国美术杂志》,曾任上海英国皇家亚洲文会北华分会干事和会长(1918—1941年)	钥(253)
291	de Carle Sowerby, Aurthur	苏柯仁	英国人,上海英国皇家亚洲文会北华分会干事,中国美术杂志社创办人	卅3(1345)
292	de Courey, C.	顾随		刀2(1247)
293	de Genouilly	德热努伊		法1(585)
294	de Guignes	小德纪		法1(585)
295	de Jesus	狄支沙		法1(585)
296	de Kauffmann, Henrick L. H.	高福曼	丹麦驻华公使(1924—1932年)	卅3(1340)
297	de la Haille	德拉阿依		法1(585)
298	de la Plaza, St. Sabvedor	拉普拉扎	1925年6月29日古巴学联召开的学工代表会的书记	卅3(1340)
299	de la Servière, J.	史式徽		刀2(1246)
300	de Lagrée	特拉格来		法1(585)
301	de Lagrené, Theodose M. M. Joseph	剌萼尼		刀2(1246)
302	de Martel, Damien, Comte	玛德伯爵	法国驻华公使(1925—1930年)	卅3(1341)
303	de Montigny, Charles	敏体尼		刀2(1247)
304	de Montigny, Louis C. N. M.	敏体尼	法国首任驻沪领事(1848—1855年)	钥(252)

(续表)

序号	外文名称	中文名称	备注	所在文献名缩略语（页码）
305	de Montravel Commandant	蒙特拉威尔		刀2(1248)
306	de Plas, Robert	卜拉		刀2(1245)
307	De Rossi, G.	德乐时（德罗西）	意大利驻沪总领事，上海领事团领袖领事	卅3(1338)
308	de Sausmarez, Sir Havilland	哈维兰爵士	英国驻华最高法庭法官	五2(895)
309	de Schooten, Jean, Ullens	于兰斯	比利时驻华公使馆一等参赞，六国沪案调查团委员	卅3(1346)
310	de Valcourt	德瓦尔库尔		法1(585)
311	de Warzee d'Hermalle, LeMaire, Baron	华洛思	比利时驻华公使(1924—1931年)	卅3(1346)
312	Deacon, Gunner	迪肯	英国皇家炮兵队炮手	太(510)
313	Decazes	德卡兹		法1(585)
314	Dechevrens	能恩斯		法1(585)
315	Decker, H. W.	戴克耳	美国浸礼会来华医药传道士	卅3(1337)
316	Delamarre	德拉马尔		法1(585)
317	Delano, Warren	华伦·德拉诺	美国人，美商旗昌洋行香港总行大班	琼(189)
318	Dent	登特		法1(585)
319	Des Varannes	德瓦拉纳		法1(585)
320	D'Escayrac, Capt.	德斯凯拉克	法国驻军指挥官	太(510)
321	Desjacques	德雅克		法1(585)
322	Devran	德弗朗		法1(585)

(续表)

序号	外文名称	中文名称	备注	所在文献名缩略语（页码）
323	Dew, R.	哒乐德克		法1(585)
324	Dew, Roderick	哒乐德克	英国军舰"恩康脱"号舰长	太(510)
325	Dew, Roderick	哒乐德克		刀2(1247)
326	Dewey, John	杜威	美国实用主义哲学家，哥伦比亚大学哲学教授（1904—1932年），其间曾来华在北京大学讲学（1917—1920年）	卅3(1337)
327	Dewsbury	杜斯伯里	侨民	太(510)
328	D'Harcourt	达尔古		法1(585)
329	Dickinson, H.	狄金生	侨民	太(510)
330	Discry	迪斯克里		法1(585)
331	Discry	狄司克里		刀2(1246)
332	Dixwell, J. B.	狄思威	美国人，琼记洋行合伙人	琼(189)
333	Dollar, J. Harold	大来	美商大来轮船公司协理，上海美国商会会长	卅3(1338)
334	Dollar, J. Harold	大来	上海工部局董事，驻华美国商会会长	五2(895)
335	Dollar, Robert	大来	美国旅沪侨商	钥(251)
336	Donald, William Henry	端纳	澳大利亚新闻记者，曾任上海《远东时报》编辑（1911—1919年），北京政府经济讨论处新闻处处长（1920—1928年）	卅3(1337)
337	Dorlot	多希友	法国共产党代表，出席1925年6月7日巴黎华人反对帝国主义大会，发表演说	卅3(1337)
338	Dorn	多尔		法1(585)

(续表)

序号	外文名称	中文名称	备注	所在文献名缩略语（页码）
339	Douglas	道格拉斯		鸦(390)
340	Douglas, Lieut.	道格拉斯	英国陆战队军官,中尉	太(510)
341	Dow, James	道雅各	英国侨民	太(510)
342	Drever	卓佛尔		鸦(390)
343	Driver	德赖为		鸦(391)
344	Drouyn	德鲁安		法1(585)
345	Duburquoy	迪比科		法1(585)
346	Duforest	迪福雷斯脱		法1(585)
347	Duncanson, E. F.	邓康逊	侨民	太(510)
348	Dunn, Capt.	邓恩	英国陆战队军官,队长	太(511)
349	Duperier	杜匹里埃		鸦(389)
350	Dupré	游悲黎		法1(585)
351	Dupré, A.	迪普雷		法1(585)
352	Dupuis	堵布益		法1(585)
353	Durun	迪伦		法1(585)
354	Durun	杜伦		刀2(1246)
355	Earl of Clarendon	克拉兰敦伯爵		刀2(1246)
356	Edan	爱棠		法1(586)
357	Edan, Benaît	爱棠		刀2(1247)
358	Edkins, Joseph	艾约瑟	英国伦敦布道会传教士	太(511)
359	Edkins, Joseph	艾约瑟		刀2(1245)
360	Edouard, P.	爱德华		刀2(1247)
361	Edwards, S. M.	爱德华	上海公共租界工部局副总办	卅3(1338)
362	Egar	伊加	英国皇家步兵第31团军官,中校	太(511)

序号	外文名称	中文名称	备注	所在文献名缩略语（页码）
363	Egges	埃格斯		法1(586)
364	Eldridge	埃尔德里奇		法1(586)
365	Elgin	额尔金		法1(586)
366	Elgin, Earl of	额尔金	英国全权特使	太(511)
367	Elgin, Lord (James Bruce)	额尔金勋爵	第二次鸦片战争期间英国政府派遣来华全权专使(1857—1858年)	钥(251)
368	Elgin, Lord James Bruce	额尔金勋爵	英国全权公使（1857—1861年）	琼(187)
369	Eliot, Sir Charles	埃略特	英国驻日本大使	卅3(1338)
370	Ellaby, Lieut.	艾拉贝	英国皇家炮兵队军官，中尉	太(511)
371	Ellinghausen	埃林豪森		法1(586)
372	Elliot, Charles	义律		刀2(1245)
373	Elliot, Charles	义律	英国驻华商务监督（1836—1840年），鸦片战争期间曾任与清朝政府谈判的英国政府代表	钥(251)
374	Elliot, G. C. B.	懿律		鸦(391)
375	Ellman	埃尔曼		法1(586)
376	Ellman	厄尔曼		刀2(1245)
377	Elphinstone	伊费斯董		鸦(389)
378	Endicott, Captain William B.	恩迪考特上校	英国人，在吴淞趸船上的鸦片代理商	琼(189)
379	Escott, Dr.	艾斯考特	英国军舰"蛇"号医官	太(511)
380	Estève, Comtesse	艾斯德弗伯爵夫人		刀2(1245)

(续表)

序号	外文名称	中文名称	备注	所在文献名缩略语（页码）
381	Ethersey	埃塞尔赛		鸦(390)
382	Evans, Arthur, H.	艾文思	关税特别会议美国代表团专门委员	卅3(1338)
383	Everett, P. L.	埃弗里特	美国人，在纽约经商	琼(189)
384	Everson, Inspector Edward William	爱活生	英国人，上海公共租界工部局捕头	卅3(1338)
385	Ewald	埃瓦尔德		法1(586)
386	Ewerlöf, Oskar Anton Herman	艾维娄福	瑞典驻华公使（1923—1928年）	卅3(1338)
387	Fabvier	法布维埃		法1(586)
388	Fairbank, John King	费正清	美国哈佛大学历史系教授	钥(251)
389	Fairbank, John King	费正清	美国学者，哈佛大学历史学教授	琼(189)
390	Faithfull, S. E.	费赐福	上海工部局捕房律师	五2(896)
391	Fallier	费利爱		刀2(1247)
392	Fajard	法雅		法1(586)
393	Faron	法隆		法1(586)
394	Faron	法龙		刀2(1246)
395	Faucon	福孔		法1(586)
396	Favre	法弗尔		法1(586)
397	Fawcett	福赛特		鸦(391)
398	Fawkes, Commander	福克斯	英国陆战队指挥官	太(511)
399	Fearon	费隆		法1(586)
400	Fearon, C. A.	费隆		刀2(1247)

（续表）

序号	外文名称	中文名称	备注	所在文献名缩略语（页码）
401	Fearon, Charles A.	查理·费隆	英国人,伦敦协隆洋行大班	琼(190)
402	Fearon, Robert I.	罗伯特·费隆	英国人,琼记洋行上海分行协理、合伙人	琼(190)
403	Feetham, Richard	费唐		刀2(1247)
404	Feetham, Richard	费唐	英国人,南非最高法院院长,1931年应上海公共租界工部局邀请来华调查研究租界各种问题	卅3(1338)
405	Feetham, Richard C.	费唐	英国人,南非最高法院院长,曾应邀来华调查上海公共租界各种问题(1921—1923年)	钥(251)
406	Fellows	费拉斯		刀2(1247)
407	Ferguson, W. J.	福开森	上海公共租界万国商团团员	卅3(1338)
408	Fernandes, Luiz	楠德	葡萄牙驻华公使	卅3(1338)
409	Fessenden, Stirling	费信惇	美国人,律师,丰泰洋行大班,上海公共租界工部局总董	卅3(1338)
410	Field, F.	菲尔德	美国人,在横滨经商	琼(190)
411	Fierz	菲埃尔茨		法1(586)
412	Fiori, Captain E.	费效礼上尉	上海法租界公董局警务处处长	卅3(1338)
413	Fish	菲什		法1(586)
414	Fish	费施		刀2(1247)
415	Fishbourne	费世班		法1(586)
416	Fishbourne	费世班		刀2(1246)

(续表)

序号	外文名称	中文名称	备注	所在文献名缩略语（页码）
417	Fisher, Dr.	霏雪尔	律师	卅3(1338)
418	Fittock, W. H.	费托克		刀2(1247)
419	Fitz-Henri	菲茨-亨利		法1(586)
420	Fitzjames	费滋詹姆斯		鸦(390)
421	Flyter	弗莱忒		鸦(389)
422	Fontanier	丰大业		法1(586)
423	Forbes	福布斯		法1(586)
424	Forbes Family	福士家族		琼(192)
425	Forbes, Frank Blackwell	弗兰克·福士	美国驻华公使列卫廉的私人秘书（1857—1858年）	琼(187)
426	Forbes, R. B.	福伯斯		刀2(1247)
427	Forbes, Robert	罗伯特·福士	美国人，旗昌洋行成员	琼(190)
428	Forester, Edward	法尔思德	清军洋枪队副统领	太(511)
429	Forestier	福雷斯蒂埃		法1(586)
430	Forrest	富礼赐		法1(586)
431	Forrest, R. J.	富礼赐	英国驻沪领事馆翻译官	太(511)
432	Forrester	福雷斯特		法1(586)
433	Forrestière	福雷斯蒂埃		刀2(1247)
434	Fortune, Robert	福钧	英国植物学家，曾先后来华4次，采集植物标本（1842—1856年）	钥(251)
435	Foster	福斯特		鸦(391)
436	Fournier	伏伯禄		法1(586)
437	Fournier, P.	伏伯禄		刀2(1246)
438	Foverg, Prof.	复华尔教授	瑞士进步学者	卅3(1338)

(续表)

序号	外文名称	中文名称	备注	所在文献名缩略语（页码）
439	Franklin, Chalaired	樊克令	美国人，律师	卅 3(1338)
440	Franqueville	弗朗克维尔		法 1(586)
441	Fraser, J. W.	佛雷泽	上海公共租界工部局总办处官员	卅 3(1338)
442	Fraser, Sir Everard	埃芙拉德·法磊斯爵士	英国驻沪总领事	五 2(895)
443	Frazer, Surgeon	茀雷泽	英国俾路支第 2 大队助理医官	太(511)
444	Frederick	腓德烈		鸦(390)
445	Frédet, J.	弗莱台		刀 2(1245)
446	Freeman	弗里曼		法 1(586)
447	Freeman, A. L.	富礼门	美国驻沪领事(1858 年)	琼(187)
448	Freeze	弗里茨		鸦(389)
449	Fritzbourg	弗里茨堡		法 1(586)
450	Gabbett	贾拜特		鸦(391)
451	Galbraith	贾卜纳斯		鸦(391)
452	Galles	加尔		法 1(586)
453	Galloni	加洛尼		法 1(586)
454	Ganléjac	冈莱其		刀 2(1245)
455	Gardner, G. A.	加德纳	美国人，在波士顿经商	琼(190)
456	Gardner, Lieut.	贾德纳	英国皇家步兵第 31 团军官，中尉	太(511)
457	Garibaldi, Giuseppe	加里波的	意大利复兴运动英雄	太(511)
458	Garnier	安邺		法 1(586)
459	Garrido y Cisneros, Justo	嘎利德	西班牙驻华公使(1925—1936 年)	卅 3(1338)
460	Gascoigne	盖斯科因		法 1(586)

(续表)

序号	外文名称	中文名称	备注	所在文献名缩略语（页码）
461	Gascoignes, Lt. Colonel	格斯可恩	英国陆战队军官,中校	太(511)
462	Gassett, Edward	爱德华·加西特	美国人,纽约进口商	琼(190)
463	Gassett, Oscar	奥斯卡·加西特	美国人,纽约进口商	琼(190)
464	Gay	盖		法1(586)
465	Gemmell	格梅尔	英国海军军需官	太(511)
466	Geoffroy	热福里		法1(586)
467	Gibbon, Edward	吉本	英国历史学家	钥(251)
468	Gibbons	吉本斯		鸦(389)
469	Gibson, Commander	吉布生	英国海军军官,舰长	太(511)
470	Giquel	日意格		法1(586)
471	Girardet, H. H.	吉拉台	茂和公司大班	五2(896)
472	Girette	吉雷特		法1(586)
473	Givens, T. P.	吉温司	上海公共租界工部局总捕头	卅3(1339)
474	Glasgow	格拉斯哥	英国驻沪领事馆警吏	太(511)
475	Glover, George B.	吉罗福	美国驻沪领事(1858年)	琼(187)
476	Goddard, Robert	高达德		刀2(1247)
477	Godeaux	葛笃		法1(586)
478	Godfrey, William	高德弗雷	侨民	太(511)
479	Gollan, Sir Henry	高兰爵士	香港最高法院按察使,沪案司法调查委员会英国法官	卅3(1339)
480	Goncharov, I. A.	冈察洛夫		刀2(1245)

(续表)

序号	外文名称	中文名称	备注	所在文献名缩略语（页码）
481	Goodhue, Jonathan	乔纳森·古德休	美国人,纽约进口商	琼(190)
482	Goodridge, E. R. & G. W.	柯立芝	美国人,在纽约经商	琼(190)
483	Gordon	戈登		法1(586)
484	Gordon, Charles George	戈登	英国皇家工程兵队队长,常胜军统领	太(511)
485	Gordon, Charles George	戈登		刀2(1245)
486	Gordon, Charles George	戈登	英国皇家陆路工程兵队军官,协助清军镇压太平军的江苏省洋枪队领队	钥(251)
487	Gordon, Capt, Panmure	戈登	上海骑兵队队长	太(511)
488	Gordan, W. F. L.	戈登	上海公共租界万国商团司令	卅3(1339)
489	Gotteland	南格禄		法1(586)
490	Gotteland, P.	南格禄		刀2(1246)
491	Gough	郭		鸦(390)
492	Gough	郭富		法1(586)
493	Gough, H.	郭富	英国陆军少将	太(511)
494	Gough, Hugh.	郭富		鸦(390)
495	Gould, Randall Chase	高尔德	美国合众社驻沪经理（1928—1935年）,上海《大美晚报》总编辑（1935—1941年、1945—1949年）	钥(251)
496	Graham	格雷厄姆	英国陆战队军官,队长	太(511)

(续表)

序号	外文名称	中文名称	备注	所在文献名缩略语（页码）
497	Grant	克灵顿		法1(586)
498	Grant	格兰特		鸦(390)
499	Grant, J. H.	克灵顿		鸦(389)
500	Granvière	格拉维埃尔		法1(586)
501	Gras, N. S. B.	格腊斯	美国学者	琼(189)
502	Gray	格莱		法1(586)
503	Gray, G. G.	格莱		刀2(1247)
504	Green, O. M.	葛林	英国人，上海《字林西报》《字林星期周报》主编	卅3(1339)
505	Greene, E. Gerry	顾尔霖（格林）	美国驻华公使馆一等参赞，六国沪案调查团委员	卅3(1339)
506	Greenwood	格林伍德		鸦(390)
507	Grew, Joseph C.	格鲁	美国副国务卿	卅3(1339)
508	Grey	革雷		鸦(390)
509	Gribble, H.	计里布	英国领事馆官员	太(511)
510	Griswold	祁理蕴		法1(586)
511	Griswold Family	祁理蕴家族		琼(192)
512	Griswold, John N. A.	祁理蕴	美国首任驻沪领事(1848年)，旗昌洋行合伙人	琼(187)
513	Groom	格罗姆		法1(586)
514	Gros	葛罗		法1(586)
515	Gros, Baron Jean Baptiste Louis	葛罗男爵	法国全权特使(1858—1861年)	琼(187)
516	Gros, Baron J. B. L	葛罗	法国全权特使	太(511)
517	Grotius, Hugo	格罗希氏		刀2(1247)

(续表)

序号	外文名称	中文名称	备　注	所在文献名缩略语（页码）
518	Guérin	盖兰		法1(586)
519	Guerin, William	格林		刀2(1247)
520	Guest	葛斯德		法1(586)
521	Guest	葛斯德		刀2(1247)
522	Guierry	吉埃里		法1(587)
523	Guillet	吉耶		法1(587)
524	Guimaraens	郭马润	澳门总督	太(511)
525	Guizot	基佐		法1(587)
526	Gurien	巨连		刀2(1245)
527	Gurii, Archimandrite	古礼仪大主教	驻北京俄罗斯正教会传道团团长	琼(188)
528	Gutzlaff	郭士立		法1(587)
529	Gutzlaff	郭士立		鸦(390)
530	Gützlaff, Karl Friedrich August	郭实腊		刀2(1247)
531	Gutzlaff, Karl Friedrich August	郭实腊	德国传教士，1832年偕同英国东印度公司职员胡夏米到中国沿海航行，侦察我国沿海防御情况	钥(251)
532	Guys	居伊		法1(587)
533	Guys	阚司		刀2(1248)
534	Gwyther, J. H.	蒯塞	侨民	太(511)
535	Hague, Colonel	海格	英国皇家步兵第67团军官，上校	太(511)
536	Hall	霍尔		法1(587)
537	Hall, G. R.	霍尔		刀2(1248)

(续表)

序号	外文名称	中文名称	备注	所在文献名缩略语（页码）
538	Hall, W. H.	荷尔		鸦(390)
539	Hall, W. H.	荷尔	鸦片战争时期英国军舰"复仇神"号舰长	钥(251)
540	Halsted	浩尔斯特		鸦(390)
541	Hamburg, Theodore	韩山文	瑞典巴色会传教士	太(511)
542	Hamelin	阿姆兰		法1(587)
543	Hanbury	汉璧礼	侨民	太(511)
544	Hanbury	汉伯里		法1(587)
545	Hancock, H.	韩考克	英国侨民	太(512)
546	Harbour	哈伯		法1(587)
547	Harcourt, Capt.	哈尔柯特	英国陆战队军官，上尉	太(512)
548	Hargreaves, William	哈格里夫	侨民	太(512)
549	Harris	哈里斯		法1(587)
550	Harrison, Lieut.	哈理逊	英国皇家炮兵队军官，中尉	太(512)
551	Hart, Robert	赫德	海关总税务司(1863—1907年)	太(512)
552	Hart, Robert	赫德		刀2(1248)
553	Hart, Sir Robert	赫德	英国人，中华帝国海关总税务司(1864—1906年)	钥(251)
554	Hartwell, J. B.	赫威尔	美国南浸信会传教士	太(512)
555	Harvey	夏福礼		法1(587)
556	Haussmann	奥斯曼		法1(587)
557	Haxton	海克斯顿		刀2(1247)

(续表)

序号	外文名称	中文名称	备注	所在文献名缩略语（页码）
558	Heard	赫德		法1(587)
559	Heard, Albert Farley	艾伯特·何德	美国人，耶鲁大学1853届毕业生，美商琼记洋行上海分行大班(1856—1870年)，兼任俄国驻沪领事(1860—1870年)	琼(190)
560	Heard, Augustine, Jr.	小奥古斯丁·何德	美国人，哈佛大学1847年届毕业生，美商琼记洋行香港总行大班(1852—1857年)，美国派驻朝鲜使节和领事(1890—1893年)	琼(190)
561	Heard Family	何德家族		琼(190)
562	Heard, George Washington	乔治·何德	美国人，哈佛大学1858届毕业生，美商琼记洋行合伙人，美国驻华公使馆参赞(1859年)	琼(190)
563	Heard, John	约翰·何德	美国人，哈佛大学1847届毕业生，美商琼记洋行香港总行大班(1847—1852年、1857—1874年)，兼任俄国驻香港领事(1860—1874年)	琼(190)
564	Heatley	希特莱		鸦(389)
565	Hedde	埃德		法1(587)
566	Heidenstam	海登斯丹		法1(587)
567	Heidenstein, A. V.	海登斯丹	瑞典工程师，浚浦局技术主任	钥(251)
568	Helo, P.	罗礼思		刀2(1246)
569	Hennequin	埃尼昆		法1(587)
570	Herbet	埃尔贝		法1(587)
571	Heriott	海里欧特		鸦(390)

(续表)

序号	外文名称	中文名称	备注	所在文献名缩略语（页码）
572	Hethrington	赫瑟林顿		法1(587)
573	Hewitt	希威特		鸦(389)
574	Hewlett, Sir William Meyrick	许立德	英国驻厦门领事，著有《旅华四十年》（1943年伦敦版）	卅3(1339)
575	Hillier, C. B.	奚礼尔		刀2(1247)
576	Hilton-Johnson, Major A. H.	强生	上海公共租界工部局总裁	卅3(1339)
577	Hioki, Eki	日置益	关税特别会议日本代表团首席代表	卅3(1339)
578	Hitch	希契		法1(587)
579	Hobson, John	何勃生		刀2(1246)
580	Hobson, Rev. John	何勃生	英行教会传教士	太(512)
581	Hockly	霍克利	上海港口港务处长	太(512)
582	Hoff, James	詹姆斯·霍甫	英国人，英商广隆洋行成员	琼(190)
583	Hoffmeister, G.	贺夫梅斯特		鸦(390)
584	Hogg	霍格		法1(587)
585	Hogg, James	詹姆斯·霍格	美国人，美商兆丰洋行成员	琼(190)
586	Hogg, Lieut.	豪格	英军俾路支第2大队军官，中尉	太(512)
587	Hogg, T	豪格	英国侨民，上海公共租界防务委员会委员	太(512)
588	Hogg, William	何格		刀2(1246)
589	Holland, Capt. John Yates	奥伦	英国军舰"高傲"号舰长	太(512)

(续表)

序号	外文名称	中文名称	备注	所在文献名缩略语（页码）
590	Holmes	霍姆士		太(512)
591	Holmes, Rev. J. L.	何默斯	美国南浸信会传教士	太(512)
592	Holt	霍尔特		法1(587)
593	Home, E.	贺莫		鸦(390)
594	Hooper, H. J.	胡珀	美国人，在横滨经商	琼(190)
595	Hope	贺布		法1(587)
596	Hope, Admiral Sir James	贺布	英国水师提督	钥(251)
597	Hope, Admiral Sir James	何伯	英国驻华舰队司令（1859—1862年），海军上将	琼(188)
598	Hope, James	何伯	英国海军副提督	太(512)
599	Hope, James	何伯		刀2(1246)
600	Hornbeck, Stanley Kuhl	韩倍克	关税特别会议美国代表团专门委员	卅3(1339)
601	Hornby	霍恩比		法1(587)
602	Horte, William	霍尔特		刀2(1248)
603	Hoste, W.	赫斯特		刀2(1248)
604	Hough, J. J.	何杰		鸦(389)
605	Hough, Lt. Colonel	霍夫	英军俾路支第2大队军官，中校	太(512)
606	Houghton, Amory	霍顿	美国驻英大使	卅3(1339)
607	Houqua	伍浩官，即伍秉鉴（1765—1843年），商名敦元	在他主持下的怡和行，跃居广州经营对外贸易的十三行首位	琼(191)

(续表)

序号	外文名称	中文名称	备注	所在文献名缩略语（页码）
608	Houqua II	伍浩官二世，即伍秉鉴之子伍秉曜（1810—1863年），商名绍荣		琼(191)
609	How, A.	浩	侨民	太(512)
610	Howard, A.	霍华德	上海工部局董事，沙逊洋行大班	五2(896)
611	Howell, W. G.	豪威尔	英国侨民	太(512)
612	Huart, Imboult	安波于阿尔		刀2(1246)
613	Hubac	于巴克		刀2(1245)
614	Hubbard, Gilbert Ernest	郝播德	英国驻华公使馆参赞（1920—1924年），汇丰银行驻北京代理人（1924—1937年）	钥(251)
615	Hubbard, H.	胡巴德	侨民	太(512)
616	Hübner	于布内		法1(587)
617	Humphreys, C. G.	亨富礼	上海公共租界工部局董事，英商亚细亚火油公司经理，英商中国协会委员	卅3(1339)
618	Hunter, William C.	亨德	广州美商旗昌洋行合伙人（1837—1842年）	钥(252)
619	Hunt Family	亨特家族		琼(192)
620	Huxham, Lieut.	赫克萨姆	英国皇家步兵第31团军官，中尉	太(512)
621	Ibukiyama, T.	伊吹山	上海工部局董事	五2(895)
622	Ignatiev, Gen. Nikolai Pavlovith	伊格那提也夫将军	俄国驻华公使（1859—1860年）	琼(188)
623	Imbault-Huart	安博—于阿尔		法1(587)

(续表)

序号	外文名称	中文名称	备注	所在文献名缩略语（页码）
624	Iriye, Akira	入江昭	日本学者,美国哈佛大学历史学教授	琼(189)
625	Itier	伊蒂埃		法1(587)
626	Jackson, Andrew	杰克逊	美国总统	太(512)
627	Jacobs, Joseph Earle	雅克博	美国驻沪副领事,上海公共租界会审公廨陪审官	卅3(1339)
628	Jameson, Charles	查理·詹姆斯	美商琼记洋行香港总行职员,负责检验和转运鸦片事务	琼(190)
629	Jamieson	贾米森		法1(587)
630	Jamieson, J. W.	杰弥逊	英国驻广州总领事	五2(895)
631	Jamieson, Sir James William	杰弥逊	英国驻广州总领事(1906—1926年)	卅3(1339)
632	Jamin	雅曼		法1(587)
633	Jancigny	真盛意		法1(587)
634	Jardine, David	查甸		刀2(1246)
635	Jardine, William	渣甸	英商怡和洋行创办人	钥(252)
636	Jardine, William	查顿	英商怡和洋行创办人	琼(190)
637	Jarmin, General	贾敏	法国驻华陆军司令(1861—1862年)	琼(188)
638	Jarno	雅尔诺		法1(587)
639	Jaurès	若雷斯		法1(587)
640	Jaurès	若莱斯		刀2(1246)
641	Jaurias	若里阿斯		法1(587)
642	Jebb, Lieut.	杰布	英国皇家步兵第67团军官,队长	太(512)
643	Jeffreys, Baron	杰弗里斯	17世纪英国首席最高法官	太(512)

(续表)

序号	外文名称	中文名称	备注	所在文献名缩略语（页码）
644	Jenkins	郑金士		鸦(391)
645	Jephson, V. Admiral	杰夫逊	英国海军副提督	太(512)
646	Jhihton, A.	吉顿	英国陆战队军粮供应部事务员	太(512)
647	John, Griffith	杨笃信	英国伦敦布道会传教士	太(512)
648	John, Griffith	杨格非		刀2(1246)
649	Johnson, E. Finley	约翰生	菲律宾最高法院陪审官，沪案司法调查委员会美国法官	卅3(1340)
650	Johnson, Major Hilton	希尔登·约翰逊少校	上海工部局警务处副总巡	五2(896)
651	Johnson, Nelson Trusler	詹森	美国国务院远东司司长（1925—1929年），驻华公使（1929—1935年）	卅3(1340)
652	Johnston	约翰斯顿		鸦(390)
653	Jones	琼斯		法1(587)
654	Jones, C. T.	钟士	侨民	太(512)
655	Jones, Grant	琼斯	会审公廨美籍正审官	五2(895)
656	Jordan, Sir John N.	朱尔典	英国驻华公使	五2(895)
657	Jordan, Sir John Newell	朱尔典	英国驻华公使（1906—1920年），1920年退休回国	卅3(1340)
658	Juvet	朱韦		法1(587)
659	Kahn, Julius	卡恩	侨民	太(512)
660	Kameneva, Olga	嘉美聂华女士	俄国进步人士	卅3(1340)
661	Kann, Edward	耿爱德	奥国人，主办上海《金融商业报》（1925—1937年）	钥(252)

(续表)

序号	外文名称	中文名称	备 注	所在文献名缩略语（页码）
662	Karakhan, Lev Mikhailovitch	加拉罕	苏联驻华大使（1924—1926年）	卅3(1340)
663	Kawamura	川村	内外棉纱厂经理	五2(896)
664	Kay, William	凯威廉		法1(587)
665	Kay, William	凯威廉		刀2(1246)
666	Keane	凯恩		刀2(1246)
667	Keanne	基恩		法1(587)
668	Keer	吉尔	侨民	太(512)
669	Kellett	开莱特		鸦(390)
670	Kellogg, Frank B.	凯洛格	美国国务卿（1925—1929年）	卅3(1340)
671	Kelly	开利		刀2(1245)
672	Kelly	开利		法1(587)
673	Kennedey	肯纳地		法1(587)
674	Kennedey, H.	肯纳地		刀2(1246)
675	Kenneth	肯尼思		法1(587)
676	Kenney	凯内		法1(587)
677	Keppel, H.	凯培尔		鸦(390)
678	Kersauzon	凯尔索仲		法1(587)
679	King, D. O.	金大卫		法1(587)
680	King, D. O.	金大卫		刀2(1246)
681	Kingcome, T.	金孔木		鸦(390)
682	Kingsley	金士莱	常胜军英国步兵教官	太(512)
683	Kingswille	金斯威尔		法1(587)

(续表)

序号	外文名称	中文名称	备注	所在文献名缩略语（页码）
684	Kleczkowski	哥士耆		法1(587)
685	Kleczkowski, Michel Alexandre	哥士耆		刀2(1247)
686	Knappe, William	克纳贝	德国驻沪总领事(1899—1905年)	琼(188)
687	Knewitt	克内威特		法1(588)
688	Knowles	罗尔斯		鸦(391)
689	Koofunsing (Kiukee)	顾丰盛（久记），即顾福昌（1796—1868年），字成之，号春池	浙江湖州府属南浔镇人，曾在上海开设丰盛丝经行，经营丝经出口	琼(191)
690	Korsakov	柯尔萨科夫		刀2(1246)
691	Kotewall, R. H.	柯脱华尔	香港政府官员	卅3(1340)
692	Kroes	克罗斯		法1(588)
693	Kuper, A. S.	古柏		鸦(389)
694	Kuper, V. Admiral	古柏	英国海军副提督	太(512)
695	La Bris	拉百里	法国驻沪领事馆办事员	五2(895)
696	La Guiche	拉吉什		法1(588)
697	La Roquette	拉罗凯特		法1(588)
698	Lackland, John	赖克兰		刀2(1247)
699	Lagacé	拉加塞		法1(588)
700	Lagrené	剌萼尼		法1(588)
701	Laguerre	辣厄尔		法1(588)
702	Laguerre, Admiral	辣厄尔		刀2(1247)
703	Lambert	南卜特		鸦(390)

(续表)

序号	外文名称	中文名称	备注	所在文献名缩略语（页码）
704	Lambert, Ensign	兰柏特	英国皇家步兵第31团旗手	太(513)
705	Lang	兰		法1(588)
706	Lang, Hugh	郎格	英国人,上海《通问西报》创办人兼主笔(1870—1875年)	钥(252)
707	Languila, R. P.	郎怀仁		刀2(1246)
708	Lanning	兰宁		法1(588)
709	Lanning, George	兰宁		刀2(1245)
710	Lanning, George	蓝宁	英国人,上海英华书馆总教习(1875—1889年),上海西童书院院长(1889—1907年)	钥(252)
711	Laplace, Mgr	拉普拉斯主教		刀2(1246)
712	Lattimore, Owen	拉铁摩尔	美国东方学家	琼(189)
713	Launay	洛内		法1(588)
714	Lavelle	拉凡尔	上海公共租界老闸捕房特别巡捕捕头	卅3(1340)
715	Lavollée, R.	拉沃莱		法1(588)
716	Lay	李泰国		鸦(389)
717	Lay, H. N.	李泰国		法1(588)
718	Lay, Horatio Nelson	李泰国	中国海关总税务司	太(513)
719	Lay, Horatio Nelson	李泰国		刀2(1246)
720	Lay, Horatio Nelson	李泰国	英国人,中国海关第一任总税务司(1859—1864年)	钥(252)
721	Lay, Horatio Nelson	李泰国	英国人,中国海关首任总税务司(1859—1864年)	琼(188)

（续表）

序号	外文名称	中文名称	备注	所在文献名缩略语（页码）
722	Le Brethon	勒伯勒东		法1(588)
723	Le Brethon de Caligny	勒伯勒东	法国驻宁波海军司令	太(513)
724	Le Vayer	勒瓦耶		法1(588)
725	Leacock, Lieut	李科克	英国孟买土著轻武器步兵第5团军官,中尉	太(513)
726	Lebarde	勒巴尔德		法1(588)
727	Lecount	莱康特		法1(588)
728	Lecount	雷康特		刀2(1247)
729	Lee, General Robert E.	罗伯特·李将军	美国南北战争期间南方联盟军统帅(1862—1864年)	琼(188)
730	Leger, Alexis S.	雷瑞	法国内阁秘书长	卅3(1340)
731	Legge, James	理雅各	英国伦敦布道会传教士	太(513)
732	Legge, James	理雅各		刀2(1247)
733	Legrand	勒格朗		法1(588)
734	Leighton	莱顿		法1(588)
735	Leijonhufoud, Carl	雷尧武德	瑞典驻华使馆代表	卅3(1340)
736	Lemaire	李梅		法1(588)
737	Lemaître	梅德尔		法1(588)
738	Lemaître, R. P.	梅德尔		刀2(1247)
739	Lépissier	莱比西埃		法1(588)
740	Lepse	李浦西	苏联职工联合会中央议会干部委员,1925年来华慰问的苏联职工会代表团团长	卅3(1340)
741	Lesseps	莱塞普斯		法1(588)

（续表）

序号	外文名称	中文名称	备注	所在文献名缩略语（页码）
742	Lester	莱斯特		法1(588)
743	L'Evêque, M.	伊菲克		鸦(389)
744	Lidell, N. O.	麦丹尔	上海工部局总裁	五2(895)
745	Lincoln, Abraham	林肯	美国总统（1860—1865年）	琼(188)
746	Lindsay, H. H.	胡夏米		法1(588)
747	Lindsay, Hugh Hamilton	胡夏米	英国东印度公司职员，1832年与德国传教士郭实腊到中国沿海航行，侦察我国军事及海防情况	钥(252)
748	Little, Archibald John	立德	英国旅华侨商	钥(252)
749	Little, Capt.	李特尔	英国陆战队军官，上尉	太(513)
750	Lloyd	劳埃德		鸦(390)
751	Lock	洛克		鸦(390)
752	Lockhart	雒魏林		法1(588)
753	Lockhart, Frank P.	罗赫德	美国国务院远东事务科长	卅3(1340)
754	Lockhart, William	雒魏林		刀2(1248)
755	Lockhart, William	雒魏林	英国伦敦会医药传道士，1844年在上海创立仁济医院	钥(252)
756	Loizillon	卢瓦齐荣		法1(588)
757	Lombard, G.	伦巴德	英国商人	琼(190)
758	Londe	隆德		法1(588)
759	Longhead	郎赫德		法1(588)
760	Loshing	洛欣		法1(588)
761	Lougheed, Asst. Surgeon	劳菲德	英国皇家炮兵队助理医官	太(513)

(续表)

序号	外文名称	中文名称	备注	所在文献名缩略语（页码）
762	Loureiro	劳雷罗		法1(588)
763	Loureiro, P.	陆锐若	美国侨民,旗昌洋行职员	太(513)
764	Low Family	娄氏家族		琼(192)
765	Luard	罗尔德		鸦(391)
766	Ludlam	路德莱姆	侨民	太(513)
767	Lurman, G. L.	勒曼	美国人,在巴尔的摩经商	琼(191)
768	Lyman, V. G.	莱门	上海公共租界工部局董事,美孚石油公司副总经理,上海美国商会副会长	卅3(1340)
769	Lyons	李昂斯		鸦(389)
770	Macaire	马凯尔		法1(588)
771	Macaire	马开尔		刀2(1245)
772	Macandrew, J.	莫克安株	英国侨民,怡和洋行大班	太(513)
773	MacAndrew, J.	莫克安株		刀2(1247)
774	Macarthy, Capt.	麦卡赛	英国海军军官,上校	太(513)
775	Macartney	麦卡特尼	英国皇家步兵第99团助理医官	太(513)
776	Macartney, Earl George	马戛尔尼伯爵	英国政府派遣来华专使(1793年)	钥(252)
777	Macdonald	马克多纳		法1(588)
778	MacDouall, J.	麦克道尔	侨民	太(513)
779	MacGillivray, W. D.	墨辫尔	上海公共租界工部局副捕头	卅3(1341)
780	Macgowan, Daniel Jerome	玛高温		刀2(1246)
781	Mackenzie, Asst. Surgeon	麦肯齐	英军助理医官	太(513)

(续表)

序号	外文名称	中文名称	备注	所在文献名缩略语（页码）
782	Mackintosh	麦金托什		法1(588)
783	Maclean	麦莲		法1(588)
784	Maclean	马可宁		鸦(390)
785	Maclean, L.	麦克莱恩	侨民	太(513)
786	Macleay, Sir James William Ronald	麻克类	英国驻华公使（1922—1926年）	卅3(1341)
787	Maclellan	麦克莱伦		法1(588)
788	Macleod, Capt.	麦克劳德	英国海军军官，上校	太(513)
789	MacMurray, John Van Antwerp	马慕瑞（马克谟）	美国驻华公使（1925—1929年）	卅3(1341)
790	Macray, H. A.	麦克雷	上海工部局董事，天祥公司大班	五2(895)
791	Maignan	梅尼奥		法1(588)
792	Maitland	马他伦		鸦(390)
793	Maitland, E. T.	梅兰（梅脱兰）	上海公共租界工部局捕房律师	卅3(1341)
794	Major	梅杰		法1(588)
795	Major, Frederick	美查	英国人，上海《申报》创办人，美查洋行主人	卅3(1341)
796	Malcolm	麻恭		鸦(390)
797	Malkin, H. W.	马尔金	英国外交部法律顾问	卅3(1341)
798	Malmelsdorff	马尔梅斯多尔夫		法1(588)
799	Maniquet	马尼凯		法1(588)
800	March, Major	马奇	英国海军军官，少校	太(513)
801	Maresca	赵方济		法1(588)

(续表)

序号	外文名称	中文名称	备注	所在文献名缩略语（页码）
802	Maresca, Mgr	赵方济主教		刀2(1247)
803	Marey-Monge	马雷-蒙热		法1(588)
804	Markham	马安	英国驻沪副领事	太(513)
805	Markham	马克姆		法1(588)
806	Marolles	马洛尔		法1(588)
807	Marquez	马吉士		法1(588)
808	Marriner, Sheila	希拉·玛里纳	英国学者	琼(189)
809	Marshall	马沙利		法1(588)
810	Marshall, Humphrey	马沙利		刀2(1245)
811	Martin	马丹		法1(588)
812	Martin, R. C.	马丁	上海公共租界工部局捕头、副总巡	卅3(1341)
813	Marty	马尔底	法国进步人士，出席1925年6月7日巴黎华人反对帝国主义大会	卅3(1341)
814	Massa, L.	马理师		法1(589)
815	Massa, N.	马义谷		法1(589)
816	Massa, P. Nicholas	马义谷		刀2(1245)
817	Massais	马赛		法1(589)
818	Massey, P. W.	麦赛	上海公共租界工部局副总董，英商泰和洋行总经理，上海英商公会副会长	卅3(1341)
819	Massot	马索		法1(589)
820	Massot	马索		刀2(1245)
821	Matheson, Alexander	马地臣		刀2(1245)

(续表)

序号	外文名称	中文名称	备注	所在文献名缩略语（页码）
822	Matheson, C. S.	麦其逊		刀2(1246)
823	Matheson, James	马地臣	英商怡和洋行创办人	琼(191)
824	Matheson, Sir James William	马地臣	英商怡和洋行创办人	钥(252)
825	Maton	马东		法1(589)
826	Matsudaria, Tsuneo	松平恒雄	日本驻美大使（1925—1928年）	卅3(1341)
827	Mauboussin	穆布孙		法1(589)
828	Maud, Lieut.	莫德	英国海军军官，上尉	太(513)
829	Maunder, Capt.	蒙德	英国海军军官，队长	太(513)
830	Maxwell, Capt.	麦克斯威尔	英国陆战队军官，上尉	太(513)
831	Maybon, C. B.	梅朋		刀2(1247)
832	Mayer, Ferdinand	梅耶	美国驻华代表	卅3(1341)
833	Maze, Sir Frederick William	梅乐和	英国人，赫德的外甥，中国海关总税务司（1928—1941年）	钥(252)
834	McCallum, Dick	麦卡勒姆	"巴普利科"号大副	太(513)
835	McEuen, Colonel Kenneth John	麦高云	英国人，上海公共租界工部局警务处总巡（1914—1925年）	卅3(1340)
836	McEuen, Kenneth J.	麦高云	上海工部局警务处总巡	五2(896)
837	McIntyre, Capt.	麦金太尔	英军马德拉斯过山炮队队长	太(513)
838	Mclane, Robert M.	麦莲		刀2(1246)
839	McLeod	麦克劳德		法1(589)
840	M'Cleverty	麦克雷弗提		鸦(390)
841	McMartin, Dr. T. G.	麦克马丁医生	美国人，上海公共租界万国商团团员	卅3(1341)

(续表)

序号	外文名称	中文名称	备注	所在文献名缩略语（页码）
842	McVay, Jr. Chas. B.	麦克菲	美国巡逻舰队司令，海军少将	卅3(1341)
843	Meadows, T. T.	密迪乐		法1(589)
844	Meadows, Thomas Taylor	密迪乐	英国驻沪领事	太(513)
845	Meadows, Thomas Taylor	宓迪乐		刀2(1246)
846	Medhurst, H.	麦都思		法1(589)
847	Medhurst, Rev. Dr. Walter Henry	麦都思	英国伦敦布道会传教士	太(513)
848	Medhurst, Rev. Dr. Walter Henry	麦都思	英国伦敦会驻沪传教士（1843—1857年）	钥(252)
849	Medhurst, W. H.	麦华陀		法1(589)
850	Medhurst, Walter Henry	麦华陀	英国驻沪领事馆翻译官（1843—1848年），驻沪领事（1860—1865年、1868—1876年）	钥(252)
851	Medhurst, Walter Henry	麦华陀		刀2(1246)
852	Medhurst, Walter Henry	麦都思		刀2(1246)
853	Medhurst, Walter Henry	麦华陀	英国驻沪领事（1860—1865年）	太(513)
854	Mejan	梅让		法1(589)
855	Melle, Julio Antonio	梅利亚	古巴共产党创始人之一，该党中央委员，1925年6月29日古巴学工代表会主席	卅3(1342)
856	Ménard	梅纳尔		法1(589)
857	Mercier	迈尔雪		法1(589)

(续表)

序号	外文名称	中文名称	备注	所在文献名缩略语（页码）
858	Méritens	梅里登		法1(589)
859	Merlo	梅洛		法1(589)
860	Merlo	麦尔罗		刀2(1246)
861	Merriman, W. L.	梅里曼		五2(896)
862	Meynard	梅纳		法1(589)
863	Meyrier, Jacques	梅理霭	法国驻华总领事(1924—1928年)，驻华大使(1945—1949年)	卅3(1342)
864	Michel, John	米歇尔	英国驻华陆军司令官，将军	太(513)
865	Michie, Alexander	米契	英国侨民，上海公共租界工部局董事	太(513)
866	Michie, Alexander	米其		刀2(1246)
867	Michie, Alexander	宓吉	英国旅沪侨商(1853—1864年)	钥(252)
868	Michie, Alexander	宓吉	英国旅沪侨商，上海公共租界工部局董事	琼(191)
869	Michillet, Johan	米赛勒	挪威驻华公使(1920—1929年)	卅3(1342)
870	Mif, Pavel Aleksandrovich	米夫	苏联人，1926年作为共产国际代表团成员之一来到上海，后任莫斯科中山大学副校长(1927年)、校长(1928年)，1930—1931年由共产国际再次派遣来华	卅3(1342)
871	Mill, Rev.	米勒	英国传教士	太(513)
872	Millard, Thomas F.	密勒	美国人，1916年在上海创办《密勒氏评论报》	卅3(1342)
873	Millington, E. C.	密令顿	上海公共租界工部局育才公学校长	卅3(1342)

(续表)

序号	外文名称	中文名称	备注	所在文献名缩略语（页码）
874	Millot	米约		法1(589)
875	Milne	米尔恩		法1(589)
876	Milne, William	米怜	英国伦敦会传教士，1813年抵澳门，协助马礼逊传教	钥(252)
877	Mitchell	米切尔		法1(589)
878	Mitchell	米契尔	英国皇家步兵第31团军官，队长	太(513)
879	Moidrey	穆瓦德雷		法1(589)
880	Molesworth	摩尔斯瓦茨		鸦(391)
881	Mollière	莫利埃尔		法1(589)
882	Moncreiff, Thomas	蒙克立夫	英国侨民	太(514)
883	Moncreiff, Thomas	蒙立夫		刀2(1248)
884	Monnier	莫尼埃		法1(589)
885	Monory	莫诺里		法1(589)
886	Montauban	孟斗班		法1(589)
887	Montauban	孟斗班		刀2(1246)
888	Montauban, Gen.	孟斗班	法国侵华军司令官，将军	太(514)
889	Montgomerie	蒙哥马利		法1(589)
890	Montgomerie	蒙哥马利		鸦(391)
891	Montgomerie, Capt.	蒙哥马利	英国军舰"神涛"号舰长	太(514)
892	Montgomery	蒙哥马利		鸦(391)
893	Montgomery	蒙哥马利		刀2(1248)
894	Montigny	敏体尼		法1(589)
895	Montjau	蒙若		法1(589)

(续表)

序号	外文名称	中文名称	备注	所在文献名缩略语（页码）
896	Moody	穆迪		法1(589)
897	Moody, Colonel	穆迪	英国陆战队军官,上校	太(514)
898	Morel	莫雷尔		法1(589)
899	Morris, William	莫利斯	上海英美烟草公司职员	卅3(1342)
900	Morrison	马利逊		鸦(390)
901	Morrison, Robert	马礼逊	英国伦敦会传教士,1807年到达广州,1816年随阿美士德勋爵访华,任汉文正使	钥(253)
902	Morse, H. B.	马士		刀2(1245)
903	Morse, Hosea Ballou	马士	美国人,中国海关副税务司、税务司	钥(253)
904	Morse, Hosea Ballou	马士	美国的中国问题专家	琼(189)
905	Morshead	摩士海特		鸦(391)
906	Moss, Sir George Sinclair	默斯	英国驻沪代领领事（1923—1924年）	卅3(1342)
907	Muenzanberg	蒙臻倍尔	国际无产者救济会书记	卅3(1342)
908	Muirhead, William	慕维廉	英国伦敦布道会传教士	太(514)
909	Muirhead, William	慕维廉		刀2(1248)
910	Muirhead, William	慕维廉	英国伦敦会驻沪传教士（1846—1900年）	钥(253)
911	Muller	米勒尔		法1(589)
912	Murphy	马辉		法1(589)
913	Murphy, R. C.	马辉		刀2(1245)
914	Murray	默里	英国皇家炮兵队队长	太(514)
915	Nachtrieb	纳赫特里布		法1(589)

(续表)

序号	外文名称	中文名称	备注	所在文献名缩略语（页码）
916	Nagaoka, Hanroku	长冈半元	日本驻沪副总领事	卅3(1342)
917	Napier	纳匹尔		鸦(390)
918	Neale, Colonel	尼尔	上海公共租界万国商团司令，上校	太(514)
919	Neville, Edwin L.	涅维勒	美国驻日本大使馆一等参赞、代办	卅3(1342)
920	Nineaud	尼诺		法1(589)
921	Nissen	尼森		法1(589)
922	Noble, Mrs.	罗卜尔夫人		鸦(391)
923	Norris S. P.	诺里斯		刀2(1247)
924	Nye, C. D.	奈伊	侨民	太(514)
925	Ocallaghan	奥加拉汉		法1(589)
926	O'Callaghan	奥加拉汉		刀2(1247)
927	Oceola	欧西奥拉	《北华捷报》读者	太(514)
928	O'Grady, Major	奥格雷迪	英国海军军官，少校	太(514)
929	Oliphant	俄理范		法1(589)
930	Olyphant, Laurence	奥立芬	美国人，美商同孚洋行成员	琼(191)
931	O'Malley	奥马利		法1(589)
932	Ormsby	欧姆斯贝		鸦(391)
933	Ortmans	奥特曼		法1(589)
934	Osborn, Sherad	阿思本	英国海军军官	太(514)
935	Oudendijk, William James	欧登科	荷兰驻华公使(1919—1930年)	卅3(1342)
936	Overweg, A.	欧佛威格	美国人，美商同孚洋行成员	琼(191)
937	Ozzard, Lieut.	奥扎得	英国海军军官，上尉	太(514)

（续表）

序号	外文名称	中文名称	备注	所在文献名缩略语（页码）
938	Page	佩奇		鸦(390)
939	Page	帕热		法1(589)
940	Page, F. M.	佩奇	侨民	太(514)
941	Painleve, Paul	班乐卫	法国内阁总理兼陆军部长、财政部长（1925年）	卅3(1342)
942	Palairet, Charles Michael	白拉瑞	英国驻华代办	卅3(1343)
943	Pallières	帕利埃尔		法1(589)
944	Palmerston, Henry J. T.	巴麦尊	英国外交大臣（1846—1851年）	琼(188)
945	Palmerston, Henry John Temple	巴麦尊	英国外交大臣（1846—1851年）	钥(253)
946	Palmerston, Henry John Temple	巴麦尊		刀2(1245)
947	Papp, Edward	柏卜	上海公共租界工部局西探目	卅3(1343)
948	Pâris	帕里斯		法1(589)
949	Parker	巴驾		法1(589)
950	Parker	巴格尔		太(514)
951	Parker, Dr. J. W.	派克博士	上海工部局警务处华事调查室主任	五2(896)
952	Parker, Edward F.	帕克	美国人，美商琼记洋行香港总行合伙人	琼(191)
953	Parker, Peter	伯驾		刀2(1246)
954	Parker, Sir William	巴加	英国驻华水师提督（1841—1842年）	钥(253)
955	Parker, W.	巴加		鸦(389)

(续表)

序号	外文名称	中文名称	备注	所在文献名缩略语（页码）
956	Parker, William	巴格尔		刀2(1245)
957	Parkes	巴夏礼		法1(589)
958	Parkes, Harry Smith	巴夏礼	英国驻沪领事(1863年)	太(514)
959	Parkes, Harry Smith	巴夏礼		刀2(1245)
960	Parkes, Sir Harry Smith	巴夏礼	英国驻沪领事(1863—1865年)，驻华公使(1883—1884年)	钥(253)
961	Parkes, Sir Harry Smith	巴夏礼	英国驻广州代理领事(1856—1858年)，驻沪代理领事(1858—1862年)、驻沪领事(1863—1865年)，驻华公使(1883—1884年)	琼(188)
962	Parsel	柏塞尔	英国进步人士	卅3(1343)
963	Pascal	帕斯卡尔		法1(589)
964	Paterson, J. J.	柏德生	上海公共租界工部局董事，英国怡和洋行大班	卅3(1343)
965	Peabody, George	乔治·皮宝迪	美国人，在纽约经商	琼(191)
966	Pearce, E. C.	披尔斯	上海工部局总董	五2(895)
967	Pears	皮尔士		鸦(389)
968	Pearse, Geo.	皮尔士		刀2(1246)
969	Pearson	皮尔逊		刀2(1246)
970	Peebles	庇勃尔	上海公共租界工部局交通总监	卅3(1343)
971	Pelcovitz, Nathan	佩尔科维茨	美国学者	琼(189)
972	Pélissier	佩利西埃		法1(590)
973	Pellegrin	佩尔格兰		法1(590)

(续表)

序号	外文名称	中文名称	备注	所在文献名缩略语（页码）
974	Penford	彭福尔德		法1(590)
975	Pepper, Capt.	培朴	英国皇家步兵第31团军官，队长	太(514)
976	Percebois	佩斯瓦尔		法1(590)
977	Percival, A.	潘西凡		刀2(1248)
978	Percival, Alexander	亚历山大·帕西瓦尔	美国人，怡和洋行大班，鸦片进口商	琼(191)
979	Perkins Family	珀金斯家族		琼(192)
980	Perkins, Mahlon Fay	博金式	美国国务院远东司官员，关税特别会议美国代表团专门委员	卅3(1343)
981	Perry	培理		法1(590)
982	Perry, Matthew	柏利		刀2(1246)
983	Petit	珀蒂		法1(590)
984	Petit	贝蒂		刀2(1245)
985	Peyton-Griffin, R. T.	沛登-格利芬	上海美国驻华裁判庭副书记官	卅3(1343)
986	Phail	费尔		法1(590)
987	Philippe	菲利普		法1(590)
988	Phillips	菲律普斯	英国海军士兵	太(514)
989	Pickwood	皮克伍德		法1(590)
990	Pickwood, Edwin	毕克武德	上海公共租界工部局总裁（1860—1864年）	太(514)
991	Piers	俾士		鸦(390)
992	Pinder	平德	侨民	太(514)
993	Piry	皮里		法1(590)

(续表)

序号	外文名称	中文名称	备注	所在文献名缩略语（页码）
994	Pitman	皮特曼		刀2(1246)
995	Plas	卜拉		法1(590)
996	Pope	卜扑		刀2(1245)
997	Pope	卜扑		法1(590)
998	Popoff	朴波夫	俄国海军提督	太(514)
999	Pott, Francis Lister Hawks	卜舫济	美国圣公会传教士，上海圣约翰大学校长（1887—1930年）	钥(253)
1000	Pott, Francis Lister Hawks	卜舫济	美国圣公会牧师，上海圣约翰大学校长（1887—1930年）	卅3(1343)
1001	Pottinger	璞鼎查		法1(590)
1002	Pottinger, Henry	璞鼎查		鸦(391)
1003	Pottinger, Henry	璞鼎查		刀2(1248)
1004	Pottinger, Sir Henry	璞鼎查	英国首任驻华公使兼香港总督（1841—1844年）	钥(253)
1005	Powell, John Benjamin	鲍威尔	美国人，上海《密勒氏评论报》编辑（1922—1941年）	钥(253)
1006	Powell, John Benjamin	鲍威尔	美国新闻记者，上海《密勒氏评论报》主笔（1922—1941年）	卅3(1343)
1007	Pratap, Rajama Hendra	普拉塔托	印度亲王，积极援助阿富汗独立运动	卅3(1343)
1008	Pratt	普拉特		鸦(390)
1009	Pratt, John Thomas	蒲纳德	英国驻沪副领事（1901—1913年）、驻沪领事（1924年）	钥(253)
1010	Pratt, John Thomas	蒲纳德	英国驻沪领事（1924年），英国外交部中国问题专家	卅3(1343)

(续表)

序号	外文名称	中文名称	备注	所在文献名缩略语（页码）
1011	Priestley	普里斯特利		法1(590)
1012	Protet	卜罗德		法1(590)
1013	Protet, Admiral August Leopold	卜罗德	法国驻华舰队司令（1861—1862年），海军上将	琼(188)
1014	Protêt, August Leopold	卜罗德		刀2(1245)
1015	Protet, Auguste Leopold	卜罗德	法国海军副提督	太(514)
1016	Purdon	珀登		法1(590)
1017	Purdy, Milton Dwight	潘迪	上海美国驻华裁判庭法官	卅3(1343)
1018	Purvis	普尔费士		鸦(390)
1019	Putyatin, E. V.	普提雅廷		刀2(1247)
1020	Quaterman	奎特曼		刀2(1247)
1021	Quincy, Josiah	昆西	美国学者，《美国首任驻广州领事少茂召少校日记》(1847年在波士顿出版)的整理编订者	琼(189)
1022	Rameau	喇慕		法1(590)
1023	Ramsbottom	蓝姆斯博顿	上海公共租界工部局警务总巡	太(514)
1024	Ratti-Menton	拉蒂-芒东		法1(590)
1025	Ravary	兰廷玉		法1(590)
1026	Rawlinson, Frank Joseph	乐灵生	美籍英人，美国南浸信会传教士，后加入美国公理会，先后任《教务杂志》《中华基督教年鉴》等主编	卅3(1343)

(续表)

序号	外文名称	中文名称	备注	所在文献名缩略语（页码）
1027	Rawson, S.	饶森	侨民	太(514)
1028	Raymond	雷蒙		法1(590)
1029	Réaux	雷奥		法1(590)
1030	Reece, C. M. V.	芮斯	上海公共租界工部局老闸捕房第193号特别巡捕	卅3(1343)
1031	Reed, William B.	列卫廉	美国首任驻华公使（1857—1858年）	琼(188)
1032	Reeve, Henry	利夫		刀2(1246)
1033	Rehden, George	赖登	侨民	太(514)
1034	Reid	芮伊德		鸦(390)
1035	Reid, Robert	李若白	上海公共租界工部局董事（1859年）	太(514)
1036	Reinsch, Paul S.	芮恩施	美国驻华公使	五2(895)
1037	Remer, Charles Frederick	雷麦	美国人，上海圣约翰大学经济学教授（1913—1925年）	钥(253)
1038	Remer, Charles Frederick	雷麦	美国学者，上海圣约翰大学经济学教授（1913—1925年）	卅3(1344)
1039	Remi	雷米		法1(590)
1040	Remi, D.	雷米		刀2(1247)
1041	Rémuzat	雷米扎		法1(590)
1042	Renard	勒纳尔		法1(590)
1043	Rennie, Surgeon	伦尼	英国皇家步兵第31团军官	太(514)
1044	Reydrick	雷德里克		法1(590)

（续表）

序号	外文名称	中文名称	备注	所在文献名缩略语（页码）
1045	Reyfus	李福斯		法1(590)
1046	Reynolds	雷诺兹		法1(590)
1047	Reynolds, M.	雷诺兹		刀2(1247)
1048	Rhode	罗德	英国海军军官	太(514)
1049	Richard	里夏尔		法1(590)
1050	Richard, Louis	夏之时	法国耶稣会教士，地理学家，曾任上海震旦大学教授	钥(253)
1051	Richards	理查兹		法1(590)
1052	Richards, P.	理查滋		鸦(390)
1053	Richardson	理查森		法1(590)
1054	Richardson, C. L.	理查森	英国陆战队指挥官	太(514)
1055	Richthofen, Ferdinand Paul Wilhelm, Baron von	李希霍芬	德国地质学家	钥(253)
1056	Ridgway, Lt. Colonel	李奇微	英国海军军官	太(515)
1057	Rieves	里维		法1(590)
1058	Ripley, W.	李普利	侨民	太(515)
1059	Rivers, E. C.	黎佛斯	侨民	太(515)
1060	Roberts	罗卜滋		鸦(391)
1061	Roberts	罗孝全		法1(590)
1062	Roberts, Issachar Jacox	罗孝全		刀2(1246)
1063	Roberts, Issachar Jacox	罗孝全	美国浸礼会传教士	太(515)
1064	Robertson	罗伯孙		法1(590)

(续表)

序号	外文名称	中文名称	备注	所在文献名缩略语（页码）
1065	Robertson, D. B.	罗伯生		刀2(1246)
1066	Robertson, Sir Daniel Brooke	罗伯逊	英国驻沪领事（1854—1858年）	钥(253)
1067	Rochechouart	罗淑亚		法1(590)
1068	Rocqueville	罗克维尔		法1(590)
1069	Rodgers	罗杰斯		法1(590)
1070	Rolland	罗兰		法1(590)
1071	Rondot	隆多		法1(590)
1072	Rose	罗斯		法1(590)
1073	Rouen	陆英		法1(590)
1074	Rouhaud	罗奥		法1(590)
1075	Rowe, E. S. B.	鲁和	英国人，上海公共租界工部局总办	卅3(1344)
1076	Royer	叶春荣		法1(590)
1077	Roze	施於民		法1(590)
1078	Russell	拉塞尔		法1(590)
1079	Russell, Bertrand Arthur William	罗素	英国哲学家、数学家、逻辑学家，曾来华在北京大学讲授西洋哲学（1920—1921年）	卅3(1344)
1080	Russell Family	罗赛尔家族		琼(192)
1081	Russell, Lord John	罗塞尔	英国外交大臣	太(515)
1082	Russell, Samuel	沙墨尔·罗赛尔	美国人，1824年在广州创办美商旗昌洋行	琼(191)
1083	Saguez	石怀德		刀2(1245)
1084	Sakuragi, S.	樱木	上海公共租界工部局董事，"南满洲"铁道株式会社经理	卅3(1344)

(续表)

序号	外文名称	中文名称	备注	所在文献名缩略语（页码）
1085	Salaberry	萨拉贝里		法1(590)
1086	Salès	萨莱斯		法1(590)
1087	Saligmann	扎里克曼		法1(590)
1088	Saltoun	萨勒顿		鸦(391)
1089	Sanders, Everett	散得士	美国总统秘书	卅3(1344)
1090	Sandwith, Lieut.	桑得威茨	英军俾路支第2大队军官,中尉	太(515)
1091	Sanford, Lieut.	桑福得	英国皇家工程兵队军官,中尉	太(515)
1092	Sassenbach	沙桑巴石	阿姆斯特丹工会国际秘书长	卅3(1344)
1093	Savage	萨维奇		法1(590)
1094	Scaduto-Mendula, Gioachino	孟都拉（斯嘉图）	意大利驻华公使馆一等参赞,六国沪案调查团委员	卅3(1344)
1095	Scarth, John	斯嘉兹		刀2(1247)
1096	Schmidt	施米特		法1(591)
1097	Schmitz	斯米兹		法1(591)
1098	Schmitz, Colonel	施米茨上校	法国驻华代办(1860年)	琼(188)
1099	Schoedde	叔得		鸦(390)
1100	Schurman, Joseph Gould	舒尔曼	美国驻华公使(1921—1925年)	卅3(1344)
1101	Scott	斯库特		法1(591)
1102	Scott	司各脱	英商公会董事,英商中国协会委员	卅3(1344)
1103	Scott, I. J. B.	斯柯特	上海公共租界工部局老闸捕房第196号特别巡捕	卅3(1344)
1104	Seaman	西曼		法1(591)

(续表)

序号	外文名称	中文名称	备注	所在文献名缩略语（页码）
1105	Sécher	施宣三		法1(591)
1106	Senel	塞内尔		法1(591)
1107	Senel	森内儿		刀2(1247)
1108	Sentinier	桑理爵		法1(591)
1109	Servière	史式徽		法1(591)
1110	Séverans	塞弗朗		法1(591)
1111	Seward	西华		法1(591)
1112	Seward, William Henry	西华德	美国国务卿(1860—1869年)	琼(188)
1113	Shaw, George Bernard	萧伯纳	英国作家，负责国际无产者救济会工作	卅3(1344)
1114	Shaw, Samuel	山茂召（萧三畏）	第一艘抵达中国的美国商船"中国皇后"号大班，美国首任驻广州领事(1786—1794年)	琼(190)
1115	Shaw, William	萧惠廉		刀2(1247)
1116	Shearman, H.	奚安门		刀2(1247)
1117	Shigemitsu, Mamoru	重光葵	日本驻华公使馆一等参赞，六国沪案调查团委员	卅3(1344)
1118	Shirreff, R.	希雷夫		鸦(389)
1119	Shuck, J. L.	许克		刀2(1246)
1120	Sica	薛孔昭		法1(591)
1121	Sidehara, Kijuro	币原喜重郎	日本外交大臣	卅3(1344)
1122	Sièmssen	西埃姆森		法1(591)
1123	Sillar, J. C.	希勒	英国侨民	太(515)
1124	Sillem	西伦		法1(591)

(续表)

序号	外文名称	中文名称	备注	所在文献名缩略语（页码）
1125	Silverton, Capt.	锡尔弗顿	英国陆战队军官，队长	太(515)
1126	Simon	西蒙		法1(591)
1127	Simon, E.	西蒙		法1(591)
1128	Simpson	辛普森		鸦(390)
1129	Sinclair, Upton Beall	辛克莱	美国小说家，曾参加美国社会党，后又退出	卅3(1344)
1130	Skinner	斯金讷		法1(591)
1131	Skinner, J.	斯金讷		刀2(1247)
1132	Smith	士密		鸦(389)
1133	Smith, A.	斯密司		法1(591)
1134	Smith, Arthur	史亚实	法国人，上海江海关税务管理委员会法国代表（1854年）	琼(188)
1135	Smith, Arthur	史亚实	1854年成立的上海江海关"税务管理委员会"法国代表	钥(253)
1136	Smith, Arthur	史密斯		刀2(1246)
1137	Smith, C. H.	史密士	侨民	太(515)
1138	Smith, E. C.	史密士	英国侨民	太(515)
1139	Smith, E. M.	史密士	侨民	太(515)
1140	Smith, J. C.	史密斯		刀2(1246)
1141	Smith, W. L. G.	史密斯		法1(591)
1142	Smith, William L. G.	士觅威廉	美国驻沪领事（1859—1861年）	琼(190)
1143	Smourgis	施莫基斯	苏联职工联合会中央议会委员，1925年来华慰问的苏联职工会代表团团员	卅3(1345)
1144	Sokolosky, George E.	索可洛斯基	《英文沪报》记者	五2(896)

(续表)

序号	外文名称	中文名称	备注	所在文献名缩略语（页码）
1145	Sokolsky, George Ephraim	索克思	美国各报刊驻上海通讯记者	卅3(1345)
1146	Somerset	萨默塞特		法1(591)
1147	Somerset, Duke of	萨默塞特公爵		钥(253)
1148	Souille	苏耶		法1(591)
1149	Spelta, Mgr	徐类思主教		刀2(1247)
1150	Spence, Colonel	斯本士	英国皇家步兵第31团军官，上校	太(515)
1151	Spinetti	斯皮内蒂		法1(591)
1152	Sprent, J.	斯菩朗特		鸦(390)
1153	Springfield, M. O.	史宾林斐尔	上海公共租界工部局副总巡	卅3(1345)
1154	Stack, Capt.	斯塔克	英国皇家步兵第67团军官，队长	太(515)
1155	Stafford, Major	斯塔福德	英军旁遮普土著步兵第22团军官，少校	太(515)
1156	Stanley	斯坦利		法1(591)
1157	Stanley, A.	斯坦莱	上海工部局卫生处处长	五2(896)
1158	Stanley, Lt. Colonel	斯丹莱	英军孟买土著轻武器步兵第5团军官，中校	太(515)
1159	Staunton, G.	史东顿		鸦(389)
1160	Staunton, Thomas	多马斯当东	英国人，1793年英国访华专使马戛尔尼伯爵的参赞	钥(254)
1161	Staveley	士迪佛立		法1(591)
1162	Staveley, Charles William	士迪佛立	英国驻华陆军司令，少将	太(515)

(续表)

序号	外文名称	中文名称	备注	所在文献名缩略语（页码）
1163	Stevens	司梯文斯		法1(591)
1164	Stevens	司蒂文斯		鸦(389)
1165	Stevens, Capt.	斯蒂文士	英国陆战队军官,上尉	太(515)
1166	Stirling	赐德龄		法1(591)
1167	Stirling, James	赐德令		刀2(1246)
1168	Stock, Lieut.	斯托克	英军俾路支第2大队军官,中尉	太(515)
1169	Stoddart	斯托达德		法1(591)
1170	Stoddart	史陀达		鸦(389)
1171	Stone	史东		太(515)
1172	Strawn, Silas	史注恩	美国芝加哥律师,关税特别会议美国代表团专门委员	卅3(1345)
1173	Stribling, Commodore C. K.	司百龄	美国水师提督	太(515)
1174	Stubbs, Sir R.	司徒拔	香港英国总督	卅3(1345)
1175	Sturgis Family	斯达吉士家族		琼(192)
1176	Sturt, Lieut.	斯图尔特	英国海军军官,上尉	太(515)
1177	Suga, Kitaro	须贺喜太郎	日本广岛控诉院院长,沪案司法调查委员会日本法官	卅3(1345)
1178	Sykes, Col. W. H.	赛克斯	英国海军军官,上校	太(515)
1179	Syle, E. W.	帅利	美国圣公会传教士	太(515)
1180	Ta-dif	戴迪夫	法军炮兵队军官	太(515)
1181	Tapp, Capt.	塔普	英国陆战队军官,队长	太(515)
1182	Tate	塔特		法1(591)

(续表)

序号	外文名称	中文名称	备注	所在文献名缩略语（页码）
1183	Tate, J. Priestley	戴特	上海公共租界工部局总董(1861—1862年)	太(515)
1184	Tawney, Richard Henry	托尼	19世纪英国历史学家	琼(189)
1185	Taylor	泰勒,戴作士		法1(591)
1186	Taylor, Charles	泰勒		刀2(1247)
1187	Taylor, Howard	戴存义		刀2(1248)
1188	Taylor, James Hudson	戴德生		刀2(1248)
1189	Taylor, Major	戴勒	英军孟买土著轻武器步兵第5团军官,少校	太(515)
1190	Teesdale, J. A.	梯斯台	英国人,上海公共租界工部局董事,律师	卅3(1345)
1191	Teichman, Sir Eric	台克满	英国驻华使馆汉文参事(1924—1935年)	卅3(1345)
1192	Telfer, A.	德尔飞	上海公共租界工部局便衣西捕	卅3(1345)
1193	Tettenborn	特藤博恩		法1(591)
1194	Thälmann, Ernest	台尔曼	德国共产党主席(1925—1944年),德国和国际工运活动家	卅3(1345)
1195	Théologue	泰奥洛格		法1(591)
1196	Théric	泰里克		法1(591)
1197	Thiersant	达伯里		法1(591)
1198	Thom, R.	罗伯聃		法1(591)
1199	Thom, Robert	罗伯聃	英国首任驻宁波领事(1844—1846年)	钥(254)
1200	Thomas, Colonel	托马士	英国皇家步兵第67团军官,上校	太(515)

（续表）

序号	外文名称	中文名称	备注	所在文献名缩略语（页码）
1201	Thomassin	托马森		法1(591)
1202	Thorburn	索伯恩		法1(591)
1203	Thorburn, William	桑本		刀2(1247)
1204	Thornbikes	桑代克		法1(591)
1205	Thorne, A.	桑奈		刀2(1247)
1206	Thorne, C.	桑奈	英国侨民	太(516)
1207	Thouvenel	图弗内尔		法1(591)
1208	Thyson	泰森		法1(591)
1209	Tibbets, Lieut.	狄贝茨	英国皇家步兵第31团军官,中尉	太(516)
1210	Tin Lin	丁麟	英军将领	太(516)
1211	Tinguy, P.	丁恭思		刀2(1245)
1212	Tobey, T. W.	笃弼		刀2(1247)
1213	Tollefsen, E.	多福森	英国人,上海邮务管理局总监	卅3(1345)
1214	Tomlinson	汤林森		鸦(390)
1215	Tong King-sing	唐景星,即唐廷枢（1832—1892年）	广东香山人,1863年曾在上海充当英商怡和洋行总买办,1873年任轮船招商局总办,1877年经李鸿章委派主持开采开平煤矿	琼(192)
1216	Trautmann, J.	陶德曼	侨民	太(516)
1217	Travers	戴弗尔斯		鸦(391)
1218	Trégaro	戴卡罗		刀2(1248)
1219	Trenqualye	特朗卡利		法1(591)
1220	Tripier, Charles Jean Marie	祁毕业	法国驻华公使馆一等参赞,六国沪案调查团首席委员	卅3(1345)

(续表)

序号	外文名称	中文名称	备注	所在文献名缩略语（页码）
1221	Tronson	特朗逊		法1(591)
1222	Tronson	特郎逊		刀2(1247)
1223	Troubridge, E. N.	托洛勃奇		鸦(389)
1224	Trueman, Colonel	特鲁曼上校	上海公共租界工部局食品总监	卅3(1345)
1225	Trueman, Major	特鲁曼少将	上海万国商团司令	五2(896)
1226	Tudor, J.	都德		鸦(390)
1227	Tulloch, Lieut.	塔洛克	英军旁遮普土著步兵第22团军官，中尉	太(516)
1228	Turner, H.	特纳	上海公共租界工部局总董(1862—1863年)	太(516)
1229	Turner, Sir Skinner	特纳爵士	上海大英按察使衙门按察使(1921—1927年)	卅3(1346)
1230	Twonbly	图旺布利		法1(591)
1231	Tyson, George	泰逊	美国人，旗昌洋行上海分行合伙人	琼(191)
1232	Ullrich	于布里什		法1(591)
1233	Uniacke	犹尼亚克		鸦(390)
1234	Vacher, W. H.	凡其尔		刀2(1245)
1235	Vaucher	沃歇		法1(591)
1236	Vaughan, C. G.	伏恩	上海工部局捕房总捕头	五2(896)
1237	Venour	万诺		鸦(391)
1238	Ventura	旺蒂拉		法1(591)
1239	Vereker, Sir George Gordan Medicott	魏礼克	英国驻华公使馆一等参赞，六国沪案调查团委员	卅3(1346)
1240	Vignale	维尼亚来		法1(591)

(续表)

序号	外文名称	中文名称	备注	所在文献名缩略语（页码）
1241	Vincente	文森特	华尔洋枪队先驱官	太(516)
1242	Vindex	恽得士	《北华捷报》读者	太(516)
1243	Virmaître	维尔梅特尔		法1(592)
1244	Virillaume, P.	费都尔		刀2(1247)
1245	Voisin	瓦赞		法1(592)
1246	Voitinsky, Grigori Naumovich	魏金斯基（吴廷康）	苏联人，共产国际最早派遣来华的特使	卅3(1346)
1247	von Heidenstam, H.	海登斯坦	浚浦总局总工程师	卅3(1339)
1248	Vuitton	维东		法1(592)
1249	Wacksoff	华素夫	苏联金工工会中央委员会委员，《莫斯科工报》通讯员	卅3(1346)
1250	Waddell	瓦德耳		鸦(389)
1251	Wade	魏德	侨民	太(516)
1252	Wade, Sir Thomas Francis	威妥玛	英国驻沪副领事(1853—1855年)，驻华公使(1871—1882年)	钥(254)
1253	Wade, Thomas	威妥玛		法1(592)
1254	Wade, Thomas	威妥玛	英国人，上海江海关税务管理委员会英国代表(1854年)，英国驻华公使馆汉务参赞(1855—1871年)、驻华公使(1871—1882年)	琼(188)
1255	Wade, Thomas Francis	威妥玛		刀2(1247)
1256	Walewski	瓦莱夫斯基		法1(592)
1257	Walker	沃克		法1(592)
1258	Wall, P.	瓦尔		鸦(389)

(续表)

序号	外文名称	中文名称	备注	所在文献名缩略语（页码）
1259	Waller, W.	华勒	侨民	太(516)
1260	Wallich	瓦利希		法1(592)
1261	Walsh, Robert	华尔喜	美国驻沪领事，旗昌洋行成员	琼(189)
1262	Ward	华尔		法1(592)
1263	Ward, Frederick Townsend	华尔	清军洋枪队队长，上校	太(516)
1264	Ward, Frederick Townsend	华尔	美国军事冒险家，协助清军镇压太平军的江苏省洋枪队领队	钥(254)
1265	Ward, John E.	华若翰	美国驻华公使（1859—1860年）	太(516)
1266	Ward, John E.	华若翰	美国驻华公使（1859—1860年）	琼(189)
1267	Warden	沃登		法1(592)
1268	Wardner	华德纳	侨民	太(516)
1269	Warren	华伦		鸦(390)
1270	Warwick, Gunner	瓦立克	英国皇家炮兵队炮手	太(516)
1271	Waterlow, S. P. P.	华德鲁	英国外交部远东司司长	卅3(1346)
1272	Watson, R. B.	华生		鸦(390)
1273	Webb	韦布		法1(592)
1274	Webb, E.	韦伯	上海公共租界万国商团指挥官，租界防务委员会委员	太(516)
1275	Webb, E.	韦伯		刀2(1245)
1276	Weill	韦伊		法1(592)
1277	Weir	威尔		法1(592)
1278	Weir	卫尔		鸦(391)

序号	外文名称	中文名称	备注	所在文献名缩略语（页码）
1279	Wellesley, Vicotr A.	韦勒斯立	英国外交部次官助理	卅 3(1346)
1280	Wentzel	门采尔		法 1(592)
1281	Westnidge, Harry	惠司尼（席国贞）	英国人，内地会传教士。1925年五卅惨案发生时，他适在出事地点。6月1日，公共租界会审公廨开庭时，他到庭为英国巡捕做证，说他们开枪完全有理。他的无耻谰言后来遭到中国基督徒的痛斥	卅 3(1346)
1282	Wetmore	魏德卯		法 1(592)
1283	Wetmore, W. S.	魏德卯		刀 2(1248)
1284	Wetmore, William Shepard	魏德卯	美国旅华侨商	钥(254)
1285	Wetmore, William Shepard	魏德卯	美国人，在上海开办华地玛洋行	琼(191)
1286	Wheelock	惠洛克		法 1(592)
1287	Wheelock, J.	惠洛克	上海公共租界工部局记账员和书记（1855—1856年）	太(516)
1288	White	怀特		法 1(592)
1289	White, Edward	华爱德	上海工部局董事	五 2(895)
1290	Whitfild	怀德菲尔德		法 1(592)
1291	Whittall	惠托尔		法 1(592)
1292	Wiese	威斯		法 1(592)
1293	Wilbur, Curtis D.	魏尔勃	美国海军部长	卅 3(1346)
1294	Wilden, A.	韦尔德	法国驻沪总领事	五 2(895)

(续表)

序号	外文名称	中文名称	备注	所在文献名缩略语（页码）
1295	Wilden, A.	韦礼德	曾任法国驻沪总领事	卅3(1346)
1296	Willert, Sir Arthur	魏乐德	英国外交部官员	卅3(1346)
1297	Willes, Capt.	韦尔士	英国军舰"高傲"号舰长	太(516)
1298	Williams	卫三畏		法1(592)
1299	Williams	威廉士		太(516)
1300	Williams, C. D.	威廉士	美国人，琼记洋行汉口代理人	琼(191)
1301	Williams, Lieut.	威廉斯	英国炮兵队军官，中尉	太(516)
1302	Winchester	温切斯特		法1(592)
1303	Wise	瓦埃斯		鸦(389)
1304	Wise, Holliday	霍利德·怀思	澳大利亚商人	琼(191)
1305	Wittingham	威丁汉		鸦(390)
1306	Withington, J.	惠新顿		刀2(1247)
1307	Wolcott	吴利国		法1(592)
1308	Wood	伍德		法1(592)
1309	Wood, J. W.	伍德	美国人，在上海经商	琼(191)
1310	Wood, Lieut.	伍德	英军俾路支第2大队军官，中尉	太(516)
1311	Woodhead, Henry George Wandesforde	伍德海	英国新闻记者，1902年来华，曾任天津英文《京津泰晤士报》主笔(1914—1930年)、《中华年鉴》主编(1912—1939年)	卅3(1346)
1312	Wortham, Capt.	瓦瑟姆	英国皇家炮兵队队长	太(516)

(续表)

序号	外文名称	中文名称	备注	所在文献名缩略语（页码）
1313	Wright, Stanley Fowler	魏尔特	英国人，历任中国海关帮办、副税务司、税务司等职	钥(254)
1314	Wyld	怀特		鸦(391)
1315	Wylie, Alexander	伟烈亚力	英国伦敦布道会传教士	太(516)
1316	Wylie, Alexander	伟烈亚力		刀2(1246)
1317	Yada, Shichitaro	矢田七太郎	日本驻沪总领事	卅3(1347)
1318	Yates, M. T.	晏玛太		法1(592)
1319	Yoshizawa, Kenkichi	芳泽谦吉	日本驻华公使（1923—1930年）	卅3(1347)
1320	Young, A. J.	杨格		刀2(1246)
1321	Young, Capt.	杨格	英军俾路支第2大队军官，队长	太(516)
1322	Young, S. C.	杨格	上海工部局捕房捕头	五2(896)
1323	Young, Sidney	杨格	上海公共租界老闸捕房第237号特别巡捕	卅3(1347)
1324	Yvan	伊万		法1(592)
1325	Zetkin, Clara	蔡特金（赤德经女士）	德国共产党创始人之一，国际社会主义妇女运动领袖之一，共产国际执行委员（1921—1933年）	卅3(1347)
1326	Zinoviev, Grigori Evseyevitch	季诺维也夫	共产国际主席（1919—1926年）	卅3(1347)

二、机关、团体、派别、部队、商行、企业、教会、学校、医院、工厂、建筑

序号	英文名称	中文名称	备注	所在文献名缩略语（页码）
1327	Admiral Oriental Line	大来轮船公司		卅3(1354)
1328	Agra Bank	英商呵加剌银行	1833年在印度成立，1858年总行迁至伦敦	琼(192)
1329	American Baptist Foreing Mission Society	美国浸礼会		卅3(1350)
1330	American Chamber of Commerce	驻华美国商会		卅3(1349)
1331	Amercian Church Mission	美国圣公会		卅3(1350)
1332	American Commercial Attachè	美国使署商务参赞		卅3(1348)
1333	American Express Co., Inc.	美国运通银行		卅3(1353)
1334	American Presbyterian Mission(North)	美国北长老会		卅3(1350)
1335	American Tobacco Company	美国烟草公司		钥(256)
1336	American University Club	美国同学会事务所		卅3(1349)
1337	Amos Bird	班达公司		五2(897)
1338	Amsterdam International of Labour Unions	阿姆斯特丹工会国际		卅3(1347)

(续表)

序号	英文名称	中文名称	备　注	所在文献名缩略语（页码）
1339	Anderson, Meyer & Co.	慎昌洋行		五 2(898)
1340	Anderson, Meyer & Co.	慎昌洋行		卅 3(1354)
1341	Anti-Christian League	非基督教同盟		卅 3(1349)
1342	Armstrong Guns	阿姆斯特朗炮队		太(519)
1343	Arnhold & Co.	安利洋行		卅 3(1354)
1344	Arts and Crafts	美艺公司		五 2(897)
1345	Asia Realty Co.	普益地产公司		五 2(897)
1346	Asia Realty Co.	普益地产公司		卅 3(1354)
1347	Asiatic Petroleum Co. (North China), Ltd.	英商亚细亚火油公司		卅 3(1354)
1348	Association for Asian Studies	亚细亚研究学会		琼(194)
1349	Astor Hotel	礼查饭店		太(520)
1350	Augustine, Heard & Co.	奥古斯汀洋行		刀 2(1250)
1351	Augustine, Heard & Co.	琼记洋行		钥(256)
1352	Augustine, Heard & Co.	美商琼记洋行	1842年由奥古斯丁·何德在广州创办，上海分行于上海开埠后不久设立，1874年停业	琼(192)
1353	Aurora University	震旦大学		卅 3(1351)
1354	B. A. T. Factory	英美烟厂		五 2(897)

序号	英文名称	中文名称	备注	所在文献名缩略语（页码）
1355	B. P. & Co.	同珍洋行		太(520)
1356	Baker Library	培克图书馆	美国哈佛大学	琼(194)
1357	Bank of China	中国银行		卅3(1353)
1358	Bank of Communications	交通银行		卅3(1353)
1359	Banque Belge Pour l'Etranger	华比银行		卅3(1353)
1360	Banque de L'Indo-Chine	东方汇利银行		卅3(1353)
1361	Baring Brothers & Co.	英商巴林兄弟公司	伦敦	琼(193)
1362	Barlow & Co.	泰隆洋行		卅3(1354)
1363	Beck & Swann	培克洋行		卅3(1354)
1364	Birley, Worthington & Co.	倍礼洋行		刀2(1250)
1365	Birley, Worthington & Co.	美商祥泰洋行		琼(192)
1366	Blenkin & Rawson	和记洋行		钥(256)
1367	Bombay Office	孟买营业所	英印联营的保险商行	琼(193)
1368	Bradshaw's Battery	布拉德肖炮队		太(519)
1369	British Chamber of Commerce	英商公会		钥(256)
1370	British Chamber of Commerce	英商公会		卅3(1349)
1371	British Chamber of Commerce	英商公会	上海	琼(194)
1372	British Consulate	英国领事馆		钥(256)

（续表）

序号	英文名称	中文名称	备注	所在文献名缩略语（页码）
1373	British East India Company	英国东印度公司		太(520)
1374	British East India Company	英国东印度公司		钥(256)
1375	British East India Company	英国东印度公司		琼(193)
1376	British-Amercian Tobacco Co. (China), Ltd.	英美烟草公司		卅3(1355)
1377	British-Amercian Tobacco Company	英美烟草公司		钥(256)
1378	Brown Brothers & Co.	英商布朗兄弟公司	伦敦	琼(194)
1379	Brown Shepley	英美合股谢普利银行	伦敦	琼(194)
1380	Bull, Nye & Co.	美商同珍洋行		琼(192)
1381	Butterfield & Swire	太古轮船公司		五2(897)
1382	Butterfield & Swire	太古洋行		卅3(1354)
1383	Cambridge University	剑桥大学	英国剑桥	琼(194)
1384	Canadian Pacific Steamship Line	加拿大太平洋轮船公司		钥(256)
1385	Canton Christian College	广州岭南大学		卅3(1351)
1386	Carlowitz & Co.	礼和洋行	进出口兼机器	卅3(1354)
1387	Central Police Station	上海公共租界中央捕房		卅3(1349)
1388	Chambers & Heiser	美商钱伯斯海泽洋行	纽约	琼(194)

(续表)

序号	英文名称	中文名称	备注	所在文献名缩略语（页码）
1389	Chartered Bank of India, Australia & China	麦加利银行		卅3(1353)
1390	Chartered Bank of India, Australia and China	英商麦加利银行	总部设在伦敦	琼(192)
1391	Cheney Brothers & Co.	美商切尼兄弟公司	哈特福德	琼(194)
1392	Child Labour Commission	上海公共租界工部局童工委员会		卅3(1348)
1393	China Association (Shanghai Branch)	英商中国协会上海分会		卅3(1349)
1394	China Continuation Committee	续行委办会		五2(897)
1395	China Fire Insurance Company	中国火灾保险公司		太(520)
1396	China General Omnibus Co., Ltd.	英商中国公共汽车公司		卅3(1355)
1397	China Inland Mission	内地会		卅3(1350)
1398	China Medical Missionary Association	博医会		卅3(1350)
1399	China Merchants' Steam Navigation Co.	招商轮船总局		卅3(1355)
1400	China Merchants Steam Navigation Company	招商局轮船公司		钥(256)

(续表)

序号	英文名称	中文名称	备注	所在文献名缩略语（页码）
1401	China Merchants Steam Navigation Company	轮船招商局	晚清最早设立的轮船航行企业，1873年成立，总局设在上海	琼(192)
1402	China Mutual Insurance Co. of Boston	美商波士顿中华共济保险公司		琼(194)
1403	China Navigation Co., Ltd.	太古轮船公司		卅3(1355)
1404	Chinese Advisory Committee	上海公共租界工部局华顾问委员会		卅3(1348)
1405	Chinese Foreign Famine Relief Committee	上海华洋义赈会	董事长朱葆三	卅3(1350)
1406	Chinese Industrial Bank	中华劝工银行		卅3(1353)
1407	Chinese Labour Unions Secretariat	中国劳动组合书记部		卅3(1348)
1408	Chinese Red Cross General Hospital	中国红十字会医院		卅3(1352)
1409	Christian Literature Society for China	广学会		卅3(1350)
1410	Church Missionary School	圣公会学校		刀2(1249)
1411	Church Missionary Society	英国圣公会（大英教会安立甘）		卅3(1350)
1412	Collyer & Lambert	柯利埃-兰巴特公司		太(520)

(续表)

序号	英文名称	中文名称	备注	所在文献名缩略语（页码）
1413	Comintern (Communist International)	共产国际		卅3(1347)
1414	Commercial Bank of China	中国通商银行		卅3(1353)
1415	Commercial Bank of India	英商汇隆银行		琼(192)
1416	Committee for Defences and Improvements	防务与设备改进委员会		太(519)
1417	Committee for Roads and Jetties	道路码头委员会		钥(256)
1418	Committee of Food Control, Fuel and Transport	上海公共租界工部局粮食统制、燃料及运输委员会		卅3(1349)
1419	Committee of Public Safety	公安委员会		太(519)
1420	Compagnie Française de Tramways et d'Eclairage Electrique de Shanghai	上海法商电车电灯公司		卅3(1355)
1421	Comptoire d'Escompte	法兰西银行		琼(193)
1422	Conseil d'Administration Municipale de la Concession Française à Changhai	上海法租界公董局		五2(896)

（续表）

序号	英文名称	中文名称	备注	所在文献名缩略语（页码）
1423	Conseil d'Administration Municipale de la Concession Française à Changhai(French Municipal Council)	上海法租界公董局		卅3(1349)
1424	Consular Body of Shanghai	上海领事团		卅3(1348)
1425	Curtis	寇梯斯公司		太(520)
1426	D. H. Benjamin & Co.	平治明洋行	地产	卅3(1354)
1427	D. Sassoon & Co.	沙逊洋行		五2(897)
1428	Dah-Kong Cotton Mill	日商大康纱厂		卅3(1352)
1429	Dane Manufacturing Company	美商丹尼制造公司	纽约	琼(194)
1430	David Sassoon & Co.	老沙逊洋行	江西路28号	卅3(1354)
1431	David Sassoon, Sons & Co.	沙逊洋行		钥(256)
1432	Defence Committee	协防委员会		刀2(1249)
1433	Defence Committee	防务委员会		太(519)
1434	Dent & Co.	宝顺洋行		太(520)
1435	Dent & Co.	宝顺洋行		钥(256)
1436	Dent & Co.	颠地洋行		刀2(1250)
1437	Dent & Co.	英商宝顺洋行		琼(193)
1438	Department of State	美国国务院		卅3(1347)

(续表)

序号	英文名称	中文名称	备注	所在文献名缩略语（页码）
1439	Diplomatic Corps of Peking	北京外交团		卅3(1348)
1440	Dodwell & Co.	天祥公司		五2(897)
1441	Dodwell & Co.	天祥洋行	进出口兼火险、打字机	卅3(1354)
1442	Dong Shing Spinning & Weaving Co., Ltd.	日商同兴纱厂		卅3(1352)
1443	Dr. Lockhart Hospital	仁济医院		刀2(1249)
1444	E. C. C. I. (Executive Committee of Communist International)	共产国际执行委员会		卅3(1347)
1445	E. D. Sassoon & Co.	新沙逊洋行	仁记路9号	卅3(1354)
1446	Ecole Municipale Franco-Chinoise	中法学堂		卅3(1351)
1447	Electricity Department	上海公共租界工部局电气处		卅3(1348)
1448	Ellis Kadoorie Public School for Chinese	工部局育才公学		卅3(1351)
1449	English Baptist Mission	大英浸礼会		卅3(1350)
1450	Equitable Eastern Banking Corporation	大通银行		卅3(1353)
1451	Ewo Cotton Spinning Company	怡和纱厂		卅3(1352)
1452	Ezra Goodridge & Co.	美商哥立芝公司	纽约	琼(194)

中编　中国近现代史译名对照表 | 343

(续表)

序号	英文名称	中文名称	备注	所在文献名缩略语（页码）
1453	F. O. (Foreign Office)	英国外交部		卅3(1347)
1454	Fearon & Co.	英商协隆洋行	伦敦	琼(194)
1455	Fletcher	呋礼查洋行		太(520)
1456	Fletcher & Co.	英商呋礼查洋行		琼(193)
1457	Fogg & Co.	美商丰裕洋行		琼(193)
1458	Franklin Nail Works	美商富兰克林铁钉厂	纽约	琼(194)
1459	French Chamber of Commerce	旅华法国商务总会		卅3(1349)
1460	French Municipal Council	法租界公董局		钥(256)
1461	Garde Mnicipale de la Concession Française à Changhai(French Municipal Police)	上海法租界公董局警务处		卅3(1349)
1462	George Peabody	英美合股皮宝迪银行	伦敦	琼(194)
1463	Ghibelline	吉伯林派	中世纪意大利政治斗争中依附德意志神圣罗马帝国皇帝的一派	琼(196)
1464	Gibb, Livingston & Co.	仁记洋行		刀2(1250)
1465	Gibb, Livingston & Co.	仁记洋行		钥(256)
1466	Gibb, Livingston & Co.	仁记洋行		卅3(1354)
1467	Gibb, Livingston & Co.	美商仁记洋行		琼(193)
1468	Goodhue & Co.	美商古德休公司	波士顿	琼(194)

(续表)

序号	英文名称	中文名称	备注	所在文献名缩略语（页码）
1469	Griffiths	同茂洋行		五2(897)
1470	Guelf	归尔甫派	中世纪意大利政治斗争中拥护教皇的一派	琼(197)
1471	H. B. M. Supreme Court for China	大英驻华按察使衙门		卅3(1348)
1472	H. M. 31st Regiment of Infantry	英国皇家步兵第31团		太(519)
1473	H. M. 67th Regiment of Infantry	英国皇家步兵第67团		太(519)
1474	H. M. 99th Regiment of Infantry	英国皇家步兵第99团		太(519)
1475	Hanson, McNeill, Jones & Wright	高易洋行		五2(898)
1476	Harcourt & Co.	英商丰裕洋行		琼(193)
1477	Harvard University	哈佛大学	美国麻萨诸塞州坎布里奇	琼(195)
1478	Harvard University Graduate School of Business Adminstration	哈佛大学工商管理学院研究生院		琼(195)
1479	Harvard-Yenching Institute	哈佛燕京学社		钥(257)
1480	Harvey	哈维公司		太(520)
1481	Hiram Fogg & Co.	丰裕洋行		钥(256)
1482	Hogg Brothers & Co.	英商兆丰洋行		琼(193)
1483	Holliday, Wise & Co.	义记洋行		钥(256)
1484	Holliday, Wise & Co.	英商义记洋行		琼(193)

(续表)

序号	英文名称	中文名称	备注	所在文献名缩略语（页码）
1485	Hongkew Committee of Defence	虹口防务委员会		太(519)
1486	Hongkong & Shanghai Banking Corporation	汇丰银行		卅3(1353)
1487	Hongque Wharf Company	虹口码头公司		太(520)
1488	Hospital Sainte Marie(Sisters of Charity)	广慈医院		卅3(1352)
1489	I. L. O. (International Labour Office)	国际劳工局	总部在日内瓦	卅3(1347)
1490	Indo-China Steam Navigation Co.	怡和轮船公司		卅3(1355)
1491	Institute of Pacific Relations	太平洋关系研究所	纽约	琼(195)
1492	Intelligence Press	知识书店	地址在上海河南路91号，1924—1925年经销《向导周刊》等进步书报	卅3(1351)
1493	International Banking Corporation (National City Bank of New York)	花旗银行		卅3(1353)
1494	International Workers' Aid Society	国际无产者救济会		卅3(1347)
1495	Ipswich Cotton Mills	美商伊普斯威奇棉纺织厂	纽约	琼(194)
1496	Ipswich Manufacturing Company	美商伊普斯威奇制造公司	纽约	琼(194)

(续表)

序号	英文名称	中文名称	备 注	所在文献名缩略语（页码）
1497	James Houghton & Co.	美商霍顿公司	纽约	琼(194)
1498	Jamsetjee Jeejeebhoy & Co.	查谟士第洋行	印度最重要的帕西商行	琼(194)
1499	Japan-China Spinning & Weaving Co., Ltd.	日华纺织株式会社		卅3(1352)
1500	Japanese Cotton Millowner' Association in China	在华日本纺绩同业会		卅3(1349)
1501	Jardine, Matheson & Co.	怡和洋行		刀2(1250)
1502	Jardine, Matheson & Co.	怡和轮船公司		五2(897)
1503	Jardine, Matheson & Co.	怡和洋行		钥(257)
1504	Jardine, Matheson & Co.	怡和洋行		卅3(1354)
1505	Jardine, Matheson & Co.	英商怡和洋行	上海分行于1843年设立	琼(193)
1506	John D. Hutchison & Co.	和记洋行		卅3(1354)
1507	Johnson, H. W.	美商约翰逊造船厂	纽约	琼(194)
1508	Kailan Mining Administration	开滦矿务局		钥(257)
1509	Kelly & Walsh	别发印书房		卅3(1351)
1510	Kiangnan Dock & Engineering Works	江南造船所		卅3(1355)

(续表)

序号	英文名称	中文名称	备注	所在文献名缩略语（页码）
1511	King & Co.	美商广源洋行		琼(193)
1512	Kingsley's Infantry	金士莱步兵队		太(520)
1513	Komsomol (Communist Youth League)	苏联共产主义青年团		卅3(1347)
1514	Kung Yih Cotton Spinning & Weaving Co.	公益纱厂		卅3(1353)
1515	Kwang Hsueh Publishing House	广学书局		卅3(1351)
1516	Land Renters Meeting	租地人会		太(519)
1517	Lao Kung Mow Spinning & Weaving Co.	老公茂纱厂		卅3(1353)
1518	League of Nations	国际联盟	总部设在日内瓦，1920年1月成立，1946年4月解散	卅3(1347)
1519	Lester Chinese Hospital(Shantung Road Hospital)	仁济医院	山东路麦家圈6号	卅3(1352)
1520	Lindsay & Co.	英商广隆洋行		琼(193)
1521	Lombard & Co.	英商隆巴德公司		琼(194)
1522	London Missionary Society	伦敦布道会		太(519)
1523	London Missionary Society	伦敦会		卅3(1350)
1524	London Missionary Society Mission Press	墨海书馆		钥(257)

(续表)

序号	英文名称	中文名称	备注	所在文献名缩略语（页码）
1525	Louza Police Station	上海公共租界老闸捕房		卅3(1349)
1526	Mackenzie & Co.	隆茂洋行		卅3(1354)
1527	Madras Mountain Train	英军马德拉斯过山炮队		太(519)
1528	Major Brother, Ltd.	美查公司	经销化学药品	卅3(1354)
1529	Major's Silk Factory	美捷缫丝厂		太(520)
1530	Masion Hall & Co.	霍尔洋行		刀2(1250)
1531	Maxim Company	麦克西莫连队		五2(897)
1532	Mercantile Bank of India, London & China	英商有利银行	总行在伦敦	琼(193)
1533	Mercantile Club	商业俱乐部	纽约	琼(195)
1534	Messageries Imperiales Line	帝国邮船公司		太(520)
1535	Methodist Episcopal Church, South Mission	监理会		卅3(1350)
1536	Methodist Episcopal Mission, North	美以美会		卅3(1350)
1537	Mixed Court	上海公共租界会审公廨		卅3(1349)
1538	Moul & Co.	美商莫尔公司	纽约	琼(194)
1539	Naigai Wata Kaisha	内外棉纱厂		五2(897)
1540	Naigai Wata Kaisha	日商内外棉株式会社		卅3(1352)

(续表)

序号	英文名称	中文名称	备注	所在文献名缩略语（页码）
1541	Nanyang Bros. Tobacco Co., Ltd.	南洋兄弟烟草公司		卅3(1355)
1542	National Christian Council	中华全国基督教协进会		卅3(1350)
1543	Nederlandsche Indische Handelsbank	荷国安达银行		卅3(1353)
1544	Netherlands Trading Society	和兰银行		卅3(1353)
1545	New Engineering & Shipbuilding Works	瑞熔造船厂		五2(897)
1546	New Engineering & Shipbuilding Works	瑞镕造船厂		卅3(1355)
1547	North China Branch of the Royal Asiatic Society	皇家亚洲文会北华分会		太(519)
1548	North China Branch of the Royal Asiatic Society	英国皇家亚洲文会北华分会		钥(257)
1549	North China Daily News & Herald	字林西报馆		卅3(1351)
1550	North China Marine Insurance Company	北华海上保险公司		太(520)
1551	North China Herald Offices	字林洋行		钥(257)
1552	Oelrich & Lurman	美商奥里奇勒曼公司	巴尔的摩	琼(194)
1553	Old Dock, Shanghai Dock & Engineering Co.	耶松公司老船坞		五2(897)
1554	Olyphant & Co.	奥立芬公司		太(520)

（续表）

序号	英文名称	中文名称	备注	所在文献名缩略语（页码）
1555	Olyphant & Co.	美商同孚洋行		琼(193)
1556	Oriental Bank	英商丽如银行		琼(193)
1557	Oriental Cotton Spinning & Weaving Co.	东方纱厂		卅3(1353)
1558	P. & O. Banking Corporation	大英银行		卅3(1353)
1559	P. & O. Steam Navigation Company	大英轮船公司		钥(257)
1560	P. & O. Wharf	公和祥码头		刀2(1250)
1561	Pacific Mail S. S. Co.	花旗轮船公司		卅3(1355)
1562	Pacific & Ocean Steam Navigation Company	大英火轮船公司		太(520)
1563	Peninsular & Oriental Steam Navigation Co.	大英轮船公司		卅3(1355)
1564	Peninsular & Oriental Steam Navigation Company	英商大英火轮船公司		琼(193)
1565	Pennyenick Artillery	潘涅叶尼克炮队		太(519)
1566	Platt & Co.	哈华托律师事务所		卅3(1354)
1567	Polytechnic Public School for Chinese	工部局格致公学		卅3(1351)
1568	Presbyterian Mission Press	美华书馆		卅3(1352)

（续表）

序号	英文名称	中文名称	备注	所在文献名缩略语（页码）
1569	Profintern(Red International of Labour Unions)	赤色职工国际		卅3(1348)
1570	Public Health Department	上海公共租界工部局卫生处		卅3(1348)
1571	Public & Thos. Hanbury School for Boys	工部局西童公学		卅3(1351)
1572	Public Works Department	上海公共租界工部局工务处		卅3(1348)
1573	Publicity Committee	上海公共租界工部宣传委员会		卅3(1349)
1574	Ratepayers' Association	上海公共租界纳税人会		钥(256)
1575	Ratepayers' Meeting	上海公共租界纳税人会		卅3(1349)
1576	Ratepayers' Meeting	纳税人会		五2(896)
1577	Reide & Wade	美商瑞得韦德公司	纽约	琼(194)
1578	Reiss & Co.	茂和公司		五2(897)
1579	Reiss, Massey & Co.	泰和洋行		卅3(1354)
1580	Religious Tract Society	伦敦圣教书会		卅3(1350)
1581	Roxbury Land Company	美商罗克斯伯里地产公司	纽约	琼(194)
1582	Russell & Co.	旗昌洋行		太(520)

(续表)

序号	英文名称	中文名称	备注	所在文献名缩略语（页码）
1583	Russell & Co.	旗昌洋行		刀2(1250)
1584	Russell & Co.	美商旗昌洋行		钥(257)
1585	Russell & Co.	美商旗昌洋行	1824年在广州创立，1846年在上海设立分所，1891年停业	琼(193)
1586	Russell & Sturgis	美商罗赛尔斯达吉士公司		琼(194)
1587	Russian American Company	俄美公司		琼(194)
1588	Russian Ecclesiastical Mission	俄罗斯正教会传道团	驻北京	琼(195)
1589	Russo-Asiatic Bank	华俄道胜银行		卅3(1353)
1590	Royal Artillery	英国皇家炮兵队		太(519)
1591	Royal Engineers	英国皇家工程兵队		太(519)
1592	S. M. C. Anglo-Chinese School	上海英华书馆		钥(257)
1593	S. M. C. Public School	上海西童书院		钥(257)
1594	San-Peh Steam Navigation Co.	三北轮埠公司		卅3(1355)
1595	Sassoon & Co.	沙逊洋行		刀2(1250)
1596	Sassoon & Co.	英商沙逊洋行	总行在孟买，上海分行于1845年开办	琼(193)
1597	Scott, Harding & Co.	祥泰洋行		刀2(1250)
1598	Second International	第二国际		卅3(1348)

(续表)

序号	英文名称	中文名称	备 注	所在文献名缩略语（页码）
1599	Shanghai Book Store	上海书店	上海法华民国路方浜桥339号,经销《向导周刊》等进步书报	卅3(1352)
1600	Shanghai Carting Company	上海货车公司		太(520)
1601	Shanghai College	沪江大学	美国浸礼会主办	卅3(1351)
1602	Shanghai Commerical & Savings Bank	上海商业储蓄银行		卅3(1353)
1603	Shanghai Cotton Manufacturing Co., Ltd.	日商上海纺织会社		卅3(1352)
1604	Shanghai Dock & Engineering Co. (Old Dock)	耶松老船坞	造船、制造锅炉	卅3(1355)
1605	Shanghai Electric Construction Co., Ltd.	上海制造电气电车公司		卅3(1355)
1606	Shanghai Gas Company, Ltd.	大英自来火行		卅3(1355)
1607	Shanghai General Chamber of Commerce	上海和明商会（上海万国总商会）		钥(257)
1608	Shanghai General Chamber of Commerce	上海和明商会		卅3(1349)
1609	Shanghai General Hospital	上海公济医院	北苏州路8号	卅3(1352)
1610	Shanghai Land Investment Co., Ltd.	美商业广公司	地产投资	卅3(1355)

（续表）

序号	英文名称	中文名称	备注	所在文献名缩略语（页码）
1611	Shanghai Local Volunteer Corps	上海义勇队		刀2(1249)
1612	Shanghai Municipal Council	上海公共租界工部局		太(519)
1613	Shanghai Municipal Council	上海公共租界工部局		钥(256)
1614	Shanghai Municipal Council	上海公共租界工部局		五2(896)
1615	Shanghai Municipal Council	上海公共租界工部局		卅3(1348)
1616	Shanghai Municipal Police	上海公共租界工部局警务处		钥(256)
1617	Shanghai Municipal Police	上海工部局警务处		五2(896)
1618	Shanghai Municipal Police	上海公共租界工部局警务处		卅3(1348)
1619	Shanghai Mutual Telephone Co., Ltd.	上海华洋德律风公司		卅3(1355)
1620	Shanghai Power Company	上海电力公司		钥(257)
1621	Shanghai Steam Navigation Company	上海轮船公司（旗昌轮船公司）		太(520)
1622	Shanghai Steam Navigation Company	美商旗昌轮船公司	1862年开业，1877年停业	琼(193)
1623	Shanghai Volunteer Corps	上海万国商团		太(519)
1624	Shanghai Volunteer Corps	万国义勇队		刀2(1249)

(续表)

序号	英文名称	中文名称	备注	所在文献名缩略语（页码）
1625	Shanghai Volunteer Corps	上海万国商团		钥(256)
1626	Shanghai Volunteer Corps	上海万国商团		五2(896)
1627	Shanghai Volunteer Corps	上海公共租界万国商团		卅3(1348)
1628	Shanghai Waterworks Co., Ltd.	上海自来水公司		卅3(1355)
1629	Shanghai Waterworks, Ltd.	英商上海自来水公司		钥(257)
1630	Shanghai Wharf Company	上海码头公司		太(520)
1631	Sharp & Co., London	伦敦夏普公司		太(520)
1632	Shaw Brothers & Co.	萧氏兄弟洋行		钥(257)
1633	Siemssen & Co.	德商禅臣洋行	进出口、机器、西药、颜料	卅3(1354)
1634	Sin-tuck-kee Hong	新德记行		太(520)
1635	Smith, Kennedy & Co.	华记洋行		钥(257)
1636	Smith, King & Co.	金史密洋行		刀2(1250)
1637	Societe Franco-Chinoise de Construction Metalliques et Mecaniques	中法求新制造厂	造船、制造锅炉	卅3(1356)
1638	South Manchuria Railway Co.	南满洲铁道株式会社		卅3(1356)
1639	Soviet Proletarian Students' Association	苏俄无产者学生联合会		卅3(1348)
1640	Soviet Trade Union Delegation	苏联职工会代表团		卅3(1348)

(续表)

序号	英文名称	中文名称	备注	所在文献名缩略语（页码）
1641	St. James	圣詹姆士宫		刀2(1249)
1642	St. John's University in Shanghai	上海圣约翰大学		钥(257)
1643	St. John's University	上海圣约翰大学	美国圣公会主办	卅3(1351)
1644	St. Luke's Hospital	同仁医院	西华德路12号	卅3(1352)
1645	Standard Oil Co. of New York	美孚石油公司		卅3(1356)
1646	Takee	泰记		太(520)
1647	The American Board of Foreign Missions	美国布道会		刀2(1249)
1648	The American Chamber of Commerce	驻华美国商会		五2(897)
1649	The American General Electric Edison Corporation of China	美商奇异电灯厂		五2(897)
1650	The American University Club	美国大学总会		五2(897)
1651	The 3rd Battalion Algerian Troops	法军阿尔及利亚军队第3大队		太(519)
1652	The 2nd Belooch Battalion	英军俾路支第2大队		太(519)
1653	The 5th Bombay Native Light Infantry	英军孟买土著轻武器步兵第5团		太(519)
1654	The 25th Bombay Native Light Infantry	英军孟买土著轻武器步兵第25团		太(519)

(续表)

序号	英文名称	中文名称	备注	所在文献名缩略语（页码）
1655	The British and Foreign Bible Society	大英圣书公会		卅 3(1350)
1656	The China Inland Mission	中国内地会		刀 2(1249)
1657	The Chinese Evangelisation Society	中国布道会		刀 2(1249)
1658	The Church Missionary Society	英国圣公会		刀 2(1249)
1659	The Commercial Press	商务印书馆		卅 3(1351)
1660	The Committee for Roads and Jetties	道路码头公会		刀 2(1249)
1661	The Committee of Cooperation	合作委员会		刀 2(1249)
1662	The Cotton Yarn Public Exchange Association	纱业公会		卅 3(1349)
1663	The Ever Victorious Army	常胜军		太(520)
1664	The Franco-Chinese Contingent	常捷军（法华联合部队）		太(520)
1665	The London Missionary Society	伦敦布道会		刀 2(1249)
1666	The Mercantile Bank of India	有利银行		卅 3(1353)
1667	The Mission Book Company	协和书局		卅 3(1351)
1668	The Mixed Court	会审公廨		五 2(897)

（续表）

序号	英文名称	中文名称	备注	所在文献名缩略语（页码）
1669	The Municipal Reformatory	工部局感化院		五2(897)
1670	The Oriental Engineering Works	大隆机器厂		卅3(1355)
1671	The Pan-Pacific Publishers	联洋发刊社	发行《商旅友报》《中国医药月刊》《大亚杂志》等	卅3(1351)
1672	The Public Meeting of Foreign Landholders	外国租地人大会		刀2(1249)
1673	The 22nd Punjab Native Infantry	英军旁遮普土著步兵第22团		太(519)
1674	The Robert Dollar Co.	大来洋行	进出口兼营轮船	卅3(1354)
1675	The Royal Asiatic Society (North China Branch)	英国皇家亚洲文会北华分会		卅3(1350)
1676	The Southern Baptist Convention	美国南浸信会		刀2(1249)
1677	The Texas Company	德士古火油公司		卅3(1356)
1678	The United Service Association	海陆军协会		五2(897)
1679	The Watch Committee	警备委员会		五2(897)
1680	The World's Chinese Students Union	寰球中国学生会		五2(897)
1681	Toa Seima Kaisha, Ltd.	日商东亚制麻有限公司		卅3(1352)
1682	Tokwa Boseki Kaisha, Ltd.	日商东华纺绩株式会社		卅3(1352)

（续表）

序号	英文名称	中文名称	备注	所在文献名缩略语（页码）
1683	T'ou-Se-We Press, Zi-Ka-Wei	土山湾印书馆		卅3(1352)
1684	Toyo Cotton Spinning Co., Ltd.	日商裕丰纱厂		卅3(1352)
1685	Toyoda Cotton Spinning & Weaving Co.	日商丰田纺织会社		卅3(1352)
1686	Trinity Church	三一堂		刀2(1249)
1687	Tung Wen College	同文书院		卅3(1351)
1688	Turner & Co.	英商华记洋行		琼(193)
1689	United States Court for China	美国驻华裁判庭		卅3(1348)
1690	Université de l'Aurore	震旦大学		钥(257)
1691	Vatican	梵蒂冈		刀2(1249)
1692	Victoria Insurance Company	美商维多利亚保险公司		琼(194)
1693	W. R. Adamson & Co.	天长洋行		钥(257)
1694	Wa Shing	华兴洋行		太(520)
1695	Ward's Disciplined Chinese	华尔洋枪队		太(520)
1696	Watch Committee	上海公共租界工部局警备委员会		卅3(1349)
1697	Wetmore & Co.	魏德卯洋行		刀2(1250)
1698	Wetmore & Co.	美商华地玛洋行		琼(193)

(续表)

序号	英文名称	中文名称	备注	所在文献名缩略语（页码）
1699	Whangpoo Conservancy Board	浚浦局		钥(256)
1700	Whangpoo Conservancy Board	浚浦总局		卅3(1348)
1701	Wheelock & Co.	会德丰公司		钥(257)
1702	Wheelock & Co.	会德丰洋行	驳船	卅3(1354)
1703	Wolcott, Bates & Co.	吴利国洋行		钥(257)
1704	World's Chinese Students' Federation	寰球中国学生会	干事朱少屏	卅3(1350)
1705	Yale Universtiy	耶鲁大学	美国康涅狄格州纽黑文	琼(195)
1706	Yangtszepoo Social Center	沪东公社	沪江大学在杨树浦设立的社会活动中心	卅3(1351)
1707	Yokohama Specie Bank	横滨正金银行		卅3(1353)
1708	Young Men's Chrisitan Association of China, National Committee	中华基督教青年会全国协会		卅3(1350)
1709	Young Women's Christian Association, National Headquarters	中华基督教女青年会全国协会		卅3(1350)
1710	Zi-Ka-Wei St. Ignatius' College	徐汇公学		卅3(1351)

三、报纸、期刊、图书、档案、文件

序号	外文名称	中文名称	备注	所在文献名缩略语（页码）
1711	American Neptune	美国海洋杂志（1956—1957年）		琼(196)
1712	An American Diplomat in China	一个美国驻华外交家	芮恩施（Paul S. Reinsch）著	五2(898)
1713	Annalesde Geographie	地理年鉴		钥(254)
1714	Annals of the American Academy of Political and Social Science	美国政治社会科学院年刊		钥(254)
1715	Asia	亚细亚		钥(254)
1716	Baltimore Sun	巴尔的摩太阳报	巴尔的摩	卅3(1356)
1717	Birmingham Post	伯明翰邮报	伯明翰	卅3(1356)
1718	British Chamber of Commerce Journal	英商公会通报	上海，1925年6月至8月	卅3(1357)
1719	Bulletin de la société geograhique commericale	商业地理学会通报		钥(254)
1720	Bulletin de l'unversité de l'Aurore	震旦大学通报		钥(254)
1721	Bulletin of the Business Historcial Society	商业史学会公报（1953年）		琼(196)
1722	Ch'en-yen: Read the Truth	诚言	1925年6月至8月上海公共租界工部局宣传委员会所印发的旨在破坏与瓦解群众反帝爱国运动的英文和中文传单	卅3(1358)

（续表）

序号	外文名称	中文名称	备注	所在文献名缩略语（页码）
1723	China and Far East Finance and Commerce	中国远东金融商业报	上海，1925年	卅3(1357)
1724	China Christian Yearbook, 1926	中华基督教年鉴(1926年)	乐灵生主编，上海广学会1926年版	卅3(1357)
1725	China Digest	中国文摘		钥(254)
1726	China Economic Bulletin	中国经济通报	澳大利亚新闻记者端纳主编，北京政府经济讨论处1925年编印	卅3(1357)
1727	China Economic Monthly	中国经济月刊	北京，1925年	卅3(1357)
1728	China Journal of Science and Arts (China Journal)	中国美术杂志		钥(254)
1729	China Mail	孖剌报		太(520)
1730	China Medical Journal	博医会报	上海，1925年	卅3(1357)
1731	China Monthly Review	中国每月评论		钥(254)
1732	China Press	大陆报		钥(254)
1733	China Weekly Review	密勒氏评论报		钥(254)
1734	China Weekly Review	密勒氏评论报周刊	上海，美国新闻记者鲍威尔主编	卅3(1357)
1735	China Yearbook	中国年鉴	伍德海(Woodhead)主编	钥(254)
1736	China Year book, 1926-1927	中华年鉴(1926—1927年)	天津，英国人伍德海主编	卅3(1357)
1737	Chinese and Japanese Repository	中国与日本丛报		钥(254)
1738	Chinese Economic Bulletin	中国经济通报		钥(254)

(续表)

序号	外文名称	中文名称	备注	所在文献名缩略语（页码）
1739	Chinese Economic Journal	中国经济杂志		钥(254)
1740	Chinese Economic Monthly	中国经济月报		钥(254)
1741	Chinese Repository	中国丛报		钥(255)
1742	Chinese Social and Political Science Review	中国社会政治科学评论		钥(255)
1743	Chinese Yearbook	中国年鉴（上海版）		钥(255)
1744	Consel d'Administration Municipale de la Concession Française à Changhai, Compte-Rendu de la Question pour L'Exercise et Budget, 1919	上海法租界公董局1919年度报告		五2(898)
1745	Daily Herald	每日先驱报	伦敦,1925年	卅3(1356)
1746	Daily News	每日新闻		太(520)
1747	Daily News Release	每日新闻稿		钥(255)
1748	Daily Press	德臣报	香港	太(521)
1749	Daily Shipping & Commercial News	每日航运与商业新闻		太(521)
1750	Daily Telegraph	每日电讯报	伦敦,1925年	卅3(1356)
1751	Far Eastern Review	远东时报		钥(255)
1752	Far Eastern Survey	远东研究		钥(255)
1753	Finance and Commerce	金融商业报		钥(255)
1754	Geographic Review	地理综览报		钥(255)

(续表)

序号	外文名称	中文名称	备注	所在文献名缩略语（页码）
1755	Hong Kong Directory	香港行名簿（1859年）		琼(196)
1756	Hongkong Register	香港纪事报		刀2(1250)
1757	Independent Herald	独立先驱报	汉口,1925年	卅3(1356)
1758	International Press Correspondence	国际新闻通讯	共产国际1925年编行	卅3(1358)
1759	Journal de la marine marchande	商船杂志		钥(255)
1760	Jouranl of Economic History	经济史杂志（1946年）		琼(196)
1761	Journal of Geography	地理杂志		钥(255)
1762	Journal of the Association of Chinese and American Engineers	中美工程师协会报		钥(255)
1763	Journal of the British Chamber of Commerce	英商公会通报		钥(255)
1764	Journal of the General Chamber of Commerce of Shanghai	上海和明商会通报		钥(255)
1765	Journal of the North China Branch of the Royal Asiatic Society	英国皇家亚洲文会北华分会报		钥(255)
1766	L'Echo de Chine	中法新汇报		五2(898)
1767	L'Echo de Chine	中法新汇报	上海,1925年	卅3(1356)
1768	Manchester Guardian	曼彻斯特卫报	曼彻斯特,1925年	卅3(1356)

（续表）

序号	外文名称	中文名称	备注	所在文献名缩略语（页码）
1769	Mesny's Chinese Miscellany	华英会通		钥(255)
1770	Mitteilungen der geographische Gesellschaft im Wien	维也纳地理学会报		钥(255)
1771	Municipal and Land Regulaiton	上海租界地皮章程		刀 2(1249)
1772	Municipal Gazette	上海工部局公报		五 2(898)
1773	Nankai Social and Economic Quarterly	南开社会经济学报		钥(255)
1774	Nation	民族周刊		钥(255)
1775	National Journal of Commerce	中国商报		钥(255)
1776	National Reconstruction Journal	国民建设杂志		钥(255)
1777	New China News Agency Bulletin	新华社新闻简报		钥(255)
1778	New York Times	纽约时报	纽约,1925 年	卅 3(1356)
1779	North China Daily News	字林西报		刀 2(1249)
1780	North China Daily News	字林西报		钥(255)
1781	North China Daily News	字林西报		五 2(898)
1782	North China Daily News	字林西报	上海,1925 年,葛林主编	卅 3(1356)
1783	North China Herald	北华捷报		太(521)
1784	North China Herald	北华捷报		钥(255)

(续表)

序号	外文名称	中文名称	备注	所在文献名缩略语（页码）
1785	North China Herald	北华捷报		刀 2(1249)
1786	North China Herald	字林星期周报	上海，1925 年，葛林主编	卅 3(1356)
1787	North China Herald	北华捷报（1858—1862 年）	上海	琼(196)
1788	Overland Times of India	印度时报		太(521)
1789	Papers relating to the Foreign Relations of the United States, 1925. Vol.1	美国对外关系文件（1925 年第 1 卷）	华盛顿政府印刷局 1940 年版	卅 3(1358)
1790	Papers relating to the Foreign Relations of the United States of American	美国对外关系文件		五 2(898)
1791	Papers respecting Labour Conditions in China(FO Memorandum) China No. 1(1925)	有关中国劳工状况的文件（中国第 1 号，1925 年）	英国外交部编	卅 3(1358)
1792	Papers respecting Labour Conditions in China(FO Memorandum) China No. 2(1927)	有关中国劳工状况的文件（中国第 2 号，1927 年）	英国外交部编	卅 3(1359)
1793	Peking Gazette	京报（1858—1862 年）	北京	琼(196)
1794	Peking & Tientsin Times	京津泰晤士报	天津，1925 年，英国人伍德海主编	卅 3(1356)
1795	People's China	人民中国		钥(255)
1796	Pravda	真理报	莫斯科，1925 年	卅 3(1357)

(续表)

序号	外文名称	中文名称	备注	所在文献名缩略语（页码）
1797	Report presented by the Chinese Government to the 1925 Annual Conference	中国政府向1925年国际劳工局年会提出的报告	日内瓦国际劳工局1925年发布	卅3(1359)
1798	Report to the Shanghai Municipal Council by Hon. Richard Feetham	费唐法官研究上海公共租界情形报告书	上海字林洋行1931年版	卅3(1359)
1799	Revue de Pacifique	太平洋评论		钥(255)
1800	Revue de Paris	巴黎评论		钥(255)
1801	S. M. C. Annual Report & Budget, 1925-1926	上海公共租界工部局年度报告与预算（1925—1926年）		卅3(1358)
1802	S. M. C. Minute Book	上海工部局董事会会议录		五2(898)
1803	S. M. C. Minute Book, 1925-1926	上海公共租界工部局董事会会议录(1925—1926年)		卅3(1358)
1804	S. M. C. Police Daily Report, 1925	上海公共租界工部局警务日报(1925年)		卅3(1358)
1805	S. M. C. Police Report	上海工部局警务日报		五2(898)
1806	Science and Technology in China	中国科学技术报		钥(255)
1807	Shanghai Almanac	上海年鉴（1852—1857年字林洋行版）		钥(256)

(续表)

序号	外文名称	中文名称	备注	所在文献名缩略语（页码）
1808	Shanghai Almanck 1856-1857 & Miscellany	上海年鉴（1856—1857年）	上海字林洋行	琼(196)
1809	Shanghai Daily Times	上海每日时报		太(521)
1810	Shanghai Evening Courier	通问西报		钥(256)
1811	Shanghai Evening Post and Mercury	上海大美晚报		钥(256)
1812	Shanghai Gazette	英文沪报		钥(256)
1813	Shanghai Gazette	英文汇报		五2(898)
1814	Shanghai Mercury	上海英文文汇报		钥(256)
1815	Shanghai Mercury	文汇报		卅3(1357)
1816	Shanghai Recorder	上海载纪		太(521)
1817	Shanghai Times	上海泰晤士报		太(521)
1818	The China Journal of Science and Arts	中国美术杂志	上海，1925年，苏柯仁主编	卅3(1357)
1819	The China Press	大陆报		五2(898)
1820	The China Press	大陆报	上海，1925年	卅3(1356)
1821	The China Weekly Review	密勒氏评论报		五2(898)
1822	The Chinese Recorder	教务杂志月刊	上海，1925年，乐灵生主编	卅3(1358)
1823	The Evening News	大晚报	上海，1925年	卅3(1356)
1824	The Far Eastern Review	远东时报月刊	上海，1925年	卅3(1358)
1825	The Gleaner	拾落穗者报		刀2(1250)
1826	The London and China Express	伦敦和中国快报		刀2(1250)

(续表)

序号	外文名称	中文名称	备 注	所在文献名缩略语（页码）
1827	The Shanghai Times	上海泰晤士报	上海，1925 年	卅3(1357)
1828	The Times	泰晤士报	伦敦，1925 年	卅3(1357)
1829	Times	泰晤士报（1857—1858 年）	伦敦	琼(196)
1830	Tsing Hua Journal of Chinese Sudies	清华学报（1961 年）		琼(196)
1831	World Almanac	世界年鉴		钥(256)
1832	Zeitschrift für Geopolitik	地理政治学报		钥(256)

四、船只、军舰、舰队

序号	外文名称	中文名称	备 注	所在文献名缩略语（页码）
1833	Agnès	"羊神"号		刀2(1248)
1834	Algerine	"阿尔吉林"号		鸦(392)
1835	Alonprah	"阿朗普拉"号	法国军舰	太(516)
1836	Amoy	"厦门"号	英国军舰	太(516)
1837	Anne Walsh	"安妮·瓦尔喜"号	琼记洋行鸦片趸船，停在吴淞	琼(195)
1838	Antelope	"羚羊"号		刀2(1249)
1839	A-pak Fleet	阿派克舰队		刀2(1249)
1840	Apollo	"亚波罗"号		鸦(392)
1841	Ariadne	"雅利涅"号		鸦(392)
1842	Aristides	"亚历斯梯台斯"号		刀2(1248)

（续表）

序号	外文名称	中文名称	备注	所在文献名缩略语（页码）
1843	Atta Ante	"阿塔安蒂"号	英国轮船	太(516)
1844	Auckland	"奥克兰"号		鸦(392)
1845	Ballarat	"巴拉瑞特"号	英国军舰	太(516)
1846	Barraconter	"巴拉考塔"号		刀2(1248)
1847	Belleisle	"贝莱色"号		鸦(392)
1848	Bentinck	"班底克"号		鸦(392)
1849	Blonde	"布郎底"号		鸦(391)
1850	Bombay	"孟买"号		刀2(1248)
1851	Bo-peep	"躲猫"号	清军小汽船	太(517)
1852	Bouncer	"跳跃者"号	英国炮舰	太(517)
1853	Bremen	"布勒门"号		刀2(1248)
1854	Calliope	"加略普"号		鸦(391)
1855	Cama Family	"卡马家族"号	琼记洋行鸦片趸船，停在金星门岛	琼(195)
1856	Canvas Back	"野鹜"号	奥里奇勒曼公司商船	琼(195)
1857	Cassini	"贾西义"号		刀2(1249)
1858	Centaur	"神涛"号	英国军舰	太(517)
1859	Childers	"基尔德斯"号		鸦(392)
1860	Childers	"恰尔德士"号		刀2(1248)
1861	Clio	"克里欧"号		鸦(392)
1862	Clown	"克隆"号		刀2(1248)
1863	Colbert	"高尔拜"号		刀2(1249)
1864	Columbine	"哥伦拜恩"号		鸦(392)
1865	Confucius	"孔夫子"号	法国军舰	太(517)
1866	Confucius	"孔夫子"号		刀2(1248)

(续表)

序号	外文名称	中文名称	备注	所在文献名缩略语（页码）
1867	Constantine	"康斯坦丁"号		刀2(1249)
1868	Conway	"康威"号		鸦(392)
1869	Cooper	"库珀"号	英国舰队司令何伯所乘坐的军舰	琼(195)
1870	Cornwallis	"皋华丽"号		鸦(392)
1871	Coromandel	"科罗曼德尔"号	英国军舰	太(517)
1872	Cotes	"科第士"号	琼记洋行轮船	琼(195)
1873	Cricket	"蟋蟀"号	清军轮船	太(517)
1874	Cruiser	"游弋者"号	英国军舰	太(517)
1875	Cuthbert	"克斯勃脱"号		刀2(1248)
1876	Da Luz	"达鲁兹"号		太(517)
1877	Dido	"戴窦"号		鸦(392)
1878	Djihit	"吉希特"号	法国轮船	太(517)
1879	Don Joaö I	"堂乔一世"号	葡萄牙炮舰	太(517)
1880	Dragonne	"龙骑兵"号	法国军舰	太(517)
1881	Driver	"德赖为"号		鸦(392)
1882	Du Chayla	"丢夏乐"号	法国军舰	太(517)
1883	Dumfries	"达姆斯福利斯"号		刀2(1248)
1884	Elisa	"厄利沙"号		刀2(1248)
1885	Empress of China	"中国皇后"号	美国最早来华的商船（1784年）	琼(195)
1886	Encounter	"恩康脱"号	英国军舰	太(517)
1887	Encounter	"恩康脱"号		刀2(1249)
1888	Endymion	"安东明"号		鸦(391)

(续表)

序号	外文名称	中文名称	备注	所在文献名缩略语（页码）
1889	Errigone	"爱里贡"号		鸦（392）
1890	Espiegle	"艾斯必格尔"号		刀2（1248）
1891	Etoile	"恒星"号	法国炮舰	太（517）
1892	Euryalus	"尤里亚勒斯"号	英国海军旗舰	太（517）
1893	Favorite	"费弗拉梯"号		鸦（392）
1894	Fire Dart	"火箭"号	琼记洋行最早向美国订购的轮船	琼（195）
1895	Flamer	"弗莱默"号	英国炮舰	太（517）
1896	Forte	"勇敢"号	法国巡洋舰	太（517）
1897	Fox	"狐狸"号	商船	太（517）
1898	Frolic	"狂欢"号	琼记洋行鸦片趸船，停在金星门岛	琼（195）
1899	Furious	"狂暴"号	英国军舰	太（517）
1900	Fusi Yama	"富士山"号	商船	太（517）
1901	Ganges	"恒河"号		刀2（1248）
1902	Glenlyon	"格兰里昂"号		刀2（1249）
1903	Governor-General	"总督"号	英商宝顺洋行轮船	琼（195）
1904	Granada	"格拉那达"号	英国轮船	太（517）
1905	Gravière	"格拉维埃"号		刀2（1249）
1906	Grecian	"希腊人"号		刀2（1248）
1907	Hartford	"哈特福德"号	美国小型军舰	太（517）
1908	Havoc	"劫掠"号	英国炮舰	太（517）
1909	Hermes	"海尔姆斯"号		刀2（1249）
1910	Hongkong	"香港"号	法国军舰	太（517）

（续表）

序号	外文名称	中文名称	备注	所在文献名缩略语（页码）
1911	Hornet	"霍奈特"号		刀2(1249)
1912	Hyson	"熙春茶"号	清军轮船	太(517)
1913	Imperieuse	"高傲"号	英国海军旗舰	太(517)
1914	Iona	"爱翁娜"号		刀2(1249)
1915	Iskander Shah	"伊斯坎德王"号	英国军舰	太(517)
1916	Japanese	"日本人"号	法国轮船	太(517)
1917	Jeanne d'Arc	"贞德"号		刀2(1248)
1918	John Wade	"约翰·威德"号	琼记洋行轮船	琼(195)
1919	Jupiter	"周辟特"号	商船	太(517)
1920	Jupiter	"朱匹忒"号		鸦(391)
1921	Kajaw	"瓜州"号	英国轮船	太(517)
1922	Kate	"凯悌"号	英国轮船	太(517)
1923	Kestrel	"茶隼"号	英国炮舰	太(517)
1924	Kien-chau	"建州"号	法国军舰	太(518)
1925	Lady Hayes	"海士夫人"号	琼记洋行鸦片趸船，停在金星门岛	琼(195)
1926	Lady Mary Wood	"玛丽伍特"号		刀2(1248)
1927	Lady Mary Wood	"玛丽伍德"号	琼记洋行鸦片趸船，停在吴淞	琼(195)
1928	Lily	"百合花"号		刀2(1248)
1929	Loire	"罗瓦"号	法国军舰	太(518)
1930	Lord Lyndhurst	"林德赫斯特勋爵"号	商船	太(518)
1931	Mandarin	"孟达林"号		刀2(1248)
1932	Mandarin	"鸳鸯"号	琼记洋行轮船	琼(195)

(续表)

序号	外文名称	中文名称	备注	所在文献名缩略语（页码）
1933	Mandarin	"鸳鸯"号	奥里奇勒曼公司商船	琼(195)
1934	Marison	"马良"号		鸦(392)
1935	Marne	"玛纳"号	法国军舰	太(518)
1936	Medusa	"麦都萨"号		鸦(392)
1937	Memnon	"梅姆隆"号		鸦(392)
1938	Mermaid	"美人鱼"号		刀2(1249)
1939	Meteor	"流星"号	法国军舰	太(518)
1940	Meurthe	"梅耳瑟"号	法国军舰	太(518)
1941	Minerva	"明尼伐"号		鸦(392)
1942	Minna	"明娜"号	琼记洋行轮船	琼(195)
1943	Mitraille	"机枪"号	法国炮艇	太(518)
1944	Modeste	"摩底士底"号		鸦(392)
1945	Nemesis	"复仇神"号		鸦(392)
1946	Niger	"尼格"号		刀2(1248)
1947	Nimrod	"猎师"号	英国炮舰	太(518)
1948	North Star	"北极星"号		鸦(391)
1949	Nyaicnick	"奈斯尼克"号	俄国炮舰	太(518)
1950	Nymph	"水神"号		刀2(1248)
1951	Octavia	"奥克塔维亚"号	英国运输舰	太(518)
1952	Oneida	"奥尼达"号		刀2(1248)
1953	Opritchnick	"奥普里奇尼克"号	俄国炮舰	太(518)
1954	Pallada	"帕拉达"号		刀2(1248)
1955	Paplico	"巴普利科"号		太(518)
1956	Paragon	"模范"号	商船	太(518)

(续表)

序号	外文名称	中文名称	备注	所在文献名缩略语（页码）
1957	Passnadic	"帕萨纳迪克"号	法国轮船	太(518)
1958	Pearl	"珍珠"号	英国军舰	太(518)
1959	Pelican	"塔里康"号		鸦(392)
1960	Phlegethon	"弗莱吉森"号		鸦(391)
1961	Pilot Fish	"测量船"号		鸦(392)
1962	Pioneer	"先锋"号	英国快艇	太(518)
1963	Plover	"伯劳弗"号		鸦(392)
1964	Pluto	"阎罗王"号	英国轮船	太(518)
1965	Pluto	"伯鲁多"号		鸦(392)
1966	Plymouth	"卜利茅资"号		刀2(1248)
1967	Powhattan	"波瓦坦"号		刀2(1248)
1968	Pregent	"普雷金"号	法国军舰	太(518)
1969	Proserpine	"伯劳西伯"号		鸦(392)
1970	Queen	"皇后"号		鸦(392)
1971	Race Horse	"赛马"号	琼记洋行鸦片趸船，停在金星门岛	琼(195)
1972	Racehorse	"赛马"号		刀2(1249)
1973	Rattler	"拉特拉"号		刀2(1248)
1974	Rattlesnake	"响尾蛇"号		鸦(392)
1975	Renommée	"声誉"号	法国军舰	太(518)
1976	Ringdove	"斑鸠"号	英国军舰	太(518)
1977	Robert	"罗伯特"号		刀2(1248)
1978	Roebuck	"牡鹿"号	英国邮船	太(518)
1979	Rose	"玫瑰花"号	由艾伯特·何德经手出售给上海道台的轮船	琼(195)
1980	Rose Standish	"露丝·斯丹迪西"号		刀2(1248)

(续表)

序号	外文名称	中文名称	备注	所在文献名缩略语（页码）
1981	Saginaw	"撒基瑙"号	法国军舰	太(518)
1982	Salamander	"沙勒曼得"号		刀2(1248)
1983	Sampson	"桑普森"号		刀2(1249)
1984	Saône	"撒翁"号	法国军舰	太(518)
1985	Science	"赛因斯"号		刀2(1249)
1986	Scout	"侦察"号	英国军舰	太(518)
1987	Sesostris	"西索斯梯斯"号		鸦(392)
1988	Shantung	"山东"号	旗昌轮船公司轮船	琼(195)
1989	Sibylle	"西比尔"号		刀2(1248)
1990	Sir Herbert Compton	"甘普敦"号		刀2(1248)
1991	Snake	"蛇"号	英国军舰	太(518)
1992	Snipe	"司奈皮"号		刀2(1248)
1993	Snipe	"沙锥鸟"号	琼记洋行鸦片趸船，停在金星门岛	琼(195)
1994	Sophia	"索非亚"号		鸦(392)
1995	Sparrowhawk	"雀鹰"号	英国小军舰	太(518)
1996	Spartan	"斯巴达人"号		刀2(1249)
1997	Starling	"欧椋鸟"号	英国炮舰	太(518)
1998	Starling	"司塔林"号		鸦(391)
1999	Storm	"暴风"号		刀2(1249)
2000	Styx	"司底克斯"号		刀2(1248)
2001	Susquehanna	"色奎哈那"号		刀2(1248)
2002	Sveltana	"斯威尔塔那"号	俄国巡洋舰	太(518)

(续表)

序号	外文名称	中文名称	备注	所在文献名缩略语（页码）
2003	Swiftsure	"斯威夫特休尔"号		刀2(1249)
2004	Tennassarim	"谭那萨林"号		鸦(392)
2005	Thunder	"雷鸣"号	英国运输船	太(518)
2006	Tochka	"圆点"号		刀2(1249)
2007	Tom the Greek	"希腊人托马"号		太(518)
2008	Trent	"特伦特"号	英国轮船	琼(195)
2009	Union Star	"旗星"号	琼记洋行轮船	琼(195)
2010	Urgent	"欧琴"号		鸦(392)
2011	Vandalia	"凡蒂拉"号		鸦(391)
2012	Vandalia	"凡达利亚"号		刀2(1248)
2013	Vengeance	"复仇"号	法国军舰	太(518)
2014	Virginie	"维尔基尼"号		刀2(1249)
2015	Vixen	"威克逊"号		鸦(392)
2016	Volage	"窝拉疑"号		鸦(392)
2017	Vulcan	"火神"号	英国军舰	太(518)
2018	Wanderer	"漫游者"号	琼记洋行鸦片趸船，停在金星门岛	琼(195)
2019	Winchester	"温彻斯特"号		刀2(1249)
2020	Woodcock	"山鹬"号	英国军舰	太(519)
2021	Zenobia	"泽诺比亚"号	英国轮船	太(519)

五、货币、商品

序号	外文名称	中文名称	备注	所在文献名缩略语（页码）
2022	Bohea	武夷茶	红茶	琼(196)
2023	Carolus dollar	加罗拉银洋	西班牙本洋	琼(196)
2024	Hyson	熙春茶	绿茶	琼(196)
2025	Malwa opium	白皮士	迈尔窖鸦片	琼(196)
2026	Mexican dollar	墨西哥银洋	鹰洋	琼(196)
2027	Oolong	乌龙	红茶	琼(196)
2028	Patna opium	公班土	巴特那鸦片	琼(196)
2029	Pekoes	白毫	高级红茶	琼(196)
2030	Souchong	小种毛尖	红茶	琼(196)
2031	Taiping	太平茶		琼(196)
2032	Young Hyson	熙春芽茶	绿茶	琼(196)

六、其他

序号	外文名称	中文名称	备注	所在文献名缩略语（页码）
2033	Agency horse	代理商行		琼(196)
2034	Commission business	经销代办业务		琼(196)
2035	Ghibelline paradox	吉伯林式悖逆现象		琼(197)
2036	House circular	代理行通报		琼(196)

(续表)

序号	外文名称	中文名称	备注	所在文献名缩略语（页码）
2037	Manifest Destiny	命定扩张论	19世纪40年代美国扩张主义者要把美国的疆界从大西洋开拓到太平洋的意图	琼(197)
2038	Price current	行市价目表		琼(196)

补遗

序号	外文名称	中文名称	备注	所在文献名缩略语（页码）
2039	Bland, Joseph	濮兰德		刀(1248)
2040	Briand, Aristide	白里安	法国外交部部长（1925—1932年）	卅3(1336)
2041	China Review	中国评论报		钥(254)
2042	Forbes, Paul Siemen	保罗·福士	美国驻广州领事（1840—1842年），广州旗昌洋行大班	琼(187)
2043	Heard, Augustine, Sr.	老奥古斯丁·何德	美国人，美商琼记洋行创办人	琼(190)
2044	Meadows, J. A. T.	密妥士		法1(589)
2045	Mountain	芒顿		鸦(389)
2046	New Shanghai Life	上海俄文生活日报	上海，1925年	卅3(1356)
2047	Polo, Macro	马可孛罗		钥(253)
2048	Royal Horticultural Society	英国皇家园艺学会		钥(257)

索 引

A

阿查立（见阿拉巴斯特）
阿道夫　3
"阿尔吉林"号　1834
阿戈斯蒂尼　6
阿拉巴斯特（阿查立）　9、10
"阿朗普拉"号　1835
阿礼国（另见阿利国）　11、12、14、15
阿利国（另见阿礼国）　13
阿鲁内　25
阿伦　17
阿美士德　18
阿姆兰　542
阿姆斯特丹工会国际　1338
阿姆斯特朗炮队　1342
阿派克舰队　1839
阿普勒登　23
阿普勒登家族　22
阿思本　934
阿斯珀　29
"阿塔安蒂"号　1843
阿瓦库姆　30
阿希顿　27
阿希顿-格华特金　28

阿牙斯　7
埃德　565
埃尔贝　570
埃尔德里奇　364
埃尔曼　375
埃弗里特　383
埃格斯　363
埃林豪森　371
埃略特　369
埃梅里　8
埃尼昆　569
埃塞尔赛　381
埃瓦尔德　385
艾拉贝　370
"艾斯必格尔"号　1890
艾斯德莆伯爵夫人　380
艾斯考特　379
艾维娄福　386
艾文思　382
艾约瑟　358、359
爱德华　360
爱德华　361
爱活生　384
"爱里贡"号　1889

爱罗史密 26
爱棠 356、357
"爱翁娜"号 1914
安波于阿尔（另见安博-于阿尔）
　612
安博-于阿尔（另见安波于阿尔）
　623
安德森少将 19
"安东明"号 1888
安格联 4、5
安利洋行 1343
"安妮·瓦尔喜"号 1837
安诺德 24
安托万 21
安脱路忒 20
安邺 458
奥尔德里奇 16
奥格雷迪 928
奥古斯汀洋行 1350
奥加拉汉 925、926
"奥克兰"号 1844
"奥克塔维亚"号 1951
奥立芬 930
奥立芬公司 1554
奥伦 589
奥马利 931
"奥尼达"号 1952
"奥普利奇尼克"号 1953
奥斯曼 556
奥特曼 933
奥扎得 937

B

巴巴兰 49

巴巴伦 48
巴比塞 50
巴德莱 33
巴德里 34
巴敦 57
巴尔的摩太阳报 1716
巴尔罗 55
巴耳沙扎 46
巴富尔 41、43、44、45
巴格尔 950
巴格尔（另见巴加） 956
巴加（另见巴格尔） 954、955
巴驾 949
巴科尼埃 32
巴克 153
巴克莱 51
巴克雷 81
"巴拉考塔"号 1846
"巴拉瑞特"号 1845
巴雷斯 53
巴黎评论 1800
巴隆 52
巴麦尊 944、945、946
"巴普利科"号 1955
巴萨 58
巴赛特 59
巴斯奇 166
巴斯塔 60
巴特 63
巴特雷 56
巴夏礼 957、958、959、960、961
白毫 2029
白拉克斯顿 98
白拉瑞 942

白来尼　129
白莱茵　135
白郎　144
白里安　2040
白林　149
白罗克斯密士（另见伯洛克-斯密士）　137
白皮士　2025
白齐　156
白齐文　161、162
白士德　66
白藻泰　91
"百合花"号　1928
柏卜　947
柏德生　964
柏利　982
柏纳德　83
柏塞尔　962
拜克尔　38
班达公司　1337
"班底克"号　1848
班克罗夫特　47
班乐卫　941
"斑鸠"号　1976
邦兹曼　79
包尔腾（见包约翰）
包福　42
包令　123、124
包门　122
包约翰（包尔腾）　159、160
胞诅　118
宝顺洋行（另见英商宝顺洋行、颠地洋行）　1434、1435
鲍埃斯　125

鲍德安　64、65
鲍尔温　40
鲍罗廷　115
鲍斯华茨　117
鲍威尔　1005、1006
"暴风"号　1999
北华海上保险公司　1550
北华捷报（另见字林星期周报）　1783、1784、1785、1787
"北极星"号　1948
北京外交团　1439
贝比宁　70
贝茨家族　62
贝蒂　984
贝尔　73
贝尔　75
贝尔　76
贝尔纳　82
贝尔纳　84
贝科尔　72
贝拉尔　80
"贝莱色"号　1847
贝卢切　77
贝努耶　85
贝特罗　86
贝特西　169
贝西埃　89
贝伊克　74
倍礼洋行　1364
比代　92
比尔　67、68、69
比塞特　97
比索内（另见比逊内）　157
比泰尔　167

比休恩　90
比逊内（另见比索内）　158
俾士　991
币原喜重郎　1121
毕克武德　990
毕养吉　287
庇勃尔　970
裨治文　131、132、133
卞特曼　61
别发印书房　1509
别林斯　93
波桑克　116
"波瓦坦"号　1967
伯德　155
伯德　96
伯顿　165
伯驾　953
伯克利　154
"伯劳弗"号　1963
"伯劳西伯"号　1969
"伯鲁多"号　1965
伯洛克-斯密士（另见白罗克斯密士）
　　　138
伯明翰邮报　1717
伯奇　95
伯契　94
勃朗　145
博尔德里　112
博金式　980
博莱斯　114
博纳富瓦　106
博纳维尔　107
博尼　108
博维　121

博医会　1398
博医会报　1730
卜舫济　999、1000
卜凯　152
卜拉　306、995
"卜利茅资"号　1966
卜隆德尔　101
卜鲁斯　146
卜罗德　1012、1013、1014、1015
卜扑　996、997
布策　168
布尔布隆　119、288、289
布坎南　151
布拉德肖　127
布拉德肖炮队　1368
布莱森　100
布赖恩　134
"布郎底"号　1849
布朗　142
布朗　143
布朗　99
布朗卡蒂　126
布劳　141
"布勒门"号　1853
布雷南　130
布里内　150
布里斯金　136
布斯纳　120

C

蔡特金（赤德经女士）　1325
"测量船"号　1961
"茶隼"号　1923
查甸　634

查顿（另见渣甸） 636
查谟士第洋行 1498
长冈半元 916
常捷军（法华联合部队） 1664
常胜军 1663
陈煦元（见陈裕昌）
陈裕昌（陈竹坪、陈煦元） 198
陈竹坪（见陈裕昌）
诚言 1722
赤德经（见蔡特金）
赤色职工国际 1569
川村 663
赐德龄 1166
赐德令 1167

D

达伯里 1197
达尔古 328
达尔洛 275
达拉斯 272
达来 270
"达鲁兹"号 1876
达洛克（见窦乐安）
"达姆斯福利斯"号 1883
达尼古 273
达托 277
达维荣 280
笪达文（台文卜） 279
大来 333、334
大来 335
大来轮船公司 1327
大来洋行 1674
大赖士 271
大隆机器厂 1670

大陆报 1732、1819、1820
大通银行 1450
大晚报 1823
大英火轮船公司（另见大英轮船公司、英商大英火轮船公司） 1562
大英教会安立甘（见英国圣公会）
大英浸礼会 1449
大英轮船公司（另见大英火轮船公司、英商大英火轮船公司） 1559、1563
大英圣书公会 1655
大英银行 1558
大英驻华按察使衙门 1471
大英自来火行 1606
代理商行 2033
代理行通报 2036
戴存义 1187
戴德生 1188
戴迪夫 1180
"戴窦"号 1877
戴弗尔斯 1217
戴卡罗 1218
戴克耳 315
戴勒 1189
戴特 1183
戴维思 284
戴维逊 281
戴作士（见泰勒）
丹尼尔 274
道本尼 278
道格拉斯 339
道格拉斯 340
道雅各 341
德庇时 282、283、285

德臣报　1748
德尔飞　1192
德弗朗　322
德卡兹　313
德克碑　269
德拉阿依　297
德拉马尔　316
德拉诺，华伦　317
德赖为　343
"德赖为"号　1881
德乐时（德罗西）　307
德鲁安　344
德罗西（见德乐时）
德热努伊　293
德商禅臣洋行　1633
德士古火油公司　1677
德斯凯拉克　320
德瓦尔库尔　310
德瓦拉纳　319
德威士　285
德雅克　321
登特　318
邓恩　348
邓康逊　347
狄贝茨　1209
狄金生　329
狄司克里（另见迪斯克里）　331
狄思威　332
狄支沙　295
迪比科　345
迪福雷斯脱　346
迪肯　312
迪伦（另见杜伦）　353
迪普雷　351

迪斯克里（另见狄司克里）　330
地理年鉴　1713
地理杂志　1761
地理政治学报　1832
地理综览报　1754
帝国邮船公司　1534
第二国际　1598
颠地洋行（另见宝顺洋行、英商宝顺
　洋行）　1436
丁恭思　1211
丁麟　1210
"丢夏乐"号　1882
东方汇利银行　1360
东方纱厂　1557
都德　1226
窦乐安（达洛克）　276
独立先驱报　1757
笃弼　1212
堵布益　352
杜伦（另见迪伦）　354
杜匹里埃　349
杜斯伯里　327
杜威　326
端纳　336
多尔　338
多福森　1213
多玛斯当东　1160
多希友　337
"躲猫"号　1851

E

俄理范　929
俄罗斯正教会传道团　1588
俄美公司　1587

额尔金（额尔金勋爵） 365、366、367、368
厄尔曼 376
"厄利沙"号 1884
恩迪考特上校 378
"恩康脱"号 1886、1887

F

法布维埃 387
法尔思德 428
法弗尔 396
法军阿尔及利亚军队第 3 大队 1651
法兰西银行 1421
法磊斯爵士，埃芙拉德 442
法龙（另见法隆） 394
法隆（另见法龙） 393
法雅 392
法租界公董局 1460
"凡达利亚"号 2012
"凡蒂拉"号 2011
凡其尔 1234
樊克令 439
梵蒂冈 1691
芳泽谦吉 1319
防务委员会 1433
防务与设备改进委员会 1416
非基督教同盟 1341
菲埃尔茨 411
菲茨-亨利 419
菲尔德 410
菲利普 987
菲律普斯 988
菲什（另见费施） 413

霏雪尔 417
腓德烈 444
吠礼查洋行（另见英商吠礼查洋行） 1455
费赐福 390
费都尔 1244
费尔 986
"费弗拉梯"号 1893
费拉斯 406
费利爱 391
费隆 399
费隆 400
费隆，查理 401
费隆，罗伯特 402
费施（另见菲什） 414
费世班 415、416
费唐 403、404、405
费唐法官研究上海公共租界情形报告书 1798
费托克 418
费效礼上尉 412
费信惇 409
费正清 388、389
费滋詹姆斯 420
丰大业 422
丰裕洋行 1481
佛雷泽 441
"弗莱吉森"号 1960
"弗莱默"号 1895
弗莱台 445
弗莱忒 421
弗朗克维尔 440
弗里茨 448
弗里茨堡 449

弗里曼　446
伏伯禄　436、437
伏恩　1236
萧雷泽　443
福伯斯　426
福布斯　423
福钧　434
福开森　407
福克斯　398
福孔　395
福雷斯蒂埃　334
福雷斯蒂埃　429
福雷斯特　432
福赛特　397
福士,保罗　2042
福士,弗兰克　425
福士家族　424
福士,罗伯特　427
福斯特　435
"复仇"号　2013
"复仇神"号　1945
复华尔教授　438
富礼赐　430、431
富礼门　447
"富士山"号　1900

G

嘎利德　459
盖　464
盖兰　518
盖斯科因　460
"甘普敦"号　1990
冈察洛夫　480
冈莱其　454

"高傲"号　1913
高达德　476
高德弗雷　478
高第(另见科尔迪埃)　236、237
"高尔拜"号　1863
高尔德　495
高尔福　250、251
高福曼　296
高兰爵士　479
高龙鞶　222
高易洋行　1475
"皋华丽"号　1870
戈登(上海骑兵队队长)　488
戈登(万国商团司令)　487
戈登(洋枪队领队)　483、484、485、486
哥林森　220
"哥伦拜恩"号　1864
哥士耆　684、685
革雷　508
"格拉那达"号　1904
格拉斯哥　474
格拉维埃尔　500
"格拉维埃"号　1905
格腊斯　501
格莱　502、503
"格兰里昂"号　1902
格兰特　498
格雷厄姆　496
格林　519
格林伍德　506
格鲁　507
格罗姆　513
格罗希氏　517

格梅尔　465
格斯可恩　461
葛必达　207、208
葛德石　253
葛笃　477
葛莱克　209
葛林　504
葛罗（葛罗男爵）　514、515、516
葛斯德　520、521
耿爱德　661
工部局感化院　1669
工部局格致公学　1567
工部局西童公学　1571
工部局育才公学　1448
公安委员会　1419
公班土　2028
公和祥码头　1560
公益纱厂　1514
宫达德　228
共产国际　1413
共产国际执行委员会　1444
古柏　693
古柏　694
古德休，乔纳森　481
古礼仪大主教　527
谷希尼　268
顾尔霖（格林）　505
顾丰盛（顾福昌）　689
顾福昌（见顾丰盛）
顾盛　265、266
顾盛家族　267
顾随　243、292
"瓜州"号　1921
广慈医院　1488

广学会　1409
广学书局　1515
广州岭南大学　1385
归尔甫派　1470
郭　491
郭富　492、493、494
郭龙　223
郭马润　524
郭实腊（另见郭士立）　530、531
郭士立（另见郭实腊）　528、529
国际劳工局　1489
国际联盟　1518
国际无产者救济会　1494
国际新闻通讯　1758
国民建设杂志　1776
果斯特　240

H

哈伯　546
哈尔柯特　547
哈佛大学　1477
哈佛大学工商管理学院研究生院　1478
哈佛燕京学社　1479
哈格里夫　548
哈华托律师事务所　1566
哈里斯　549
哈理逊　550
"哈特福德"号　1907
哈维公司　1480
哈维兰爵士　308
海登斯丹　566
海登斯坦　1247
"海尔姆斯"号　1909

海格　535
海克斯顿　557
海陆军协会　1678
"海士夫人"号　1925
韩考克　545
韩山文　541
汉璧礼(另见汉伯里)　543
汉伯里(另见汉璧礼)　544
豪格　586
豪格　587
豪威尔　611
郝播德　614
浩　609
浩尔斯特　540
合作委员会　1661
何伯(另见贺布)　597、598、599
何勃生　579、580
何德,艾伯特　559
何德家族　561
何德,老奥古斯丁　2043
何德,乔治　562
何德,小奥古斯丁　560
何德,约翰　563
何格　588
何杰　604
何默斯　591
和记洋行　1366
和记洋行　1506
和兰银行　1544
荷尔　538、539
荷国安达银行　1543
贺布(另见何伯)　595、596
贺夫梅斯特　583
贺莫　593

赫德　551、552、553
赫德　558
赫克萨姆　620
赫瑟林顿　572
赫斯特　603
赫威尔　554
亨德　618
亨富礼　617
亨特家族　619
"恒河"号　1901
"恒星"号　1891
横滨正金银行　1707
虹口防务委员会　1485
虹口码头公司　1487
"狐狸"号　1897
胡巴德　615
胡珀　594
胡夏米　746、747
沪东公社　1706
沪江大学　1601
花旗轮船公司　1561
花旗银行　1493
华爱德　1289
华比银行　1359
华德鲁　1271
华德纳　1268
华俄道胜银行　1589
华尔　1262、1263、1264
华尔喜　1261
华尔洋枪队　1695
华记洋行　1635
华勒　1259
华伦　1269
华洛思　311

华若翰　1265、1266
华生　1272
华素夫　1249
华兴洋行　1694
华英会通　1769
怀德菲尔德　1290
怀思,霍利德　1304
怀特　1288
怀特　1314
寰球中国学生会　1680、1704
"皇后"号　1970
皇家亚洲文会北华分会(另见英国皇家亚洲文会北华分会)　1547
汇丰银行　1486
会德丰公司(另见会德丰洋行)　1701
会德丰洋行(另见会德丰公司)　1702
会审公廨　1668
惠洛克　1286、1287
惠司尼(席国贞)　1281
惠托尔　1291
惠新顿　1306
"火神"号　2017
霍顿　606
霍恩比　601
霍尔　536、537
霍尔特　592
霍尔特　602
霍夫　605
霍甫,詹姆斯　582
霍华德　610
霍克利　581
霍姆士　590

"霍奈特"号　1911

J

"机枪"号　1943
吉本　467
吉本斯　468
吉布生　469
吉拉台　471
吉雷特　472
吉罗福　475
吉温司　473
计里布　509
加德纳　455
加尔　452
加尔文　176
加拉罕　662
加里波的　457
"加略普"号　1854
加罗拉银洋　2023
加洛尼　453
加拿大太平洋轮船公司　1384
加西特,爱德华　462
加西特,奥斯卡　463
嘉美聂华女士　660
郏爱比　170
贾拜特　450
贾卜纳斯　451
贾德纳　456
贾尔考德　173
贾流意(另见卡尔)　183、184
贾米森　629
贾敏　637
"贾西义"号　1857
监理会　1535

"建州"号　1924
剑桥大学　1383
江南造船所　1510
交通银行　1358
教务杂志月刊　1822
"劫掠"号　1908
杰布　642
杰夫逊　645
杰弗里斯　643
杰弥逊　630、631
金大卫　679、680
金登干　178
金孔木　681
金能亨　257、259、260、261
金能亨家族　263
金融商业报　1753
金史密洋行　1636
金士莱　682
金士莱步兵队　1512
金斯威尔　683
京报（1858—1862年）　1793
京津泰晤士报　1794
经济史杂志（1946年）　1760
经销代办业务　2034
警备委员会　1679
居雷　264
居伊（另见阒司）　532
巨连　526
浚浦局（另见浚浦总局）　1699
浚浦总局（另见浚浦局）　1700

K

卡巴尼斯　171
卡岱　255
卡得　172
卡恩　659
卡尔（另见贾流意）　180、181、182
卡莱里　175
"卡马家族"号　1855
卡庞泰　179
卡斯　187
卡特　185
卡瓦纳　188
开莱特　669
开利　671、672
开滦矿务局　1508
凯恩　666
凯尔索仲　678
凯洛格　670
凯内　676
凯培尔　677
凯斯韦尔，约翰　186
"凯悌"号　1922
凯威廉　664、665
阒司（另见居伊）　533
康贝尔　177
康华尔　239
康脑利　227
康宁汉　258
康普顿　224
"康斯坦丁"号　1867
康斯托克，威廉　225
"康威"号　1868
康沃尔　238
考伯　249
考尔德　174
考利　248
考伊　247

柯伯敦　211
柯尔萨科夫　690
柯克斯莱　231
柯立奇,约瑟夫　233
柯立芝(美国商人)　482
柯立芝(美国总统)　232
柯利埃-兰巴特公司　1412
柯林斯　219
柯脱华尔　691
科比尼　234
"科第士"号　1872
科尔,阿瑟　215
科尔迪埃(另见高第)　235
科克　213
科兰　217
科利埃　216
科利诺　218
科林　221
"科罗曼德尔"号　1871
科诺利　226
科什拉纳　212
科特利卡　214
克陛存　256
克拉兰敦伯爵　355
"克里欧"号　1861
克里斯琴　206
克利泽　252
克列夫登　210
克灵顿　497
克灵顿　499
"克隆"号　1862
克鲁其　254
克罗斯　692
克纳贝　686

克内威特　687
克宁翰(见克银汉)
"克斯勃脱"号　1875
克威　246
克银汉(克宁翰)　262
肯纳地　673、674
肯尼思　675
"孔夫子"号　1865、1866
寇梯斯公司　1425
库茨　245
库克(洋枪队指挥官)　229
库克(英国记者)　230
库龄(另见库寿龄)　241
"库珀"号　1869
库寿龄(另见库龄)　242
库赞　244
蒯塞　534
"狂暴"号　1899
"狂欢"号　1898
奎特曼　1020
昆西　1021

L

拉百里　695
拉蒂-芒东　1024
拉凡尔　714
拉吉什　696
拉加塞　699
拉罗凯特　697
拉普拉斯主教　711
拉普拉扎　298
拉塞尔　1078
"拉特拉"号　1973
拉铁摩尔　712

拉沃莱　715
喇慕　1022
剌尊尼　301、700
辣厄尔　701、702
莱比西埃　739
莱顿　734
莱康特（另见雷康特）　727
莱门　768
莱塞普斯　741
莱斯特　742
赖登　1033
赖克兰　698
兰　705
兰柏特　704
兰宁（另见蓝宁）　708、709
兰廷玉　1025
蓝姆斯博顿　1023
蓝宁（另见兰宁）　710
郎格　706
郎赫德　759
郎怀仁　707
劳埃德　750
劳菲德　761
劳雷罗　762
老公茂纱厂　1517
老沙逊洋行（另见沙逊洋行、新沙逊洋行、英商沙逊洋行）　1430
唠乐德克　323、324、325
乐灵生　1026
勒巴尔德　726
勒伯勒东　722、723
勒格朗　733
勒曼　767
勒纳尔　1042

勒瓦耶　724
雷奥　1029
雷德里克　1044
雷康特（另见莱康特）　728
雷麦　1037、1038
雷蒙　1028
雷米　1039、1040
雷米扎　1041
"雷鸣"号　2005
雷诺兹　1046、1047
雷瑞　730
雷尧武德　735
黎佛斯　1059
礼查饭店　1349
礼和洋行　1386
李昂斯　769
李福斯　1045
李将军，罗伯特　729
李科克　725
李梅　736
李浦西　740
李普利　1058
李奇微　1056
李若白　1035
李泰国　716、717、718、719、720、721
李特尔　749
李希霍芬　1055
里维　1057
里夏尔　1049
理查森　1053、1054
理查兹　1051
理查滋　1052
理雅各　731、732
立德　748

利夫　1032
联洋发刊社　1671
列卫廉　1031
"猎师"号　1947
"林德赫斯特勋爵"号　1930
林肯　745
"羚羊"号　1838
"流星"号　1939
"龙骑兵"号　1880
隆德　758
隆多　1071
隆茂洋行　1526
镂氏家族　764
卢瓦齐荣　756
鲁和　1075
陆锐若　763
陆英　1073
路德莱姆　766
"露丝·斯丹迪西"号　1980
旅华法国商务总会　1459
伦巴德　757
伦敦布道会（另见伦敦会）　1522、1665
伦敦和中国快报　1826
伦敦会（另见伦敦布道会）　1523
伦敦圣教书会　1580
伦敦夏普公司　1631
伦尼　1043
轮船招商局（另见招商轮船总局、招商局轮船公司）　1401
罗奥　1074
罗伯聘　1198、1199
罗伯生（另见罗伯孙、罗伯逊）　1065
罗伯孙（另见罗伯生、罗伯逊）　1064

"罗伯特"号　1977
罗伯逊（另见罗伯孙、罗伯生）　1066
罗卜尔夫人　922
罗卜滋　1060
罗德　1048
罗尔德　765
罗尔斯　688
罗赫德　753
罗杰斯　1069
罗克维尔　1068
罗兰　1070
罗类思　88
罗礼思　568
罗塞尔　1081
罗赛尔家族　1080
罗赛尔, 沙墨尔　1082
罗淑亚　1067
罗斯　1072
罗素　1079
"罗瓦"号　1929
罗孝全　1061、1062、1063
洛克　751
洛内　713
洛欣　760
雒魏林　752、754、755

M

麻恭　796
麻克类　786
马安　804
马丹　811
马地臣　821
马地臣　823、824
马丁　812

马东　825
马尔底　813
马尔金　797
马尔梅斯多尔夫　798
马辉　912、913
马吉士　807
马戛尔尼伯爵　776
马开尔（另见马凯尔）　771
马凯尔（另见马开尔）　770
马可孛罗　2047
马可宁（另见麦莲、麦克莱恩）　784
马克多纳　777
马克谟（见马慕瑞）
马克姆　805
马赖　199
马雷-蒙热　803
马礼逊　901
马理师　814
马利逊　900
"马良"号　1934
马慕瑞（马克谟）　789
马尼凯　799
马奇　800
马赛　817
马沙利　809、810
马士　902、903、904
马索　819、820
马他伦　792
马义谷　815、816
玛德伯爵　302
玛高温　780
玛里纳，希拉　808
"玛丽伍德"号　1927
"玛丽伍特"号　1926

"玛纳"号　1935
迈尔雪　857
麦丹尔　744
"麦都萨"号　1936
麦都思　846、847、848、852
麦尔罗　860
麦高云　835、836
麦华陀　849、850、851、853
麦加利银行（另见英商麦加利银行）　1389
麦金太尔　837
麦金托什　782
麦卡勒姆　834
麦卡赛　774
麦卡特尼　775
麦克道尔　778
麦克菲　842
麦克莱恩（另见麦莲、马可宁）　785
麦克莱伦　787
麦克劳德　788
麦克劳德　839
麦克雷　790
麦克雷弗提　840
麦克马丁医生　841
麦克斯威尔　830
麦克西莫连队　1531
麦肯齐　781
麦莲　838
麦莲（另见马可宁、麦克莱恩）　783
麦其逊　822
麦赛　818
曼彻斯特卫报　1768
"漫游者"号　2018
芒顿　2045

茂和公司　1578
"玫瑰花"号　1979
梅德尔　737、738
"梅耳瑟"号　1940
梅杰　794
梅兰(梅脱兰)　793
梅乐和　833
梅里登　858
梅里曼　861
梅理霭　863
梅利亚　855
梅洛　859
"梅姆隆"号　1937
梅纳　862
梅纳尔　856
梅尼奥　791
梅朋　831
梅让　854
梅脱兰(见梅兰)
梅耶　832
每日电讯报　1750
每日航运与商业新闻　1749
每日先驱报　1745
每日新闻　1746
每日新闻稿　1747
美查　795
美查公司　1528
美孚石油公司　1645
美国北长老会　1334
美国布道会　1647
美国大学总会　1650
美国对外关系文件　1790
美国对外关系文件(1925年第1卷)
　　1789
美国国务院　1438
美国海洋杂志(1956—1957年)
　　1711
美国浸礼会　1329
美国南浸信会　1676
美国圣公会　1331
美国使署商务参赞　1332
美国同学会事务所　1336
美国烟草公司　1335
美国运通银行　1333
美国政治社会科学院年刊　1714
美国驻华裁判庭　1689
美华书馆　1568
美捷缫丝厂　1529
"美人鱼"号　1938
美商奥里奇勒曼公司　1552
美商波士顿中华共济保险公司
　　1402
美商丹尼制造公司　1429
美商丰裕洋行　1457
美商富兰克林铁钉厂　1458
美商哥立芝公司　1452
美商古德休公司　1468
美商广源洋行　1511
美商华地玛洋行(另见魏德卯洋行)
　　1698
美商霍顿公司　1497
美商罗克斯伯里地产公司　1581
美商罗赛尔斯达吉士公司　1586
美商莫尔公司　1538
美商奇异电灯厂　1649
美商旗昌轮船公司(另见上海轮船公
　　司)　1622
美商旗昌洋行(另见旗昌洋行)

1584、1585
美商钱伯斯海泽洋行　1388
美商切尼兄弟公司　1391
美商琼记洋行（另见琼记洋行）　1352
美商仁记洋行　1467
美商瑞得韦德公司　1577
美商同孚洋行　1555
美商同珍洋行　1380
美商维多利亚保险公司　1692
美商祥泰洋行　1365
美商业广公司　1610
美商伊普斯威奇棉纺织厂　1495
美商伊普斯威奇制造公司　1496
美商约翰逊造船厂　1507
美以美会　1536
美艺公司　1344
门采尔　1280
蒙德　829
蒙哥马利　889、890、891
蒙哥马利　892、893
蒙克立夫（另见蒙立夫）　882
蒙立夫（另见蒙克立夫）　883
蒙若　895
蒙特拉威尔　305
蒙臻倍尔　907
"孟达林"号　1931
孟都拉（斯嘉图）　1094
孟斗班　886、887、888
"孟买"号　1850
孟买营业所　1367
米尔恩　875
米夫　870
米勒　871

米勒尔　911
米怜　876
米其（另见米契、宓吉）　866
米契尔　878
米契（另见米其、宓吉）　865
米切尔　877
米赛勒　869
米歇尔　864
米约　874
宓迪乐　845
宓吉（另见米其、米契）　867、868
密迪乐　843、844
密勒　872
密勒氏评论报（另见密勒氏评论报周刊）　1733、1821
密勒氏评论报周刊（另见密勒氏评论报）　1734
密令顿　873
密妥士　2044
民族周刊　1774
敏体尼　303、304、894
"明娜"号　1942
"明尼伐"号　1941
命定扩张论　2037
"模范"号　1956
"摩底士底"号　1944
摩尔斯瓦茨　880
摩士海特　905
莫德　828
莫克安株　772、773
莫雷尔　898
莫利埃尔　881
莫利斯　899
莫尼埃　884

莫诺里 885
墨辭尔 779
墨海书馆 1524
墨西哥银洋 2026
默里 914
默斯 906
"牡鹿"号 1978
慕维廉 908、909、910
穆布孙 827
穆迪 896、897
穆瓦德雷 879

N

纳赫特里布 915
纳匹尔 917
纳税人会 1576
"奈斯尼克"号 1949
奈伊 924
南卜特 703
南格禄 489、490
南开社会经济学报 1773
南满洲铁道株式会社 1638
南洋兄弟烟草公司 1541
楠德 408
内地会 1397
内外棉纱厂（另见日商内外棉株式会社） 1539
能恩斯 314
尼尔 918
"尼格"号 1946
尼诺 920
尼森 921
年文思 113
涅维勒 919

纽约时报 1778
诺里斯 923

O

欧登科 935
欧佛威格 936
"欧椋鸟"号 1997
欧姆斯贝 932
"欧琴"号 2010
欧西奥拉 927

P

帕尔德密 87
帕克 952
"帕拉达"号 1954
帕里斯 948
帕利埃尔 943
帕吕 54
帕热 939
"帕萨纳迪克"号 1957
帕斯卡尔 963
帕西瓦尔，亚历山大 978
派克博士 951
潘迪 1017
潘涅叶尼克炮队 1565
潘西凡 977
培根家族 31
培克 39
培克图书馆 1356
培克威斯 71
培克洋行 1363
培理 981
培朴 975
培因 36、37

裴立 35
裴式楷 128
沛登-格利芬 985
佩尔格兰 973
佩尔科维茨 971
佩利西埃 972
佩奇 938
佩奇 940
佩斯瓦尔 976
彭福尔德 974
彭莱凡 105
披尔斯 966
皮宝迪，乔治 965
皮尔士 967
皮尔士 968
皮尔逊 969
皮克伍德 989
皮里 993
皮特曼 994
平德 992
平治明 78
平治明洋行 1426
珀登 1016
珀蒂 983
珀金斯家族 979
蒲安臣 163、164
蒲纳德 1009、1010
璞鼎查 1001、1002、1003、1004
濮兰德 2039
朴波夫 998
普尔费士 1018
普拉塔托 1007
普拉特 1008
"普雷金"号 1968

普里斯特利 1011
普鲁斯（普鲁斯爵士） 147、148
普提雅廷 1019
普益地产公司 1345、1346

Q

齐尔顿 205
祁毕业 1220
祁理蕴 510、512
祁理蕴家族 511
旗昌轮船公司（见上海轮船公司）
旗昌洋行（另见美商旗昌洋行）
　　1582、1583
"旗星"号 2009
"恰尔德士"号 1860
强生 576
清华学报（1961年） 1830
琼记洋行（另见美商琼记洋行）
　　1351
琼斯 653
琼斯 655
"雀鹰"号 1995

R

饶森 1027
热福里 466
人民中国 1795
仁记洋行 1464、1465、1466
仁济医院 1443、1519
"日本人"号 1916
日华纺织株式会社 1499
日商大康纱厂 1428
日商东华纺绩株式会社 1682
日商东亚制麻有限公司 1681

日商丰田纺织会社　1685
日商内外棉株式会社（另见内外棉纱厂）　1540
日商上海纺织会社　1603
日商同兴纱厂　1442
日商裕丰纱厂　1684
日意格　470
日置益　577
入江昭　624
芮恩施　1036
芮斯　1030
芮伊德　1034
瑞熔造船厂（另见瑞镕造船厂）　1545
瑞镕造船厂（另见瑞熔造船厂）　1546
若莱斯（另见若雷斯）　640
若雷斯（另见若莱斯）　639
若里阿斯　641

S

"撒基瑙"号　1981
"撒翁"号　1984
萨拉贝里　1085
萨莱斯　1086
萨勒顿　1088
萨默塞特　1146
萨默塞特公爵　1147
萨维奇　1093
塞弗朗　1110
塞内尔（另见森内儿）　1106
赛克斯　1178
"赛马"号　1971、1972
赛西尔　190

"赛因斯"号　1985
三北轮埠公司　1594
三一堂　1686
散得士　1089
桑本　1203
桑代克　1204
桑得威茨　1090
桑福得　1091
桑理爵　1108
桑奈　1205
桑奈　1206
"桑普森"号　1983
"色奎哈那"号　2001
森内儿（另见塞内尔）　1107
沙伯纶　201
"沙勒曼得"号　1982
沙桑巴石　1092
沙逊洋行（另见老沙逊洋行、新沙逊洋行、英商沙逊洋行）　1427、1431、1595
"沙锥鸟"号　1993
纱业公会　1662
"山东"号　1988
山茂召（萧三畏）　1114
"山鹬"号　2020
商船杂志　1759
商务印书馆　1659
商业地理学会通报　1719
商业俱乐部　1533
商业史学会公报（1953年）　1721
上海大美晚报　1811
上海电力公司　1620
上海俄文生活日报　2046
上海法商电车电灯公司　1420

上海法租界公董局　1422、1423
上海法租界公董局1919年度报告
　　1744
上海法租界公董局警务处　1461
上海工部局董事会会议录　1802
上海工部局公报　1772
上海工部局警务处（另见上海公共租
　　界工部局警务处）　1617
上海工部局警务日报　1805
上海公共租界工部局　1612、1613、
　　1614、1615
上海公共租界工部局电气处　447
上海公共租界工部局董事会会议录
　　（1925—1926年）　1803
上海公共租界工部局工务处　1572
上海公共租界工部局华顾问委员会
　　1404
上海公共租界工部局警备委员会
　　1696
上海公共租界工部局警务处（另见上
　　海工部局警务处）　1616、1618
上海公共租界工部局警务日报（1925
　　年）　1804
上海公共租界工部局粮食统制、燃料
　　及运输委员会　1418
上海公共租界工部局年度报告与预
　　算（1925—1926年）　1801
上海公共租界工部局童工委员会
　　1392
上海公共租界工部局卫生处　1570
上海公共租界工部宣传委员会
　　1573
上海公共租界会审公廨　1537
上海公共租界老闸捕房　1525
上海公共租界纳税人会　1574、1575
上海公共租界万国商团（另见万国义
　　勇队、上海万国商团、上海义勇队）
　　1627
上海公共租界中央捕房　1387
上海公济医院　1609
上海和明商会（上海万国总商会）
　　1607、1608
上海和明商会通报　1764
上海华洋德律风公司　1619
上海华洋义赈会　1405
上海货车公司　1600
上海领事团　1424
上海轮船公司（旗昌轮船公司）（另见
　　美商旗昌轮船公司）　1621
上海码头公司　1630
上海每日时报　1809
上海年鉴（1852—1857年字林洋行
　　版）　1807
上海年鉴（1856—1857年）　1808
上海商业储蓄银行　1602
上海圣约翰大学　1642、1643
上海书店　1599
上海泰晤士报　1817、1827
上海万国商团（另见上海义勇队、万
　　国义勇队、上海公共租界万国商
　　团）　1623、1625、1626
上海万国总商会（见上海和明商会）
上海西童书院　1593
上海义勇队（另见上海万国商团、万
　　国义勇队、上海公共租界万国商
　　团）　1611
上海英华书馆　1592
上海英文文汇报　1814

上海载纪　1816
上海制造电气电车公司　1605
上海自来水公司(另见英商上海自来水公司)　1628
上海租界地皮章程　1771
尚罗曼　197
尚庞埃　195
佘西尔　189
"蛇"号　1991
"神涛"号　1858
慎昌洋行　1339、1340
"声誉"号　1975
圣公会学校　1410
圣詹姆士宫　1641
施米茨上校(另见斯米兹)　1098
施米特　1096
施莫基斯　1143
施宣三　1105
施於民　1077
石怀德　1083
拾落穗者报　1825
史宾林斐尔　1153
史东　1171
史东顿　1159
史密士　1137
史密士　1138
史密士　1139
史密斯　1140
史密斯(另见史亚实)　1136
史密斯(另见士觅威廉)　1141
史式徽　299、1109
史陀达(另见斯托达德)　1170
史亚实(另见史密斯)　1134、1135
史注恩　1172

矢田七太郎　1317
士迪佛立　1161、1162
士觅威廉(另见史密斯)　1142
士密　1132
世界年鉴　1831
叔得　1099
舒尔曼　1100
帅利　1179
"水神"号　1950
司百龄　1173
"司底克斯"号　2000
司蒂文斯　1164
司各脱　1102
"司奈皮"号　1992
"司塔林"号　1998
司梯文斯　1163
司徒拔　1174
"斯巴达人"号　1996
斯本士　1150
斯达吉士家族　1175
斯丹莱　1158
斯蒂文士　1165
斯嘉图(见孟都拉)
斯嘉兹　1095
斯金讷　1130、1131
斯柯特　1103
斯库特　1101
斯米兹(另见施米茨上校)　1097
斯密司　1133
斯皮内蒂　1151
斯菩朗特　1152
斯塔福德　1155
斯塔克　1154
斯坦莱　1157

斯坦利　1156
斯图尔特　1176
斯托达德(另见史陀达)　1169
斯托克　1168
"斯威尔塔那"号　2002
"斯威夫特休尔"号　2003
松平恒雄　826
苏俄无产者学生联合会　1639
苏柯仁　290、291
苏联共产主义青年团　1513
苏联职工会代表团　1640
苏耶　1148
索伯恩　1202
"索非亚"号　1994
索可洛斯基　1144
索克思　1145

T

"塔里康"号　1959
塔洛克　1227
塔普　1181
塔特　1182
台尔曼　1194
台克满　1191
台文卜(见筀达文)
太古轮船公司　1403
太古轮船公司(另见太古洋行)　1381
太古洋行(另见太古轮船公司)　1382
太平茶　2031
太平洋关系研究所　1491
太平洋评论　1799
泰奥洛格　1195

泰和洋行　1579
泰记　1646
泰勒　1186
泰勒(戴作士)　1185
泰里克　1196
泰隆洋行　1362
泰森　1208
泰晤士报　1828、1829
泰逊　1231
"谭那萨林"号　2004
汤林森　1214
唐景星(唐廷枢)　1215
唐廷枢(见唐景星)
"堂乔一世"号　1879
陶德曼　1216
特拉格来　300
特郎逊(另见特朗逊)　1222
特朗卡利　1219
特朗逊(另见特郎逊)　1221
特鲁曼上校　1224
特鲁曼少将　1225
"特伦特"号　2008
特纳　1228
特纳爵士　1229
特藤博恩　1193
梯斯台　1190
天长洋行　1693
天祥公司(另见天祥洋行)　1440
天祥洋行(另见天祥公司)　1441
"跳跃者"号　1852
通问西报　1810
同茂洋行　1469
同仁医院　1644
同文书院　1687

同珍洋行　1355
图弗内尔　1207
图旺布利　1230
土山湾印书馆　1683
托洛勃奇　1223
托马森　1201
托马士　1200
托尼　1184

W

瓦埃斯　1303
瓦德耳　1250
瓦尔　1258
瓦莱夫斯基　1256
瓦立克　1270
瓦利希　1260
瓦瑟姆　1312
瓦赞　1245
外国租地人大会　1672
万国义勇队（另见上海万国商团、上海义勇队、上海公共租界万国商团）　1624
万诺　1237
旺蒂拉　1238
威丁汉　1305
威尔　1277
"威克逊"号　2015
威廉士　1299
威廉士　1300
威廉斯　1301
威斯　1292
威妥玛　1252、1253、1254、1255
韦伯　1274、1275
韦布　1273

韦尔德（另见韦礼德）　1294
韦尔士　1297
韦勒斯立　1279
韦礼德（另见韦尔德）　1295
韦伊　1276
维东　1248
"维尔基尼"号　2014
维尔梅特尔　1243
维尼亚来　1240
维也纳地理学会报　1770
卫尔　1278
卫三畏　1298
伟烈亚力　1315、1316
魏德　1251
魏德卯　1282、1283、1284、1285
魏德卯洋行（另见美商华地玛洋行）　1697
魏尔勃　1293
魏尔特　1313
魏金斯基（吴廷康）　1246
魏乐德　1296
魏礼克　1239
"温彻斯特"号　2019
温切斯特　1302
文翰　102、103、104
文汇报　1815
文惠廉　109、110、111
文森特　1241
翁毅阁　139、140
"窝拉疑"号　2016
沃登　1267
沃克　1257
沃歇　1235
乌龙　2027

吴利国　1307
吴利国洋行　1703
吴廷康（见魏金斯基）
伍秉鉴（见伍浩官）
伍秉曜（见伍浩官二世）
伍德　1308
伍德　1309
伍德　1310
伍德海　1311
伍浩官二世（伍秉曜）　608
伍浩官（伍秉鉴）　607
武夷茶　2022

X

西埃姆森　1122
"西比尔"号　1989
西华　1111
西华德　1112
西伦　1124
西曼　1104
西蒙　1126
西蒙　1127
"西索斯梯斯"号　1987
"希腊人"号　1906
"希腊人托马"号　2007
希勒　1123
希雷夫　1118
希契　578
希特莱　564
希威特　573
奚安门　1116
奚礼尔　575
锡尔弗顿　1125
熙春茶　2024

"熙春茶"号　1912
熙春芽茶　2032
"蟋蟀"号　1873
席国贞（见惠司尼）
夏尔吕斯　202
夏尔梅仲　193
夏尔内　203
夏福礼　555
夏莱耶　192
夏里埃　204
夏佩尔　200
"厦门"号　1836
"先锋"号　1962
"香港"号　1910
香港纪事报　1756
香港行名簿（1859年）　1755
祥泰洋行　1597
"响尾蛇"号　1974
向普金　196
萧伯纳　1113
萧惠廉　1115
萧三畏（见山茂召）
萧氏兄弟洋行　1632
小德纪　294
小种毛尖　2030
协防委员会　1432
协和书局　1667
辛克莱　1129
辛普森　1128
新德记行　1634
新华社新闻简报　1777
新沙逊洋行（另见沙逊洋行、新沙逊洋行、英商沙逊洋行）　1445
行市价目表　2038

须贺喜太郎　1177
徐汇公学　1710
徐类思主教　1149
许克　1119
许立德　574
续行委办会　1394
薛孔昭　1120

Y

雅尔诺　638
雅克博　627
"雅利涅"号　1841
雅曼　632
"亚波罗"号　1840
亚当森　2
"亚历斯梯台斯"号　1842
亚朋德　1
亚细亚　1715
亚细亚研究学会　1348
"阎罗王"号　1964
晏玛太　1318
"羊神"号　1833
杨笃信（另见杨格非）　647
杨格　1320
杨格　1321
杨格　1322
杨格　1323
杨格非（另见杨笃信）　648
一个美国驻华外交家　1712
伊吹山　621
伊蒂埃　625
伊非克　743
伊费斯董　377
伊格那提也夫将军　622

伊加　362
"伊斯坎德王"号　1915
伊万　1324
怡和轮船公司　1490
怡和轮船公司　1502
怡和纱厂　1451
怡和洋行（另见英商怡和洋行）　1501、1503、1504
义记洋行（另见英商义记洋行）　1483
义律　372、373
懿律　374
印度时报　1788
英国东印度公司　1373、1374、1375
英国皇家步兵第31团　1472
英国皇家步兵第67团　1473
英国皇家步兵第99团　1474
英国皇家工程兵队　1591
英国皇家炮兵队　1590
英国皇家亚洲文会北华分会报　1765
英国皇家亚洲文会北华分会（另见皇家亚洲文会北华分会）　1548、1675
英国皇家园艺学会　2048
英国领事馆　1372
英国圣公会（大英教会安立甘）　1658、1411
英国外交部　1453
英军俾路支第2大队　1652
英军马德拉斯过山炮队　1527
英军孟买土著轻武器步兵第25团　1654
英军孟买土著轻武器步兵第5团

1653
英军旁遮普土著步兵第22团　1673
英美合股皮宝迪银行　1462
英美合股谢普利银行　1379
英美烟草公司　1376、1377
英美烟厂　1354
英商巴林兄弟公司　1361
英商宝顺洋行（另见宝顺洋行、颠地洋行）　1437
英商布朗兄弟公司　1378
英商大英火轮船公司（另见大英火轮船公司、大英轮船公司）　1564
英商吠礼查洋行（另见吠礼查洋行）　1456
英商丰裕洋行　1476
英商公会　1369、1370、1371
英商公会通报　1718、1763
英商广隆洋行　1520
英商呵加剌银行　1328
英商华记洋行　1688
英商汇隆银行　1415
英商丽如银行　1556
英商隆巴德公司　1521
英商麦加利银行（另见麦加利银行）　1390
英商沙逊洋行（另见沙逊洋行、老沙逊洋行、新沙逊洋行）　1596
英商上海自来水公司（另见上海自来水公司）　1629
英商协隆洋行　1454
英商亚细亚火油公司　1347
英商怡和洋行（另见怡和洋行）　1505
英商义记洋行（另见义记洋行）

1484
英商有利银行　1532
英商兆丰洋行　1482
英商中国公共汽车公司　1396
英商中国协会上海分会　1393
英文沪报（另见英文汇报）　1812
英文汇报（另见英文沪报）　1813
樱木　1084
"勇敢"号　1896
"尤里亚勒斯"号　1892
犹尼亚克　1233
游悲黎　350
"游弋者"号　1874
有关中国劳工状况的文件（中国第1号，1925年）　1791
有关中国劳工状况的文件（中国第2号，1927年）　1792
有利银行　1666
于巴克　613
于布里什　1232
于布内　616
于兰斯　309
"鸳鸯"号　1932
"鸳鸯"号　1933
"圆点"号　2006
远东时报（另见远东时报月刊）　1751
远东时报月刊（另见远东时报）　1824
远东研究　1752
约翰生　649
约翰斯顿　652
"约翰·威德"号　1918
约翰逊少校,希尔登　650

恽得士 1242

Z

在华日本纺绩同业会 1500
"泽诺比亚"号 2021
渣甸(另见查顿) 635
扎里克曼 1087
翟禄第 191
詹姆斯,查理 628
詹森 651
张伯伦 194
招商局轮船公司(另见招商轮船总
　　局、轮船招商局) 1400
招商轮船总局(另见招商局轮船公
　　司、轮船招商局) 1399
赵方济(赵方济主教) 801、802
"贞德"号 1917
"侦察"号 1986
"珍珠"号 1958
真理报 1796
真盛意 633
震旦大学 1353、1690
震旦大学通报 1720
郑金士 644
知识书店 1492
中法求新制造厂 1637
中法新汇报 1766、1767
中法学堂 1446
中国布道会 1657
中国丛报 1741
中国红十字会医院 1408
"中国皇后"号 1885
中国火灾保险公司 1395
中国经济通报 1726

中国经济通报 1738
中国经济月报 1740
中国经济月刊 1727
中国经济杂志 1739
中国科学技术报 1806
中国劳动组合书记部 1407
中国每月评论 1731
中国美术杂志 1728、1818
中国内地会 1656
中国年鉴 1735
中国年鉴(上海版) 1743
中国评论报 2041
中国商报 1775
中国社会政治科学评论 1742
中国通商银行 1414
中国文摘 1725
中国银行 1357
中国与日本丛报 1737
中国远东金融商业报 1723
中国政府向1925年国际劳工局年会
　　提出的报告 1797
中华基督教年鉴(1926) 1724
中华基督教女青年会全国协会
　　1709
中华基督教青年会全国协会 1708
中华年鉴 1736
中华全国基督教协进会 1542
中华劝工银行 1406
中美工程师协会报 1762
钟士 654
重光葵 1117
"周辟特"号 1919
朱尔典 656、657
"朱匹式"号 1920

朱韦　658
驻华美国商会　1330、1648
卓佛尔　342
孖剌报　1729
字林西报　1779、1780、1781、1782
字林西报馆（另见字林洋行）　1549

字林星期周报（另见北华捷报）
　1786
字林洋行（另见字林西报馆）　1551
"总督"号　1903
租地人会　1516

下 编

上海社会科学院历史
研究所翻译工作文献选编

"下编"编撰说明

在上海社会科学院历史研究所的所史上,围绕翻译工作,形成过一系列的文章、回忆、报告、档案等材料,涉及译人、译作和译事。本编选录了其中的一部分,既为汇聚史料,亦供将来研究之用。

所选各文依照形成或出版时间为序,均注明出处。为求原汁原味性,各篇文字体例、格式尽量保持原样,不求统一。

关于编译《宗方小太郎在华特务活动资料》

吴绳海

(一) 资料内容情况：

宗方小太郎为日本海军派遣来华特务之一，自 1884 年到达上海后，在中国各省进行特务活动，前后共达四十年，1923 年死于上海。四十年中，经过中日战争、义和团、辛亥革命等重大事件。宗方与清末重要官僚、北洋军阀以及维新派、孙中山等均有直接交往，同时又辫发变装到各省内地调查山川形势、物产、人口、道路、钱粮、兵备等，或设立特务机关，或在战场上进行特务活动，或对土豪恶霸进行煽动挑拨。

在其四十年之活动中，本所现存收集之资料，已装订成二十大本，另有照片一包。内容可分为报告、日记、游记、著作及杂记事略资料、信稿、诗文稿、藏书及杂件等数类。

"报告"共三册：以史料价值言，最为重要。据"事略资料"中所收八角大将一文大意云："(日本)军令部颇为重视宗方报告，对华重大方针，几全以宗方报告为资料"；又汤野川一文中亦称："宗方对华言论有绝对权威，军令部现存有明治二十八年十二月至大正十二年一月(即 1895 至 1923 年宗方死前一个月)宗方所提出之报告，现成为军令部永久保存之文件，视为国宝"(有一万页之多)。按本所现存宗方之报告均系其亲笔所写之底稿，已编号至六百二十八号（1923年1月12日），估计可能为其最后之一篇报告（宗方于1923年2月3日死于上海），但本所实际收集者仅八十三篇，尚缺少五百四十五篇。此外，本所收集之资料中尚有二十四篇未编号。（可能在其提出报告时编号，而在底稿中不编号）

"日记"共九册：从1888年5月18日起至1923年1月15日止，前后三十六年连续不断，一至八册全系宗方亲笔原件。第九册系抄本，摘录宗方日记之一小部分，自1887年1月3日至1899年12月2日止。总观日记内容，几全部为日常生活起居琐事，以及来往人姓名等。并未记录其特务活动之具体内容，但亦偶有若干条可作研究参考之用。拟选译其中若干条。

"游记"二册：包括宗方在其国内富士山游记、中国九省游记、欧美游记等，其中有关中国之游记，记载宗方在1888年乔装辫发在苏鲁直奉晋鄂等九省之秘密旅行。内容详细记录各城市村镇间之里程，以及食宿、风土人情、山川形势等。关于特务活动之具体事实，正如其本人在游记序文中所称，并不记录在游记之内。估计可能另有记载。中国九省游记字数达十七万字之多，内容琐碎，且与今日情况亦不符合，拟不翻译。

"著作及杂记"一册：内容相当杂乱，有宗方之读书札记、日本国内游记、著作、报告（仅第十七号一篇）、私函等等。其中较有史料价值者，为条陈侵略中国之见解十一条、清朝大势之倾向、第十七号报告、关于1891年长江沿岸各地城市焚毁教堂之经过等四篇，拟予翻译。

"事略资料"二册及照片一包：主要为宗方死后，其友人为其编传记时所收集之资料。内有宗方传一篇，但不全。其次为本庄繁等日本海陆军人大臣、文人、特务等二十余人为编写宗方传记所写之纪念文字。此外尚有孙中山先生复宗方函（有孙中山亲笔之照相底片）、宗方之旅行护照原件、唐景崧在台湾时所出之告示原件（二张），以及荒尾精（大特务）对宗方之指示（原件）等。其中史料价值较高者,为孙中山函、中日战争时日军所出之布告檄文等数种,以及荒尾精之指示等。孙中山函拟利用相片制版、唐景崧之告示等拟加以裱糊(因原件尺寸很大,纸张很薄,为妥善保管起见,有裱糊之必要),其余日军之布告檄文系用汉文,拟照抄;荒尾之指示拟译出。

"诗文稿"一册:为宗方及其友人所作汉文诗、日文诗等,不拟翻译。

"函稿"一册:大部分为无关紧要之私函,但其中亦偶有少数,可以译出以供参考。

"书籍"一册:为宗方之藏书数册,其中《荒尾精传》有部分内容可作为编写宗方特务活动情形之参考。

(二) 编译工作的计划:

"报告"三册中共包括编号之八十三篇,拟译出其中之五十四篇;不编号之二十四篇中,拟译出十六篇(内二篇因字数过多,拟摘译有参考价值之一部分),估计字数约十七万二千字。

"日记"九册中,拟选译一小部分,估计约一万字。

"著作及杂记"一册,拟选译四篇,估计字数约二万一千字。

"事略资料"二册,拟选录四篇(内汉文三篇,日文一篇),估计四千八百字。

"函稿"一册,可用者不多,选译至多不过一千字。

以上全部约二十一万字左右。

此外,在全书卷首拟写"编译序言"一篇,说明宗方在中国特务活动四十年之事略(例如中日战争时宗方潜入我国威海卫海军基地,刺探我海军船只及水上敷设水雷情况,以及如何诡计逃脱等),以及其在日本特务机构中之地位,对中国及对日本政局影响等。估计字数约五千字。

(三) 有关编译之其他事项:

1. 拟译各文具体篇目及内容摘要、各篇字数等,均另作成"附件"。

2. 本资料原文全系日本文言文，且无标点符号。为保存原来面目起见，亦拟译成文言，并加标点符号。所有年代一律改为公元，但必要时可注明日本年代或清朝年代。

3. 原文中所有用语及其语调等，为求存真起见，基基本上保留原状，必要时酌加引号。

4. 各篇译文，原有标题者可用原题，但如有不妥当者酌改；原无标题者而仅有编号者，拟按其内容另定标题。

5. 除文字资料外，对于照片可酌选数幅，如宗方旅行中国九省之护照、孙中山、黄兴与宗方同拍之照片，及孙中山之复宗方亲笔函照片等。

6. 宗方之护照及唐景崧之告示原件等，因纸张不易保存，最好裱成挂轴，妥善保管。

1958年4月2日

（原载上海市档案馆馆藏号 B181—1—268，"上海社会科学院图书资料工作等简报"，第37页）

二

《上海小刀会起义史料汇编》编辑说明(摘录)

（六）本编所收外文资料，除少数采用前人译本外，绝大部分是我们选译的，所译的人名地名力求与已经出版者相同，至采用旧译各书，除将人民、地名等予以统一外，其余不加改动。并于编末附以主要译名对照表。最难译的是革命文献，我们参考上海小刀会文告的中文风格，力求恢复本来面目，终因中国文言体与英文文字风格出入很大，只能力求其近似。

……

（八）"北华捷报"所载有关上海小刀会起义的资料，共约十六万字。其中有中文遗失的革命文献，有比较详晰的战况报导，有帝国主义侵占海关和租界的史料，亦有清朝封建统治妥协投降的特写。按其资料性质，分别编入各个部分，特别是革命文献的发现，对于研究上海小刀会的政治情况以及他们对太平军的关系可以找到新的证明。关于战况的连续报道，虽然含有侵略者的观点，却是较详细的革命战争史料，因此，把这一批报道汇编起来，供读者参考。

……

（原载中国科学院上海历史研究所筹备委员会编《上海小刀会起义史料汇编》，上海：上海人民出版社1958年9月第1版，第2页）

三

《鸦片战争末期英军在长江下游的侵略罪行》编辑说明

我们搜集和辑录有关鸦片战争末期英军在长江下游的侵略罪行资料约二十五万字。其中大部分是我们选译的英国侵略分子的亲供,亦有一些清朝反动统治的档案以及私人编著等。这些资料绝大部分是中国史学会主编的"鸦片战争"所未收录的中外文资料,对于研究长江下游遭受外来的侵略,又都有一定的历史资料价值。我们把这些资料加以汇译或辑录,提供研究者参考。所采用的编辑方法,说明如下:

(一)本书所收英国侵略分子的亲供,内容极为反动,但正可以暴露侵略者的贪婪无耻的罪恶行为。为保存原件,除与本书无关者未予译录外,一般未加删改,列入本书第一部分;将清朝统治阶级的妥协投降和地方官兵的抗英斗争,以及长江下游人民抗英斗争资料,分别列入本书第二、三、四各部分。使读者对鸦片战争末期英军侵入长江下游的历史情况有一个全面的认识。

(二)本书资料共分四部分:第一部分为1842年英军侵略长江的供状;第二部分为清政府对英国侵略妥协投降的档案资料;第三部分为沪宁地方官兵抗英战争的历史资料;第四部分为长江下游人民抗英斗争与清政府镇压人民的政治阴谋。每一部分之中,又依照资料性质和历史发展情况,另分章节。

（三）本书每一部分之前，均加上编者的按语，说明这一部分资料的内容、性质及其史料价值，使读者对每一部分资料具有明确的认识。

（四）本书对每一种资料均加上编者的评价，并列入每一资料的名称之后；其属于专题辑录性质者，亦于标题后加以说明。便于读者在参考这一文件或这一专题时，不必另外查书目解题，对于资料的来源、版本、作者的立场观点，作品的史料价值和它的谬误之外，以及有关这一专题的资料情况，都能得到一个比较明确的概念。

（五）本书关于鸦片战争时期英国侵略分子亲供方面的大小标题，一般均保持原状，不加删改。至于史料辑录则由编者加上标题。使纲举目张，便于读者阅读。

（六）关于鸦片战争时期英国侵略分子的亲供，在中国史学会主编之中国近代史资料丛刊"鸦片战争"中，仅有宾汉所著"英军在华作战记"一种，至于利洛所著"英军在华作战末期记事——'扬子江战役'及南京条约"，亦仅选择"缔约日记"部分，其余虽有"书目解题"，但未选择。今将参加侵华的英国侵华分子柏纳德·利洛、奥特隆尼、穆瑞、康宁加木等各种"作战记"、"回忆录"中有关英军在长江下游的侵略罪行资料，均加选译，所译的人民、地名、力求与已经出版者相同，并于编末附以主要译名对照表，以便参考。

（七）本书所用中文资料，选用一部分未发表的稿本、抄本，如乔重禧的"夷难日记"。其他已出版的资料，则据原刊本校录，如陈庆年著"横山乡人类稿"中所记镇江抗战情况一章。

（八）本书按照历史资料性质，分别辑录若干专题，使零星散件的史料，可以提供研究者参考，例如有关英国侵略军发动"扬子江战役"的阴谋以及侵略者在长江沿岸散发的"布告"和"照会"等，均加以汇辑，其中侵略者的阴谋，有的虽已选译录入本书，但我们认为有集中辑录、以便全面了解的必要，故仍由原书摘出，便于读者全面了解。

（九）本书所采用的图片，均注明来源和出处，地图是根据外国侵略分子所著书籍中附图,予以摹绘和翻译。

（十）本书是为研究鸦片战争最后一次的战役——即中英在长江下游交战与议和的专题史料汇编,在编辑时极力避免与"鸦片战争"重复,绝大部分资料是未经发表的,但也有收入专题辑录的资料,为说明全局而与"鸦片战争"略有重复。如有疏漏舛错之处,请读者予以指正,以便再版时修正。

（原载中国科学院上海历史研究所筹备委员会编《鸦片战争末期英军在长江下游的侵略罪行》,上海：上海人民出版社1958年10月第1版,第9—11页）

四

现代史研究室藏"上海工人运动史料委员会翻译资料"目录[①]

上海工人运动史料委员会 编

时　期	名　称	内　容	册数	备　注
1918年4—6月，1919年1—4、6—10月	公共租界工部局警务处日报	上海工运动态	1	原件系英文，存市人委档案处
1920年1—3、7—12月			1	
1922年1、4、5、7、10—12月			1	
1922年1—11月			1	
1923年1—9、11、12月			1	
1924年1、7、12月			1	
1925年2—12月			1	
1926年1—12月			1	
1927年1—11月			1	

---

① 上海总工会下属之上海工人运动史料委员会存在于1952—1958年。本目录制作于1958年。是年，该机构撤销，人员及大部分资料于20世纪60年代初调入上海社会科学院历史研究所。本目录及相应译稿现均藏历史研究所现代史研究室。

（续表）

时　期	名　称	内　容	册数	备　注
1932年1—12月	公共租界工部局警务处情报	上海工运动态	12	原件系英文，存市人委档案处，每月订一册
1933年1—12月			12	
1934年1—12月			12	
1935年1—12月			12	
1920年11、12月	工部局总办处卷宗2155号	帝国主义关于组织劳工情报局的来往信件	1	原件系英文，存市人委档案处
1922年	工部局总办处卷宗2879号（一）	上海帝国主义者对香港海员罢工的震惊及各项预防措施	1	
1925年2月—1926年7月	工部局总办处卷宗2879号（二）	帝国主义者关于日商纱厂罢工的来往信件等	1	
1928年3月—1932年9月	工部局总办处卷宗2879号（三）	帝国主义者商讨在租界区筹设劳资调解委员会及其与国民党社会局的矛盾等	1	
1922年5—9月	工部局总办处卷宗3085号	帝国主义者阻挠上海海员工会的成立和活动	1	
1922年6月,1926年10月,1928年7月	工部局总办处卷宗3142号	关于劳动组合书记部的反帝活动,工部局对丁文江所拟工会条例的态度,关于泛太平洋工会会议的情况	1	
1925年6—10月	工部局总办处卷宗五卅惨案（一）	帝国主义与大资产阶级及军阀的勾结活动等	1	

(续表)

时　期	名　称	内　容	册数	备　注
1925年7月	工部局总办处卷宗五卅惨案（二）	帝国主义商讨伪造传单破坏五卅运动的来往信件	1	
1925年6月—1927年4月	工部局戒严卷宗4207号	帝国主义对五卅运动、五卅周年纪念活动及1927年春工人运动的破坏阴谋	1	原件系英文，存市人委档案处
1930年5月	工部局罢工卷宗2879号	英商电车公司罢工情况	1	
1936年5—12月	"中国呼声"选译	上海纱厂工人的痛苦及反日罢工等	1	"中国呼声"系进步英文刊物
1937年2—9月	工部局罢工卷宗K23/2	英商电车公司罢工情况	1	
1940年7、8月	工部局煤气公司罢工卷宗	英商煤气公司罢工情况	1	原件系英文，存市人委档案处
1940年9月	工部局公共汽车公司罢工卷宗	英商公共汽车公司罢工情况	1	
1940年9—12月	工部局英电罢工卷宗	英商电车公司罢工情况	1	
1939年9月—1940年10月	"密勒氏评论报"选译	关于各公用事业罢工情况等	1	原件系英文
1940年9月—1941年3月	工部局法电罢工卷宗	法商电车公司罢工情况	1	
1941年1、3月	工部局警务处特别组报告等	英商电车公司罢工情况	1	原件系英文，存市人委档案处
1941年3—9月	工部局公共汽车公司罢工卷宗	英商公共汽车公司罢工情况	1	
1941年5月—1942年2月	工部局罢工卷宗K32/2	商务、公和祥码头、老九章等工人与资方斗争情况	1	

(续表)

时 期	名 称	内 容	册数	备 注
1908—1932 年	法租界公董局法电档案	法商水电公司工人运动情况	1	原件系法文,现存市人委档案处
1939 年 12 月—1940 年 7 月			1	
1940 年 9、10 月			1	
1940 年 10 月—1941 年 10 月			1	
1941 年 9 月—1942 年 5 月			1	
1909—1942 年	前法商水电公司档案摘录	关于内部人事及职工待遇等,资方致巴黎总公司之密函	1	原件系法文,存沪南交通水电公司
1927 年 9 月—1929 年 1 月		资方致法国驻沪总领事函件	1	
1940—1945 年		资方致法领及巴黎总公司的函件等	1	

五

历史所编译组会议记录稿[①]

1959 年 12 月 24 日　讨论编译工作

出席：程天赋、方诗铭、章克生、马博庵、吴绳海、顾长声

程天赋：陈其五部长提出任务：(1) 上海人民革命斗争史 (2) 上海工人运动史 (3) 帝国主义侵华史 (4) 现实斗争。现已调来二位翻译：沈遐士、雍。日文编译的同志年底可参加工作。初步考虑：我们主要利用上海资料搞帝国主义侵华史、文化侵略较突出，舒新城收的资料已转让给我所，我们可搞协作，我们要做长远打算，目前任务要具体安排，必须考虑培养新生力量。

章克生：过去到档案处较容易，后来档案处逐步建立制度，五卅有目录，党的成立有目录，警务日报有目录。工部、公董局，我认为是帝国主义侵华的好材料。罗竹风同志在所时曾有一个题目要搞帝国主义利用宗教侵华史，我和老顾曾到三自爱国会去过几次，勘探过一些资料。上海图书馆有解放前的俄文藏书数册，天主教过去曾译过"江南传教史"，未译完。现天主教已有爱国会组织，成立了史料委员会，佘山气象台的书有三百多本已转让给我们。

程：找一个资料员把有关帝国主义侵华的书目搞出来，或做专题目录，先解决方向。

---

① 标题系本书编者所加。

方：先找方向。我的意见工作不要跟北京重复，要充分利用上海资料，租界史可搞利用宗教侵华史、文化活动（学校），主要是租界和宗教侵华，方法上搞协作和探勘资料。藏书楼也有档案资料，亚洲文会也应该有档案，编一个内部目录（帝国主义侵华草目），江南传教史全部翻译出来。

章：舒新城曾交所一本日文的关于支会文化活动的书，现还在基督教，未译。

吴：过去曾为这两本书做过一个计划，曾放在"三自"，现在没有联系。

顾：关于利用宗教侵华是可搞协作，由所、宗教局、基督教三自会、天主教爱国会联合组成协作小组，题目可从解剖麻雀做起，基督教方面可选译，NNC基督教全国协进会的侵略史、广学会史、内地会史或卫理公会史或安息日会史、圣约翰大学校侵华史几个重点加以突破，天主教可搞江南传教史。租界史值得搞，宗教方面可着重先揭露美帝的侵华活动，资料勘探与作出篇目索引工作很重要，我所应配合档案局、上图。

马：帝国主义侵华史，上海方面资料是多的。我所目前所搞的政治斗争史、文化侵华史、经济侵华史，上海有条件搞。文化侵华可与天主教、基督教合作，经济可与经济所合作。卿汝楫的"侵华史"还有许多材料没有用的，特别是上海藏书楼的杂志报刊很多，可以补充卿的书和刘大年的书。国际关系研究所主要搞现实斗争，我所应成史学界一界之中心，侵华史也是如此，要负起计划、推动的责任。我倾向于四个国家为主进行分国的研究（英美法日），红档材料也可用。具体做时可以配合各组，如五卅、美英法日帝国主义的活动。另外自己有计划，例如说搞美帝的，五卅搞完，即搞1905年的资料。

顾：我同意这样的看法，帝国主义侵华史要以上海资料为中心，结合上海的特点重点进行研究"美帝侵华史""租界史""帝国主义利用宗教侵略华史"，在进行工作的同时，必须重视资料勘探工作，作出专题篇目和书目草稿，作出卡片。

吴：北京有中美外交档案到1906年止。

程：方向，文化侵略为主，美帝是主要敌人，以美帝为主，政治史要配合，要从基础做起。

吴：我想强调一点，即勘探工作非常重要，"日本外交文书"我所已定，已到一批。先搞清资料，东亚同文会的资料不知道到哪里去了。

程：可以考虑向党的四十周年献礼。外国史学界研究状况，我们要注意。

马："中美关系文件"胶卷是否可向国际书店定购，可问北京图书馆。"美国对外关系文件"也可购，"美国参众两院档案"、"英国蓝皮书"。

程：(1) 勘探帝国主义侵华资料，作出目录。(2) 宗方小太郎明年可出版。(3) 江南传教史全部译出。(4) 差会报告。(5) 英美人在华文化事业。(6) 美帝利用宗教侵华史（厚今存古）先搞出一个计划。

1959年12月29日晚

出席：章克生、方诗铭、顾长声、吴绳海、马博庵、汤志钧

公推章克生同志代表二组在明天下午大会上发言

方诗铭：辞海组可以于一月底提前完成，经学史也接下来，不但提前，还超额，这是反右倾鼓干劲的重大收获。为了保证明年大跃进，必须有具体措施。

顾长声：28天时间，编译同志已编译了十万字，加上四组中文资料已超过五十万字，因此到明年一月底至少可有一百二十万字的资料，可以着手编辑。

吴绳海：明年年初即决定规划，具体措施，小太郎任务不过年。

汤志钧：回顾一年来的工作，成绩是主要的，短短的时间完成五

四资料，一个辞海方面，一个五卅方面，辞海我的任务今天争取完成。吴绳海的宗方小太郎也完成，有三十余万字。政协上课完成。复旦教学任务完成。1960 年有计划，但措施不够，如何开门红？民主生活不够，政治学习准备得不够。

方诗铭：明年开门红是个问题，措施还未谈过。

章克生：还需要集体协作。

方诗铭：明年主要编写美帝利用宗教侵华史，第二是历史资料，以 1905 年反美帝国运动，其他也要搞，用个别一、二人合起来搞。编译力量增加，但编译力量必须为全所用，不能光为我们用。

马博庵：五卅，明年一月底恐怕不能完成，估计明年一月底可把外文报纸正面材料做完，1925 年 5—9 月 5 个月的资料，反面的材料尚未动，对五卅必须支持到底。

汤：在保证五卅完成的前提下，抽出一人来搞 1905 年，美帝利用宗教侵华史或先搞一个点，找一个医院、学校，解剖一个麻雀。

马：有十五个美国传教士，大部分都有传记，以传记作为基本材料，参考其它（他）材料，一个人一个人分析，医院、学校、慈善团体、教会、出版。

汤：明年可先写司徒雷登传，他在华有五十年，光看人，不能看出美帝政策。

马：可以司徒雷登为重点，但还是从头到底。

方：利用当前成果，要求不太高，主要看发展、看规律。

汤：美帝利用宗教侵华史肯定要搞，肯定要搞人民革命斗争史、美帝利用宗教侵华史。

1960 年 1 月 9 日下午二点半　全所大会

由程天赋同志代表总支报告我所 1960 年工作规划，并宣布成立编译组；提出各组任务，交全所同志分组讨论。

1960年1月9日下午三点半　编译组召开第一次会议

出席：程天赋、章克生、马博庵、吴绳海、郑斌、杨半农、雍家源、沈遐士、顾长声

章克生：编译组工作主要配合各组工作。1848年青浦斗争、1905年反美运动等的外文资料需要配合近代革命史，还有维新运动及辛亥革命。现代史部分，五卅运动已在进行。组内的本身任务有帝国主义侵华史，配合目前的斗争，主要搞美帝在上海利用宗教侵略活动史料，通过宗教局与基督教团体合作，他们已翻译了一部分史料，在收集史料方面与他们协作。

吴：今天先谈方针任务，具体计划，下次还可谈。

章：重读"规划"中的方针部分。

吴：过去思想上偏于长期工作，同鼓干劲不符合的，特别要为无产阶级政治服务。还有边干边学，改造知识分子很重要，特别是我们这一组年龄都是太大的。这次提的方针全面得多，比以前订的方针好得多了。

马：我同意吴的说法，古为今用、厚今薄古、百家争鸣、改造与培养方针内都有，作为我们行动的指南，必须政治挂帅，联系目前的国内国际的阶级斗争，本此精神进行历史研究。

章：上海历史资料很多，本所的任务是重点研究近代、现代史，一部分研究古史，还有研究工运史、亚非史、民族解放史。

程：所的具体任务中对百家争鸣还有具体安排。

吴：方针对我们鼓舞很大，我们也是历史研究工作者，不仅是翻译翻译算数，来个加工订货，编译就是初步的研究工作。

程：帝国主义侵华的范围很广，有政治、军事、经济、文化等各方面，要立大志，除了配合各组，还要把它串起来，即把帝国主义侵华史料串起来。

马：我们不要讲加工订货。

章：过去我们一直参加编译史料工作，配合总的方针，为当前斗

争服务,名为编译组,还要写专著,古史也要外文的,其他二、三、四组也要外文。

杨:到所不久,对我所的方针提的范围很广,很全面,我们搞编译,我很感兴趣,搞科学研究必须掌握大量资料,在市委的指示与党委的领导下,拿出有分量的东西。美帝利用宗教侵华,专门给编译组搞很光荣,每一个人要立大志,思想进一步解放,我们组内应很好学习毛主席思想,大家写点东西,不一定发表,互相可以观摩,这对工作一定会帮助很多。

郑:对方针任务完全是正确的,要用阶级观点来看事物,应当学习毛泽东思想,才能使工作做得更正确,历史科研一要掌握毛泽东思想,一要掌握大量资料,编译工作不仅是加工订货,是主动的,不是被动的。我向来不研究历史,是个门外汉,现在还是加工订货,对历史还不专长,但我不愿长久安于现状,要经过一段时间,从加工订货转到主动性,请编译组内先进的同志随时指教。

章:主要还是边干边学,政治思想还是起重要作用,毛泽东思想指导是主要的,很好地学习毛泽东著作武装我们的头脑后,就有能力进行挑选资料,方针的确是很全面。

程:毛主席著作的学习是可以商讨一下如何学。

章:结合具体工作,学习毛主席的有关文章,较大的作品可请人来做大报告,我们图书馆买的毛泽东著作不多,是否可多买一些。

马:马上要搞帝国主义利用宗教侵华,要到毛主席那里取经,可看《帝国主义和一切反动派都是纸老虎》及其他有关文章,另外《人民日报》经常介绍马列主义和毛泽东思想的文章,例如周原冰、艾思奇、李达等同志在《人民日报》上的文章,就是我们学习的很好资料。

程:我们学毛主席对各阶级的分析,今天拿到来看世界问题,还是这个问题,可用此法来分析目前国内国际形势。大家再看看文件,看看记录,下星期将方针再讨论一下。然后把本组具体工作再研究一下。

章：我们是否先约略谈谈我组的具体工作。

马：一是发动全所，用协作的态度，争取主动的精神，完成各组任务；一是本组的规划，帝国主义利用宗教侵华，这个要求还不明确，这是大事，还有宗方资料的编写。帝国主义侵华可以串起来，计划一定要落实，每一人的任务要明确。

章：美帝利用宗教侵华是写专著，美国圣公会 Spirit of Missions 有一百年。

程：要求是写专著，但资料也要搞，《江南传教史》如果没有中译文，可以译，与天主教协作。

马：上次是考虑写书，写书的做法与搞资料汇编不同，只是摘录，用的时候才翻译，编资料则就不简单，既是资料就要抄全、译全。

程：可以搞资料、档案，北京美国外交档案到 1906 年，以后年代的档案我们也可搞，宗教、租界……十年之内我们整理出多少资料，写多少专著。一年内写一本中等的美帝利用宗教侵华，搞一个概况性的行吗，公开不行，内部发行。大部头资料可以协作。首先要有长远打算，政治史、文化史、租界史、经济史都可打算。史料是要搞的，十年内有大志，每年有点东西出来。还须做勘探工作，中级的读物一定要拿出来，帝国主义侵华有几个方面可搞。舒新城拿来一部分材料可以用，其中教育方面，现在先考虑一年干什么，三年干什么，七年的规划。到 1967 年，五卅完了，可以集中搞一下侵华史，人可以分一分，已经出了些什么东西也要了解。刘大年、卿汝楫对美帝侵华的政策为什么要侵华，缺少这样的材料，资料同写书同时并进。

顾：编译组可以搞《国外史学动态》供所内或历史界参考，文章，大家可以分一分。

雍：关于史学动态，社会科学院编译室可以搞，他们也有计划要搞。

程：有空给《文摘》翻译一些重要文章，还是要翻，暑假可以分配一些外文学生高年级的参加我们一些工作。

1月12日下午　编译组讨论规划

出席：程天赋、章克生、马博庵、顾长声、吴绳海、郑斌、杨半农、沈遐士

章：今天下午讨论编译组的指标,既要有冲天干劲,又要有科学分析。任务方面一个是面向全所,有二组的上海近代革命史,三组的上海现代革命史,四组的五卅运动。目前重点在五卅,同时准备下一步工作,第二个是吴绳海同志的"宗方小太郎",已译好,要进一步加工。第三个是全组参加的帝国主义利用宗教侵华史料,依靠协作进行。

程：是否先对所的规划提些意见。

章：对研究生培养计划少了一些。

沈：规划指标提出具体一些较好,初稿中只提若干辑,最好落实。古史组论文无具体数字。召开科学讨论会一年几次,或不得少于几次。第四页一开头,主语为总支,与后面文字有出入。劳动应有一个平均多少天列入规划。这次服从调配来所,保证做好教学工作,编译工作愿意边干边学,决不挑剔,除了教学,剩下时间可全部支配,有一些讲义还在继续编。

吴：规划中对于市委整理史料的号召是一个群众运动,对我所工作的展开有很大的关系。指标里应着重地将此列为一个项目,所里可抽调一部分人力参加。

马：这个工作很重要,勘探时要根据我所的计划要求,这对我所有益处。

吴：随地摸哪一方面资料情况,对我所都有利。

马：如何编索引,也需研究。

吴：措施要定得更具体一些,除了谈工作规划外,还要交换一下如何参加理论学习。

章：我们整理上海史料(人民革命史)即为总计划的一部分,工作与学习同时谈,如何学习理论。

沈：索引工作本所资料室是否能了解别单位的情况，可能有些已经编过，通过联系可以了解，以免重复，大学图书馆及历史系图书馆可能有。

马：我们已收集了一些。

程：帝国主义侵华史索引三所可能有。

吴：南京整理史料处可能也有，是先要了解一些情况，以免重复。

马：关于参加史学讨论，改成比较普遍，所内也要讨论。关于论文方面，编译组也可写一些文章，五四、五卅都可写，因此不止五篇论文。对研究生培养注重边干边学，这个环境完全是历史研究的环境，研究生可参加一部分工作，今天暑假是否可参加一个专题，例如1905的反美爱国运动。下厂下乡调查更实际一些，文字工作也是实践，短期计划与长期计划相结合。除本计划外，还应有十年计划，要有雄心大志，年度计划应与长期计划相结合。具体措施方面必须具体，主要还靠各组落实，还须落实到每一个工作同志，而且要排好日程，一环套一环。帝国主义利用宗教侵华十年内应弄清楚，英国侵华史，包括租界也应在十年内弄清楚，美帝、日帝也是如此。搞文化史、政治史离开不了经济。我们要用经济史料，必定要与经济研究所经济史组合作，联系、协作很重要，必须要搞好。组织二三个人到南京、北京跑一趟，学习一下。

吴：北京美国外交档案要跑一趟。

马：北京一定有蓝皮书，北京国防关系研究所、外交学院都要去，要做帝国主义侵华史必先了解整套资料。

吴：我们搞一个杂志，专门翻译外文资料，后面附上动态，目的为研究近现代史用。

马：吴老提一个计划如何？

吴：外务省档案就有不少好材料，各省的历史研究所都有刊物，就是我们没有。

马：台湾史今年不搞，明年一定要搞出来，专搞"美帝侵台史"，十万字以上，二三人搞半年。

章：各组都在争取上半年搞完资料，我们如何配合，要加以排队。

程：二组汇编的，我们要支持；专著，帮助他们摘译一些资料。三组请他们提出要求。

马：1905年外文资料估计有二十万字，一个人四个月的工作量，中文搞好了，报纸我们补。外文档案及工部局档案，我们可先搞。

章：1905年三个人两个月，青浦斗争一个人两个月，三组先由吴乾兑对外文资料开路，然后交接。

程："五卅"，各报都来要文章，应开始考虑专题。

吴："宗方小太郎"今年搞一年，"五卅"的材料很多。

马：估计三个月为三组，两个月为二组，五卅要搞到五月，今年一月底正面材料译完后，就搞专题，英、美、日帝国主义的活动（在五卅时期），还需看选社论与通讯。三组应请他们立刻搞外文索引，我们还要分小摊子。

马：怎样搞资料，怎样翻，要经过一定的训练与培养阶段，甚至用两星期培养，速度就会增加。书、资料等先按时期分，以后再进入专题，时期要以美帝侵华时期为准，编资料汇编也可按时期出版。人的方面由我们主动，宗教局挂帅，先进带后进，要有一个负总考虑的责任。

程：请章克生同志与办公室商洽，请三自爱国会再借一位英文翻译。

吴：对老顾提的计划很切实，资料与编书同时并进，先为这本书搜资料，计划要更具体一些。理论学习，先有几天学习，工作进行中也开各种会，业务、理论。两个月的计划，大体上那些会议，编译规格、抄写规格拟出来，具体提出要的人名，从哪里入手。这个工作的意义。"宗方小太郎"是否请二组方诗铭同志帮忙搞，我一个人搞不好的。

　　章：重点先搞"五卅",以后再接"宗方",我们的学习计划如何?

1月18日　编译组

　　出席：章克生、马博庵、吴绳海、沈遐士、顾长声

　　讨论寒假如何利用外文系学生参加工作问题,决定请总支考虑在寒假调八个英文、二个中文,英文程度二三年级,做两个工作:(1)做近代现代历史名词卡片,(2)做帝国主义利用宗教书刊目录卡。其次讨论规划落实问题。顾长声提出要求将 Chinese Recorder 1921—1941年的 Index 打出来,请三自的林嘉通打完外务省档案目录进行。

编译组讨论如何革命

　　出席：吕书云、章克生、马博庵、吴绳海、雍家源、沈遐士、顾长声、杨半农

　　马博庵：结合本组特点,都是旧知识分子,首先革思想的命,从事改造,改造世界观,年龄虽然大一些,一定要改造成为无产阶级知识分子,不能老是埋头书本,要建立工农感情,联系实际,争取下厂下乡。

　　章克生：我过去有静下来打基础的思想,并非打好了再干,这是不现实的,到所后觉得本所的方向是对头的,但我们的思想总感到活动多,静不下来好好工作,主观能动性不够。

　　吕书云：革命要有内容,其次用什么方法,然后才采取行动,要跟上形势,革命一步一步深入,例如对古兴趣大,对今兴趣小,例如在藏书楼和下去,以上这些问题要解决,要革命,要有内容。反右倾后本组是否都已心情舒畅了,究竟思想表现在哪几方面?必须扫除思想障碍,静下来就是脱离实际、脱离群众。五卅资料如何贯彻毛泽东思想?名利思想问题还不少,思想问题要解决,先谈内容,谈得透一些。

吴绳海：既然革命，就不是修修补补，首先对工作对思想上的不对的地方谈出来，第二步再谈建立对的东西。我们年龄大，错误的思想总比年轻人多一些，这需要用时间来控，研究工作与实际结合问题。我们思想上有矛盾，原定规划要如期完成，达到一定的质量和数量，问题是照原样工作，还是下乡下厂呢？我有矛盾，一方面想多翻译些，一方面想下厂下乡，编译工作必须是逐句进行搞的，究竟有无技术革新、技术革命呢？如何多快好省？

吕书云：编译与搞资料是否能一条龙？

马博庵：编译工作革新也可土洋并举，洋办法是电子计算机、录音机，土办法是听写，是搞群众运动。注意集中，理解力强，就可加快速度。组内发挥集体精神，消灭单干思想，因系面向全所，和各组配合得好不好，我们想完成原定规划，曾向吕书记保证过。

吴绳海：我们不是历史专家，有条件革命，电子计算机的文章我看不懂，很难弄，还是土办法。

雍家源：翻译如何技术革新有困难，电子计算机编译文艺、历史有困难。土办法。我们的缺点是有任务观点，为译290万字而奋斗。编译不是目的，是手段，应同编打成一条龙，要为达到所的编著任务而努力，不为翻译而翻译，不要有废料，翻多少用多少。选译计划要详细，翻什么，翻多少，做个详细计划，先打破290万字，翻一件，用一件。

马：同意雍老不要有任务观点，中文外文联系加强。

雍：通过协作提高质量，翻译也可有几个步骤：1. 初胚，2. 润饰、校对。工序问题值得讨论。

马：收编与研究是有区别。雍老的标准太高，使用范围窄，不能说抄的、译的刚刚是所需要的。现在是开矿，有一个过程。希望保证有6分之4的时间工作，急于想完成任务，晚上想看点文件，与工作又有矛盾。

吴：译的全部用上是有困难的，缺的材料如果不知道如何补呢？

翻译不要单纯考虑字数，这是有积极意义的。

马：选材料是个关键，这是第一条，第二条怎样译，第三条怎样编，第四条怎样写，不是为翻译而翻译，学、选、译、编、写一条龙。

杨半农：开始翻译时是被动的，指定译什么就译什么，假如各组都各推一个总其成的同志了解全部材料，然后经常交换意见，反映资料情况，这样对选译工作的质量就可提高，并加快速度。

章克生：选是关键，各组有一人掌握全局，这是个缺点，选的任务没有做好，联系是不够的。中文选抄标准也不一律，五卅史料不是汇编，是选编，提纲没有讨论。外文材料有不少不能用，工作目的性不明确，选得不够。我们不能为翻译而翻译，为政治服务。今天刚开头，明天晚上再开会。

吕：今天谈得好，大家有虚有实，但实的方面多了一些，如何打破框框，也许走些弯路，但可找到方向，编译不是翻译工作，有编有译，是否编译统一起来？正确的观点，程序减少，内容统一起来，是否我多搞一章，编译统一起来。洋的问题，不能离开现实，搞电子计算机，减少程序，提高质量。选材是个问题，你认为不要紧，材料倒真要紧，取舍是值得研究的。协作精神、集体精神怎样？我们考虑到更当前的没有？五卅纪念文章要不要写？当前最重要的要写文章，揭露帝国主义在五卅期间的罪恶活动，问题在时间，要真在五卅拿出几篇文章，下乡下厂也是当前的任务，完成当前的是重要，精神状态很重要，所以旧框框到底是什么？编译工作总是为别人服务的，第一线、第二线，找出旧框框，打破旧框框。

1960年4月5日下午一时半　全组座谈

出席：程天赋、雍家源、马博庵、吴绳海、沈遐士、顾长声、章克生、杨半农

顾长声同志传达本日上午各组代表讨论与各史学单位展开友谊竞赛概况，并宣读倡议书。

马博庵同志报告昨日本所各组会同院部各部门代表同往上海师范学院、党校、复旦、华东师大赠送比赛倡议书经过。

先谈近十天资料翻译工作。英文资料基本可以完成,日文十天内大概二月及十月以后还不能完成。幻灯机还未做好。工部局档案本周内可结束。文章决定从一篇加到三篇,五卅美帝罪恶活动,此篇为重点文章,马博庵、雍家源;传教士罪恶活动,顾长声;工人生活,章克生、沈遐士;字林、大陆报十、十一、十二月,缪秋笙;泰晤士报补译,雍家源。以上为十天革命内容。十天以后,文章还须讨论修改;日文继续搞;档案局、公安局还须去;密勒氏评论报还要译,其他杂志资料还须补,以上是五卅史料的继续。另外参加五卅工厂调查,工厂回来即分兵三路,一路搞二组资料,一路搞宗教侵华,一路搞宗方小太郎。七一,写出每人一篇,调查文章七篇;十一国庆,小太郎献礼;元旦,宗教侵华史,保证完成配合各组。《文摘》支持,从四月起,每人每月出一条书刊简讯,文章译编,有英文、日文。英文四班变两班,坚持劳动锻炼。向院部编译室,哲学所编译组展开友谊竞赛,一年有两个月联系实际,编译组编译字数也可列入。

1960年4月5日　编译组跃进规划

编译组全体同志在听了杨部长和李书记的报告后,经过了数次讨论,一致认识到当前的形势是非常地好、空前地好,技术革命的风暴席卷全国,科学研究工作必须立即适应这个形势,紧跟着来一个大革命。为此,我们重新检查了原订的1960年的工作规划,决定革命的措施如下:

1. 思想大革命。(1) 编译组平均年龄较大,民主党派成员较多,结合到这些具体特点,要求着重破资产阶级名利思想、情面观点、甘居中游和各种迷信思想,立无产阶级大公无私、力争上游、大破迷信、敢想敢说敢做的共产主义思想,定期举行民主生活会。(2) 坚定地站到无产阶级立场,坚决听党的话。(3) 认真学习毛泽东思想,积极参加系统的社会主义、共产主义教育。(4)切实学习并运用毛泽东思想,指导编译工作,重点学习毛泽东论帝国主义。(5)坚持每周一次的劳动锻炼,坚决完成全年劳动锻炼,通过劳动逐步建立工农感情。(6)积极参加第一线斗争,争取下乡、下厂、下里弄,边斗争边学习,努力锻炼成为无产阶级战士。

2. 十天革个命,完成五卅史料外文编译工作。(1)配合第四组,在十天之内,将《大陆报》《字林西报》《泰晤士报》及日文方面有关五卅的外文资料翻译完成。(2)原定写一篇论文,现决定增加至三篇,十天之内拿出初稿。

3. 七一献礼。五月中旬争取全组下厂调查五卅运动,并投入当前的技术革命,七一前每人写出一篇论文,向党的生日献礼。

4. 国庆献礼。继续编译宗方小太郎史料,国庆前编写出《宗方小太郎在华特务活动》一书,向国庆献礼。

5. 元旦献礼。元旦前编写出《美帝利用基督教侵华史》(第一册)初稿,作为向元旦献礼。

6. 1960年上半年除完成以上两本书外,主要力量投入第二组工作,参加编译"上海近代人民革命斗争史"各种资料。另"五卅资料汇编"及"五卅史"继续支持到底。

7. 全组支持社联出版的《文摘》月刊,每人每月提供至少一条书刊简讯,并给予译稿及审稿的必要支持。

8. 以上具体措施,拟向社会科学院院部编译室及哲学所编译组提出友谊竞赛。

1960年4月18日　编译组座谈申书记在我所第二战役大会的发言

出席:章克生、马博庵、吴绳海、雍家源、沈遐士、顾长声

章克生:我们今天座谈一下上星期六全所大会申书记的发言,关于《文摘》的支持,及关于史学动态的简报。

沈遐士:学习毛主席著作计划,我组未定具体计划,是否可定下

来?《文摘》的具体分工,予以落实。专题写作还不够,不够熟悉,但既有集体的帮助,再加上一穷二白,可以试。或先从《文摘》译文下手,文章是应该争取达到第一流,教学的地位摆在什么地位,不够明确。如果下半年分配更多的研究生来,必须先有安排,以免被动,对此也必须认真,即便其是业余学习,群众路线如何贯彻?

马博庵:沈所提出的具体问题是要认真讨论,教学上须好好安排,各个问题须提出一个草案来讨论。申书记的讲话很重要,要求我们达到第一流。写论文我们也只是开始学走路,人人都可以,只是要有一个过程。组内没有"权威",都是一穷二白,所以要依靠群众。过去讨论一次,文章就发挥了集体力量,边干边学,申书记的鼓励也不是说我们马上可以拿出第一流文章,要攀登科学高峰,要经过艰难的奋斗,须充分发挥潜力,加上党的领导与组内同志的帮助,就可以达到。

吴绳海:现在写文章必须以马列主义为指导,必须战斗性强,批驳不倒,即使有批评,也不是推翻原作,这就是第一位。

顾长声:听了申书记的话,党对我们的要求很高,杨部长又要求我们做革命家、政治家。党对我们各种期望,而自己的努力是很不够的,而且这次在写文章中也有两种思想在斗争,"写文章比翻译难","还是搞翻译,文章让别人想",这是在写文章时冒出的思想;另一种思想,"怕什么,写吧,有党,有群众,加上自己的发奋努力,一定可以达到发表水平"。到现在为止,因为感到压力很大,逼上梁山,只有进,没有退,退是没有出路的,所以还是要好好努力下去,争取徐仑回来前写到三或四次,经他和天赋同志等看过后,再准备写它二三遍,力争上游。沈遐士同志提的问题是要落实。

马博庵:初次下水怎能游泳?但经过努力是可以达到的,我和老顾的反应相反,我觉得美帝是我们的头号敌人,要和它作战。写文章不怕,边干边学,现在还未入流,过去不敢写文章。

吴绳海:精神生产与物质生产是不同的,心里不要太急,越急越写不出,但并不是等于拖时间。需快,但要镇定,努力提高质量,一方面是拿出文章来,一方面就是锻炼。

雍家源:我感到还未入流,争取第一流不敢想,即使对翻译工作,还是存在着畏难情绪,觉得英文丢了好几年,当然我还是要努力去做。总感到翻译工作,因报纸大,顶着胃部,使身体有点难受,再加路远每天挤车三小时。最近思想复杂,看到别人写文章,我连翻译都做不好,但无退休思想,仍想为社会主义服务,但是否一定要做翻译工作,做教学是否更适合一些,想同吕书记、李峰云同志谈一谈。这并不是说不安于现在的工作,还是愿意服从组织分配。

章克生:文章不论是个人或集体发表,拿出来是代表所,应该达到第一流。我们应有此雄心大志。第一流者即需解决现实斗争中的具体问题,同时要超过国内已发表过此类文章的水平,资料与战斗力都要强,这次写文章信心较足。经过大家提意见后比较胸有成竹,今天到明天准备写第二稿,锻炼有好处。

(原载上海社会科学院历史研究所现代史研究室藏《上海社会科学院历史研究所第二组会议记录》)

六

侵华史组[①]已译英文史料
（1960年7月至1961年12月）

章克生

专著　11种，
美国对华政策　4种
传记　5种
会议录　10种
差会报告　2种
报刊报道与论著　11种
总计：2 313 000字。

I　专著

1. 赖德烈著：基督教在华传教事业史（选译）第22—31章，200 000字。
   K. S. Latourette: *A History of Christian Missions in China*.
2. 赖德烈著：中美早期关系史（选译），16 000字。
   K. S. Latourette: *A History of Early Relations between the United States and China*.

---

① 系指20世纪60年代初历史研究所设置的"美帝国主义利用宗教侵华史组"。——马军注

3. 赖德烈著：在大风暴中前进（基督教扩展史第七卷）（选译），27 000 字。①

   K. S. Latourette: *Advance through Storm, A. D. 1914 and after. Vol. 7 of A History of the Expansion of Christianity.*

4. 华格著：传教士、中国人与外教官，200 000 字。

   Paul A. Varg: *Missionaries, Chinese & Diplomats, the American Protestant Missionary Movement in China, 1890-1952.* Princeton 1958.

5. 卡利-艾雷士著：中国与十字架（选译），20 000 字。

   Columba Carry-Elives: *China and the Cross.*

6. 田贝著：中国及其人民（选译），8 000 字。②

   Charles Denby: *China and Her People.*

7. 明恩溥著：今日的中国与美国（选译），20 000 字。③

   Arthur H. Smith: *China and America Today.*

8. 中国十年（1922—1932）（选译），15 000 字。④

   The World-wide Christian Mission 1922-1932, a survey.

9. 平信徒国外传教事业调查报告（选译），150 000 字。⑤

   Laymen's Foreign Missions Inquiry Fact-Finders' Reports. 1933.

10. 战时中华志（1937—1943）（选译），34 000 字。⑥

    China Handbook 1937-1943.

---

① 译稿现藏上海社会科学院历史研究所现代史研究室（以下简称现代史研究室），陶庸译，章克生校。——马军注
② 译稿现藏现代史研究室，金亚声译，陶庸校。——马军注
③ 译稿现藏现代史研究室，陶庸译，王作求译。——马军注
④ 译稿现藏现代史研究室，单英民译，陶庸校。——马军注
⑤ 译稿现藏现代史研究室，单英民译。——马军注
⑥ 译稿现藏现代史研究室，陶庸译，金亚声校。——马军注

11. 毕范宇著：中国——黄昏抑黎明？50 000字。①
Frank W. Price：*China-Twilight or Dawn?* 1948.

Ⅱ 美国对华政策

1. 美国对华政策选读（选译），16 000字。
American Policy toward China.
2. 都洛希·鲍格著：美国政策与中国革命（选译），28 000字。
Dorothy Borg：*American Policy and the Chinese Revolution.* 1947.
3. 美国对外关系文件(1924年)（选译），9 000字。
Papers relating to the Foreign Relations of the United States, 1924, Vol. Ⅰ.
4. 美国对外关系文件(1928年)（选译），15 000字。
Papers relating to the Foreign Relations of the United States, 1928, Vol. Ⅱ.

Ⅲ 传记

1. 裨治文传（选译），60 000字。
The Life and Labour of Elijah Coleman Bridgman. ed. by Eliga J. G. Bridgmen. 1864.
2. 伯驾传（选译），40 000字。②
The Life Letters and Journals of the Rev. and Hon. Peter Parker. 1896.

---

① 译稿现藏现代史研究室，叶元龙译。——马军注
② 译稿现藏现代史研究室，章克生译，顾长声校。——马军注

3. 晏玛太传(选译),20 000 字。①

   The Story of Yates the Missionary as told in His Letters and Reminiscences. by Charles E. Taylor. 1898.

4. 卫三畏传(选译),60 000 字。②

   The Life and Letters of Samuel Wells Williams.

5. 丁韪良旅华六十年回忆录(即花甲忆记)(选译),50 000 字。

   W. A. P. Martin: *A Cycle of Cathay.*

Ⅳ 会议录

1. 1877 年基督教在华传教士大会记录(选译),57 000 字。③

   Records of the General Conference of the Protestant Missionaries of China, 1877.

2. 1890 年基督教在华传教士大会记录(选译),55 000 字。④

   Records of the General Conference of the Protestant Missionaries of China held at Shanghai, May 7-20, 1890.

3. 1900 年纽约普世宣教大会(选译),27 000 字。⑤

   Ecumenical Missionary Conference, New York, 1900.

4. 基督教在华传教百年大会(选译),76 000 字。⑥

   China Centenary Missionary Conference Records. 1907.

5. 1910 年爱丁堡会议录(选译),132 000 字。⑦

   World Missionary Conference 1910, Edinburgh.

---

① 译稿现藏现代史研究室,王作求译,金亚声校。——马军注
② 译稿现藏现代史研究室,叶元龙译,顾长声校。——马军注
③ 译稿现藏现代史研究室,叶元龙译,顾长声校。——马军注
④ 译稿现藏现代史研究室,章克生译,叶元龙校。——马军注
⑤ 译稿现藏现代史研究室,王作求译,金亚声校。——马军注
⑥ 译稿现藏现代史研究室。——马军注
⑦ 译稿现藏现代史研究室,王作求译,金亚声校。——马军注

6. 亚洲续行委办会报告(1912—1913)(选译),24 000 字。
   The Report of the Continuation Committee Conferences in Asia 1912 - 1913.

7. 天下一家——世界基督教学生同盟第十一次大会(选译),3 000 字。①
   Under Heaven One Family, a Review of the World's Student Christian Federation 1921 - 22.

8. 美国与中国的关系,1925 年 9 月约翰·霍浦金斯大学讨论大会报告(选译),25 000 字。
   American Relations with China, a Report of the Conference held at Johns Hopkins University, Sept. 17 - 20, 1925.

9. 中国基督教教育大会(1925 年 4 月 6 日在纽约举行),53 000 字。②
   Chinese Christian Education, a report of a conference held in New York City, April 6, 1925.

10. 1949 年曼谷会议记录(选译),60 000 字。③
    Papers and Minutes of the Eastern Asia Christian Conference, Bangkok, Dec. 3 - 11, 1949.

V 差会报告

一、北美差会部年会报告

The Foreign Missions Conference of North America Annual Session

1. 穆德:怎样增加美国国内基地传教队伍的领导人才(1923),

---

① 译稿现藏现代史研究室,章克生译。——马军注
② 译稿现藏现代史研究室,章克生、王作求译。——马军注
③ 译稿现藏现代史研究室,陶庸译,王作求校。——马军注

11 000 字。①

John R. Mott: How Argument the Leadership of the Missionary Forces at the Home Base. 13th annual session, 1923.

2. 司徒雷登:中国要有一个基督教教育制度(1923),9 000 字。

J. Leighton Stuart: A System of Christian Education for China. 13th annual session, 1923.

3. 葛惠良:对改变的中国应改变我们的着重点(1923),5 000 字。

Frank T. Castwright: Changing Emphasis for Changing China. 13th annual session, 1923.

4. 中国的局势(1926),12 000 字。②

The Situation in China. 33rd conference, 1926.

5. 卜舫济:中国的文化革命及其成果(1926),5 000 字。

F. L. Hawks Pott: The Intellectual Revolution in China and its Aftermath. 33rd conference, 1926.

6. 关于卜舫济报告的讨论(1926),10 000 字。

Discussion of F. L. Hawks Pott's Delivery on the Intellectual Revolution in China and its Aftermath. 33rd conference, 1926.

7. 葛林:有关中国局势的一些基本事实(1927),7 000 字。

Roger S. Greene: Some Fundamental Facts in the China Situation. 34rd annual meeting, 1927.

8. 明思德:中国传教士的将来(1928),5 000 字。③

Robert J. McMullen: The Future of the Missionary in China. 35rd annual session, 1928.

9. 霍德进:中国传教工作的形势(1928),15 000 字。④

---

① 译稿现藏现代史研究室。——马军注
② 译稿现藏现代史研究室。——马军注
③ 译稿现藏现代史研究室。——马军注
④ 译稿现藏现代史研究室,王作求译。——马军注

Henry P. Hodgkin: The Missionary Situation in China. 35rd annual session, 1928.

10. 美国国务院与基督教差会之间的默契——关于传教士在中国内地驻留问题,1 000 字。①

The Foreign Missions Conference of North America. 35rd annual session, 1928, pp. 28 – 29.

二、美国北长老会差会部年度报告

Annual Report — Board of Foreign Missions of the Presbyterian Church in U. S. A

1. 中国总的情况(1925),2 000 字。②

   China General. 88th annual Report, 1925.

2. 中国总的情况(1926),7 000 字。③

   China General. 89th annual Report, 1926.

3. 中国总的情况(1927)。④

   China General. 90th annual Report, 1927.

Ⅵ 报刊报道与论著

一、字林星期周刊

North China Herald

1922 年 4—6 月,10 000 字。

1924 年 7—9 月,16 000 字。⑤

---

① 译稿现藏现代史研究室,顾长声译。——马军注
② 译稿现藏现代史研究室。——马军注
③ 译稿现藏现代史研究室。——马军注
④ 译稿现藏现代史研究室。——马军注
⑤ 译稿现藏现代史研究室。——马军注

1925 年 1—3 月,12 000 字。①

1925 年 4—6 月,5 000 字。②

1925 年 7—9 月,4 000 字。③

1925 年 10—12 月,5 000 字。④

1926 年 1—3 月,30 000 字。⑤

1926 年 4—6 月,10 000 字。⑥

1926 年 7—9 月,4 000 字。⑦

1926 年 10—12 月,5 000 字。⑧

二、中华基督教会年鉴

China Mission Year Book

1912 年,16 000 字。

1913 年,20 000 字。

1925 年,12 000 字。

1928 年,12 000 字。⑨

三、密勒氏评论报

The Weekly Review of the Far East

1. 杜威论美国在华的机会(1920),5 000 字。⑩

John Dewey:The American Opportunity in China. April 3, 1920.

---

① 译稿现藏现代史研究室。——马军注
② 译稿现藏现代史研究室。——马军注
③ 译稿现藏现代史研究室。——马军注
④ 译稿现藏现代史研究室。——马军注
⑤ 译稿现藏现代史研究室,王作求译。——马军注
⑥ 译稿现藏现代史研究室,陶庸译。——马军注
⑦ 译稿现藏现代史研究室。——马军注
⑧ 译稿现藏现代史研究室。——马军注
⑨ 译稿现藏现代史研究室。——马军注
⑩ 译稿现藏现代史研究室。——马军注

2. 中国的非基督教运动(1922年4月22日社论),3 000字。①
   The Anti-Christian Movement in China(Editorial). April 12, 1922.

3. 传教士与当前的危局(1925年),3 000字。
   The Missionary and the Present Crisis. Dec. 5, 1925.

4. 广州的爱国运动与基督教会事业(1925),5 000字。②
   The Patriotic Movement and Christian Work in Canton. Dec. 5, 1925.

5. 基督教传教士与中国政治(1925),5 000字。
   Christian Missionaries and Chinese Politics. Dec. 12, 1925.

6. 外人在中国的利益(1927),6 000字。
   Foreign Interests in China. April 9, 1927.

7. 苑礼文：基督教各差会与中国的局势(1927),4 000字。
   A. L. Warnshuis: Christian Missions and the Situation in China. Sep. 17, 1927.

8. 乐灵生：中国基督徒面对着更光明的前途(1927),4 000字。
   Frank Rawlinson: Chinese Christians facing a Brighter Future. Nov. 12, 1927.

9. 乐灵生：中国基督教会事业垮台了吗？(1928),1 000字。③
   Frank Rawlinson: Has Christian Work in China Collapsed? Feb. 11, 1928.

四、教务杂志

Chinese Recorder

1. 阿诺德：中国的经济问题和基督教传教的努力(1918),5 000字。

---

① 译稿现藏现代史研究室,顾长声译。——马军注
② 译稿现藏现代史研究室。——马军注
③ 译稿现藏现代史研究室。——马军注

Julean Arnold: China's Economic Problem and Christian Missionary Effort. Aug. 1918.

2. 罗运炎、胡金生：中国人怎样看待基督教(1921)，8 000 字。①

R. Y. Lo & Paul Hutchinson: What the Chinese are thinking about Christianty. 1921.

3. 毕来思：当前的思想觉醒及其对基督教会的意义(1921)，8 000 字。②

P. F. Price: The Present Intellectual Awakening and its Bearing upon the Christian Church. June 1921.

4. 司徒雷登：怎样才能帮助中国教会独立？2 000 字。

J. Leighton Stuart: How can Missionaries Help the Chinese Church toward Independence? Feb. 1922.

5. 世界基督教学生同盟大学(1922)，7 000 字。

World Student Christian Federation Conference. May 1922.

6. 赖德烈：关于中国基督教运动中当前一些倾向的印象(1922)，2 000 字。

K. S. Latourette: Impressions of Some Present Tendencies in the Christian Movement in China. Nov. 1922.

7. 司徒雷登：基督教在中国的动力(1923)，7 000 字。

J. Leighton Stuart: The Christian Dynamic for China. Feb. 1923.

8. 艾迪：社会福音在中国(1923)，10 000 字。

Sherwood Eddy: The Social Gospel in China. Feb. 1923.

9. 张钦士：非宗教运动(1923)，5 000 字。

C. S. Chang: The Anti-Religious Movement. Aug. 1923.

---

① 译稿现藏现代史研究室。——马军注
② 译稿现藏现代史研究室。——马军注

10. 李佳白：基督教运动进展太慢(1923)，1 000 字。

Gilbert Reid：Christian Movement Goes Forward too slowly. 1923.

11. 李应林：非基督教运动在广州(1925)，5 000 字。①

Y. L. Lee：The Anti-Christian Movement in Canton. April 1925.

12. 沈体兰：非基督教运动之研究(1925)，5 000 字。

T. L. Shen：A Study of the Anti-Christian Movement. April 1925.

13. 李锦纶：共产主义与非基督教运动(1925)，3 000 字。②

Frank Lee：Communism and the Anti-Christian Movement. April 1925.

14. 阿诺德：传教士的机会(1925)。③

Julean Arnold：Missionaries' Opportunity. 1925.

15. 恒模：教会学校实行强迫宗教教育的结果(1925)，4 000 字。④

W. F. Hummel：The Results of Compulsory Religious Education. 1925.

16. 施爱客：教会学校里不强迫的宗教学习和礼拜(1925)，4 000 字。⑤

J. K. Shryock：Non-compulsory Religious Education and Worship in Mission School. 1925.

17. 晏阳初：这次对基督教攻击的原因和最好的对策(1925)，5 000 字。

---

① 译稿现藏现代史研究室，王作求译。——马军注
② 译稿现藏现代史研究室。——马军注
③ 译稿现藏现代史研究室，王作求译。——马军注
④ 译稿现藏现代史研究室，王作求译。——马军注
⑤ 译稿现藏现代史研究室，王作求译。——马军注

James Yen: What is the Cause of the Present Attack on Christianity and What is the best way to meet it? 1925.

18. 有关"现在情况"的选译(1926)。

    Present Situation. 1926.

19. 赖德烈：差会部和传教士：使他们互相谅解的几项建议(1927)，4 000 字。①

    K. S. Latourette: Board and Missionaries: Suggestions toward an Understanding. Jan. 1927.

20. 乐灵生：中国对基督教的反应(1927)，15 000 字。

    Frank Rawlinson: China's Answer to Christianity. 1927.

21. 来会理：传教士应该感到沮丧吗？(1927)，10 000 字。

    D. W. Lyon: Should the Missionary be discouraged? 1927.

22. 美部会劝告它的传教士们(1928)。②

    American Board advises its Missionaries. 1928.

23. 基督教学校还剩下些什么？(1928)。③

    What's left of Christian School? 1928.

24. 更正教国外传教部和在中国的工作(1928)，1 000 字。④

    Board of Foreign Missions of Reformed Church and Work in China. 1928.

25. 基督教教会学校的将来(1928)。⑤

    The Future of Christian School. 1928.

26. 天主教会在中国(1926—27 年)(1928)，3 000 字。

    Catholic Church in China 1926 - 27. 1928.

---

① 译稿现藏现代史研究室,王作求译。——马军注
② 译稿现藏现代史研究室。——马军注
③ 译稿现藏现代史研究室。——马军注
④ 译稿现藏现代史研究室。——马军注
⑤ 译稿现藏现代史研究室。——马军注

27. 斯迪威：中国对传教士的经济挑战，3 000 字。①

   Maxwell Stewart：China's Economic Challenge to the Missionary. 1928.

28. 司徒雷登：基督教高等教育中的危机(1928)，4 000 字。②

   J. Leighton Stuart：The Crisis in Christian Higher Education. 1928.

29. 中国教会的现状(1929)，18 000 字。

   The State of the Chinese Church. April & May 1929.

30. 司徒雷登：在中国发生的文化冲突(1929)，5 000 字。③

   J. Leighton Stuart：The Conflict of Cultures in China. 1929.

31. 卜舫济：早期上海教会史(1930)，13 000 字。

   F. Hawks Pott：Early History of Missions in Shanghai. May 1930.

32. 高伯兰：国民党与宗教：宗教在建设中国纲领中的地位(1930)，11 000 字。

   A. R. Kepler：The Kuomintang and Religion；The Place of Religion in the Program of National Reconstruction in China. Oct. 1930.

33. 孙中山与基督教(1931)，10 000 字。④

   Dr. Sun Yat-Sen and Christianity. Feb. 1931.

34. 毕范宇：前进吧！基督教宗教教育！(1931)，6 000 字。⑤

   Frank W. Price：Forward! Christian Religious Education! Oct. 1931.

---

① 译稿现藏现代史研究室。——马军注
② 译稿现藏现代史研究室，金亚声译。——马军注
③ 译稿现藏现代史研究室，王作求初译。——马军注
④ 译稿现藏现代史研究室，金亚声译。——马军注
⑤ 译稿现藏现代史研究室，金亚声译。——马军注

35. 戴德生诞生一百周年(1932),3 000 字①。
    Centenary of Hundson Taylor. July 1932.
36. 农村改造的理想和方法(1932),14 000 字。②
    Rural Reconstruction Ideals and Methods. Aug. 1932.
37. 孟良佐：华中基督教教会学校(1932),3 000 字。③
    Alfred A. Gilman: The Christian Schools of Central China. Oct. 1932.

五、国际宣教评论
International Review of Missions

1. 苑礼文：最近十年来传教工作的意义(1922),10 000 字。
   A. L. Wainshuis: The Missionary Significance of the Last ten years. Jan. 1922.
2. 司徒雷登：中国教会大学的变化着的问题(1924),8 000 字。④
   J. Leighton Stuart: Changing Problems of the Christian Colleges in China. April 1924.
3. 缪秋笙：中国基督教大学学生的宗教教育(1925),5 000 字。
   C. S. Miao: The Religious Education of Students in Christian Colleges and Universities in China. Jan. 1925.
4. 巴慕德：从中国的角度论中国基督教教育的将来(1925),8 000 字。
   Harold Balem: The Future of Christian Education in China from the Chinese Standpoint. July 1925.
5. 霍金斯：从美国国内传教基地的角度论中国基督教教育的将来

---

① 译稿现藏现代史研究室,金亚声译。——马军注
② 译稿现藏现代史研究室,金亚声译。——马军注
③ 译稿现藏现代史研究室,金亚声译。——马军注
④ 译稿现藏现代史研究室。——马军注

(1925),3 000 字。

F. H. Hawkins：The Future of Christian Education in China. July 1925.

6. 郭秉文：目前中国局势及其对传教事业的意义(1926),8 000 字。

P. W. Kuo：The Present Situation in China and its Significance for Missionary Administration. Jan. 1926.

7. 黎伯廉：中国基督教的前途(1927),5 000 字。

A. H. Bray：The Future of Christianity in China. July 1927.

六、差会精神
The Spirit of Misssions

1. 卜舫济：圣约翰大学的重新整顿意味着它的成长发展(1924),2 000 字。①

F. L. Hawks Pott：Readjustment Means Growth in St. John's University. June 1924.

2. 斯蒂文：关于中国目前一些问题的直率意见(1924),2 000 字。②

F. W. Stevens：A Frank Discussion of China's Present Problems. Aug. 1924.

3. 郭斐蔚论布尔什维主义是中国混乱的一个因素(1925),3 000 字。③

Bishop Graves finds Bolshevism a Factor in China' Turmoil. Aug. 1925.

4. 吴德施：中国在发生些什么事？(1925),4 000 字。④

Logan H. Roots：What is happening in China? Aug. 1925.

---

① 译稿现藏现代史研究室。——马军注
② 译稿现藏现代史研究室。——马军注
③ 译稿现藏现代史研究室。——马军注
④ 译稿现藏现代史研究室。——马军注

5. 驻华传教士关于中国局势的一封公开信(1925 年 8 月 22 日),3 000 字。①

China Missionaries send Open Letter on Situation there Sympathy, Patience, Unselfish Assistance asked on part of Christian Nations. Dec. 1925.

6. 卜舫济:新近在华发生有关教会教育的重大事件(1926),4 000 字。②

F. L. Hawks Pott: Recent Events in China in relation to Christian Education. Jan. 1926.

7. 卜舫济在美国圣公会差会部会议上谈中国局势及其与基督教高等教育工作的关系(1926),1 000 字。③

Dr. Pott tells of the Present Situation in China and its Bearing upon our work of Higher Education. March 1926.

8. 卜舫济为保持上海圣约翰大学的教育事业请求援助(1926),1 000 字。④

F. L. Hawks Pott: An Appeal for Help to Conserve the Work of St. John's University, Shanghai. June 1926.

9. 吴德博士简述中国局势(1927),2 000 字。

Dr. Wood Summarizes Situation in China. Feb. 1927.

10. 丁华辉:在湖南的艰苦日子(1927),1 000 字。

Walworth Tyng: Difficult Days in Hunan. Feb. 1927.

11. 吴德:为信仰而受辱(1927),1 000 字。

John W. Wood: Exposed to Derision for His Faith. July 1927.

---

① 译稿现藏现代史研究室。——马军注
② 译稿现藏现代史研究室。——马军注
③ 译稿现藏现代史研究室。——马军注
④ 译稿现藏现代史研究室。——马军注

12. 舒美生：文华中学和华中大学停办(1927)，3 000 字。
 Arthur M. Sherman: Closing of Boone School and Cenral China University. Aug. 1927.

13. 吴德：准备迎接中国方面更美好的日子(1927)，3 000 字。
 John W. Wood: Preparing for a Better Day in China. Nov. 1927.

七、中华大众
China's Missions

1. 非基督教运动(1925 年 3 月社论)，1 000 字。①
 Anti-Christian Outbreaks (Editorial notes). London ed. March 1925.

2. 布尔什维主义在中国(1925 年 4 月社论)，1 000 字。②
 Bolshevism in China(Editorial notes). London ed. April 1925.

3. 非基督教宣传(1925 年 7 月社论)，1 000 字。③
 Anti-Christian Propaganda (Editorial notes). London ed. July 1925.

4. 学校注册(1925 年 7 月社论)，1 000 字。④
 The Registration of Schools (Editorial notes). London ed. July 1925.

5. 上海通讯(1926 年 11 月)，2 000 字。⑤
 Our Shanghai Letter(Nov. 15，1926). Toronto ed. Jan. 1927.

---

① 译稿现藏现代史研究室。——马军注
② 译稿现藏现代史研究室。——马军注
③ 译稿现藏现代史研究室。——马军注
④ 译稿现藏现代史研究室。——马军注
⑤ 译稿现藏现代史研究室。——马军注

八、中华全国基督教协进会公报
The Bulletin of the National Christian Council

1. 应付目前的局势(1927年6月),1 000字。

   Meeting the Present Situation. No. 24. June 1927.

九、中华全国基督教协进会1924—1925年报
National Christian Council of China—Annual Report 1924 - 1925

1. 非基督教运动与教会的奋进计划(1925),20 000字。

   The Anti-Chrisitan Movement and the Forward Program of the Church. 3rd annual meeting, May 18 - 20, 1925.

十、教育季报
Educational Review

1. 卜舫济:基督教大学对于中国生活的贡献(1924),8 000字。①

   F. L. Hawks Pott: The Contribution of Christian Colleges to the Life fo China. April 1924.

2. 1923年基督教大学统计(1924)。

   Summary of College Statistics, Autumn 1923. April 1924.

3. 基督教教育遭受抨击(1925年1月社论),6 000字。②

   Christian Education under Fire(Editorial notes). Jan. 1925.

4. 和安迪:抵制基督教教育运动的形势下的差会教育方针(1925),3 000字。

   E. L. Ford: Missionary Educational Policy in view of the Anti-Christian Education Movement. Oct. 1925.

5. 巴敦:中国基督教教育的目的(1926),4 000字。

---

① 译稿现藏现代史研究室,金亚声译。——马军注
② 译稿现藏现代史研究室,金亚声译、章克生、顾长声校。——马军注

6. 刘廷芳：中国新文化运动和教会教育(1926)，10 000 字。

T. T. Lew: The New Culture Movement and Christian Education in China. April 1926.

十一、远东季刊

Far Eastern Quarterly

1. 山本龙、山本须美子：1922—1927 年间中国的非基督教运动，16 000 字。

Tatsuro and Sumiko Yamamoto: The Anti-Christian Movement in China 1922 – 1927.

（原载上海市档案馆馆藏号 B181 - 1 - 321,"上海社会科学院历史所编写非基督教运动（二）收集资料计划和资料索引"，第 10—39 页）

七

关于历史研究所译《传教士、中国人与外交家》一书的基本情况和处理意见①

上海市出版局党组：

上海历史研究所翻译的《传教士、中国人与外交家》一书，我社拟考虑出版，兹将此书的基本情况和我们的处理意见，报告如下：

（一）此书约三十余万字，1958年美国出版，作者华格，据称是专门研究中美关系史的。此书叙述美国在华的传教活动自鸦片战争前后开始，迄解放后1952年为止。它不是系统地叙述基督教在华传播的历史，而是有重点地就几个方面的问题进行探讨，把传教活动和美国的外交政策结合起来叙述。作者写作的目的是企图寻找美国在华传教运动失败的原因，总结经验，吸取教训，为今天美帝国主义在世界其他地区的传教活动提供所谓"有益的借鉴"。

（二）目前有关美帝国主义利用宗教侵华的资料，出版得很少，作为一本反面教材，我们认为此书有一定的出版价值。

（1）此书有助于研究工作者了解美国在华传教活动的根本目的：是按照帝国主义的需要，改造中国人的灵魂。它的宗教侵略为它的外交侵略服务，作者供认："基督教在华传教事业和美国的切身

---

① 该文件本无标题，现标题由马军所加。

利益紧密配合","只要基督教教会尽其职责,黄祸是可以避免的","传教事业不仅成为决定各别的个人命运的机构,而且成为决定中国命运的机构"。

（2）此书对于美国教会和美国垄断资本家、美国政府在经济和政治方面的联系有所暴露,传教活动受到美国政府的大力支持,"因为传教工作有助于防止中国革命暴乱的发生"。

（3）此书有若干材料反映传教士直接参加制订一系列不平等条约,如《望厦条约》、《中美天津条约》等,二十世纪以后,美国传教活动就不断地改变其工作形式、工作纲领和重点,提倡"传教士应该手执橄榄枝,而不应该捏着大棒"。耍起"和平"的一手,更加注重精神侵略。

（4）此书有若干数字反映美国在华设立的教堂、学校、医院等,有助于研究工作者了解美国在华传教活动的规模及其举办这些事业的真实目的。

总之,此书不论在观点和材料方面,对于研究工作者研究美帝国主义的精神侵略,都有一定参考价值。不足的是提供的材料不够系统,不够具体,空论较多,尚有部分篇幅叙述基督教教义之类的东西,没有什么参考价值。此外,书中把甲午战争以前的朝鲜算作中国的领土,把第二次世界大战苏联出兵东北说成是决定中国命运的事件,或出于无知,或另有政治目的。

我社准备接受出版,内部发行。

请指示。

上海人民出版社

1963 年 8 月 8 日

（原载上海市档案馆馆藏号 B167—1—605,"上海人民出版社关于图书出版审阅的请示和上海市出版局批复",第 18 页）

八

五卅组已译外文档案、报刊资料目录(1965年6月编)[①]

章克生

注意:1.括号内数字标明各该材料译文的字数。2.凡带有＊号者,表示各该材料是1960年译的,其余绝大多数材料则是最近两年译的。

一、目录及提要(102 000)

日本外务省档案五卅电报目录(16 000)
美国对外关系文件(一九二五年)篇目提要(19 000)
字林西报社论提要(22 000)
字林西报报道、言论摘要(23 000)
大陆报报道摘要(22 000)

[①] 从20世纪50年代末起,上海社会科学院历史研究所开始组织力量编纂五卅运动的史料。由于受"文革"影响,该工作停顿了十多年,直到1978年才重上轨道,并将成果陆续汇编出版,即《五卅运动史料》。该书分为3卷,分别出版于1981年11月、1986年8月、2005年12月,总字数达212万。本文所涉及的译稿大多收入其中。其原稿至今保存在历史所现代史研究室内。——马军注

二、档案(1 555 000)

日本外务省档案五卅函电选译(500 000)

＊日本外务省档案特殊研究材料选译

第 98 号给芳泽的重要训令、沪案司法调查、修改不平等条约等问题(17 000)

第 99 号中国事变调查摘要(39 000)

＊日本驻沪总领事矢田关于二月罢工的报告(附上海日本商会关于二月罢工、青岛罢工的报告)

＊日本内外棉株式会社五十年大事志要(31 000)

＊有关内外棉株式会社参考资料(19 000)

＊上海日本商业会议所五卅调查书选译(57 000)

美国对外关系文件(一九二五年)选译第一册(78 000),第二册(88 000)

美国对华关系——一九二五年约翰霍普金斯大学讨论会报告选译(24 000)

英国议会辩论记录(一九二五年)选译(125 000)

英国蓝皮书(中国劳工问题)选译(17 000)

英国海外贸易部在华商工、经济情况报告选译(6 000)

六国调查沪案委员会报告(48 000)

六国调查委员会函电及谈判记录(21 000)

＊工部局董事会会议录选译(63 000)

上海工部局文件及会议录选译(21 000)

上海工部局警务处五卅档案选译(36 000)

上海工部局一九二五年报告选译(42 000)

会审公堂记录(90 000)

会审公堂六一惨案审理记录(24 000)

＊童工委员会报告(16 000)

江海关半官信件选译(13 000)

上海和明商会报告及会议录选译(24 000)

英美烟公司五卅专卷选译第一册(36 000)，第二册(51 000)，第三册(34 000)

三、报刊(457 000)

字林西报社论选译第一册(59 000)，第二册(45 000)

大陆报社论选译第一册(24 000)，第二册(24 000)

京津泰晤士报选译(42 000)

＊东京朝日新闻社论、报道选译(48 000)

密勒氏评论报社论、报道选译(38 000)

远东时报社论选译(27 000)

中国快邮电讯报社论选译(45 000)

美国亚细亚杂志选译(21 000)

美国新共和国杂志社论、论著选译(20 000)

美国外交季刊选译(10 000)

英商公会月刊选译(33 000)

英国大圆桌季刊选译(9 000)

中国经济月刊选译(12 000)

总计 2 114 000 字

(原载上海社会科学院历史研究所现代史研究室藏《上海社会科学院历史研究所第二组会议记录》)

九

日本历史学家对汤志钧、唐振常关于评价章炳麟文章的评述

编译组

日本历史科学协会编的杂志《历史评论》1978年第十期刊登了久保田文次的一篇文章:《中国研究章炳麟的新动向》。文中介绍了一九七三年——一九七四年间《学习与批判》、《人民日报》、《北京大学学报》用"儒法斗争史"观评价章炳麟的主要论点。接着提到了汤志钧同志,认为:"汤志钧等进而收集资料,不深受儒法斗争史观的影响,提供了批判儒法斗争史的论据,值得注意。"

文章在介绍粉碎"四人帮"以后又关章太炎的文章时,用较多篇幅评述了唐振常同志在《历史研究》第一期上发表的《论章太炎》一文,认为"详细而尖锐地批判那些以儒法斗争史观来评价章炳麟的文章的人是唐振常"。"唐的文章尖锐地指出'四人帮'一伙对史料批判的杜撰歪曲,同时对章炳麟反动言论的批判也极为激烈。但唐对章对革命的贡献还是肯定的,认为章有批判孔子的一面。总之,对革命既有功也有过,但不能说成功大于过。""樊百川、李侃、唐振常的文章都使用了新史料,批判了儒法斗争史观对章太炎的评价,不否定章对革命的贡献。'四人帮'歪曲杜撰史料的做法,——成为批判的对象,而失去了价值。以上各人对'四人帮'一伙评价章炳麟的见解和方

法,在史料的利用和批判方面颇为细致,对章的评价不采取全面否定的态度。"

(原载上海社会科学院历史研究所编《史学情况》第 3 期,1979 年 5 月 20 日)

十

记培养中青年的热心人章克生

王 鲁①

　　章克生先生是历史研究所的学术委员、编译组负责人。他毕业于清华大学外国语文学系,长期从事于编译方面的专业工作,精通英文,通晓法文、俄文,并有丰富的历史知识,对古汉语造诣也较深。

　　自1957年调历史研究所工作以来,由他经手编辑、翻译和校订的译稿在一百万字以上。即使在1971年起被迫退休后的七年内,他也没有停止对外文史料的整理和选译工作。1978年10月历史所恢复以后,他重新进所工作,在领导编译工作和培养中青年等方面苦心孤诣,作出了成绩,得到中青年同志的赞扬和推重。

给中青年压担子,在使用中培养

　　在编译组十五位工作人员中,近半数是中青年。有些同志过去多年学非所用,进所后迫切要求提高翻译水平,但一时之间,他们只忙于打字、抄写和做卡片工作,偶尔翻译一些零星材料,他们感到不满足,认为"打'杂差'多,翻译的锻炼太少,业务水平提不高",要求领导给他们压担子。去年八月,所领导提出对编译组的要求,除为各研

---

① 应为黄芷君。——马军注

究室提供译作、资料外，正在于通过老一辈编译人员培养出新的一代来，更好地为科研事业服务。这对章先生有启发，他认为抄写、打字、做卡片等基础工作是需要做的，更重要的是培养后辈在编译外文资料上的独立工作能力。他分析了组内各青年同志的情况，根据各人的基础和能力，分别安排了翻译任务。他给吴、李二位安排翻译《中国现代革命领袖人物》中的"陈独秀"、"李大钊"等每篇达两万余字的文章，完成后，又翻译《上海——现代中国的锁钥》一书的部分章节；给小苑翻译《中法新汇报》有关"四明公所"事件的史料，其他同志也各有安排。章克生打算，首先提高他们的翻译水平，然后，锻炼其勘探和选材的能力，即在浩如烟海的外文史料中，环绕本所的中心任务与项目要求，选择研究工作上所需要的资料，进行整理编译。他曾经恳切地说："我们已是七十岁上下的人了，五年、十年以后，编译工作的担子全靠你们了，希望你们尽快地把担子挑起来！"中青年同志压上了担子，学习和工作的劲头比过去更足了。有的同志说："接触了实际工作，更感到自己的知识不足，学习就有了紧迫感。"工作中的那股钻劲也加强了，在翻译中遇到了疑难问题，不光是请教老师，而且自己到图书馆阅览室找资料，查根据。老师热情指导他们，他们也热心地为老师做一些借书、打字等事务工作，以减轻老辈的负担。

认真指导，一丝不苟

章克生多次说过，作为一个历史专业的编译人员，除了政治条件外，在业务上要做到：一、透彻地理解外语原著，译述时忠实反映原意；二、熟练地掌握汉语，译文务求通顺、畅达，尽可能表达原文的体例和风格；三、通晓专业知识，译文要符合历史专业的要求。为此，他要求中青年同志注意学习，打好基础，还特地借了一批近现代史方面的书籍，供他们学习，又督促他们积极参加院部组织的外语学习班。该组多数中青年同志先后参加过外语班学习，有的至今在大学里进修专业课程。

　　章克生对中青年的指导极为认真细致。吴竟成、李谦去年翻译"陈独秀"、"李大钊",是第一次翻译二万字以上的长篇著作,其中涉及历史事件、历史人物和某些专用术语如何领会与翻译,有不少困难。章克生尽力为他们辅导,并特地邀请近代史室主任汤志钧为他们讲解。徐肇庆老师也常常给予指点。吴、李终于译出了初稿。章克生为他们花了很大的功夫逐字逐句地校订,不仅将译错之处改正,而且在有些地方还加上眉批,说明为什么要这样修改。从而使吴、李看到了自己不足之处,懂得了应该怎样翻译才合乎要求。经校订的第一稿誊清后,章克生又进行第二次校订,这一次着重看中文是否畅达,文字是否规范化。有些同志平时写字比较随便,字句中常常夹一些习惯用的简写字,如把"副"写成"付","建"写成"廵",等等,章克生要求中青年在译稿中严格按新华词典的简体字书写。经过二次校订的译稿,大体上可以做到忠于原著,译文畅达,用字准确。出版社曾表扬:"经章克生校订过的稿子,我们比较放心。"在章克生等老师的耐心指导下,李谦、吴竟成进步很快,业务水平有所提高,一年来,两人已翻译史料近三十万字。有人对章克生说:像你这样花功夫,还不如自己翻译快一些。但章克生着眼于人才的培养,认为"开头花功夫多改改,以后就可以少改些,将来可能不必改了"。

关心全局,为全所培养队伍贡献力量

　　章克生和编译组的几位老同志经常谈到提高科研人员外语水平的重要性,认为每个研究人员应努力掌握外语,以适应研究工作的需要。他们不仅口头这么说,而且也这样做了。凡各部门有同志在外语方面有疑问或不解前来请教,他们都能热情指导,尤其是章克生和徐肇庆两位老同志,百问不厌,耐心解答,为许多同志解决了疑难问题。今年,本所有一批中青年同志在院英语学习班学完了《基础英语》第四册，希望能结合专业，继续学习，以提高阅读能力和翻译水平。所领导同意本所可自己酌办外语提高班。章克生和徐肇庆尽管担负着繁重的编译任务，但仍积极承担了教学工作。章克生从当代报刊和历史专著中选择教材，确定入学考题，做好准备。这个学习班已于十一月廿八日开学，除讲解课文外，要求学员每周翻译一篇材料，学员反映这样的学习有帮助。

历史所有些同志因为研究工作的需要，自己翻译了一些材料，编译组的老同志总是热情地为他们校订。例如：章克生曾为我所研究生卢汉超校订其英文《谈谈上海社会历史沿革》的译稿（二万五千字），还为黄芷君、张国瑞两同志翻译的《斯巴达克为什么逗留在意大利》（三万五千字）校订，指出译稿中的问题，既帮助提高翻译水平，又保证了译稿的质量。

（原载上海社会科学院历史研究所编《史学情况》第 18 期，1980 年 12 月 26 日）

十一

为我所史学工作辛勤劳动卓著功效的吴绳海先生

克 生①

吴绳海先生是一位勤勤恳恳地为历史研究事业添砖加瓦的学者。1934年,他在日本京都帝国大学史学系毕业,归国后曾任书局史地编辑和学校史地教师,一直从事史学著述和编译工作。他对历史科学有较深广的基础,又有丰富的编译经验,精通日文,并通晓英文。

他曾经撰写许多历史著作。其中《太平天国史》,系于1935年写成。这部书不是单纯地叙述历史事实,而是就太平天国革命时期的国内外形势、太平天国的各项政治改革、政策上的前后期变化、清朝反动当局的镇压措施,提出若干问题,加以分析研究,并对若干太平天国史料作了考察。出版后曾经引起太平天国研究者的兴趣。罗尔纲先生曾为本书撰写书评,给予中肯的评价。

埋头苦干,严肃认真,卓著功效

吴绳海先生是1957年到历史所来参加史学研究和编译工作的。历史所在最初十年期间,出了几部比较有分量的资料集,主要是《上

---
① 即章克生。——马军注

海小刀会起义史料汇编》、《五四运动在上海史料选辑》、《辛亥革命在上海史料选辑》。吴先生参加了每部资料的编纂工作。他除了跟大家一道搜集、抄写、选译、整理、编排外,总是承担整本资料的最后校订工作,统看全部正文、注解,力求各条材料之间专名、术语的统一,标点符号的正确使用,注意按语、标题、本文、注解的款式、规格、字体、铅字号码,等等。为了全面校订,他总是任劳任怨,日以继夜,反复核对,做到完全精确满意为止。他这种埋头苦干、甘心做史学研究领域里无名英雄的精神,值得我们学习。

在有关中国近现代史的大量史料中,外文资料无疑占相当大的比重。怎样勘探、整理和选译这些外文资料,确是中国近、现代史研究方面的一个重大课题。吴先生在这方面勇于实践,勇于创新,为我们提供了不少切实有效的工作方法。记得从1959年春天,我们历史所开始陆续委托北京图书馆复制我们所需要的日本外务省档案显微胶卷。不消说,第二次世界大战结束后,日本外务省档案显微胶卷的公开发行,为我们研究近代现代史提供大量丰富而有用的第一手材料。老吴是历史所第一个能够掌握和使用该项现代化档案资料和阅读机的人。当时他以不懈怠的精神,接连几个月,每天在阅读机上看显微胶卷,做索引卡,编专题目录提要,接着又把本所研究项目所急需的材料,耐心细致、严肃认真地翻译出来。从勘探到选译资料,他为我们创造一连串的工作方法。首先,在他的设计下,根据显微胶卷材料,编成一本篇幅达数百页的《日本外务省档案总目》。任何专题想找日本外务省档案材料,先要查看这本总目,然后设法订购所需要的显微胶卷。但是单靠总目所列的标题,仍然无法知道各个胶卷的具体内容。为此,吴先生又做一道更加深入的工序。每逢一批预订的显微胶卷到达后,他就抽出大量时间,把胶卷装在阅读机上通看一遍,每卷做一张索引卡,把胶卷所载的所有文件的名称、日期、摘由、卷宗号码、页数都摘录下来。有了他所做的各个胶卷的索引卡,我们就能按图索骥,在短时间内找到各个研究专题所需要的原始资料了。

多谢吴老先生的辛勤劳动,我们以索引卡为指南,还可以找到许多英法文书刊所找不到的英法文资料,因为日本驻外使节给外务省的报告经常附送正文所涉及的英法文原件。例如,五卅运动期间六国调查团的法文电报、信札、会议记录,就是在日本外务省档案中找到的。这样看来,吴绳海同志所编成的日本外务省档案总目和各个显微胶卷索引卡,我认为对于我们今后的历史研究,是十分有用的。

对于一宗数量可观的外文史料,究应全译还是摘译,如果摘译,怎样选择最急需要的部分呢?这里仍然存在着工作方法问题。在这方面,吴先生为我们提供了出色的榜样。例如,篇幅达一百万字的长期旅华日本人士宗方小太郎文书,无疑含有大量有关中国重大事件的亲身见闻材料,摘译之前究应如何解决取舍的问题呢?老吴的办法是首先通读一遍,订出一个摘译规划,也就是说,在通读的过程中,边看边做笔记,摘录篇名、写作日期、内容提要和初步取舍意见。摘译规划订定后,再经集思广益,根据需要,最后确定其篇目。至于日本外务省档案有关五卅运动材料的选译,也使用这种工作方法。译述显微胶卷,不用说比翻译一般书面材料要艰苦得多。五卅资料分散在二十多个胶卷内。要在阅读机上逐卷细看,做好各个文件的内容提要,再翻译出来,这是需要相当大的毅力和耐力的。对老年人来说,看阅读机上黑底白字的材料,更容易损伤目力。尤其在夏季,天热再加上阅读机发出热量,更加容易令人感到昏沉疲劳。老吴在阅读机旁工作,不是一阵子,而是接连几个星期,甚至接连几个月。以日本外务省档案五卅运动材料而论,从初步勘探到译成三十万字,试想在这中间他要耗费多少时间和工作量啊!如果不是怀着对祖国科学事业的满腔热忱和高度责任感,哪里来的那么强大的动力和埋头苦干、永不懈怠的精神呢?即使在十年动乱期间,整个上海社科院被砸烂了,老吴被迫退休。在退休的几年内,他还是埋头苦干,退而不休,在家里继续翻译今井武夫回忆录等日文史料数十万字。1978年本所重建以来,他又为本所做了大量的日文史料勘探、整理、选译工作,编成有关上海史的日文书目介绍。现在我们历史所的中心研究任务是中国近现代史、上海史,而上海地区所藏的可供我们利用的外文图书、报章、杂志、档案文献资料,数量之多,真是浩如烟海,有待于我们大家分工合作,以披荆斩棘的精神去开辟、勘探、搜集、整理和摘译。在这方面,吴绳海同志所创制的工作方法,可供我们参考借鉴。

热诚关心中青年,乐于助人

吴绳海先生热诚关心本所中青年对日文史料的阅读和翻译。他以古稀以上之年,不辞劳累,帮助他们提高业务水平。例如,近代史研究室青年王少普根据日本木村郁二郎的《中国劳动运动史年表,1557—1949年》译成中文四十万字。经老吴从头至尾校订润色,有些地方,特别是涉及国际工运组织和人物的段落,是查看了有关历史书刊,根据日文假名查出这些专名的原文,再参照现行标准译法订正,从而使这份年表成为有用的参考资料。

老吴不仅对中青年如此关心,而且对我们年纪大的人也总是满腔热忱地给予最大限度的帮助。只要有求于他,他总是来者不拒,有问必答,如果答不上来,马上查看日文参考图书,找到满意的答案。在我们编译组,袁锟田先生、章涌麟先生和我查看英文报刊档案时,经常遇到日本人名和地名,苦于无法还原,只有向老吴请教,由于他拥有丰富的日本史地知识,对于我们的问题,如数家珍,能立时给予满意的解答。去年上海电影制片厂准备拍摄《邹容》和《秋瑾传》两部影片,曾经请求老吴为该厂的导演、编辑、演员讲解过去的日本情况。老吴慨然允诺。经过充分准备,为他们开过两次讲座。一次专讲日本风土人情,中国留日学生的生活概况,参加听讲者有三四十人。另一次专讲日本政治制度和社会结构,听讲者近二十人。由于结合切身经验,听者深为动容。老吴的朴素淳厚、助人为乐的事例是举不胜举的,这里不过略举其中比较突出的二三事罢了。

今年初，吴绳海同志因心肌梗死症住进医院，现已脱离危险。我们衷心祝愿他早日康复，仍能为我所科研事业作出贡献。但毕竟年岁已高，今后应多加保养，减少工作，延年益寿，安度晚年，这是我们大家的愿望。

（原载上海社会科学院历史研究所编《史学情况》第19期，1981年3月5日）

十二

《太平军在上海——〈北华捷报〉选译》说明

本书选译《北华捷报》中有关太平天国期间进军上海的资料。

《北华捷报》(North China Herald)是英商在上海创办的周刊,创刊于一八五〇年八月三日,一八五九年起成为英国驻上海领事馆和商务公署公布通告、发布消息的机关报,逐渐又成为英国驻华使馆的半官方报纸,代表在华英商的利益,也是英国帝国主义者在华的喉舌。一八六四年另出《字林西报》(North China Daily News),日报,《北华捷报》则改为《字林西报》的星期副刊。太平军进攻上海时,《北华捷报》的主编起先是查理士·斯宾塞·康普顿(Charles Spencer Compton),一八六二年元旦起由塞缪尔·莫斯曼(Samuel Mossman)继任。莫斯曼后来著有《太平大叛乱》(The Great T'ai P'ing Rebellion)一书。

太平天国革命期间,《北华捷报》登载了大量有关太平军的消息报道,翻译了不少太平天国的印书和文件,也有一些外国传教士访问太平军的报告以及同情太平军的外国读者来信,是研究太平天国历史的重要资料,具有很高的史料价值。过去除个别研究者零星选译或摘引外,一直没有系统整理过。今将其中有关太平军在上海地区作战的资料,主要是一八六〇到一八六三年部分选编成书。

本书按照资料内容,分为:一、太平军文告;二、太平军四次"投书";三、外国传教士的报告;四、《北华捷报》的报道和评论一(一八六〇——一八六一年);五、《北华捷报》的报道和评论二(一八六二——一八六三年);六、《北华捷报》的回顾等六个部分。所辑资料,除太平军文告、函札以及同情太平天国的舆论外,其余大都观点反动,对太平军充满攻击、诬蔑之词。为了保持资料的原始面貌,如"叛军"、"劫掠者"等字样,都未改动。有的资料原无标题,由编者酌加;有的标题不能适用,也予改拟。为了便于读者查阅,对一些文件等作了必要的注释,书后并附有译名对照表。

本书是上海社会科学院历史研究所马博庵先生于60年代选译的。因马先生已经去世,另由章克生、吴乾兑两位同志校订补充,并由吴乾兑编注。

(原载上海社会科学院历史研究所编译《太平军在上海——〈北华捷报〉选译》,上海:上海人民出版社1983年2月第1版,第1、2页)

十三

深切悼念倪静兰同志

章克生

聪慧勤奋、多才多艺、毕生致力于科学研究事业的倪静兰同志，因患癌症，医治无效，不幸于1983年7月10日下午二时与世长辞了。她的逝世，使我们历史所许多同志禁不住淌下无限辛酸的眼泪，感到深切的悼念。倪静兰同志，正像她的名字所含蕴的，静如深谷之幽兰，而她的心灵深处，却又充满着对美好理想的满腔火样的热情。她跟同志们友好相处，朴素、真诚、婉约，有如和煦之春风，使大家感到温暖、开朗、融洽，谈言微中，多所启发。至于在文史学术领域里，她的眼光是敏锐的，胸襟是开阔的，知识、兴趣、才能和活动范围是多方面的；在史学研究和编译工作上，比翼双飞，并肩战斗，严肃认真，艰苦卓绝，披荆斩棘，勇于创新。尤其是近几年来，她以顽强而勇猛的战斗精神，与癌症这一凶恶的病魔搏斗，争分夺秒，坚持撰译，取得了光彩夺目的成果。她所完成的《上海法租界史》和《法国外交文件辛亥革命史料选辑》两种译著，便是最好的见证。

倪静兰同志于1956年毕业于北京大学西语系法文专业，曾在上海外国语学院任教，至1957年11月调来历史研究所。当时历史所尚在初创，洪廷彦、方诗铭、汤志钧等同志先已来所。领导上确定本所的方针任务，就是充分利用上海地区所收藏的中外文图书资料，以中国近代史研究为主体，从搜集资料入手，在全面掌握资料的基础上开展研究工作。在这方面，一直有大量外文资料需要通晓历史和熟悉外文的研究人员去探索、搜集、整理和选译。这就是为什么1957年下半年的几个月，吴绳海同志和我较早来所，接着便是倪静兰（法文）、贺玉梅（俄文）、顾长声（英文）、马博庵（英文）等同志先后调来本所的道理。已故所长李亚农同志当时说，不论熟悉外文还是熟悉中文资料的同志，都是研究人员，应当各自取长补短，相互学习，艰苦奋斗，争取有成。熟悉外文的同志，既要勘探和选译外文资料，也要研究历史，阅读和抄写中文资料，这样在阅读外文资料之际，才能心中有数，知道怎样选译，以便补充中文资料之不足。换言之，选译史料是历史研究的不可分割部分，勘探和选译的过程也就是研究的过程。如果脱离历史研究，历史翻译工作就难以做好。何况从事历史翻译者，也可以从事历史研究，两者并行不悖。倪静兰同志正是从事编译而力图在历史研究上作出贡献的有志之士。她的工作任务，并不以翻译和校订史料为限。她是历史研究领域的多面手。对于组织上交给的工作任务，她总是以积极主动的态度，饱满而乐观愉快的情绪，服从指挥，参加集体研究项目，竭尽所能贡献出自己的力量。她曾经参加1919—1927年大事长编组工作，也曾下乡下厂，参加社史和厂史的编写工作。此外，她还曾两次参加国际性质的会议。一次是1964年在北京举行的世界科学讨论会，上海方面派去口译人员多名，而她则是上海推派的唯一笔译工作者。另一次是1956年5月在北京召开的国际妇联理事扩大会议，她奉派担任法语口译。所有这些场合的工作实践和锻炼，使她能够扩大眼界，开拓胸襟，增长知识和才能。

不容置疑，倪静兰同志在本所期间，主要是参加外文资料的翻译和校订工作。1958年春夏之交，历史所着手编纂《上海小刀会起义史料汇编》。这是一部大型资料集，其中所收录的法文史料，包括《江南传教史》《上海法租界史》《贾西义号中国海上长征记》等译稿在十万字以上，占全书篇幅七分之一。法文史料译稿的校订全部由倪静兰同志承担。当时正值大跃进，她以一个生手，在短期间完成校订译稿的任务，无疑曾耗费极为艰苦的劳动。事实证明她的任务完成得令人满意。1962年起，本所着手采集五卅运动资料，准备收录中外报章杂志的社论、报道，连带上海公共租界工部局和海外各地重要外交档案，成多卷本资料汇编。凡历时三载，积累资料达五百万字。在此期间，倪静兰同志根据日本外务省档案所附的法文本，译成了《六国沪案调查报告》。除选译资料外，她还参加资料整理和编辑工作。1965年即五卅运动四十周年，她撰写了多篇学术论文，其中一篇揭露五卅运动期间北京外交团组织六国沪案调查的骗局。文章登载在当年夏季的《学术月刊》上。

从七十年代开始，倪静兰同志参加编纂《法汉辞典》。那是国内出版的第一部大型法文辞典。她作为主要编纂者和定稿人之一，以其认真细致的工作和精深独到的法文造诣，对提高辞典的质量起了重要的作用。1977年，她不幸患乳腺癌症，仍然抱病工作，以惊人的毅力，译校完成了《上海法租界史》四十万字。该书大量引证近代法国外交档案资料，涉及近代中国职官、田契等等专业知识，若干章节中还插入拉丁文箴言和英文原始资料，因而难度较大。她在翻译过程中成功地解决这些方面的一系列问题。她的译作能忠于原著，准确表达原意，译文生动流畅。译文出版社编辑也认为译稿无须作很大加工，就能达到定稿水平。这部译稿已由出版社付印。1981年底，她在癌细胞扩散病情加剧的情况下，译成《法国外交文件辛亥革命资料集》。正如7月14日追悼会上汤志钧同志在悼词中所指出的"她在下肢瘫痪、卧床不起的情况下，翻译出法国外交文件。这是她把毕生精力献给祖国科研事业，为之忘我战斗到生命最后一刻的明证"。这部译稿，刻正由吴乾兑同志和我校订，并已征得武汉大学章开沅教授的同意，收录进《辛亥革命史料译丛》的最近一辑中。

倪静兰同志，安息吧！我们一定要从你那优秀的品质和德行中汲取鼓舞前进的力量。我们要学习你那襟怀坦白、待人诚恳的高尚情操,学习你那忘我工作,把毕生精力专注于祖国科研事业的献身精神,学习你那百折不挠,与病魔顽强拼搏的战斗精神。我们想到,当你年富力强,正可为祖国科研事业作出更大贡献之际,离开了我们,这使我们感到多么的痛心。尤其是我,作为从历史所初建以来与你多年共事的战友,作为癖好法国文学与语言的学生,再也没有机会与你谈论写作和译事,谈论拉辛、莫里埃、博马舍的戏剧,福楼拜、斯当达、巴札克、普鲁斯特的小说,拉芳旦、波德莱、蓝波、梵乐希的诗歌了。如今看到你的遗著,你那秀逸挺拔的字迹,不禁想到你那出众的才华和深厚的文史学术素养,激起我的仰慕和痛惜之情,特填成新词一首,调寄"西江月",用以表达我的悼念和哀思:

映日红旗似画,凌云健笔生花。
呕心沥血显才华,永世教咱牵挂。
可恨癌魔败坏,幽兰自放奇葩。
星沉玉殒奈何她,怎禁神伤泪洒!

(原载上海社会科学院历史研究所编《史学情况》第 30 期,1983 年 9 月 1 日)

十四

《太平军在上海》译名辨误

杨其民[①]

原编者按：《北华捷报》(*North China Herald*)于1850年8月创刊，是上海最早的外文报刊。该报曾刊载关于太平天国起义，特别是太平军在上海附近地区作战的报导。上海社会科学院历史研究所根据该报有关材料，于1983年编译出版了《太平军在上海——〈北华日报〉选译》一书，为研究太平天国历史提供了许多第一手资料。由于中英文互译在译音方面存在的困难，书中有的地名、人名发生差错。作者通过考证，指出许多地名、人名在互译中的错误，可供了解、研究太平天国历史的读者参考。

1979年出版的《太平天国史料专辑》(上海古籍出版社)《前言》中说："《北华捷报》……是研究太平天国的重要资料……希望把它早日整理和翻译出来与读者见面。"现在这一愿望实现了。《太平军在上海——〈北华捷报〉选译》的出版，填补了研究太平天国史的一项空白。此书选材精当，译笔流畅，可以充实史料，又以第一手资料，纠正以往一些记载的错误。

译书以"信"为第一，尤其史料的翻译，更应力求正确。外文资料

[①] 杨其民，1911年生，上海社会科学院历史研究所特约研究人员。

中一些中国人名和地名，有的英语不能译出原音，译成英语时已打了个折扣。一百年后又要把英译人名、地名，回译为中文，的确是不容易的。一个人名、地名的误译，常会造成历史记载的失实。如《呤唎太平天国革命亲历记》(中译本)《前言》中罗尔纲先生将"芦墟"误为"甪(lu)直"，把不产丝的甪直，变为江南产丝中心。(1984年5月31日《文汇报》报道)又如郭廷以《太平天国史事日志》1862年4月17日将"周浦"误译为"七宝"，将太平军1862年第二次进军上海时期的周浦之战，误为七宝之战，致以后许多研究太平天国史的著作，多承袭这错误。如简又文《太平天国典制通考》、郦纯《太平天国军事史概述》、牟安世《太平天国》等书，都有1862年4月17日"七宝之战"的记载。《太平军在上海》(以下简称《选译》)详细记录了当时身历战场者的叙述，证明这天发生战争的是浦东的周浦，不是七宝，纠正了上述各种记载的错误，由此可见《选译》的史料价值。但《选译》也有多处把"七宝"与"周浦"二名混淆。还有多处对英译的中国人名地名，未能正确回译，有的译错，张冠李戴；有的仅作音译，使读者对译文内容的理解，造成困难。如不加考辨，就不免以讹传讹，影响历史的真实性。兹将《选择》中人名、地名的回译和其他个别译名上的问题，分别讨论如下：

地名回译的商讨

一、大金塔应作大境台；崇武台应作振武台

译文(108页)："在大金塔(译音)与崇武台(译音)两座庙内，鬼子毁坏了其中所有的神像，还赶走庙内和尚与道士。"

考证：这不是两座庙宇，而是上海县城的两座箭台夹峙于晏海门(北门)两旁。振武台也称镇海楼，供真武像。真武即玄武，四神中的北方神，其像为龟蛇，有鳞甲，象征武备。大境台供关帝，今台址遗迹尚存。大金塔为大境台的音讹，崇武台为振武台的音讹。(参阅同

治上海县志县城图）

二、王家渚应作王江泾

译文（52页）：《传教士艾约瑟等五人赴苏州谒见忠王的经过》："他们一行上海到达平望以南三英里一个名叫王家渚的市镇以后，便进入现为叛军占领的地区。"

考证：平望以南三英里有王江泾镇，以明代张经在此大败倭寇著名。王家渚当为王江泾的误译。

三、张朴系张浦之误

译文（42页）：《传教士赫威尔等三人到苏州访问太平军的经过》："我们在距上海不到三十里的地方通过清军最后一个前哨站，看到张朴镇上正在燃烧的庙宇所冒出来的烟雾"。

考证：赫威尔等三人到苏州访问，先到昆山城领取介绍信。张浦为吴淞江南岸通昆山的一个市镇。赫等三人溯吴淞江至苏州，先到昆山，所以经过张浦镇。张、昆间今有公路，昆山无张朴镇。

四、曹行系周巷之误

译文（43页）："我们走过距离正在燃烧中的曹行镇两英里的地方，我们时时听到他们的炮声。"

考证：赫威尔等三人从张浦至昆山首经周巷镇。周巷在张浦之北，今亦通公路。曹行系周巷音讹。（以上二条，参阅昆山县志疆域图）

五、张掖系张堰之误

译文（150页）："驻扎松江的叛军，常到附近村庄，特别是张掖镇搜集财物，……"

考证：松江附近无张掖镇，只有张堰镇，在浦南，今属金山县。张掖应是张堰的音讹。（参阅上海交通图）

六、松滋系新寿之误

译文（406页），《英军在上海郊区侦察》："他们从上海乘坐炮艇

"劫掠"号前往闵行,而后再由闵行前往南桥,……军队进至两条大河浜交叉地点的一个乡镇,它名叫松滋,……骑兵从这个地方前去两英里远的柘林。"

考证:英军是由北而南行军的。今距柘林北二英里有新寺镇,公路所经,通柘林、金山。松滋当系新寺音讹。

七、朱泾为泗泾之误

译文(270页),1862年3月22日报道:"他们曾占据距松江约七英里的那个大市镇朱泾,……大队叛军在朱泾同华尔上校率领的洋枪队展开激烈战斗,叛军完全败退,朱泾是上海与青浦之间一个没有城墙的市镇。"

考证:金山县建治洙泾,北为松江,并不在"上海青浦间"。太平军二次进军上海,目的在包围上海租界和县城,泗泾当上海、青浦、松江之冲,清军、英法军与太平军争夺激烈。金山县于1862年3月9日为太平军克复,于是年4月12日退出,3月份太平军尚未退出洙泾。(以上见郦纯《太平天国军事史概述》)译文中朱泾,恐系泗泾之误。(泗泾距松江亦约七英里)

八、长寿系长兴之误

译文(164页),1860年9月22日报道:"叛军……现在前往杭州途中。长寿于7月2日失守。"

考证:这段是讲1860年陈玉成进军杭州途中,占领长兴。《太平天国军事史概述》(下)337页:"英王陈玉成在击溃江南大营,进克丹阳、常州后,计划进攻浙江。1860年7月7日由江苏宜兴至浙江长兴县。"英王进军浙江途中无长寿地名。译文长寿,当系长兴之误。长兴克复是7月7日。《捷报》说7月2日。当时交通不发达,传闻相差五日,似不足为奇。

九、棠溪屯塘栖镇之误

译文(164页),1860年9月22日报道:"叛军向棠溪屯开动,准备进犯杭州,石门湾和附近地区已沦陷,……"

考证：这段也是讲1860年陈玉成进军杭州途中所经之地。太平军从苏皖南下，进迫杭州。塘栖镇在杭州北数十里，首当其冲。杭州北面，别无棠溪屯。棠溪屯当系塘栖镇之误。

十、陆渡洲系陆渡桥之误

译文（395页），《英军在上海周围地区进行侦测》："另一支骑兵队随同侦测队从娄塘北面出发，行二英里而到陆渡洲。"

译文（411页），《太仓之战》："清军由陆渡洲开抵外岗乡……他们原来以为我军将经过浏河前往太仓，所以希望同我军在陆渡洲会合。"

考证：浏河（娄江）之西十余里，有陆渡桥镇，跨娄江之上，不称陆渡洲。"洲"与"桥"英译音近而误。（参阅上海交通图）

十一、周浦、七宝二地名回译的混淆

译文（277页），《何伯等到七宝、王家寺等地侦察》："侦察队进抵周浦这个市镇。……在这里，找到一两名骑马的向导后，侦察队再上马向不远的王家寺叛军军营前进。"

译文（278页），《何伯等再至周浦、王家寺等地侦察》："道经徐家汇……跑步前进直抵虹桥，……再前进，他们便到清军外围据点所在地——周浦。"

译文（286—287页），《王家寺与罗家港两次战斗》："此后，他们从徐家汇向周浦推进，这是军队当晚宿营的地点。周浦是居民已经逃离的一个大乡镇，故可为全军提供宿营场所。……从周浦起，军队为进抵叛军军营，找到一些向导，当即横越提督与将军们过去从事侦察时所经常走过的道路。"

译文（287页），"于是下令全军撤回，退至周浦镇，……我军于回至周浦途中与华尔上校洋枪队一千名相值，……"

译文（116—117页）：《太平军在周浦、泗泾击败清军》："薛焕曾派军队四百人从周浦前往泗泾，要其监视那方面的一支叛军。……知县有一名叫张翔之（译音）的亲戚，奉命率部前往周浦，……竟在泗泾遇伏。"

译文(170—171页)：《太平军在周浦、嘉定的军事活动》："叛军从周浦一带取得大量豆子，有人以为叛军会把豆子运到上海出售，海防厅为此奉命前往周浦查问。上海方面得到报告，大队叛军正全力向周浦进军，准备向上海移动。"

译文(175页)，《太平军在黄渡附近战胜清军》："驻吴淞傅总兵……不久前，由于叛军的逼近曾自周浦逃遁而闻名。……周浦一带村民逮捕到几名叛军，……"

考证：以上所说的周浦，都是七宝之误。各段记载侵略军侦察和进攻太平军王家寺防线。路线是从上海至徐家汇—虹桥—七宝—王家寺。王家寺在今虹桥路程家桥以南一带，七宝是清军的外围前哨基地。进攻王家寺就以七宝为基地。(《洋兵纪略》收录在《中国近代史资料，太平天国》540页)3月28日苏抚薛焕奏报王家寺战斗：初五日(4月3日)华尔带"常胜军"继进。英法军"由上海驰至七宝……初六日(4月4日)卯刻，华尔亦抵七宝，与诸军会合，直攻王家寺贼营……我军于午刻收队回七宝"。和《选译》内容相同，只是《选译》把七宝误为周浦。周浦在浦东，《选译》有《周浦之战》的专章，清楚地说周浦在浦东，和王家寺相距60里。周浦显系七宝之误。《选译》287页，又说："该市镇(按指周浦)距徐家汇六英里……它距叛军王家寺的军营约有二英里。"这正是七宝和徐家汇、王家寺的距离，周浦距二地各二三十英里。《选译》周浦应为七宝明甚。又泗泾、七宝为上海松江青浦间要道，泗泾、七宝常连称。116页说清军从周浦开往泗泾，又说清军前往周浦，在泗泾遇伏兵。这里周浦显系七宝，非浦东的周浦。按1860年太平军攻上海失败，退守青、嘉一带，并未进入浦东。浦东各县于1862年1月为太平军克复，周浦于1月28日为太平军克复。因此，170页说太平军向周浦进军，亦系七宝之误。简又文师在《太平天国全史》1988页更正了自己在所著《太平天国典制通考》中把周浦之战说成七宝之战的错误，说是"系一时音译之误。"以上是把七宝误为周浦。此外也有把周浦误为七宝的例子。如译文(275页)：英军"在董家渡对岸登陆,进至浦宅,追过七英里许,到达……七宝。"

十二、郏店恐系诸翟之误

译文(174页),1860年12月29日报道：《太平军在黄渡附近战胜清军》："新近受任为参将的李恒嵩,率领清军五百人,在苏州河上游距上海二十英里黄渡附近郏店地方安置营地。……驻郏店清军殊非叛军对手。据悉,两军曾在郏店发生一次战斗。"

考证：诸翟距黄渡二十余里,青浦、黄渡、上海三地之冲,为团练驻防要地。《同治上海县志·兵防》多次记载1860年诸翟附近战争,如记十一月四日诸翟民团袭黄渡东。巡抚拨勇防诸翟。十二月初四嘉定、青浦太平军由黄渡至诸翟等。这些都可与《选译》所载相印证。诸翟与郏店英译音相近易混。《选译》郏店恐为诸翟之误。

十三、娄塘系萧塘之误

译文(444页),《一八六二年的回顾：太平军在娄塘战败,3月1日》："在这次军事行动中,英法两国联军负起主要任务。这个为我军袭击的市镇名叫娄塘,它距上海约二十英里,居黄浦江上游。"

考证：娄塘为嘉定县的一个市镇,踞娄江(柳河)下游,离上海约三十英里。1862年3月1日,英法侵略军和洋枪队攻浦东萧塘,就是有名的"萧塘之战"。这时太平军正包围上海。青浦和嘉定尚为太平军踞守,决不会发生娄塘之战。《选译》261页(1862年3月8日报道)《闵行附近的战斗——3月1日》也谈到萧塘之战。《太平天国军事史概述》(下)423页："2月28日抵闵行,次日(3月1日)黎明,渡过浦南,进扑萧塘。"《太平天国全史》(1981页)："二月初四(三月一日)晨,联军正式进攻(萧塘)。"其他各种史籍所载皆同。但《吟唎太平天国亲历记》"萧塘"误作"浔塘"。娄、萧英译音不同,似不易致误。

译文(445页),《一八六二年的回顾：一连串战役的开始》："高桥、娄塘两次战役,是我军在1862年一年内继续反抗太平军历次战役的开始,……"

考证:高桥战役在1862年2月,接着发生萧塘战役,所以称一连串战役。考证同上。此处娄塘亦系萧塘之误。

十四、征仪系正仪之误

译文(93页),"唯亭及与唯亭相距不远的征仪,是组织团练从事保卫那带地方的中心。据说,太仓的百姓同唯亭、征仪一样,也很活跃。"

考证:昆山西唯亭东为正仪镇,沪宁路所经,不叫征仪。

人名的误译

一、顺王系僧王之误

译文(163页),1860年9月22日报道:"顺王仍然决心要和洋人作战,可是皇上不容许,已经请他退休,往蒙古居住。中国人方面传说,挂良拒绝在条约上盖印时曾受到僧格林沁的强逼。"

考证:僧格林沁封科尔沁亲王,世称僧王。当时只太平军中有顺王(李春发)。顺王当系僧王音误。

二、奉安系富安之误

译文(100页),1860年6月30日报道:"薛焕与最近在上海担任指挥、名叫奉安的清军军官,率领新老兵勇一千五百人前往太仓。"

考证:《吴煦档案选编》(一)17页:《薛焕奏占领嘉定、太仓,并进攻昆山折》(1860年6月29日):"各民团直攻太仓,又派蔡映斗、富安为各路应援。"《吴煦档案选编》(一)有多封富安上吴煦禀,富安系吴煦得力干将。奉安当系富安之误。

三、向提督系向副将之误

译文(168页),1864年11月24日报道:"由向提督率领到达上海附近的兵勇二千五百名,绝大多数为四川人,……掠夺成性。"

考证:所谓"向提督"(向荣),已于1856年8月9日兵败自杀。

向荣死后由张国梁接任后张国梁又死,由张玉良任提督。可证向提督系副将向奎之误。

四、唐臬台系汤臬台之误

译文(178页),1861年3月16日报道:"受命为上海陆军特别指挥的唐臬台,曾到青浦、郏店等地清营巡阅。"

考证:查这时的江苏臬台是汤云松,不姓唐。《上海地方史资料二》223页:"请团练大臣庞钟璐,按察使汤云松督办民团。"按察使即臬台。汤、唐音近易误。

五、魏阿牛系费阿玉(秀元)之误

译文(181—182页):"位于松江和苏州之间的周庄镇上,有一个权势显赫的民船帮头,据说,他支配着一个约由一万艘民船组成的庞大团体。他名叫魏阿牛。"

考证:按这个有名的枪船(数人驾驶的蚱蜢船,配有土枪)头子名费阿玉,即"费秀元,又名玉、玉存、玉成,元和县周庄镇枪匪头子"。据《太平天国史料专辑·关于费秀元父子的资料》。"费"作为姓氏读若"未",与魏音近。阿玉又与阿牛音近,费阿玉讹成魏阿牛。

六、李霭堂应为李鹤章

译文(414页),1863年2月21日报道《太仓之战》:"叛军这时从附近一道城门出去,但为李霭堂率领的一队清军勇敢地击退。"

考证:统率清军配合洋枪队作战的李恒嵩,字霭堂,与统率淮军的李鹤章(鸿章弟),同时参加战役,但据太平天国资料《洋兵纪略》(收录在近代史资料丛刊《太平天国》,上海人民出版社)555页:同治二年十二月二十八日(公历2月15日)攻太仓,"该逆见我移动,复从西南两门出击,喊声震天,李鹤章因伤降将周寿昌及副将拒之"。《选译》411页《太仓之战》:"派出一支部队到嘉定去,以便卫护从那里出来的抚台的兄弟。"这样看来,堵击由城门冲出太平军的应为李鹤章。(此役李恒嵩统率炮队)李鹤章和李霭堂英译音近易混。又外国人称中国人名,一般不用字号。

七、白鹤江战役击毙的是慕王之子，不是慕王

译文(386页)，1862年11月22日报道：《太平军在青浦县白鹤江镇同白齐文洋枪队战斗》："已故华尔将军的先驱官文森特……这时跃马刺进叛军密集队伍中，并将这位首领击毙。据叛军俘虏说，这个首领乃是慕王。"

考证：慕王谭绍光，于1863年12月4日被叛将汪安钧刺死于苏州。《太平天国全史》2124页："大败慕、听、潮三王及邓光明军于白鹤江，斩杀甚多，慕王之子亦阵亡。"可见白鹤江战役中慕王未死。

（原载《上海社会科学院学术季刊》1985年第2期，1985年6月底）

十五

我的父亲叶元龙(摘录)

叶瞻美

解放后,我父亲虽年逾花甲,仍能勤奋自学俄语,能阅读俄文书籍,并努力翻译俄文资料,让我国人民更多地了解苏联建设经验,以便为我国建设作点贡献。他一面利用空余时间,收听俄语广播,一面购买俄中言文对照书籍,先读原文再看译文,以检查自己了解程度。有一次读了一本俄中言文对照有关苏联建设的报告,看到其中有一句译得不够恰当,他就写信与出版社商榷,后来出版社采纳了他的修改译文,由此可见他平时学习态度何等认真。

叶元龙

(摘录自政协浙江省衢州市委员会文史资料研究委员会编《衢州文史资料》第3辑,杭州:浙江人民出版社1987年5月第1版,第88页)

十六

仅仅是为了抛砖引玉

——《传教士与近代中国》的写作经过(摘录)

顾长声

1958年初,我在中国科学院上海历史研究所工作。在调查上海所存历史资料的过程中,我发现上海几个主要图书馆藏有大量的有关帝国主义侵华的史料,在外文方面尤其丰富,对这个专题的研究提供了有利的条件。同时,外国传教士活动的大本营大多设立在上海,对于进行调查也提供了不少方便。

1959年9月,历史研究所改由上海社会科学院领导后,正式成立了帝国主义

晚年的顾长声先生

侵华史组,确定了首先对美国对华文化侵略的历史进行资料搜集、翻译和研究工作。可是到1964年底,由于种种原因,工作进度很慢,未曾出版过任何研究著作。但我作为一个有心人,仍旧坚持对这个专题的个人研究,并且为了读懂有关天主教的资料,还到上海外国语学院夜校部攻读了两年法文。我的英文是在解放前教会学校念的,俄文是在解放初期念的,使我可以直接查阅基督教、天主教和东正教的原始资料,进行比较深入的探索。

1964年冬,我被派往上海郊县参加"四清",先是在金山县,不久转到松江县,我住在天主教徒比较集中的公社里,有机会对天主教在农村活动的历史作了长时间的调查,获得了不少在书本上没有的第一手资料。

1966年开始的"十年内乱"时期,我积累的资料大部分损失,后来被迫在"牛棚"里住了两年,但却给了我精读革命导师著作的好机会,我着重学习了经典作家有关帝国主义及宗教问题的论述。1970年我被下放到上海冶炼厂"战高温",在该厂食堂当了7年炊事员。在这10年里,我下定决心,不管经受多少折磨,只要人还在,我就要锲而不舍地继续对这个专题进行探索,以表达我对祖国、对党、对人民的忠诚和热爱。1976年年初,我写出了一篇有4万余字的《帝国主义是怎样利用宗教侵略中国的》初稿。这是我多年经过酝酿而写出的初步成果,已经略具成熟的雏形。

万恶的"四人帮"被粉碎后,我被上调到华东师范大学历史系工作……

(摘录自《书林》杂志编辑部编《历史经由我们的眼睛——我和我的书》,上海:知识出版社1989年5月第1版,第134—135页)

十七

上海市主要新旧路名对照表

杨嘉祐、章克生、苑晔 编

现　名	曾用名	外　文　名
二　画		
七浦路		Tsepoo Road
人民路	民国路① 法华民国路	Mingkou Road Boulevard des Deux Républiques
人和街	竞华路	
九龙路	斐伦路	Fearon Road
九江路	打绳路② 九江路 杭州路 二马路	Rope Walk Road Kiukiang Road Hangchow Road
三　画		
三门路	三民路	
三角街	南三角街	
三河路	三官堂路	
三门峡路	三官堂路 三官堂石街	

---

① 法租界一侧路名牌为"法华民国路"。
② 1845年《上海租地章程》规定："商人租定基地内，前议留出浦大路四条，自东至西，公同行走，其一在打绳旧路。"此路即打绳路，1862年改名杭州路，不久又改名九江路。

(续表)

现 名	曾 用 名	外 文 名
万航渡路	乔敦路 极司非路 极司非而路 极司非尔路 梵皇渡路 梵王渡路	Jessfield Road
万聚码头街	万瑞码头直街 万聚弄	
万豫码头街	万裕码头直街	
大田路	大通路	Tatung Road
大名路	百老汇路	Broadway Broadway Road
大连路	大连湾路	Daling Road
大林路	文斜路	
大昌路	大佛厂路	
大境路	拱宸路 竹林庵路 九亩地① 旦华路	
大德路	大王庙街	
山阴路	施高脱路 施高塔路 司考脱路 亚尔培路	Scoot Road Scoot Road Kelm Scoot Road
山东中路	庙街 山东路 平望街②	Temple Street Temple Road Shangtung Road Vong Bing Ka Mark ham Park

---

① 中段称九亩地,东段称旦华路。
② 南京路福州路间称望平街,福州路广东路间称麦家圈、平望街。

(续表)

现 名	曾 用 名	外 文 名
山东北路	北山东路	North Shangtung Road Northern Shangtung Road
山东南路	带钩桥街 打狗桥街 北新路 麦底安路 工部局路 青城路	Mathieu Road Rue Mathieu Rue Vincent Mathieu
山西北路	北山西路	Northern Shanse Road Louzar Road
山西南路	山西路 盆汤弄① 昼锦里	Shangsi Road Bung Tung Loong
山海关路	山海关路	Shanhaikwan Road
广元路	铁士兰路 台司脱郎路 台司德郎路	Rte Picard Destelan
广东路	北门街 广东路 宝善街 正丰街 五马路	North Gate Street Canton Road
广州路	光州路	
广福路	广福寺路	
广德路	德里路 广信路	Delhi Road Kwangsin Road
广西北路	锡克路 广西路	Sikh Road Quangsee Road

---

① 南京路以北称盆汤弄，南京路九江路间称昼锦里。又，1862年英署领事麦华陀提出新街道名称表中称，山西路在原庙路（Temple Road）和石路（Shakloo）之间，原无路名。

(续表)

现 名	曾 用 名	外 文 名
广西南路	西自来火街	Rue de Saigon
小石桥街	小闸桥街	
小普陀街	小普陀桥街	
马街	马弄 东马弄	
马厂路	马克脱路 菜市街	Marchet Street
马当路	白浪尼蒙马浪路	Rue Brenier de Montmorand
马园街	马园弄 马姚弄	
马添兴街	风箱弄	
四 画		
开封路	开封路	Kaifeng Road
巨鹿路	巨籁达路	Rue Ratart
无锡路	无锡路	Wusich Road
王家码头路	小九华街道	
云南中路	云南路	Yunnan Road
云南北路	云南路	Yunnan Road
云南南路	八里桥路 南云南路 永平路	Rue Palikao South Yunnan Road Southern Yunnan Road
五台路	东新嘉路	
五星路	五权路	
五原路	赵主教路	Route Mgr Maresca
太仓路	蒲柏路 吴淞江路①	Rue Auguste Boppe

---

① 北段称吴淞江路。

(续表)

现 名	曾 用 名	外 文 名
太原路	台拉斯脱路	Route Delastre
太阳山路	太阳庙路	
天山路	林肯路 羽林路	Lincoln Road
天平路	姚主教路	Route Prospe Paris
天灯弄	竹素堂街	
天津路	五圣殿弄 球场弄 天津路	Five Court Lane Tientsin Road
天潼路	广东街 天潼路	Tiendong Road
天目中路	新民路	
天目东路	界路 车站路 天目路	Boundary Road
天目西路	科隆布路 广州路	Colombu Road
天柱山路	天主堂街	
天生港东街	天主堂东街	
天生港西街	天主堂西街	
中州路	赫司克尔路 海司格而路 赫司克而路	Haskell Road
中山北路	中山路（北段）	
中山西路	中山路（西段）	
中山南路	里马路	
中山东一路	外滩 黄浦路 黄浦滩路 扬子江路 英租界外滩	The Bund Whangpoo Road Yangtsze Road

(续表)

现　名	曾用名	外　文　名
中山东二路	法租界外滩 法兰西外滩 南黄浦路 金利源外滩	Quai de France French Bund South Whangpoo Road Quai du Kin Lee Yuen
中山南一路	康衢路	
中山南二路	龙华路 龙山路	
公平路	公平路	Kung Ping Road
牛庄路	牛庄路	New Chang Road
凤阳路	白克路	Burkill Road
毛家路	东毛家弄 西毛家弄	
丹凤路	天官坊街 天官牌楼街	
丹阳路	西贡路 丹阳路	Saigon Road
丹徒路	邓脱路 颠地路	Dent Road
乌鲁木齐南路	巨福路	Route Dufour
乌鲁木齐中路	麦琪路	Route Alfread Magy
乌鲁木齐北路	地丰路	Tifeng Road
长生街	长生庵街	
长乐路	淮河路 蒲石路	Rue Bourgest
长宁路	白利南路 壁利南路	Brenan Road
长阳路	华德路	Ward Road
长寿路	劳勃生路	Robinson Road
长沙路	长沙路	Changsha Road
长治路	西华德路 熙华德路	Seward Road

（续表）

现　名	曾　用　名	外　文　名
六合路	劳合路	Llody Road
文安路	文极司脱路	Winchester Road
文昌路	营房弄	
文庙路	学宫街	
方浜中路	方浜路 庙前街 宝带路 梨园路	
方浜东路	小东门大街 江津街 江津路	Rue de la Porte de l'Est Rue de l'Est
方浜西路	方浜桥路 木渎路 麋鹿路	Rue Millot
双阳路	马玉山路	

五　画

现　名	曾　用　名	外　文　名
古北路	霍必兰路 华伦路	Warren Road
龙门路	麦高包禄路 坟山路 龙门路 安定路	Rue Marco Polo Rue du Cimetiere Lung Men Road
龙潭路	舟山路	Chusan Road
甘谷路	观音阁街	
甘肃路	甘肃路	Kanshu Road
甘谷支弄	观音阁弄	
石潭弄	直隶路	Chili Road
石门一路	晏玛太路 同孚路 正阳路	Yates Road
石门二路	卡德路	Carter Road

(续表)

现　名	曾用名	外　文　名
平安街	平安大街	
平江路	市政府路	
平定路	密素尔路 平定路	Mysore Road
平凉路	孟特兰路 麦特兰路 平凉路	Mandalay Road Madras Road Ping Liang Road
平湖路	大裕路 和平路 和平街	Rue de la Paix
东门路	集水街	
东平路	贾尔叶路 贾尔业路 贾业爱路	Route Garnier
东台街	安纳金路	Hennequin Road Rue Hennequin
东安路	东庙桥路	
东湖路	杜美路	Route Doumer
东大名路	东百老汇路	East Broadway Road East Broadway
东长治路	东熙华德路 东西华德路	East Seward Road Eastern Seward Road
东汉阳路	东汉璧礼路 东汉璧礼路	Eastern Hanbury Road Easte Hanbury Road
东江阴路	校场梢衖 复善堂街	
东余杭路	东有恒路	East Yuhang Road
东青莲街	西青莲街	
东宝兴路	东宝兴路	East Paosing Road
东梅家街	东梅家铺 梅家巷	

(续表)

现　名	曾用名	外　文　名
旧校场路	旧校场街	
北海路	北海路	Pakhoi Road
北翟路	庇亚士路 比亚士路	Pearce Road
北京东路	领事馆路 北京路	Consulate Road Consulate Street Peking Road
北京西路	爱文义路 林荫路	Avenue Road
四平路	其美路	
四川中路	桥街① 江苏路 四川路	Bridge Street Keangsuo Road Szechuen Road
四川北路	北四川路	North Szechuen Road Northern Szechuen Road
四川南路	孟斗班路 天主堂街 天台路	Rue Montauban
外马路	南马路	Southern Maloo
乍浦路	乍浦路	Chapoo Road
仪凤路	老西门路	
仙霞路	佑尼干路	Jernigan Road
句容路	马崎路	Moji Road
白河路	北河路	
白渡路	坝基桥路 老白渡路 油车街	

---

① 近苏州河桥（即"威记"桥、威尔斯桥）为桥街。

(续表)

现　名	曾用名	外　文　名
兰州路	兰路	Lay Road Land Road
半淞园路	广东街	
汉口路	海关路 汉口路 三马路	Custom House Road Hankow Road
汉阳路	汉璧礼路 汉璧路 汉璧礼路 汉璧理路	Hanbury Road
宁安路	泰安路 横路	
宁阳路	青阳路	
宁武路	勒克诺路	Lucknow Road
宁国路	赖霍尔路 宁国路	Lahore Road Ningkuo Road
宁波路	宽克路 宁波路	Kirk's Avenue & Old Park Ningpoo Road Rue du Ningpoo
宁国北路	黄兴路	
宁国南路	岐山路	
宁海东路	宁兴路 菜市街	Rue du Weikwe
宁海西路	华格臬路	Wagner Road Rue Wagner
永乐路	吕西纳路 利西路 螺萨纳路	Lucerne Road
永年路	杜神父	Rue Père Dugout
永安路	贞德路 辣厄耳路 辣厄尔路 老永安街 若安达克路	Rue La Guerre

(续表)

现　名	曾　用　名	外　文　名
永寿路	自来火行东街 东自来火街	Rue des Pères
永明路	克明路	Cumming Road
永定路	华纪路 华记路	Hwe Kee Road Hwa Kee Road
永胜路	兴圣路 永兴路	Rue de la Mission
永泰街	新兴桥街 永兴街	
永康路	雷米路 利名路	Rte Remi
永善路	孟神父路	Rue du Père Meugniot
永福路	古神父路	Rue du Père Huc
永嘉路	西爱咸斯路	Route Herve de Sieyes Herve de Sieyes Route
辽阳路	奉天路 麦克登路	Fengting Road Mukden Road
民珠街	春申街	
六　画		
机厂路	白藻泰路	Rue Bezaure Bezaure Road
共和路	总局路	
百官街	派克弄 派克林路	Park Terrace
芝罘路	芝罘路 偷鸡路	Chefoo Road
扬子江路	北扬子路	North Yangtze Road
吉安路	茄勒路 茄乐路 加尔路	Rue Galle

(续表)

现名	曾用名	外文名
吉林路		Kirin Road
成都北路	成都路	Chengtu Road
成都南路	贝谛鏖路 贝谛鏖路 南成都路	Rue Lieutenant Btiot South Chengtu Road
老新街	吴家弄 洪竹弄 新街	
老闸老街	邓仁泰街	
老道前街	西道前街 道前街	
西街	汇司林路 冲司恩路 汇士林路	West End Road West End Lane
西门路	西门路	Rue Porte de l'Ouest
西马街	西马弄	
西林路	教育路 教育会路	
西康路	小沙渡路	Ferry Road
西湖路	比亚士路	Pearce Road
西仓桥街	西仓路	
西苏州路	西苏州路	West Soochow Road
西林横路	西林路	
西宝兴路	西宝兴路	West Paosing Road
西藏中路	西藏路 周浜路 泥城浜路	Thibet Road
西藏中路	泥城路 泥城桥	

(续表)

现　名	曾用名	外　文　名
西藏北路	北西藏路	North Thibet Road Northern Thibet Road
西藏南路	敏体尼荫路① 兰维霭路 肇州路 南阳桥 羊尾桥 南西藏路 宁夏路 安徽路	Boulevard de Montigny Route Capitaine Rabier South Thibet Road Southern Thiebet Road
曲阜路	阿拉伯司脱路 阿拉白司脱路	Alabaster Road
曲阜西路	库伦路 南川虹路	Urga Road
同庆街	福田庵后横街	
同普路	同济路	
同德街	邓脱弄	Dent Lane
光启路(北段)	县基街 县基路	
光启路(南段)	县南大街 大南门大街 老县前街 县前直街	
光新路	朱家湾路	
光启南路	阜民路 太卿坊 康衢巷	
兆丰路	兆丰路	Chaoufoong Road

---

① 北段称敏体尼荫路与褚家桥，中段称兰维霭路与南阳桥，南段称肇州路与羊尾桥。

(续表)

现　名	曾用名	外　文　名
自忠路	白尔路 西门路	Rue Engene Bard
伊犁路	法磊斯路	Fraser Road
先棉祠街	黄婆庵弄	
华山路	海格路	Avenue Haig
华亭路	麦阳路 麦养路	Route Mayen
多伦路	窦乐安路 大陆路	Darroch Road
多稼路	积谷仓前街 张家弄	
延庆路	格罗希路	Rte de Grouchy
延安中路	长浜路 大西路 福煦路 孟纳拉路 洛阳路	 Avenue Foch Manila Road
延安东路	爱多亚路 爱德华第七（路） 洋泾浜外滩 洋泾浜① 洋泾浜路 福特弄 孔子路 松江路 大上海路	Edward VII Road Avenue Edward VII Bund on Yang King Pang Yang King Pang Yang King Pang Road Ford Lane Confucius Road Sung Kiang Road
延安西路	舒立物生路 大西路 长浜路 白尔福路	Great Western Road Balfour Road
合肥路	劳神父路 天文台路	Rue du Père Froc Rue de L'Observatoire

---

① 填浜筑路前，浜北称松江路，浜南称孔子路。

(续表)

现 名	曾 用 名	外 文 名
会馆街	马家厂街	
会稽路	华成路 瓦赞路	Rue Voisin
会馆后街	会馆后弄	
会馆码头街	南会馆横街	
军工路	衣周塘路	
许昌路	华盛路	Whashing Road
庄家街	庄家桥街	
交通路	交通路	Chao Tung Road
齐齐哈尔路	齐齐哈尔路	Tsitsi Har Road
兴业路	望志路 黄志路	Wantz Road Rue Wantz
兴安路	麦赛尔蒂罗路 麦赛而蒂罗路	Rue Marcel Tillot Tillot Rue Marcel
兴国路	雷上达路	Rte Paul Legendre
安义路	安南路	Annam Road
安仁街	东园门路 安仁桥弄	
安庆路	爱而近路 爱尔近路	Elgin Road
安远路	槟榔路	Penang Road
安国路	爱而考克路 爱尔考克路	Alcock Road
安亭路	国富门路	Rte Kaufmann
安康路	大国路	Rue d'Arco
安福路	巨泼来斯路	Route Dupleix
汕头路	汕头路	Suatou Road
江宁路	戈登路	Gordon Road

(续表)

现名	曾用名	外文名
江阴街	后石街 榆木泾	
江阴路	孟德兰路 孟特兰路	Mandalay Road
江苏路	忆定盘路 安定盘路	Edinburgh Road
江浦路	齐物浦路	Chemulpo Road
江湾路	江湾路	Kiang Wan Road
江西中路	江西路 教堂路	Kiangse Road Church Street
江西北路	北江西路	North Kiangse Road Northern Kiangse Road
江西南路	吉祥路 吉祥街 珀蒂路 南江西路 定南路	Rue Petite Southern Kiangse Road South Kiangse Road
阳朔路	洋行街	Rue du Whampoo Whampoo Road
巡道街	水仙宫前街	
如意街	如意胡同	
红栏杆街	红栏杆桥街	

七 画

丽水路	障川路 障川弄 新北门老街 障川老街 障川老路 障川直路	
寿宁路	皮少耐路	Rue Buissonnet
抚安街	蔓笠桥街	

(续表)

现 名	曾 用 名	外 文 名
吾园街	吾园弄	
连云路	吕安路 吕宋路	
进贤路	普恩济世路	Route Prentice
邯郸路	翔殷路	
芷江中路	严家阁路	
花园港路	花园路	
杨渡街	杨家渡街	
杨树浦路	杨树浦路	Yangtszepoo Road
杨渡横街	永盛和街 杨家渡桥街	
虬江路		Ju Kong Road
邑城路	邑庙路 古驿路	
吴江路	斜桥弄 斜桥街 斜桥路	Love Lane
吴兴路	白利图路 潘兴路 潘馨路	Route Bridou Route Pershing
吴淞路	吴淞路	Woosung Road
彤云街	醉白园路 梅园弄	
迎勋支路	应公祠弄	
迎勋北路	应公祠路 龙门书院路	
余庆路	爱棠路	Route Edan
余杭路	有恒路	Yuhang Road
余姚路	星加坡路 新加坡路	Singapore Road

（续表）

现　名	曾用名	外　文　名
闵行路	闵行路	Ming Hong Road
怀德路	威妥玛路	Wade Road Wetmore Road
汾阳路	毕勋路	Route Pichon
沉香阁路	沉香阁前街	
沙市一路	中央路	
沙市二路	新康路	Ezra Road
灵济街	鱼行桥南街 鱼公堂街	
陆家浜路	里陆家浜路 陆家浜路 斜桥东路	
八　画		
奉贤路	麦边路	McBain Road
杭州路	加尔各答路 黑龙路	Calcutta Road
枫林路	丰林路	
枫泾路	福建路	Fukien Road
松江弄	宋埠弄	
松雪街	穿心河直街	
松潘路	开答路 松潘路	Quetta Road
青岛路	青岛路	Tsingtao Road
青莲路	福田街	
青浦路	青浦路	Tsing-poo Road
青龙桥街	青龙桥直街	
苗江路	庙桥路	
茂名北路	慕尔鸣路	Moulmein Road

（续表）

现 名	曾 用 名	外 文 名
茂名南路	迈尔西爱路	Route Mercier
茂兴支路	三官堂横路	
茂兴北路	三官堂路	
武夷路	惇信路	Tunsin Road
武进路	靶子路 老靶子路	Rte Range Range Road
武昌路	武昌路 自来火街 自来火行街 广东街	Woochang Road
武定路	东京路 开纳路 开原路	Tokio Road Tong King Road Kinnear Road
武胜路	跑马厅路	
武康路	福开森路	Rte Ferguson
虎丘路	博物院路	Museum Road Gnaomen Road
国货路	海潮寺南街	
罗浮路	福生路	
凯旋路	凯西路	Keswick Road
昌化路	东京路 归化路	Tonquin Road
昌里路	昌乐路	
昆山路	昆山路	Quinsan Road Quinshan Road
昆明路	昆明路	Kwenming Road
昆山花园路	昆山花园	Quinsan Gardens Quinshan Gardens

(续表)

现名	曾用名	外文名
岳阳路	祁齐路	Route Chisi
佳木斯路	观音堂路	
制造局路	斜桥南首路 制造局路	Arsenal Road
和田路	宋公园路	
和顺街	火神庙街	
周浦路	京州路 里洋行街 彤云路	
周家嘴路		Point Road
周家渡镇路	周家渡路	
金山路	礼查路	Astor Road
金门路	典当街 卜罗德路	Rue Protit
金田路	瑞金路	
金华路	英华街	Kin Wo Ka Road
金坛路	警厅路 旧道署前街 道前街	
金陵中路	恺自迩路 临安路	Rue Kraetzer
金陵东路	公馆马路 法大马路	Rue Consulat Rue du Consulat
净土街	净土路	
府谷街	佛阁街	
学宫街	东道前街	
学院路	县西街 县前横街 旧学前街 县东街	
法华路	安和寺路	

(续表)

现 名	曾 用 名	外 文 名
波阳路	浦那路 鄱阳路	Poona Road
泗泾路	泗泾路	Siking Road
河间路	孟买路 河间路	Bombay Road Hochien Road
河南中路	界路 庞特莱街 河南路 棋盘街	Barrier Road Boundary Terrace Honan Road Ge Baeka
河南北路	北河南路	North Honan Road
河南南路	老北门内大街 老北门大街 老北门街 帝皇路 紫金路 晏海路 西仓路 杨家桥弄	Rue de la Porte du Nord
宜昌路	宜昌路	Ichang Road
定海路	山达刚路 定海路	Sandakan Road
宛平路	汶林路	Winling Road Route Winling
宛平南路	机场路	
宝山路	宝山路	Pao Shan Road
宝兴路	宝兴路	Paoshing Road
宝庆路	宝建路	Route Pottier
宝通路	宝通路	Paotung Road
绍兴路	爱麦虞限路	Av. Vitor Emmanuel III
陕西北路	西摩路 祁门路	Seymour Road

(续表)

现 名	曾用名	外 文 名
陕西南路	宝隆路 亚尔培路	Avenue du Roi Albert
建平路	其昌路	Kee Chong Road
建德路	树本路	
建国中路	薛华立路 西长兴路	Route Stanislas Chevalier
建国东路	康悌路	Rue Conty
建国西路	靶子路 福履理路 南海路	Route Frelupt

九　画

现 名	曾用名	外 文 名
威海路	威海卫路	Weihaiwei Road
草鞋湾路	万宁桥南街	
柳市路	留云寺路 海潮寺旁路	
柳江路	南狮子弄 刘公祠弄	
柳林路	格洛克路	Rue Brodie A. Clark
柳泉弄	刘坟弄	
南仓街	南仓大街	
南汇路	大华路	Majestic Road
南昌路	陶尔斐司路 军官路 环龙路	Route Dollfus Vallon Road
南京街	南熏街	
南浔路		Nanzing Road
南车站路	车站路 车站前路	
南苏州路	苏州路 苏州河外滩	Soochow Road Bund on Soochow Creek

(续表)

现 名	曾 用 名	外 文 名
南京东路	花园弄① 派克路 南京路 马路 大马路	Park Lane Park Road Nanking Road Maloo To Maloo
南京西路	静安寺路 涌泉路 靶子路 西靶子路	Bubbling Well Road Range Road
思南路	马斯南路 马思南路	Rue Massenet
虹桥路	虹桥路 佘山路	Hungjao Road
昭通路	交通路	Chaotung Road
贵州路	贵州路	Kweichow Road
贵阳路	康朴尔路 桂阳路	Cawnpore Road Kueiyang Road
哈密路	罗别根路 罗白康路 罗别生路	Robinson Road Rubicon Road
哈尔滨路	汤恩路 沈家湾	Thorne Road Harbin Road
临青路	刚达哈尔路 临青路	Kandahar Road Linching Road
临潼路	麦克利克路 麦觯利克路	Macgregor Road
临平北路	金家庵路	
牯岭路	牯岭路	Kuling Road
顺昌路(北段)	白尔路	Rue Engene Bard

---

① 1862 年将"花园弄"和"马路"改名"南京路"。

(续表)

现　名	曾用名	外　文　名
顺昌路	菜市路	Rue du Marchet
侯家路	侯家浜	
保安路	保屯路	
保定路	保定路	Paoting Road
香山路	莫利爱路 莫里哀路	Rue Molere Rue Molière
香港路	香港路	Hong Kong Road Hong Kong Street
香花桥路	香火桥路	
重庆中路	白尔部路	Rue Paul Beau
重庆北路	重庆路 马立师路①	Chungking Road Morris Road
重庆南路	吕班路 灵宝路	Avenue Dubail
复兴中路	辣斐德路	Rue Lafayette
复兴东路	大东门大街 肇嘉路 大码头大街 彩花街 太平街 虹桥西大街 西门大街 和平路 义弄	
复兴西路	白赛仲路 西大兴路	Rte Boissezon
亭桥街	亭桥路	
浏河路	奥利和路	Rue Oriou
洞庭山弄	梅园街	

① 近大沽路一段称马立师路。

(续表)

现　名	曾用名	外　文　名
济宁路	爱根路 济宁路	Aigun Road
济南路	平济利路	Rue Bluntschli
眉州路	客拉契路 眉州路	Karachi Road
昼锦路	县西监狱后路	

十　画

现　名	曾用名	外　文　名
晋元路	满洲路 晋源路	
真如路	闵行路	Ming Hong Road
热河路	热河路	Jehol Road
莫干山路	莫干山路	Mokan Shan Road
盐城路	典当街	
盐码头路	施相公弄	
桃江路	恩利和路 靖江路	Route Henri Bevière Route Henri Bevière
桃源路	爱来格路 八仙桥街	Rue Soeur Allegre
顾家弄	顾街弄	Koo Ka Loong
顾家町路	顾家町	
秦关路	吟桂路	
泰安路	劳利育路	Route Lorioz
泰兴路	麦特赫司脱路	Medhurst Road
泰康路	贾西义路	Cassini Road Rue Cassini
峨嵋路	密勒路	Miller Road
圆明园路	苑明园路 西苑明园路	Yuen Ming Yuen Road Ao Mun Road
鸭绿江路	鸭绿路 四卡子路	Yalu Road

(续表)

现　名	曾用名	外　文　名
皋兰路	高乃依路 文安路	Corneille Road
胶州路	胶州路	Kiaochow Road
积石街	积善寺路 积善街	
秣陵路	金陵路	
铁道路	南铁道路	
徐家汇路	徐家汇路	Route de Zikawei Sicawei Road
烟台路	烟厂路	
凉州路	客勃尔路 凉州路	Kabul Road
悦来街	财神弄	
旅顺路	亚德路	Arthur Road
唐山路	塘山路	Tongshan Road
康乐路	克海能路 康乐路	Cunningham Road
高安路	高恩路	Route Cohen
高阳路	兆丰路	Chaoufoong Road
高邮路	高逖安路	
高桥路	太古路	Taku Road Rue Takao
高雄路	高昌庙路 高昌路 望达路	Arsenal Road
高墩街	泥墩路	
浦城路	善堂街	
浦东南路	新马路	New Maloo

(续表)

现 名	曾 用 名	外 文 名
浙江中路	苏州路 浙江路 大兴街	Soochow Road Chekiang Road
浙江北路	北浙江路	North Chekiang Road
浙江南路	新桥街 新桥路 南浙江路	New Bridge Road South Chekiang Road Rue Père Hué
海口路	海口路	Hoikow Road
海门路	茂海路 慕维廉路	Muirhead Road
海丰路	海丰路	Haiphone Road
海伦路	欧嘉路 库伦路	Urga Road
海州路	倍耐尔司路 海州路	Benares Road Haichow Road
海南路	海能路	Hannen Road
海潮路	海潮寺桥南街	
海兴北路	土地堂街	
海拉尔路	海勒路 哈拉路	Hailar Road
海伦西路	士庆路	
绥宁路	碑坊路	
桑园街	桑园弄 双园弄	
通北路	韬朋路	Thorburn Road
通州路	通州路	Tung Chow Road
十一画		
梦花街	冬青园街 吉庆路	
梅家街	梅家弄	

现　名	曾用名	外　文　名
梧州路	南梧州路 北梧州路	Wuchow Road
梧桐路	老天主堂街 豸史弄	
曹阳路	复兴路	
曹家街	曹家桥街	
盛泽路	磨坊街 磨坊路 火轮磨坊街	Rue de Moulin
盛家街	县西监狱前路	
黄山路	伦敦路	London Road London Street
黄代路	台湾路 黄埭路	Taiwan Road
黄河路	派克路	Park Road
黄家路	小南门内大街 朝阳路	
黄渡路	黄陆路 黄罗路	Wonglo Road
黄陂北路	马霍路	Mohawk Road
黄陂南路	贝勒路	Rue Amiral Bayle
常德路	赫德路	Hart Road
常熟路	善钟路	Route de Say Zoong
崇明路	崇明路	Tsugming Road
崇德路	喇格纳路 黄河路	Rue de Lagrené
斜土东路	地方厅路	
铜山路	春山路	
铜仁路	哈同路	Hardoon Road

(续表)

现　名	曾　用　名	外　文　名
商丘路	元芳路	Yuenfong Road
望云路	新路巷 小桥街 虹桥大街	
望亭路	李梅路	Route Lemair
康平路	麦尼尼路	Magniny Road Rte Magniny
康定路	康脑脱路	Connanght Road
淡水路	萨披赛路 萨坡赛路 淡水路	Rue Chapsal Tamsui Road
淘沙场街	淘沙场	
清流街	瑞良街	
清流北街	瑞良北街	
淮安路	麦格路 麦根路	Markham Road
淮阴路	麦克劳路 麦克利奥路	Macleod Road
淮海中路	宝昌路 霞飞路 泰山路 林森中路	Rue Brunat Rrunat Road Avenue Joffre
淮海东路	宁波路(法界) 东泰山路 林森东路	Rue de Ningpo
淮海西路	陆家路 林森西路	
隆昌路	格兰路	Glen Road
十二画		
厦门路	厦门路	Amoy Road
惠民路	倍开尔路	Baikai Road Avenue Studley

(续表)

现　名	曾用名	外　文　名
彭泽路	伯顿路 铁马路	Purdon Road
雁荡路	华龙路	Route Voyron
董家渡路	小南门大街 小南门外大小街 圣贤桥街	
景星路	近胜路	Jansen Road
紫华路	旦华路	
紫阳路	慈佑路	
紫金路	紫来路 迪斯克里路	Rue Discry
番禺路	哥伦比亚路	Colombia Road
傅家街	镶片弄	
富民路	古拔路 顾尔培路 孤拔路	Route Courbet Route Amiral Courbet
普育东路	中道桥南街	
普育西路	维尔蒙路 普安路	Vouillemont Road Rue Vouillemont
湖北路	大新街 湖北路	Hoopeh Road
湖南路	居尔典路	Rte Charles Culty

十三画

蒙自路	新桥路	
榆林路	榆林路	Yu Lin Road
塘沽路	文监师路 蓬路	Boone Road
赖义码头街	烂泥码头街	
瑞金一路	圣母院路 香山路	Rite des Soeurs
瑞金二路	金神父路	Rte Père Robert

(续表)

现　名	曾　用　名	外　文　名
嵩山路	葛罗路 嵩山路	Rue Baron Gros Gros Road
跨龙路	大佛厂东街 大佛厂街 大南门外大街	
愚园路	田鸡浜路 峨嵋月路	Yu Yuen Road Crescent Avenue
腾越路	三宝泷路 腾越路	Samarang Road Teng Yueh Road
溪口路	朱葆三路	Rue Chu Pao San
滇池路	仁记路	Jinkee Road
溧阳路	狄思威路	Dixwell Road
慈谿路	池浜路 江浜路	
福宁路	朋卡路 福宁路	Bangkok Road
福民路	张家路 罗家路	
福州路	教会路 福州路 四马路	Mission Road Foochow Road
福佑路	穿心街(中段) 白衣庵后街	
福康路	福康路	Fohkong Road
福禄路	福特路 福德路	Fu Teh Road
福建中路	石路 福建路	Shakloo Road Fukien Road Rue du Fukien
福建北路	北福建路	North Fukien Road

(续表)

现 名	曾 用 名	外 文 名
福建南路	郑家木桥路 杜浪路 永泰路	Rue Tourane
新广路	广东街	
新马路	营盘路	
新乡路	白保罗路	Barchet Road
新化路	荔浦路	
新乐路	亨利路	Paul Henry Road Rte Paul Henry
新华路	安和寺路 法华路	Avenue Amberest
新会路	马白路	Mapai Road
新昌路	梅白格路 新闸桥路	Myburgh Road Sinza Road Stone Bridge Road
新建路	新记浜路	Singkei Pang Road
新泰路	三泰路	Santai Road
新康里	新康路	Ezra Road
新疆路	南川虹路	
新开河路	水塔路	
新永安路	古尔拜路 科尔贝尔路 新永安街	Rue Colbert
十四画		
聚奎街	敬业弄 敬业路	
静修路	静室庵路 东嘉兴路 西嘉兴路	Kashing Road East Kashing Road West Kashing Road

(续表)

现　名	曾用名	外　文　名
嘉鱼路	鱼行街	
嘉善路	甘世东路	Rue Gaston Kahn
肇周路	兰维霭路	Rue de Capitaine Rabier
察哈尔路	安和寺路	
漕仓街	三层楼码头街	
曹溪北路(一段)	蒲东路	

十五画以上

现　名	曾用名	外　文　名
黎平路	刚狄路 康德路 黎平路	Kandy Road Route Kandy
德昌路	荣昌路 戴劳耐路	Rue Delaunay
澳门路	澳门路	Macao Road
潘家街	财福弄	
霍山路	汇山路	Wayside Road
薛弄底街(西段)	土地堂街	
衡山路	贝当路 贝登路	Avenue Pétain
筿竹路	里仓桥街 里郎家桥街 南筿竹街	
襄阳北路	劳尔东路 惇化路	Route Lorton
襄阳南路	拉都路	Route Tenant de la Tour
蟠龙街	阿尔盘弄 阿尔盘路 阿尔白立弄	Arbury Lane

(续表)

现　名	曾　用　名	外　文　名
瞿溪路	瞿真人路 源昌路 庄源大弄	Yuen Chang Road
露香园路	小九亩路	

附注：此表依据杨嘉祐著《上海新旧路名对照表》，参考章克生、苑晔所编路名资料以及有关行名录整理而成。

（原载汤志钧主编，吴乾兑、徐元基副主编《近代上海大事记》，上海：上海辞书出版社1989年5月第1版，第955—982页）

十八

马博庵教授晚年对史学的贡献

陈奕民

仪征前辈学者马博庵先生,早在 30 年代就任金陵大学的历史系主任,兼政治系主任,是我国对外关系史和国内县政、乡村经济等学术领域的知名专家。新中国建立后,他愉快地服从党组织的安排,到了上海历史研究所,以马列主义、毛泽东思想为指针,满腔热情地进行近代中国人民反帝反封建历史的研究工作。不久前,我受仪征市地方志办公室、市政协文史委员会的委托,走访了上海社会科学院历史研究所原副所长汤志钧研究员、吴乾兑研究员、章克生编审和研究室党支部书记刘运承副研究员等马教授的老同事、知情者。专家们热情地向我介绍了马教授在史学上所作的重要贡献和可贵的奉献精神,使我对马先生油然而生敬意。我感到有责任向家乡人民介绍马博庵教授的学术贡献和高尚精神,以激励年轻一代在现代化建设事业中奋勇拼搏,多作贡献。

马博庵先生是 1957 年由中共上海市统战部分配到中国科学院上海历史研究所的。上海社会科学院是 1958 年 9 月 1 日由中国科学院上海经济研究所和历史研究所等单位合并建成。马教授是在历史所筹建初期到所的。

马博庵到历史研究所编译组时,编译组已由早到几个月的章克生先生主持。章克生掌握英、法、德等多种外文,但当时自感编译历史文献还不能自如,马博庵来加入工作,他感到很得力。编译组还有3个人,他们是原中央大学会计系主任雍家源,原重庆大学校长、大同法学院院长叶元龙,和毕业于京都大学历史系的吴绳海。

根据历史所初建时对研究工作的设想,马博庵立即着手编译有关中国近代重大历史事件的资料。研究历史首先要掌握史料,有了翔实的资料才能弄清历史事件的来龙去脉。而上海历史研究所的专家们开张伊始就苦于缺乏史料:中文档案、文献因历史原因保存下来的不多,连清政府办的《邸报》、《京报》亦残缺不全。为了开拓发展近代史的研究工作,编译组的教授、研究人员倾注全力从大量的外文报刊中进行艰苦细致的回译、采集史料的工作。小刀会起义是近代史上的一次重要革命活动,长期以来蒙受帝国主义和地主资产阶级的歪曲和污蔑,革命的史学工作者应当用史实来恢复它的本来面目。又因为小刀会这一重大事件发生在上海,编译组便确定《上海小刀会起义史料汇编》为本所的首译篇。马博庵教授参加这一工作。本来编译组打算选送一批外文报刊给马教授,让他在家里边阅边译,可他热情洋溢地坚持到所里来和大家一起坐班办公。凭借丰富的历史知识,马教授娴熟地从大量的外文报刊中选译了许多珍贵资料。

他们选译的资料,很大一部分取材于英文刊物《北华捷报》。《北华捷报》是1850年8月3日英国商人在上海创办的周刊,1859年起成为英国驻上海领事馆和商务参赞公署公布通告、发布消息的机关报,逐渐又成为英国驻华使馆的半官方报纸,代表在华的英国商人的利益,也是英国帝国主义者在华的喉舌。该刊虽然站在反动的立场上进行宣传,却保存了大量的第一手历史资料,编译组决定选译该刊30万字的资料。

当时正值"大跃进"的年代,一切讲究"多快好省"。他们决定《北华捷报》30万字的译文要在2个月内完成。可大家手头都各有任务,无法"集中力量打歼灭战"。历史所有困难的消息传出去后,上海外语学院的教师闻讯主动来支援,拿走了材料,翻译好了又送回来。历史研究所感谢他们的支援，还让他们取走了稿酬。马博庵、章克生两位先生便抓紧时间作校定工作。可当他们翻开译文一看却傻了眼：译文没有史料特色，有些名词概念欠准，行文过于"现代化"，等等。显然，译者不熟悉那一段历史，不了解当时的社会情况和语言特点，也没有掌握史学译作的特点和规范。他们感到别无良法，只能返工重译。马教授当仁不让，接过来重新翻译，每天早来晚归拼命赶译。

凭借深厚的功力和极端负责的态度，马博庵又快又好地完成了艰巨的翻译任务。其中涉及上海道台与外国领事划定租界的边界、小刀会起义过程、每周战况及其颁布的布告等细节都译得一清二楚。马教授的准确回译还原了小刀会历史事件的真实面目。《上海小刀会起义史料汇编》终于在1958年9月7日——赶在国庆节前由上海人民出版社出版。该书送到北京，郭沫若同志看了后称赞：上海小刀会史料系统地运用外文回译，很有特色。太平天国历史博物馆馆长罗尔纲赞扬说：把小刀会当时的战况逐日回译过来，解决了很大问题。这本汇编有68.7万字，译文占70%，马博庵先生为此出了大力。该书的扉页上介绍编译人员，虽也提到马博庵，却未具体说明马教授的重要作用。这在当时是可以理解的。章克生先生回顾当时的情景说：马老为这本史料如期出版做出了很好的贡献，小刀会史料的出版为历史所的研究工作开出了一条路，历史所可以说就是以小刀会起家的。

1959年是"五四"运动40周年，根据中共上海市委的要求，历史所出版了《五四运动在上海史料选辑》。为了出版这本选辑，马博庵从《字林西报》、《大陆报》、《警务日报》等外文报刊中，采译了许多重要资料。为更多地掌握第一手史料，马教授还和其他研究人员一连多日沉到上海档案馆，收集了许多档案资料，这本选辑也经马博庵等专家的努力得以按时出版。

1960年以后，马教授一上班即去上海图书馆徐家汇藏书楼（该藏书楼是历史所的近邻），翻阅书刊资料。1961年，历史所负责同志为方便马教授的工作，特与藏书楼联系，为他辟了一个阅读、翻译外文资料的专用室，他在那里系统地翻阅了自1830年至1860年的几十本《中国丛刊》（英美传教士所办），还翻阅了《北华捷报》等外文报刊，从中采译了大量资料，其中有关太平天国的史料即达50万—60万字。他还从英国议会蓝皮书中译出有关太平天国部分的资料30万字。他又从英国驻华特使朱尔典（清末至民国初任职）留下的文书中，译出了几十万字的参考资料，拟编入《辛亥革命在上海史料选辑》一书的，至少有5万字。可惜这部书稿60年代初交上海人民出版社出版时被丢失了。马教授在市档案馆还译了《美国台湾关系原件》，有5万多字，此译文一直留在档案馆。马博庵遗留下来的选译资料甚丰，1983年2月由上海人民出版社出版的《太平军在上海——北华捷报选译》，主要译文就是马教授在60年代翻译后留下来的。

历史所的同志到藏书楼，一般都是早晨8点去，下午5点离开，中午则回所吃饭休息。马教授是早晨7点到，来时带个饭盒，由藏书楼代蒸，吃过简便午餐后在自备的躺椅上休息片刻，又投入了工作，直到傍晚6点才离去。人们都称赞马教授"惜时如金，分秒必争"。当年历史所与马教授朝夕相处的研究人员都称赞他是一位热爱祖国的知识分子。马博庵先生年轻时发奋攻读成材，在旧中国却无法施展报效祖国的宏图大志。新中国建立后，他不顾年老有病，争分夺秒地工作，要为中华崛起略尽绵薄之力。他的爱国主义思想充分体现在他的译文中，成为其译文的一大特点。

历史研究所的专家们以自己的切身体会向笔者介绍历史文献编译的特点。编译历史文献有别于其他学科，不能单纯地译意，首先要着眼于译准。要做到这一点绝非易事：必须掌握有关历史知识，要有深厚的语言功底，既要掌握外文的古代语言和现代语言，又要掌握古代汉语和现代汉语，还要有严肃负责的精神。马博庵教授不仅具备上述条件，而且造诣很深。他们以小刀会史料汇编为例，称赞马教授用当时的文体和语言回译的小刀会布告，与后来搜集到中文布告原件对照几乎一样,若没有渊博的历史知识和中外古文的深厚功力是做不到的。马教授不仅译得准,而且译得快,一天译文多达 5 千字,他的编译任务既艰巨又繁重,时间又紧,但他工作起来总是精神饱满,一丝不苟。

马教授平时待人热情,乐于帮助人。所内研究人员使用外文资料碰到难点都去请教他,他都热情帮助解疑释难,表现了导师的良好风范。1858 年马教授编译《鸦片战争末期英军在长江下游的侵略罪行》一书时,所里给他配了一个初译者作为助手。该书译著的主要部分由马先生承担,其中一部分由初译者译出初稿,再请他校定。校定时马教授逐段逐句给初译者说明为什么要这样译而不能那样译。得到他关心帮助的中青年研究人员,中外文水平及历史知识都有明显提高。此外,他还经常挤出时间给报刊写一些历史文章或小品,以普及历史知识,进行爱国主义教育。马博庵先生在实际工作中为培养年轻一代做出了贡献。

笔者还访问了马先生的晚辈,了解了马先生的家庭生活。

马教授每天下班回到家里稍事休息,就到三楼他的书斋工作,不是翻书学习就是继续他的编译工作,星期天和节假日全都在书斋工作。他的藏书很多,有全套马列和毛泽东的著作,有大部头的中外文史书,其中有大批外交史、国际关系和国际法的专著等,还订阅了多种报刊。他生前把连续订阅 10 多年并装订完整的《人民日报》赠送给历史所的同志们共同使用。

马教授生于清末,曾留学美国,1931 年回国后,历任金陵大学教授、历史系主任、政治学主任、江西中正大学文法学院院长、四川省干部训练团附设县政研究部导师、江苏省立教育学院代院长和东吴大学教授等职。他从教多年,培养的学生遍布世界各地,联合国里也有他的学生。他生前每逢元旦、春节和圣诞节,海外学生向他祝福的卡片犹如雪片飞来,真可谓师生情谊深,桃李满天下。马教授有 6 个儿女,在他的教育下,6 个子女分别在医学、纺织、地质、无线电、师范教育等方面学有所成,成为国家的有用之材。比如他的长女马宝章,早年毕业于7年制的华西协合大学,因当年课堂全用英语,所以她也具备很扎实的英文功底。马宝章担任上海第二医科大学口腔系的教授,又是上海市第九人民医院口腔科的主任医师。她因研究激光治疗血管瘤取得显著疗效,曾获上海市重大科技成果荣誉称号,又因"自源荧光诊断恶性肿瘤"研究成功,获得国家教委及上海市的科学技术进步二等奖。马宝章教授曾任上海市激光学会副理事长及医用激光专业委员会主任,编写了一批重要专著,并多次应邀英、美、法、意、瑞典、日本等国作学术报告或进行科研协作,为祖国争得了荣誉。马博庵先生为祖国奉献的精神也为儿女们所继承和发扬。

马博庵教授在"文革"初期不幸与世长辞。当年与他共事的专家、学者、研究人员无不对他的逝世深表痛惜。他们对马教授来所十年中对中国近代史研究作出的开拓性的、独特的贡献钦佩不已,至今他们还深深的怀念这位挚友和导师,慨叹一位杰出学者的故去给史学界和上海社科院历史研究所留下的巨大空白。

(原载政协仪征市委员会文史资料研究委员会编《仪征文史资料》第8辑,1992年1月版,第114—120页)

十九

文化名人马博庵的一生(摘录)

李卓君

1957年中共上海市委统战部分配马博庵到上海历史研究所做研究和编译工作。1961年患心脏病之后仍然抱病工作。他参加过《上海小刀会起义》、《太平军二次进军上海》、《鸦片战争后期英军在长江下游的侵略罪行》、《五四运动在上海史料选辑》和《辛亥革命在上海》等资料汇编以及其他史料的研究工作,为近代史学研究作出了重要贡献。

马博庵在解放后努力学习马列主义、毛泽东思想,不断地检查并批判自己的过去,下决心改造自己的世界观。1966年他向党组织坚决表示,他已67岁了,但决不退休,要活到老,学到老,改造到老,工作到老,把余生用在阶级性和党性最强的历史科学的研究工作上,希望能为无产阶级革命事业做出微薄的贡献。他在给儿女的信上说:"强大的四个现代化的社会主义中国,必须出现在世界上",他表示,"我现在极力注意我的健康,决心每年为历史专题研究译出二三十万字的外文资料,稍稍补救我前半生未能走革命道路的过错"。

不幸"文革"妖风已在神州大地刮起,残暴地剥夺了这个老知识分子报效社会主义祖国的美好愿望。1966年9月,这位杰出的史学家、翻译家在林彪、"四人帮"极左路线的迫害下病故了。

……

马博庵一生好学不倦,嗜书如命。晚年翻译文史资料,起早贪黑,连节假日也取消了。儿女都担心他的健康,却又无法让他多休息。第二个儿媳妇结婚后进马家,看到公爹过分辛苦,问丈夫马庆章:"爸爸看书入了迷,怎么连春节也不休息几天?"马庆章无可奈何地说:"你去劝劝爸爸吧,你是新媳妇,你去讲话,他会给面子的。"

(摘录自政协仪征市委员会文史资料研究委员会编《仪征文史资料》第8辑,1992年1月版,第131、134页)

二十

《美商琼记洋行在华经商情况的剖析》译者说明

章克生

一、我们在翻译这部历史著作的进程中，力图达到历史翻译的三项标准。其一是信，即忠于原著；其二是达，要求译文简练畅达。信达两者是所有学术论著的翻译所必须遵循的准绳。其三是要求符合历史实际，这是历史翻译所必须注意和力求达到的标准。就洛克伍德这部论述美商琼记洋行在华经商情况的著作而论，它像同一类的其他历史著作一样，涉及许多外国海陆军军官、外交家、外国传教士、商人、学者。他们都有汉名。此外，对于许多外国政治、经济、商业、宗教、文化等机关、组织、团体的名称，连同各自的体制、名衔、职称，以及所形成的惯例、所发生的事件、所经历的变革等等，译者都要下一番功夫，查阅有关图书文献资料，弄清当时的社会历史背景和具体情况，始能使各章译文做到符合历史实际。

二、本书所涉及的外国陆海军军官、外交官、中国海关外籍官员、外国传教士、商人、学者的汉名，主要根据《辞海》（1889年版）所附外国人名译名对照表、《帝国主义侵华史》第一卷（1958年版）所附外国人名汉译表、《近代来华外国人名辞典》（1981年版）等书，而外国商业行号的中文名称，则根据十九世纪五十年代北华捷报馆即字林洋行历年出版的《上海年鉴》（*Shanghai Almanack*）、字林西报历年发行的《字林行名簿》(N. C. D. N. Hong List)、汪敬虞著《十九世纪西方资本主义对中国的经济侵略》(1983年版)等等。

三、本书自第一章至第十一章,各章正文前均有提要,系译者所加,其目的在于钩元提要,即抓住精神实质,提出本章各重要段落的中心思想,或者揭示各该段落所论述的主要事实和情节,从而帮助读者更加明确而透彻地了解各该章究竟包括何种具体真实内容。

四、本书各章正文、注解、脚注中所涉及的各项数字,究应在何种情况下用阿拉伯数字书写,在何种情况下以汉字表示,分别规定如下:

(A) 公历纪元的年份(包括某月某日)用阿拉伯数字书写,例如1859年3月11日,而旧历纪元的年份(包括某月某日),则以汉字表示,例如乾隆四十九年、咸丰四年闰七月十九日。

(B) 世纪、年代、分数,均以汉字表示,例如十九世纪四十年代,不写成19世纪四十年代。三分之二不要写成3分之2或三分之2。又百分之若干,用阿拉伯数字书写,再加百分比符号,例如20%、95%。

(C) 图书、报刊、档案的某辑、某卷、某函,均以汉字表示,而某期、某号、某页,则用阿拉伯数字书写。

(D) 凡属带有统计性质的数字,其在十万以下者,全部用阿拉伯数字书写。其在十万以上,而为若干万之整数,不带有万以下之零数者,则以万为单位,把"万"写成汉字,而若干之数,用阿拉伯数字书写,例如20万美元、100万英镑、3 200万担。倘数字在十万以上而带有万以下的零数者,则应全部用阿拉伯数字书写,例如728 000美元。

(E) 凡在统计表内的数字,一律用阿拉伯数字书写。

(F) 凡属不确定的数字,例如三至四年、七至八人、五千至六千美元、四万至五万英镑,均以汉字表示,写成三四年、七八人、五六千美元、四五万英镑。

（G）一般序数，例如著作的第一、第二、第三……章，条约的第一、第二、第三……条，均以汉字表示。

（H）书名、篇名主体部分之含有年份者，其年份以汉字表示，例如切克兰著《一八四二年以后一家在华经营的英国商行》；若书名、篇名主体部分后面带有注释性的年份者，其年份要用阿拉伯数字书写，例如马士著《东印度公司对华贸易纪事，1635—1835年》。

五、本书各章正文及注解中所涉及的外国人名、外国商行机关社团名、外国船名、外文书刊名，一律在第一次出现的译名后注明英文原名，加上括号。倘该项译名第一次出现在括号中间，则径自在译名后面书写英文原名，不再加括号。

六、本书各章原有的注解，一律按照正文中所标号码的顺序，集中刊载在各该章正文后面。此外，为了帮助读者更加深入地理解正文的内容和涵义，译者经参照有关文献资料，写成简要的脚注，一律用星号"＊"标明，放在各该页的底脚部分。如果一页上出现第二个脚注，则用两个星号"＊＊"标明。

七、本书附录两种。其一为译名对照表，系根据本书正文和注解所涉及的外国人名、外国商行名、外国船名等编成。其二为参考图书文献目录，系根据原著所开书目，再加上本书正文所涉及的书刊综合编成，供读者查考之用。

八、我们在翻译过程中所遇到的外国商行译名问题以及若干华商同外商往来关系的问题，尽管查阅了手头的图书文献资料，仍旧得不到全部解决。在这方面我们要归功于上海社会科学院历史研究所徐元基研究员的热情协助。他为我们提供了我们所未曾找到的资料，从而使我们一时无法突破的问题获得顺利而圆满的解决。又本书第九章论述海运漕粮所引证的何桂清、曾国藩等奏折六件、上谕二件，承历史研究所罗苏文同志不辞辛劳，代为查阅《筹办夷务始末》《曾国藩全集》等书，摘录各该奏折和上谕的事由以及所有引证部分的原文，并提供许多有关资料。因此，我们能够据以订该章的正文和注解,主要是恢复所有引证校的本来面目。鉴于手头的任务繁重,而本身的智能有限,如果没有他们的慷慨而崇高的支援,要如期完成已接受的任务,那是不可想象的。为此谨向他们表示由衷的感谢。

九、本书经丁日初教授推荐译成中文,列入"中国近代经济史译丛"。在校订过程中,又蒙他审阅初稿,作了润色,提出问题,要求校改。我们根据他所提出的意见,对各章正文若干词句,再次核对原文,作了认真的修改,同时对若干注解,也进一步查考历史文献资料进行必要的改正和充实。足见全书校订任务之最终完成,是跟丁日初教授的帮助分不开的。谨在此一并向他致谢。

1989 年 8 月 5 日

(原载[美]斯蒂芬·洛克伍德著,章克生、王作求译《美商琼记洋行在华经商情况的剖析(1858—1862 年)》,上海:上海社会科学院出版社 1992 年 1 月第 1 版,第 6—9 页)

二十一

教育家和经济学家叶元龙(摘录)

叶沛婴、江维榜、张恺、叶祖荫

1957年,叶元龙响应号召参加党的整风运动,写了一篇文章在《文汇报》上发表,主张控制我国人口增长速度;又在上海市委召开的宣传会议上,提出开拓人才市场,使人尽其才,才尽其用的主张;还说鸣放有两种,一种是乌鸦之鸣,即不分好坏,一概攻击;一种是凤凰之鸣,即善良诚恳的批评。鉴于上述的几个方面,他便在1958年被错划为"右派分子",靠边劳动,工资减去一半。1959年十年大庆之际,叶元龙被摘去了"右派分子"帽子,此时,他在上海社会科学院历史研究所工作。

叶元龙摘帽后,继续从事英、俄文翻译工作。凡上海社科院编的学术情报及英、俄文有关历史研究的书报,大多由他翻译。由于他中文功底厚,英俄文基础好,译文语言简洁生动,自成一格,深受读者喜爱。与此同时,他还为历史研究所内的中青年研究人员讲授英语和俄语。

1967年,"十年动乱"正猖獗之时,叶元龙因难以经受外调人员的频繁追问。终在9月23日复发心脏病,逝世于上海华东医院,终年七十岁。安葬时,只有家属和少数友好参加了葬礼。1979年,组织上经重新审查,认为叶元龙被划为右派是错误的,给予了平反改正,恢复政治名誉和教授职称。

(摘录自政协歙县文史资料委员会编《歙县文史资料》第4辑,1992年10月版,第215、216页)

二十二
"上海史研究译丛"前言

"上海史研究译丛"编委会

    上海这座城市,既饱经沧桑,给人以复杂的历史感,又生机勃发,给人以常新的时代感。用得着一句老话:"周虽旧邦,其命维新。"

    上海史研究,历来备受学术界关注,海外学者更是情有独钟。即使不算一百五十年前麦都思对上海历史的简单描述,也不算稍后麦克莱伦的《上海史话》、裘昔司的《历史上的上海》,单从1921年、1923年寓沪英国学者兰宁、库寿龄共同推出的功力深厚的两大卷《上海史》算起,海外学者对上海史的研究已有80个年头了。尤其最近二十多年,海外上海史研究更明显呈现"四多",即项目多、会议多、成果多、人才多。在美国,西部伯克利、洛杉矶、俄勒冈,东部康乃尔、哈佛,北部密歇根,都各有学者在研究上海史。日本、德国、法国、英国、奥地利、澳大利亚,我国的香港、台湾,也都有学者在从事上海史研究。日本有上海史研究会之设。加州大学伯克利校区因研究上海史人多势众,在美国学术界曾有"上海帮"之谑称。

    上海史已是海外汉学界公认的热门话题,堪称显学。

    海外学者究竟发表过多少关于上海史的著作,难以确计。据不完全统计,自1980年代以来,英、德、法、英、日等国关于上海史的博士论文已有不下三百篇,正式出版的上海史著作不下五十部。

    上海史是内蕴极丰的富矿,开采眼光、冶炼技巧因人而异,其产品自然也多姿多彩。有的对社会史、文化史感兴趣,有的对政治史、经济史感兴趣;有的纵贯古今,有的横跨多门;有的以资料翔实著称,有的以议论充当见长。他们共同构成上海史园地的繁盛景观。

上海史早已是一门国际性的学问,翻译海外上海史研究成果是上海史学科建设的重要组成部分,对中国城市史、近代史、社会史、文化史、经济史等学科建设也有积极意义,《上海史研究译丛》遂应时推出。

本丛书所选各书,是我们接触到的优秀著作中的一部分,还有一些书颇具价值,但或因已有中文译本,或因翻译版权联系未妥,未能列入。遗珠之憾,尚望鉴谅!

本丛书编委会成员除了上海的学者,还包括美国、德国、法国、英国、澳大利亚、日本等国家和香港的学者,他们都是上海史研究专家,在《译丛》组织出版的过程中,他们帮助推荐作品、联系版权、校订译文,付出了很多劳动。

本丛书具体翻译工作由上海社会科学院历史研究所和上海古籍出版社组织。

张仲礼、陈绛、魏斐德(美)三位著名学者多年从事上海史研究,欣然担任《译丛》顾问,帮助规划全局、解决疑难问题,使丛书增色不少。编委会特此表示感谢。

(原载[日]小浜正子著,葛涛译《近代上海的公共性与国家》,上海:上海古籍出版社2003年12月第1版,第1、2页)

二十三

倪静兰老师的晚年[1]

罗苏文

1978年初冬我进所不久就认识了倪静兰老师（1933年10月1日—1983年7月10日）。说起她，所里的老同志都带着敬佩的神情。她毕业于北京大学西语系法语专业，当时是历史所编译室的重要科研骨干，本所难得的高级法文翻译人才。20世纪五六十年代历史所出版的多部近代上海史专题史料汇编中凡是法文资料的编译几乎无一不是出自她的手笔。20世纪70年代初她还是中国权威工具书之一《法汉词典》的主要撰稿人之一。

在我的眼里她很有吸引力：身材娇小、圆脸短发、衣着合身整洁、谈吐不凡、字迹清秀、性格开朗活泼，上海腔中略带苏州口音，又能说正宗的国语，青年人都称她"倪老师"。当时她既有骄人的工作业绩，也让人替她深怀惋惜。原来"文革"后期她从"五七"干校被抽调回沪参加《法汉词典》的编撰工作，因紧张工作，未顾及安排时间做身体检查，直到发现身患癌症时已错过及早治疗的时机。在我进所时她已做过手术，脸色略显苍白，住在所里四楼的一间宿舍边休息边工作。她的屋内陈设简单，除了床、衣箱、写字台、台灯外，就是书架，

---

[1] 系罗苏文2005年9月13日所撰《送别张敏的哀思》[载《历史所简报》2005年第3期（总第196期），2005年9月30日]之一部分，现标题为编者所加。

完全不像是重病患者休养之所,更像一个勤奋学者的工作室。当时她依然参与多项编研工作,时常见她在编译室与老先生探讨翻译中的问题,偶尔由一位本所青年陪同她去医院就诊。当本所确定以多卷本上海史为所重点研究项目时,她又责无旁贷独自承担起《上海法租界史》的翻译工作。她的丈夫吴乾兑老师当时是本所中国近代史室的副主任,一位执着笔耕的知名学者,记得他的办公室是二楼的一小间(与汤志钧先生合用),他的书桌后面紧挨着一张单人铁床。当时这两位中年学者夫妻上班不出"家"门,吃饭有食堂,研究工作是他们生活的轴心,也是他们的乐趣所在,生活可以如此单纯,令我既吃惊,也有几分羡慕。

20世纪80年代初期所里同事还普遍处于低工资、低消费的阶段,但历史所却像一个温暖的大家庭。所工会买了洗衣机、缝纫机为大家提供服务。不知是哪位热心人牵线联系弄来些便宜、实惠的化纤零头衣料放在所里供大家选购,很受欢迎。倪老师也热心让照顾她的老阿姨为大家剪裁、做衣服,只收少许手工费。我孩子的一件小大衣也是这位老阿姨做的,因衣料不够,有些贴边是她用颜色相近的零料拼接的,衣领、贴袋边还镶配海付绒毛,很漂亮。当时副食品还需凭票供应,给养病期的倪老师带来种种不便。一次她在聊天时提到商店里卖的鸡蛋不少粘有鸡毛、污渍时称,为什么不能像国外那样弄得干净些?又感叹:这样的生活(指商品匮乏)实在也没有什么可以留恋的。她在病中如春蚕吐丝,坚持默默工作,以突出的工作成绩当选为上海社会科学院恢复后第一届"三八"红旗手。她缓步上台接受奖状时表情平静,没有豪言壮语。后来她不能下楼了,由一位苏州老家的年轻晚辈悉心照顾,我们几个女同志也曾轮流在午饭后去看她,给她翻身、按摩,说说话。当我终于接到由她独自完成的译著《上海法租界史》(40余万字,上海译文出版社1983年版)新书时,她已不治辞世了。当吴先生亲手将倪老师的这本书一一分赠给我们时,表情十分痛苦,说不出话;我们默默接过书,也不知如何表示才好。这个场景就此深深留在我的记忆中。倪老师为这本书耗尽最后的心血,为自己一丝不苟的工作作风画上一个圆满的句号,却未能亲眼看到这本译著出版,这固然是一件莫大的憾事,但她的译著《上海法租界史》至今仍是近代上海史研究领域必读的论著之一,她不是依然在默默地奉献吗?

(原载马军、蒋杰主编《上海法租界史研究》第2辑,上海:上海社会科学院出版社2017年12月第1版,第251—252页)

二十四

学人传略：章克生

曾用名克椮、罕因。浙江海宁人，1911年4月生。1936年清华大学外国语文学系毕业。1936—1937年，在清华大学文科研究所外国语文学部从事专题研究工作。1939—1945年，任职于上海沪江英语专修学校、苏州振华女子中学、上海浙光中学等校，教授英语。1940年起兼任上海泰山保险公司文书。1945—1946年任浙江海宁县政府秘书。1946—1949年期间，经郑振铎、钱锺书推荐，被聘任为南京中央图书馆编辑，并在上海参与编辑英文图书评论季刊《书林季刊》(*Philobiblon*)，该刊主要登载有关中国文史、哲学、考古、版本等学术论著和新近出版重要著作的评价，作为当时中国与海外学术研究机构交流之用。同时，担任上海高级机械学校的英语系主任教师。

1949—1957年，仍在上海高级机械学校教外语，并翻译一些俄语作品，主要有《莫泊桑评传》(莫泊桑中短篇小说集的附录)、《巴甫洛夫的故事》和《绿叶的秘密》，1956年由上海科学出版社出版。1957年调入上海社会科学院历史所工作，曾参加《上海小刀会起义史料汇

章克生

编》(1958年)、《鸦片战争末期英军在长江下游的侵略罪行》(1958年)、《辛亥革命在上海史料选辑》(1966年)、《五四运动在上海资料选辑》(1960年)、《五卅运动史料》(1981、1986年)等大型史料集的编辑工作,并负责组织翻译相关外文资料。另外,还翻译了汤因比《历史研究》第二卷第七部"统一教会"和第十一部"历史中的法则和自由"(1962年)、美国人保罗·瓦格所著的《传教士、中国人和外交家》(30万字,书稿交出版社,后因"文革"未出版)。1971年12月退休后,参加《朱可夫回忆录》、《俄罗斯农业百年史》、《印度现状》中有关中俄边界问题的俄文资料、有关中共党史的外文资料的翻译。1978年返所复职,任翻译组负责人和所学术委员会委员。

译校的其他重要著作有《太平军在上海——〈北华捷报〉选译》(1983年)、《上海——现代中国的钥匙》(1986年)。

英文著作有"An Analysis of the Romantic and Realistic Elements in the Works of Gustave Flaubert"(《福楼拜著作中浪漫主义与现实主义因素分析》,清华毕业论文,1936年)、"Ancient Chinese Society and Modern Primitive Society"(《中国古代氏族社会与现代原始社会之比较研究》,1946年)。

1988年5月正式退休。1995年3月因病逝世。

(原载上海社会科学院历史研究所编《通变知几:上海社会科学院历史研究所五十年历程(1956—2006)》,2006年印,第220页)

二十五

学人传略：吴绳海

云南保山人，1905年11月生于杭州。1925—1934年，就读于日本第三高等学校、京都帝国大学史学系。1935—1937年，任南京正中书局编辑。1938年，执教于云南建水县立师范学校。1939—1946年，任重庆正中书局编辑。1946—1949年，任上海正中书局编辑。1949—1957年，执教于上海育才中学，讲授地理课程，并任工会主席。1957年参加中国民主促进会。1958年，调上海社会科学院历史研究所工作。精熟日文，尤擅笔译，曾参加《上海小刀会起义史料汇编》

吴绳海

(1958年)、《辛亥革命在上海史料选辑》(1966年)、《五四运动在上海资料选辑》(1960年)、《五卅运动史料》(1981、1986年)的编辑工作，翻译相关外文资料。1961—1963年参加《辞海》的修订工作。"文革"期间，遭受不公正待遇，1971年一度退休。1978年11月复职。

在校阅和整理日本外务省档案方面颇有贡献，翻译诸多有关"五卅"运动的日文资料，并翻译数十万字的宗方小太郎资料。主要著作有《太平天国史》(1936年)，译著有《今井武夫回忆录》(1975年)、《上海时代》(未刊稿)等。此外还编译了《罗马史》《意大利史》《印度民族史》等书。

(原载上海社会科学院历史研究所编《通变知几：上海社会科学院历史研究所五十年历程(1956—2006)》,2006年印,第219页)

二十六

学人传略：王作求

浙江绍兴人，1910年8月生。1928年就读于南开大学。1929—1934年就读于清华大学政治系及研究院。1935—1938年，攻读英国伯明翰大学文科研究生。1938年回国后，相继在重庆华西兴业公司、成都川康铜业管理处、昆明三达公司仓库等处任职。1942—1945年在缅甸眉苗第二畜力运输队任职，并在加尔各答驻印英军中国情报部战时信件检查处任翻译。1946年，任外交部日伪战罪编译室编译专员。1946—1948年，在湖南大学任教，讲授国际法和政治学概论。1948—1958年，在上海商学院及上海财经学院任教，讲授国际法、商业史和商业英语，兼任图书馆主任、副主任。1958年8月调上海社会科学院历史研究所工作。

王作求

擅长英文，特别是笔译。曾参加历史所《上海小刀会起义史料汇编》(1958年)、《鸦片战争末期英军在长江下游的侵略罪行》(1958年)、《五四运动在上海史料选辑》(1960年)、《五卅运动史料》(1981、1986年)等课题外文资料的翻译和编辑工作。"文革"中遭受不公正待遇,1971年一度被迫退休,1978年复职,直到1988年4月正式退休。

2005年7月因病逝世,享年95岁。

(原载上海社会科学院历史研究所编《通变知几:上海社会科学院历史研究所五十年历程(1956—2006)》,2006年印,第221页)

二十七

我与历史所的编译组

顾竹君口述　张秀莉整理

我于1956年毕业于北京大学法语系,分配到上海外国语学院工作。我的同学倪静兰毕业后随即进入历史所。1978年,历史所招聘外语人才,我通过考试而被录用,遂被分配在编译组的法语组。

编译组的人都是78、79年这两年招聘的,负责人为章克生。当时,倪静兰也被分配在法语组,其身体状况不是很好。另外有位年轻人,名叫苑晔,父母都是高干。日文组有一位姓吴的学者,我们都叫他吴老,名字不太记得了(当是吴绳海先生——整理者),另有一位,叫冯正宝。英语组则有丁大地、吴竟成、李谦等。李谦后来调到院法律组,丁大地和苑晔则先后出国了。当时的编译组还特聘了四位老前辈,两个从事英语翻译,两个从事法语翻译。其中,徐肇庆老师经常待在所里,对人相当热心,经常指导吴竟成等。我们当时的任务是,当研究人员需要某些外文资料时,我们看一下大致内容,如果符合他们的需求,就翻译出来。章克生也组织我们主动翻译和发表一些资料。

我当时看了很多传教士写的书,这些书写得像小说,很生动。其中一处记载道,一位传教士到清朝的皇宫里参观古董,看到一个外国人偷拿古董。我独立翻译完成的一本英文著作,名为《鱼翅和小米》,"鱼翅"是指国民党,"小米"是指共产党。作者是一位波兰的女新闻记者,时在二十世纪二三十年代。该书的语言非常幽默,描写了作者会见杜月笙的情景。此外,作者与毛泽东、朱德、周恩来都有接触,还涉及不少外国著名记者。因此,这本书的价值很高。

书稿译成后,接到北京新闻出版社的来信,请我到北京谈出版事宜。他们尽管信上写得很客气,可是到北京后,他们什么都不管,当时负责的那人讲话非常不客气,所以,出版问题没有谈成。现在也没见这本书出版过。后来我去了美国,翻译的手稿也丢了。该书的作者是亲共的,她认为共产党贴近老百姓。

1985年,我离开历史所到美国去了,后来没再回所里工作。现在虽然老了,但如果所里还有需要,我倒可以帮助翻译一些资料。

(原载上海社会科学院历史研究所网站旧版)

二十八

梅花香自苦寒来：
雍家源先生传略(摘录)

王庆成[①]

1958年上海财经学院被撤销，大部分人员分配到上海社会科学院，财经教师多数去了经济研究所，雍先生则被分到历史研究所。该所附近的藏书楼存有大量英文书籍、报刊等，他被分配翻译与太平天国有关的英文资料。雍先生长于英文，并认为此类资料十分重要，很乐意从事此项工作。藏书楼的一些珍贵史料是不能外借的，为了避免每天往返奔波，他自出资金，把资料先拍成胶片，再放大成照片，在家日夜伏案翻译。先生在历史所期间，翻译成果达一百余万字。随着调整方针的落实，上海财经学院于1964年恢复。上海社科院中经济所的上财人员大部分回原单位，雍先生则仍留在历史所未动。也许是组织上考虑他年已66岁，再做教学工作比较辛苦，而翻译工作正可发挥他长于英语的优势，故把他留了下来。对于不能回到他

雍家源

[①] 中国人民大学财会理论研究所副所长。

熟悉的会计教学岗位，虽一度不免有些怅然，后来他还是愉快地接受了这一安排。

1966年"文革"开始。社科院没有学生，成员多数为知识分子，行动尚较"文明"。8月1日《横扫一切牛鬼蛇神》社论发表，"革命"行动迅速升温，当晚历史所革命群众便到雍先生家抄家，从十一点抄到次日凌晨五点多，并无"收获"。1967年秋，历史所去上海奉贤的农场，领导上安排他去老年养兔队。在农场边搞运动边劳动，他不以为苦，总是积极努力地参加，有一次大游行，他随队伍一口气走了三十里路。

雍先生到农场后一年多后感染了急性肝炎，被送到传染病院治疗。治好后为防传染他人，所里让他在家休养，后于1972年办理了退休。1974年夏经检查发现患有肠癌，医生决定采取保守疗法。雍先生于1975年9月8日因病医治无效辞世，享年78岁。

雍家源先生的一生，是典型的中国老知识分子奋斗的一生。他从旧私塾到洋学堂到漂洋过海，既在学校执教，又曾在旧政府供职，埋头业务工作，不过问政治，最后与旧政府诀别，参加社会主义建设大业。他一生锲而不舍，积淀深厚；诲人不倦，桃李满园；律己以严，待人以宽；与时俱进，常学常新；对专业奋力攀登，对生活知足常乐，学术上卓有成就，教研上鞠躬尽瘁。雍先生不论是上大学、出国留学，还是后来搞教学、搞翻译，都能艰苦耐劳、奋力拼搏，他的一切成就都来自于艰苦奋斗。后半辈子更是过上了新的生活，他坚定地跟着共产党走，坚持不懈地走社会主义道路。

（摘录自《新会计》2010年第8期，2010年8月28日）

二十九

恩重情深，没齿难忘

——缅怀先考章克梫先妣徐馥琤的不凡人生（摘录）

章又新

1995年3月10日凌晨1时15分，父亲在住院两年后终因哮喘病频发、心力衰竭而与世长辞了，享年84岁，全家悲痛欲绝。父亲清贫一世，工作敬业，为了家庭的生存背负着生活的重担，无怨无悔地默默耕耘终生，父亲的严谨治学态度、无私的敬业精神以及厚德载物的道德风范都深深地影响着我们的成长，他不好言辞、以身作则、以行示范，在我们的素质成长中起了重要的教化作用。

父亲原名章克梫，文字改革后更名为克生，1911年4月27日生于海宁县庆云桥。先祖父数次续弦，膝下诸多儿女，父亲与惠英姑母、克桢大伯三人为嫡母所生，父亲排行第三。章氏家族系庆云桥之名门望族，先祖父章翠卿为家族之第五房，承祖业房地田产外尚开设一杂货店铺名"章裕泰"，由于疏以经营管理，母亲入嫁时，家道已趋衰落，1932年祖父病故后，家庭分崩离散。父亲则全仗徐懋臣娘舅的经济支助，北上清华大学求学。

父亲自幼喜爱读书，1931年毕业于杭州浙江省立高级中学，因其成绩优秀，获直接保送浙江大学之殊荣，而父亲久慕清华、北大之盛名，故宁舍近求远，再经入学考试而进入清华大学外国文学系学习。在校期间曾与曹禺（万家宝）、钱锺书、杨绛、钱伟长、于光远、乔冠华等先后同学，清华大学精英云集，人才辈出，父亲博览群书，兼容并蓄，奠定了坚实的专业基础，开阔了学术视野。1936 年毕业后转入清华大学研究院深造，并筹划出国留学等事宜。1937 年日寇发动卢沟桥七七事变，战火烽起，父亲匆促归里照顾家室，出国留学之举就此作罢。

1939 年碛石沦陷后，父亲只身去沪求职，虽因家庭的拖累，不能奔赴抗日救亡第一线，但坚守住"决不附逆"的爱国底线，从事清苦的教学工作，工资菲薄难以维持七口之家的生活，全靠母亲在碛节衣缩食，勤俭持家并典当陪嫁首饰和外婆的田租补贴才勉强维持生活。其间，1939 年郁文胞妹的不幸夭折就是因为经济极度匮乏，延误病情所致。

抗日战争胜利后，特别是 1949 年新中国成立后，家庭经济略有好转，但单靠父亲一人的工资供养七口之家，加上婉龙胞妹的重病治疗，生活仍是艰难异常。父亲为了补贴家用，常利用工作之余到郊区的学校兼课，市内可乘公共汽车，而郊外只能乘坐往来于田埂小道上的驮人自行车，下午出行往往深夜才能回家，从不言苦。

1952 年全家迁沪后，弟妹们得到了父母共同的教育，父亲严谨治学的态度和敬业精神，对弟妹们的成长起到了潜移默化的熏陶作用，父亲常在工作之余带领两位弟弟绚文和行先去公园或同事家中走访，节日时则去人民广场观看烟火，讲述一些历史、人文、地理乃至科学知识，开阔了视野，拓展了知识。

父亲从敬业奉献中获得最大的人生乐趣，父亲的淡泊名利也减少了不尽的人生烦恼。因此他心地坦荡，光明磊落，虽已耄耋之年，视力锐利、乌发童颜，如无突发病症（哮喘）的侵袭，定能长命百岁而不衰。

父亲的专业是外国文学，但对相关学科如文学、艺术、历史、哲学乃至自然科学均有较高的造诣和修养。早在童年时期最爱听父亲讲述奇幻的希腊神话和美妙的安徒生童话故事,它丰富了我们的想象力并激发了我们的创造力。父亲对中国文学深有造诣,特别是对古典文学和诗词更为偏爱,与父亲交谈时他常引经据典,博古论今,谈笑风生,使大家完全浸沉在一片浓郁的文化享受之中。

父亲工作一丝不苟,事必竭尽全力尽善尽美,并与生活完全融合起来,从中获得无穷的乐趣。父亲在研究所从事中国近代史的研究和编译工作。新中国成立后对中国现代史的研究必须运用历史唯物主义的观点来加以重新阐述和审视,急需补充大量史实资料,而百年来的动荡政局不可能有系统的史料积累,相对而言在当时的外文报章杂志和外交档案中却可搜索到一鳞半爪的有价值信息,根据专题需要有选择性地收集,如同大海捞针,况且信息的真实性尚需多方面的比对和考证,才能成为有用的素材。对某些政府的诏书、法令以及条约更需要根据当时的行文格式、习惯和语气还原成文言文,这无疑是一项既繁杂又高难的工作,但父亲却乐此不疲,对翻译的文句反复推敲,追求极致。尽可能接近原意。1971年的第一次退休后到1979年复职期间,每天仍在家为研究所翻译外文史料不止,1987年第二次退休后仍在家孜孜不倦地勤于笔耕。又新多次邀父母北上,绚文邀父母游杭,都因父亲专注于译著被一再拖延而成泡影。退休后的每一天父亲都有严格的作息制度和规定的工作计划,一般不容打乱。一天上午春光明媚,父亲引领又新去西郊公园兴致勃勃地介绍该公园的历史和发展,饶有兴趣地观赏奇禽异兽。归途又新请父亲吃了一顿简易西餐,父亲对西餐礼仪十分了解,比如刀叉的用法,入嘴的姿势乃至食毕餐具搁置的位置都有讲究,这不仅是对西方饮食文化的尊重,也表现出一个人的文明和修养。回家已过正午,父亲没有午休,又马上伏案继续开始工作起来,说是"要把上午的时间补回来",是出于兴趣还是源于责任,谁能说清?特别是1992年父亲因哮喘频发而住进淮海医院,住院初期颇见疗效,因此心态平和,情绪乐观,征得医生特许,在病床前搬来书桌,架设台灯,让家人送来字典、书籍以及书写等工具,又"有限制"地持续他未完成的编译著作。这种视学术为生命、置名利于度外的崇高境界,使病区的医师护士们既尊重又不解。在整理父亲遗物时,在他的随身笔记本中写有:

"……吾年届耄耋,振奋波涛涌。摒弃虚名位,宜与道相通。得鱼而忘筌,万事循义理。为其所当为,平凡无足奇。坦率讲真话,直抒无胸臆。养吾浩然气,蓬勃见生机。仰不愧于天,俯不怍于地。怡然欣自得,其乐无穷极。"

(摘录自海宁市政协文教卫体与文史委员会编《海宁世家》,北京:人民日报出版社2012年1月版,第957—962页)

三十

《从上海市长到"台湾省主席"》修订说明

马 军

自从1998年10月我和吴修垣教授相识以来,迄今我们在翻译上已有两度合作,其一就是本书,其二是《夜来临——吴国桢见证的国共争斗》(香港中文大学出版社2009年版)。两书均是民国要人吴国桢回忆录性质的文献,前者口述于1960年,后者笔撰于1955年,但内容有很大不同,一个以讲述"国民党为什么失去大陆"为主旨,另一个则以描绘"共产党如何赢得中国"为基线。我和吴修垣教授虽相差40多岁,并地隔千里,但彼此的合作自始至终是愉快和默契的。在译校过程中,我们书信往来频繁,反复研讨,充分发挥了各自的专业所长。吴教授人生坎坷,虽年届耄耋之年,仍乐于为民国史研究作贡献,令我赞叹不已。

本书从1999年初版到现在,已经十多年过去了,确有不少地方需要修订。粗算一下,此次改动之处不下三百处之多,主要围绕着四个方面展开:其一,对1949年10月1日以后台湾当局的所谓军政机构添加了引号,如"总统""中央机构""省政府""省主席"等。其二,初版时曾将Generalissimo Chiang一律译为蒋委员长,这显然有所不妥,此次根据不同的历史时段和语境,分别译为蒋总统、蒋总裁、蒋先生,等等。其三,书中提到的一些人物,在过去的十几年中陆续去世,故而在注释中为他们添加了卒年。其四,改订了若干明显的误译,如将 Bill Sun 从"孙义宣"改正为"孙沂方",等等。本书自初版面世以后,一些读者也曾就翻译问题陆续提出过批评和建议,我们在修订时亦予以酌情采纳。

　　本次修订是应上海人民出版社编辑三部主任曹培雷女士之邀,她也是当年初版时的责任编辑,故而要在此特别感谢她的关爱!我还要感谢该社的陈雷、秦堃编辑,他们为修订本的顺利面世付诸了许多心力。十多年来,在我参与本书校订、注释、修订的进程中,给予过我帮助的学界中人还有刘维开、吴淑凤、金光耀、杨国强、杨维真、胡健国等,在此一并向诸位鞠躬致敬!

2012 年 2 月

　　(原载[美]裴斐、韦慕庭访问整理,吴修垣译,马军校注《从上海市长到"台湾省主席"(1946—1953 年)——吴国桢口述回忆》,上海:上海人民出版社 2015 年 8 月版,第 216—217 页)

三十一

我从事"上海史研究译丛"协调工作的回忆

马 军

大概是在2002年的某天,熊月之所长嘱我协助他负责"上海史研究译丛"的出版工作。此前,他已从2000年起安排所内外诸人开始翻译海外上海学的若干名著,例如,张秀莉译香港黄绍伦的《移民企业家——香港的上海工业家》,袁燮铭译法国安克强(Christian Henriot)的《上海妓女:19—20世纪中国的卖淫与性》,张培德译安克强的《1927—1937年的上海——市政府、地方性和现代化》,葛涛译日本小浜正子的《近代上海的公共性与国家》,邵建译美国韩起澜(Emily Honig)的《苏北人在上海》,陈同译香港梁元生的《上海道台研究——转变社会中之联系人物》,宋钻友译美国顾德曼(Bryna Goodman)的《家乡、城市和国家——上海的地缘网络与认同》,芮传明译美国魏斐德(Frederic Wakeman, Jr.)的《上海歹土——战时恐怖活动与城市犯罪》,上海师范大学周育民译澳大利亚布赖恩·马丁(Brian G. Martin)的《上海青帮》,等等。

他曾经问我是否愿意也翻译一本,我则以正在复旦大学攻读博士生为由予以婉拒,但表示会做好协调工作。他又问我,有否合适的外单位人员可以推荐?我当即表示当时正在上海历史博物馆工作的段炼(和我是1998年中共上海市委宣传部党校同学)可以胜任,随后熊所长就请段炼来所面谈,请他翻译美国卢汉超的《霓虹灯外——20世纪初日常生活中的上海》,段爽快地答应了。其间,正在香港中文大学历史系就读博士生的陆文雪(先前曾在本所攻读硕士生并任职)告诉我,熊所长也曾请她翻译一本,但她没有接受。

熊所长最早联系的出版单位是上海三联书店。有一次,他带我一同去见该社领导吴某某,结果谈得不甚合拍,熊决定另谋出版社。但此前已有一部译稿留在了三联,即周育民等译的《上海青帮》,不便要回,所以该书后来就由三联单独出版了。

不久,熊所长又带我去了上海古籍出版社,该社领导张晓敏和第二编辑室主任吕健出面接待,结果双方一谈即合,该社同意出版这套丛书,并且无须缴纳任何费用。此次会谈还决定,以后相关的具体事务就由我和吕健直接联络。

接手后,我才发现尽管诸人的译稿已基本告竣,但版权转让事宜却尚未着手,而这对能否顺利出版是至关重要的。虽然熊所长告诉我,此前他已获得了不少作者的口头同意,但这毕竟不具法律效力。

我随即通过电邮,用不太熟练的英文同原作者一一联系,先以学术书籍难有金钱收益为由,请他们放弃将来中文版的稿费,继而打听版权的归属状况。结果获悉,这些书籍的版权大多属于国外的原出版社。随后,我再请求原作者能亲自出面向原出版社打招呼,以书籍的学术性质为由,请求减免版权的转让费。经过作者们的大力配合,上海古籍出版社在不久之后就相继接到了版权转让合同,原出版社的大意是要求一次性缴纳300欧元转让费。对此,上海古籍出版社均表示接受,签署合同后予以回寄。就这样,大部分书籍的版权得以顺利解决。

然而,有两份版权却谈得颇不顺利。其一是邵建译韩起澜的《苏北人在上海》,对方出版社明确表示该书的中文版权已被他人购去,故而爱莫能助。此后,上海古籍出版社找到了同样译毕此书但版权在手的卢明华先生,表示愿意出版该书,并希望其能与邵建有所协调,共同署名。但卢先生坚持认为,邵建的译稿虽对其校正己稿有不少借鉴之处,但尚不足以改变他独立翻译的事实,故而婉拒了共同署名的要求。由此,邵译便不得不始终处于手稿状态,令人遗憾。

其二是张秀莉译黄绍伦的《移民企业家》。黄绍伦先生是香港大学副校长,我和张秀莉曾多次给他去函却始终没有收到回复,我们甚至通过其属下李培德先生传话,亦无音讯。情急之下,我最后不得不给黄先生写了一封言辞恳切的信,大意是:"张秀莉虽身怀六甲,却坚持翻译此书,很不容易,无论您同意与否,请务必给我们一个回复,以便我们采取相应的解决办法。"大概是这封信起了作用,不久之后,黄先生来信同意我们翻译此书,并帮助解决了版权问题。

在此前后,原在工作计划之外的甘慧杰译刘建辉著《魔都上海——日本知识人的"近代"体验》,复旦大学陈雁等译魏斐德的《上海警察》,以及熊月之、马学强、晏可佳选编的《上海外国人》也被纳入了这套丛书。前两书的版权也是通过类似的方法解决的。

译稿既定,版权解决,以下便是进入编辑出版阶段。由我居中,撮合各位译者与古籍出版社的郑明宝、谷玉、李志茗等编辑建立了联系,请他们一对一具体洽谈、磨合稿件中存在的问题。记得当时正值"非典"流行,谷玉要前往深圳出差,我遂通知正在香港中文大学求学的陈同赶到深圳,与她见面沟通。宋钻友的译稿中因留有不少难点,经出版社建议后,熊所长敦请上海师范大学周育民教授拨冗核校。张秀莉的译稿,亦请香港大学李培德先生担任"校"的工作。

这一时期,熊所长还出面邀请德高望重的张仲礼先生和陈绛先生,以及美国的魏斐德教授担任本丛书的顾问。

就这样,"上海史译丛"的第一辑和第二辑,分别于2003年、2004年正式出版。第一辑出版的时候,正值历史所举办上海开埠160周年国际学术讨论会,借此,历史所和古籍出版社联合在会间搞了一个首发式。

需要指出的是,虽然当时已经有了"上海史重点学科",但这套丛书的翻译并没有安排专门的启动资金,众人完全是在零经费的情况下开始着手翻译的。熊所长曾试图从原作者那里募取一些翻译费,但结果只有小浜正子教授在自己所在的大学申请到了一些。为了宏观调控起见,熊所长和我商定,将其中的一部分划归译者葛涛,另一部分在众译者中平分,我因负责一些协调工作,也分得了少许。

这套丛书出版后,各译者均从出版社获取了稿费,但均不过数千元而已。大概到了 2005 年底,熊所长可能是从"上海史重点学科"中拨出了一部分经费,又对每位译者进行了补贴,也是数千元左右。我因从事协调工作,得到了 5 000 元的奖励。此外,我还曾提醒熊所长,尽管邵建的译稿没有出版,但也应对他进行补贴。他表示同意。

"上海史研究译丛"的出版,对上海史研究、对历史研究所的贡献是毋庸置疑的。但翻译工作总体上却不受主流评价体系的重视,每位译者的付出要远远大于所得,后来在评奖和职称晋升中,这些人大都没有便宜可占,相反由于将大量的精力投入翻译,以致少写了几篇论文,有时反而会"吃亏"。我常常为他们鸣不平,但也无可奈何。

此后,熊所长等曾几次要我继续谋划第三辑,但我均未置可否,只推说"应该先给所有的译者搞个庆功会"。

直至 2009 年,熊所长准备与上海辞书出版社联合推出"海外中国城市史研究译丛",嘱我再负责此事。此时现成的译稿有赵怡译日本榎本泰子的《西方音乐家的上海梦——工部局乐队传奇》,高俊译新加坡黄贤强的《1905 年抵制美货运动——中国城市抗争的研究》,两书不久就告出版。另外,我又安排、联络了王维江译德国史通文(Andreas Steen)的《在娱乐与革命之间——留声机、唱片和上海音乐工业的初期》,何方昱译美国柯必德(Peter J. Carroll)的《天堂与现代性之间——建设苏州》,两位原作者均在自己的大学谋得了翻译费以此补贴译者。2010年3月以后,由于我不再过问此项目,对后面的进展情况不甚清楚。最近,我获悉两书已经出版,拿来翻阅,结果发现,两位原作者尽管在中文版的前言或后记中感谢了不少人,但对我前期的联络之功竟只字未提。

撰写于 2015 年

三十二

记忆中的章克生先生

罗苏文

1980年的历史所尚处恢复期,我在学术秘书室工作。当时章克生先生是历史所编译室主任、所学术委员会委员,1983年被评为译审,他是深受大家敬重的老前辈之一。

章先生自1957年以来在历史所长期从事英文史料的翻译、校订和整理工作。历史所前期的几项集体研究的重大成果[①],都包含着章先生等编译室老同志长期辛勤工作的奉献。我曾多次听他微笑着说:"我们编译室是为各个研究室服务的。"(大意)他的表情真诚、坦然,看得出他很喜欢自己的工作,也颇感自豪。所里一些涉及外文的事情,一般也由章先生负责处理。如历史所曾向社会招聘外语笔译人员,出题、审卷工作是章先生承担的。随着所里各个课题翻译工作量的增加,章先生为协调编译室人员工作的安排,对译稿校订、加注等工作常常花费不少时间。他还一度曾辅导所里青年的英文学习,为我们出考卷、评分等。

---

① 《上海小刀会起义史料汇编》(83.1万字,上海人民出版社1958年第1版)、《鸦片战争末期英军在长江下游的侵略罪行》(25.7万字,上海人民出版社1958年第1版)、《五四运动在上海史料选辑》(57.7万字,上海人民出版社1959年第1版)、《辛亥革命在上海史料选辑》(84.2万字,上海人民出版社1966年第1版)、《五卅运动史料》1—3卷(分别为49.1万字、74.5万字、88.4万字,合计212万字,上海人民出版社1981、1986、2005年第1版)。

章先生家住在乌鲁木齐南路近肇嘉浜路,每周二、六他总是步行提前到所,随身提一个大包装着一些译稿。他一般要处理完所带译稿的问题后才回家吃午饭,下午在家工作。有时我在历史所食堂吃完午饭,才见他独自提着装满译稿的大包离所回家。有段时间我常看到他在吴乾兑先生的办公室商量译稿的修改,交换意见。1983年《太平军在上海——〈北华捷报〉选译》(34.9万字)出版后,我才知道这本书原是马博庵先生在20世纪60年代遗留的译稿,是由章先生和吴乾兑校订、补充,并由吴乾兑先生编注才成书出版的。时隔3年,1986年出版的《上海:现代中国的钥匙》①是由编译室章先生等四位同志翻译的,全书由章先生校订、加注(27处)、定稿。其中《参考图书文献目录》由林永俣核对校订。《译名对照表》包括人物、报章杂志、行政机关、商业行号、学术团体。它是上海人民出版社出版的《上海史资料丛刊》中唯一的译著,至今仍是现代上海史研究重要的坐标之一。

　　当时周六上午的政治学习,学术秘书室与编译室在一起进行。我与章先生也有较多的接触机会。他性格温和、彬彬有礼,待人特别客气。说话时不紧不慢,略带浙江口音的普通话,听起来还蛮有趣;与他说话时,他总是默默看着你说完,再用商量的口气表示意见。在学习休息时,章先生也会和我们聊天,很随和。我慢慢知道,他是清华大学外文系毕业生,与杨绛先生是同学。他坦言自己不喜欢运动,平常就是走走路,人不胖,但筋骨蛮好,几乎从无病假,他指着自己一头稀疏的黑发、浓眉,笑着说蛮奇怪的,我的头发、眉毛也不白,略有些得意。在我的印象里,章先生做事特别认真。他对文稿上错字的处理,是先剪一张与字格同样大小的小块白纸,贴在字格上再写上端正的方块字。稿纸上章先生的"补丁"如同精工织补,几乎不留痕迹。

---

① [美]罗兹·墨菲:《上海:现代中国的钥匙》,章克生、徐肇庆、吴竟成、李谦译,上海人民出版社1986年版。

我看过他抄写的译稿，字迹端正、页面整洁。更令人惊讶钦佩的是，他一贯如此、一丝不苟。其实抄写译稿对一位老先生已是难以长期承受的体力消耗。我当时感觉章先生的工作精力和进度与所里的中年同事似乎没有明显差别，但对他的确切年龄并不清楚。

1988年章先生悄悄地退休了，我事后知道后也曾长期以为他是到退休年龄办理退休。但他的编译工作仍在继续着，他曾让我代查一些资料，我查明后就写信告诉他。大约在1991年章先生送我一本由他校阅的译著《费正清对华回忆录》①，打开扉页是章先生用钢笔写的题词：

罗苏文同志惠存

费正清暮年壮志，才情横溢，
大手笔宝刀不老，
这部回首往事、字字珠玑的巨著，
是他的自我写照。
他向往赤县神州，潜心于中国历史专业的
组织、钻研和探讨，
对我中华的历史、文物、风土、人情，
多么地向往、眷恋和倾倒！
我纵身投入此项迻译工程，
不禁踌躇满志、狂喜自豪，
因为经过我这支秃笔的精描细润，
竟然化幻入真，惟妙惟肖。
瞧啊！某某的历史翻译技巧和风格，

---

① 陆惠勤、陈祖怀、陈维益、宋瑜译，章克生校：《费正清对华回忆录》，上海：知识出版社1991年版。

到处在字里行间闪耀!

章克生谨赠并题词
1991 年 9 月 12 日

以上题词真实呈现了章先生对笔译工作的倾心至爱,精益求精。这位年近八旬的校阅者,仍在呕心沥血推敲译著的文字表达,力求以更好的翻译技巧体现原著的文字风格。他视笔译工作为自己生命不可分割的一部分,沉浸于这项艰苦劳动给他带来的无限欣喜中。我深为他单纯高尚的情操所感动。题词全文虽有五处字迹改动的"补丁",章先生照例补贴小纸片重写,几乎不见痕迹,依然保持他处事毫不马虎的习惯。

题词下面还添加了三行圆珠笔写的小字:

在译校过程中,我曾屡次向您求教。多蒙不辞辛劳,提供珍贵的资料,对于此种崇高的情谊品德,敬表由衷的谢忱。

克生

由于章先生以往让我查资料时,我只是按他的要求查找有关信息转告他,所以对章先生校阅这部译著的事也毫无印象[①],但我当时没有随即细读全书,也迟迟没有向他表示祝贺、感谢,心想等有机会见到章先生再说,时间一久渐渐忽略了。

万万没有料到,我再看到章先生竟然是 1995 年在龙华殡仪馆。那天我与几位同事来到哀悼厅时,前一场哀悼仪式尚未结束。只见几位带着黑纱的成年人静候在门口走道边,其中一位年过六旬的老先生面对厅门,手捧遗像镜框默默等候着。他手中镜框里的遗像是

---

① 1991 年 12 月 20 日,历史研究所迁往田林路 2 号 3 楼过渡。1992 年 2 月我赴美学术访问半年。

一幅铅笔素描的章克生先生的肖像画,我顿时想起,章先生曾说过,他的儿子是清华大学建筑系毕业的。此时他的儿子用自画父亲遗像的特殊方式寄托哀思。这张传神的肖像画真是恰如其人,画中的形象应该来自章先生中年时代的照片,浓眉、黑发,神情朴实、沉静。章先生的儿子也完全继承了他的儒雅气质、沉静神态。对章先生哀悼仪式的记忆,我如今已记不清了,但对章先生的肖像画却是印象清晰。

我对章先生的更多了解是2013年拜读了《上海社会科学院退休专家名录》之后。我惊奇地"发现",原来章先生(1911—1995年)在1971年一度退休,1978年复职。因此在我进所时,章先生已是67岁的老人了。他没有助手,独自承担多项编译、校阅工作,连续工作了10年。联想我退休前曾到藏书楼查阅《北华捷报》的感受,室内是几张特大的书桌,白天依然是台灯盏盏,即使使用复印机,由于报纸年久泛黄,复印件也偏黑,不易辨认。更何况章先生在20世纪80年代初还没有复印的条件下,翻阅150年前的《北华捷报》合订本,浏览、摘抄、翻译报纸英文资料,如此疲劳,辛苦可想而知。章先生以耄耋之年和吴乾兑共同完成对马博庵先生遗留译稿的校订、补充,编成译著《太平军在上海——〈北华捷报〉选译》(34.9万字)出版(署名是上海社会科学院历史研究所,仅在说明中提及他俩的工作)。1988年章先生以77岁的高龄退休后,仍不遗余力地承担校阅译著《费正清对华回忆录》(41万字)的重任。当1991年《费正清对华回忆录》出版时,他已是八旬老翁,享受休闲的晚年已不足5年。

章克生先生是中年进历史所工作,服务终生的楷模之一。

(原载上海社会科学院历史研究所编《史苑往事——上海社会科学院历史研究所成立60周年纪念文集》,上海:上海社会科学院出版社2016年7月第1版,第180—184页)

三十三

那些寥落、湮没和远去的星辰

马 军

翻阅本书便能发现,除了多数是专题论文外,还收录了一篇1983年著名翻译家章克生先生为罹患癌症而去世的倪静兰女士所写的悼文。倪静兰早年毕业于北京大学法文专业,1957至1983年间长期在上海社会科学院历史研究所从事研译工作,其最重要的学术成果是离世前不久出版的40多万字的译著《上海法租界史》(法国梅朋 C. B. Maybon、傅立德 J. Frédet 原著,1929年巴黎 Librairie Plon 法文版,1983年、2007年中文版),这使她在上海史领域名闻遐迩,居功至伟。正是受益于她的努力,国内史学界得以克服法文障碍,了解到了上海法租界的形成梗概和早期历史,"上海史"才有了相对的"完整性"。

然而,在署名"倪静兰译"的这部译著中,事实上还隐匿着另一个人的贡献。这还得从上海社会科学院历史研究所的前身——中国科学院上海历史研究所筹备委员会最早编纂的一部资料集《上海小刀会起义史料汇编》(上海人民出版社1958年9月第1版)谈起。翻开该书便可发现,其中的第780页至872页,收有"上海法租界史(选译二章)",署名是"梅朋(C. B. Maybon)、弗莱台(J. Frédet)合著,范希衡译,倪静兰校"。字里行间,除了修辞和专业名词上略有改动外,其内容大致等同于1983年上海译文出版社版《上海法租界史》的第55

页至168页,亦即该书第一部分的第三章后半部和第四章。换言之,通常被认为是倪静兰全译的1983年中文本,其中有约五分之一篇幅,很可能来源于50年代末的"范希衡译,倪静兰校",亦即两人的合作。

那么,为什么在1983年出全译本时,只署了倪静兰一个人的名字呢?而且,当《上海小刀会起义史料汇编》在1959年6月第1版第2次印刷和1980年7月出第2版时,似乎是修订者特意将所有责任者的名字,当然也包括"范希衡译,倪静兰校"这几个字删掉了。

在那个时代,将真正的责任者或责任者之一湮没掉的做法,并不鲜见,其缘由也各有不同,几十年后的今天当然是没有必要再去深究了。但令人感兴趣的是,范希衡到底是谁?他的法文素养从何而来?他为什么会在倪静兰之前选译了《上海法租界史》?他是上海社会科学院历史所的翻译人员吗?

笔者带着这些疑问,开始搜诸互联网。所获可归纳如下:范希衡,名任,号希衡,1906年10月9日出生于安徽省桐城西乡。四五岁时即能吟诗作对,10岁时习读四书五经,在乡里被誉为"神童",名噪一时。16岁考入上海震旦大学预科学习法律。1925年因参加五卅运动被追捕,逃亡北京。同年秋,考入北京大学法文系,1927年毕业后任中法大学孔德学院法文讲师。1929年秋,破例获庚子赔款资助赴比利时鲁文大学,专攻法国文学、比较文学、历史语法、比较语法,先后以优异成绩通过硕士和博士论文,获得双博士学位。1932年,回国任北京中法大学教授兼中法文化出版委员会编审。七七事变后他转到上海,参与组织上海市各界抗日救亡协会国际宣传委员会,负责对法宣传。1941年任苏皖政治学院教授兼教务长,旋任重庆中央大学教授。1945年后他怀着知识救国的热忱短时从政,出任安徽省政府委员兼社会处长,主管黄泛区救灾、社会服务工作。1948年在上海震旦大学重执教鞭,其间与徐仲年合编《法汉字典》。1950年代初,到南京大学外文系教法国语言文学。1958年,他被打成"历史反革命",

判刑10年,身陷囹圄。1970年,被遣返原籍强制劳动改造。1971年8月2日,病死在安徽省桐城县挂车河公社前进二队第一生产队一间破败的祠堂里。1979年,他的冤案得到平反昭雪。在人生的最后十几年,范希衡作为"囚徒"、"劳改犯",蒙受了巨大的耻辱,但却以超常的意志完成了《圣勃夫文学批评文选》、《波瓦洛文学理论文选》、卢梭的《忏悔录》、伏尔泰的《中国孤儿》等译著,写下了《论〈九歌〉的戏剧性》、《18世纪法国启蒙运动中的中国影响》等论著,留下了凄惨中的美丽……

根据历史所一些老同人的回忆,当年在编纂《上海小刀会起义史料汇编》时,因所内力量不足,时间又紧,曾聘请了一些所外人员参与工作。笔者曾经推测,范希衡可能就是因此而介入的,从时间上算,差不多是在他被打成"历史反革命"的前后。但实际上,根据南京大学历史系太平天国史研究室所编《江浙豫皖太平天国史料选编》(江苏人民出版社1983年10月第1版)第383页所载"说明",范希衡在1952年即完成了第一部分之第三、四、六章(全系梅朋所撰,本已独立成篇)的翻译。该《选编》的第385至514页,还根据范氏后人提供的译稿,以"上海租界当局与太平天国运动"之题,将《上海小刀会起义史料汇编》并未收入的第三章前半部、第六章以及若干附录予以刊发,文前还有范希衡所写的"译者说明"。此外,范希衡长子范铮曾明确指出,其父译此文是"应上海文物管理委员会李青崖之请"。(《〈忏悔录〉中译本署名背后的故事》,刊《东方早报》2012年12月23日,上海书评栏)

由此,笔者再作推测,1957至1958年间历史所在编纂《上海小刀会起义史料汇编》时,很可能是通过某些渠道,将范希衡1952年的一份初译稿"接洽"过来,然后再付之倪静兰校订,其中有近两章被收进《汇编》正式发表。而这之后,在60年代上半期,倪又完成了其余章节的翻译。当然,对范希衡初译稿的未刊部分(第三章前半部、第六章以及若干附录),她很可能进行了重要的参考和借鉴。初步比对同在1983年出版的范氏译文和倪氏译文,两者在相同章节似乎存在着某种关联性。若果真如此,则范希衡对"倪氏全译本"的贡献恐怕比原先估计的(五分之一)还要更多一些。

不过,目前也不能排除另外一种可能,即倪静兰在1958年《上海小刀会起义史料汇编》出版后,基本或完全撇开了范希衡的译文,从60年代初起进行了独立的重译和全译。

至于真实情况究竟如何,还有待更加细密的考证。

事实上,范希衡仍不是《上海法租界史》的第一个译者。最早的节译本,甚至早在1932年——法文本出版后的第3年——便已告成,只是未刊行,以抄本的形式保存在上海图书馆二楼的古籍阅览室里。笔者偶然间获悉此讯,便特地前往调阅。只见该抄本索书号是513044,小开本,共5册,计1014页,每页200字,钢笔正楷字,总计约20万字。首页上写着"上海法租界史"、"聂光坡节译"字样,末页则记"民国二十一年一月二十八日完于沪滨"。由于译文采用的是文言,再加删去了导言和全部附录未译,所以和1983年的全译本相比,篇幅要少了一半。

那么,聂光坡是谁?他为什么会译此书?既然译竣又为何没有刊行?原稿又是如何被保存到上海图书馆的呢?

根据现有材料,尚无法回答上述的所有问题,笔者目前仅知:聂光坡,湖南衡山人,字尚真,1913年生,1935年毕业于上海震旦大学。后加入美国籍,成为电力工程专家,担任过联合国和平利用原子能委员会高级顾问,1992年在美国因中风去世。值得一提的是,他还是晚清封疆大吏曾国藩的曾外孙、上海道台聂缉椝的孙子。从他毕业于上海震旦大学这一点看,他应当受过良好的法文教育。而翻译这本法租界史则是在毕业之前,所以很可能是他的习作。

说到这里,笔者还想提一下最近在上海市档案馆查阅到的一卷缩微档案,档案号是Q244—1—420,档案标题是"汪景倪译述之上海法租界史略"。笔者利用阅读机打开一看,首页有如下字样——

"1931年译述原稿,侃注"。查诸全档,共151页,由毛笔行书抄录而成,涂改较多,明显是草稿。笔者初以为是汪景侃译的另一个译本,但经与聂光坡的译本仔细比对,实系后者的后半部分。故由此推测,档案整理人员很可能是受了"侃注"两字的误导,以为该译稿是出自汪景侃之手。同样毕业于震旦大学,又担任过该校训育主任的汪景侃,或许只是稿件的保管者而已。

聂光坡的译本虽然没有正式出版,但其抄本至少被两个学者借鉴过。其一是编著《上海近代史》(华东师范大学出版社1985至1987年版)的刘惠吾,其二是上世纪30年代上海市通志馆的兼职编辑董枢。

董枢,福建闽侯人,时为上海法租界公董局法文翻译。他受上海市通志馆馆长柳亚子之邀,负责撰写《上海市通志》中的《法租界编》,短短数年,便告完成。先行刊于《上海市通志馆期刊》的便有"上海法租界的摇篮时期"、"上海法租界的长成时期"、"上海法租界的发展时期"、"上海法租界的多事时期"、"法公董局内各机关的沿革"、"法租界市政沿革"、"法租界公用事业沿革"等若干篇。他的资料来源除了上述《上海法租界史》的法文本和中文译本外,还主要依据了法租界公董局的公报、年报、档案,以及《申报》、《中法新汇报》(法文)等。虽然无论当时,还是现在,董枢《法租界编》的学术价值,并未享有较高的评介,但他毕竟是第一个进行上海法租界史研究与资料整理的中国人。

不幸的是,抗战爆发后,董枢在渝沪两大阵营之间似乎徘徊不定,1941年4月3日上午12时零5分,他在麦赛尔蒂罗路(今兴安路)5号泰昌西服号门前,竟突遭两名刺客狙击,当场殒命,年仅45岁。其死因至今不明。

盘点一下,中国人与上海法租界史译介与研究的早期关系,除了聂光坡、董枢、范希衡、倪静兰以外,很难再举出其他什么人了。在他们之后,法租界史研究也长期处于停顿状态,成了"上海史热"中的一个大缺角。说到底,这是由于始终缺乏既有志于上海史研究,又熟谙法国语言文字的双面人才。

记得在1995年前后,本所前辈、已故的陈正书老师也曾鼓励我要学好法语,将来好好开发法租界研究。之后,我确实想过要努力一番,但毕竟是"三天打鱼,两天晒网",终告不济。现在想来,真是惭愧得很!

随着蒋杰、朱晓明、徐翀、侯庆斌、谭欣欣、刘喆等一些长期在法国留学攻博,并专注于上海法租界史的青年学者,或已学成归国,或即将买棹东返,再加上海社会科学院"中国现代史"创新型学科团队、历史研究所现代史研究室的相向努力,我似乎看到了那寥落、湮没和远去的星辰背后,正酝酿着一个群相辉映的新天象。

若果真如此,则上海史幸甚,法租界史研究幸甚,我们那些远逝的前辈们幸甚……

2015年9月13日写于香港中文大学

(改订自马军、蒋杰主编《上海法租界史研究》第1辑,上海:上海社会科学院出版社2016年3月版,第3—6页)

三十四

马爷爷的转椅

佚名 撰

今年 2016 年,50 年前马爷爷辞别尘世,远远地去到了天国。

小时候,我最喜欢去马爷爷家。马爷爷全名马博庵,是父亲的老朋友,年龄比父亲大一辈,我们小孩子称呼他马爷爷。见到他叫一声"马爷爷",他那和蔼的脸便露出我们孩子般的笑容。彼时父亲忙于工作少有闲暇,但仍会忙里偷闲去一街之遥的老朋友马博庵家小坐,这总让还在幼儿园的我内心弥漫着异常的欢乐兴奋,因为父亲也定会把我带去,我便有了与马博庵爷爷的外孙、我幼儿园的同班同学、发小玩伴一起去玩耍的机会。以后长大读小学了,便独自常去马爷爷家找发小愉快地玩乐。马爷爷的书房内写字台前有张转椅,这是专属于马爷爷的,通常马爷爷就坐在那张转椅中神情专注地伏案阅读,执笔书写,这时我们小孩子是不会进入书房去打搅他的。我与发小很喜爱玩马爷爷那张转椅,时常溜去马爷爷书房外贼头贼脑地向内探视。若马爷爷还坐在转椅上,便念叨:马爷爷,啥时能离开一会,让我们偷玩一回您的转椅。若马爷爷不在,我就趁机一个箭步冲进去,一屁股坐到转椅上,使尽浑身解数,用力一推写字台,在反作用力下转椅便快速旋转起来,眼睛一闭,双脚一收悬在空中,惬意地享受起来,然后神不知鬼不觉地溜出书房。看来可爱的马爷爷一直没察觉我们小孩子们玩的"鬼花招"。

1966年,红色恐怖风暴席卷大地,荒唐地疯狂。马爷爷,因为曾经的留美博士,一级研究员,一夜之间突然蜕变为自然而然的"阶级敌人",成为这场风暴袭击的对象。虽然年近古稀,曾出生入死为国效劳,仍难逃惨遭侮辱、批斗、抄家……是年9月,秋色肃杀的上海,法国梧桐树在刚刚消逝的酷暑还曾绿叶成荫,遮阳纳凉,这时已经凋零,光秃秃孤零零地立在路旁。散落一地的枯叶狼藉地卷缩在马路边缘的角落里,一阵狂风刮来便消失得无影无踪。马爷爷的生命伴着随风飘去的落叶逝去了……此刻,我的家庭也愈来愈烈地被革命……我这个"黑五类"的小学生也越来越"黑"了。很想再去马爷爷家找发小玩伴,却又不敢,以避免我们遭致更多的革命麻烦。马爷爷家,一街之隔近在咫尺,却是那么遥远,曾经去马爷爷家的快乐已被恐惧替代,日渐积累的恐惧将两家的距离相隔得越来越远,很久一段时间没去了。后来的某天下午从小学放学,终于忍不住悄悄地再次去了马爷爷家找发小。进门上楼,当我来到曾经马爷爷的书房外,一瞬间似乎感到双腿凝滞了,不听使唤,挪不动。我停顿了片刻,低头缓缓地朝马爷爷的书房走去。穿过门厅进入书房,一抬头书桌前那张熟悉却久违、曾经快活地偷玩过无数次的马爷爷的转椅跃入眼帘,转椅依旧,座中空空如也,转椅的主人,活生生的马爷爷早已离去,不再归来。我驻足呆立,静默无语,鼻子酸酸的,双眼盯着那张转椅,没敢触摸。窗外阴森森的天,不见一缕阳光,空气在颤抖。刺骨寒风透过微微打开的窗缝嗖嗖地窜进屋内,无情地冲撞着马爷爷的转椅,冲撞着我,欲将屋中的一切摧毁,我不禁打了几个寒颤,一股悲凉裹着莫名的恐惧直刺我幼小的心窝……

时光如箭,屈指数来再也不到马爷爷已悄然50个春秋了。前些日子,人们还沉浸在清明时节的氛围中,我收到了马爷爷的外孙寄来的"马博庵——百度百科"。读着读着,那些文字渐渐地化为幼年时的记忆又漂浮在眼前,恍恍惚惚中我又蹑手蹑脚地走到了马爷爷的书房外,探头探脑往里张望。那张熟悉的马爷爷的转椅仍在书房内,但却看不真切转椅中是否马爷爷正坐着,睁大了眼睛也看不清,用手揉一揉双眼还是看不清,这时才感觉手指有些湿湿的,眼眶里的泪花模糊了我的视线……我心中默默地祷念:马爷爷,我愿意您坐在那张属于您自己的转椅中,不要离去。

2016 年 4 月 18 日

(截取自 http://blog.creaders.net/u/11191/)

三十五

"文革"后的编译组人员

吴竞成口述 马军整理

我原来是中国人民解放军洛阳外国语学院英文专业的大学生,毕业后分配到中国唱片厂工作。1978年,我来报考历史研究所的英文翻译,章克生出面接待。他问我为什么要来报考?原来是哪个部队的?等等。要我用英文写下来。以后我就在历史所编译组从事英文笔译工作。我原来军校的同学李谦,毕业后在第三制药厂工作,在我的引荐下,他后来也来了编译组,成了我的同事。

编译组的负责人章克生,人品好,学问也好,工作勤勤恳恳,对年轻人诲人不倦,手把手教,一句一句讲。我翻译的《陈独秀的一生》和《包身工》都得到章老先生悉心指点。他虽已故去,但我永远铭记他的恩德。

吴绳海是搞日文的,所以我和他接触不多。有一个名叫冯正宝的年轻人,大概比我小五六岁,他一直跟吴绳海搞日文翻译。冯正宝原来是码头工人,没有学历,但他自学日文,被吴绳海看中后招到所里。后来冯去了日本。

王作求是个自顾自的人,他总是将译文搞成长句子,不太通顺。

倪静兰当时因病在家,基本上不来编译组上班。但她和吴乾兑的家就在漕溪北路40号历史研究所大楼的4楼,编译组的办公室则在3楼靠西,可以说是一上一下。

徐肇庆原来是某中学的退休老师；林永俁是基督教三自爱国会的，人蛮好，有些本事，但做事不太多；袁锟田和章涌麟是典型的上海人，看上去像"上海小开"，不知道原来是什么单位的。这4个人是外面请来的，并不是历史所的正式员工。

朱微明原来是某中学的政治教师，她尽管是编译组人员，但不做具体翻译工作。

丁大地是经我安排进编译组的，但不久就出国了，他的父亲好像是教会里的头头。我们编译组的人员曾到他家吃饭，发现他家条件很好，有煤气，这在当时是很少见的。

苑晔的父亲苑光明是社科院的领导。她跟随倪静兰搞法文翻译，但时间不长也出国了。

编译组还有顾竹君。

后来，编译组的人员退休的退休，出国的出国，去世的去世，于是就撤销了。我先调往工运史研究室，后来又调往办公室从事行政工作。

（电话采访于2016年7月24日星期日上午8时半）

三十六

"文革"前历史所编译组 11 名译者传记资料目录

马军 编

编者按：诸人以出生先后为序；各人内部则以文章发表先后为序。

叶元龙（1897—1967 年，专长英、俄文）

叶元龙
　　载厂民编著《当代中国人物志》，中流书店 1937 年 7 月版。

上海经济学会申请入会登记表：叶元龙
　　载上海市档案馆馆藏号 C43—2—275，"上海经济学会会员登记表（九）401—450"，第 SC001 页。

著名经济学家叶元龙事略
　　叶沛婴　载政协浙江省衢州市委员会文史资料研究委员会编《衢州文史资料》第 3 辑，杭州：浙江人民出版社 1987 年 5 月第 1 版。

回忆叶元龙教授

叶元椿　载政协浙江省衢州市委员会文史资料研究委员会编《衢州文史资料》第3辑,杭州：浙江人民出版社1987年5月第1版。

忆元龙伯父二三事

叶大良　载政协浙江省衢州市委员会文史资料研究委员会编《衢州文史资料》第3辑,杭州：浙江人民出版社1987年5月第1版。

我的父亲叶元龙

叶瞻美　载政协浙江省衢州市委员会文史资料研究委员会编《衢州文史资料》第3辑,杭州：浙江人民出版社1987年5月第1版。

我的父亲叶元龙(摘录)

叶瞻美　载本书"下编"。

叶元龙

载上海社会科学院情报研究所编《上海社会科学院(1949—1985年)》,上海：上海社会科学院出版社1988年10月版。

纪念恩师叶元龙先生

杜时闾　载政协浙江省衢州市委员会文史资料研究委员会编《衢州文史资料》第6辑,杭州：浙江人民出版社1989年3月第1版。

叶元龙

载王乃庄、王树德主编《中华人民共和国人物辞典(1949—1989)》,北京：中国经济出版社1989年9月第1版。

叶元龙

载安徽省政协文史委员会编《安徽近现代史辞典》,北京：中国文史出版社 1990 年 6 月第 1 版。

教育家和经济学家叶元龙

叶沛婴、江维榜、张恺、叶祖荫　载政协歙县文史资料委员会编《歙县文史资料》第 4 辑,1992 年 10 月。

教育家和经济学家叶元龙(摘录)

叶沛婴、江维榜、张恺、叶祖荫　载本书"下编"。

叶元龙

载上海社会科学学会联合研究室编《上海社会科学界人名辞典》,上海:上海人民出版社 1992 年 12 月第 1 版。

叶元龙

载浙江省政协文史委员会编《浙江近现代人物录》,杭州:浙江人民出版社 1992 年 12 月第 1 版。

叶元龙

载刘振元主编《上海高级专家名录》第 4 卷,上海:上海科学技术出版社 1994 年 9 月版。

叶元龙先生的一生

叶沛婴、张恺　《江淮文史》1997 年第 5 期,1997 年 9 月 1 日。

叶元龙

载安徽省地方志编纂委员会编《安徽省志·人物志》,北京:方志出版社 1999 年 8 月第 1 版。

记叶元龙先生几件事

叶建生　载中国人民政治协商会议上海市虹口区委员会文史资料委员会编《文史苑》17,1999年10月。

叶元龙

载浙江省人物志编纂委员会主编《浙江省人物志》,杭州：浙江人民出版社2005年5月第1版。

叶元龙

载刘国铭主编《中国国民党百年人物全书》,北京：团结出版社2005年12月版。

大家风范——纯正学者叶元龙

钟祥财　载上海社会科学院院庆办公室编《往事掇英——上海社会科学院五十周年回忆录》,上海：上海社会科学院出版社2008年8月第1版。

叶元龙

载周斌主编《中国近现代书法家辞典》,杭州：浙江人民出版社2009年12月第1版。

叶元龙逸事

钟祥财　上海《文汇报》2010年4月18日第11版。

叶元龙逸事补

曹锦　上海《文汇报》2010年8月30日第11版。

叶元龙

载周川主编《中国近现代高等教育人物辞典》,福州：福建教育出版社 2012 年 1 月第 1 版。

民国乡贤叶元龙

本报记者姚沐水 《衢州日报》2013 年 3 月 25 日第 4 版。

雍家源(1898—1975 年,专长英文)

上海历史学会申请入会登记表：雍家源

载上海市档案馆馆藏号 C43—2—299,"上海历史学会会员登记表 501—550",第 SC046 页。

干部退休情况表：雍家源

载上海市档案馆馆藏号 A22—4—378,"中共上海市委宣传部干部退休情况表",第 78 页。

雍家源

载上海社会科学院情报研究所编《上海社会科学院(1949—1985 年)》,上海：上海社会科学院出版社 1988 年 10 月版。

雍家源

载李盛平主编《中国近现代人名大辞典》,北京：中国国际广播出版社 1989 年 4 月版。

雍家源

载郭道扬主编《会计百科全书》,沈阳：辽宁人民出版社 1989 年 11 月第 1 版。

雍家源

载庄汉新、郭居园编纂《中国古今名人大辞典》,北京:警官教育出版社1991年12月第1版。

雍家源

载刘振元主编《上海高级专家名录》第4卷,上海:上海科学技术出版社1994年9月版。

雍家源

载中国第二历史档案馆编《中国抗日战争大辞典》,内部发行本,武汉:湖北教育出版社1995年5月第1版。

雍家源

载周家珍编著《20世纪中华人物名字号辞典》,北京:法律出版社2000年6月第1版。

雍家源

载刘国铭主编《中国国民党百年人物全书》,北京:团结出版社2005年12月版。

雍家源

载上海财经大学校志编审委员会编《上海财经大学90年(1917—2007)》,上海:上海财经大学出版社2007年11月第1版。

梅花香自苦寒来——雍家源先生传略

王庆成　《新会计》2010年第8期,2010年8月28日。

附录:雍家源先生传略

王庆成　载雍家源著《中国政府会计论(1933年版)》,上海:立信会计出版社2014年12月重版。

梅花香自苦寒来——雍家源先生传略（摘录）
　　王庆成　载本书"下编"。

政府会计开拓者：雍家源
　　陈元芳　《财会通讯》综合版2012年第12期上,2012年12月10日。

雍家源
　　载陈元芳编著《中国会计名家传略》,上海：立信会计出版社2013年5月第1版。

（二十六）雍家源
　　载李晓慧主编《会计百年通识教材》,北京：中国财政经济出版社2013年8月第1版。

马博庵（1899—1966年,专长英文）

上海历史学会申请入会登记表：马博庵
　　载上海市档案馆馆藏号C43—2—292,"上海历史学会会员登记表151—200",第SC030页。

马博庵教授晚年对史学的贡献
　　陈奕民　载政协仪征市委员会文史资料研究委员会编《仪征文史资料》第8辑,1992年1月。

马博庵教授晚年对史学的贡献
　　陈奕民　载本书"下编"。

文化名人马博庵的一生
　　李卓君　载政协仪征市委员会文史资料研究委员会编《仪征文

史资料》第 8 辑,1992 年 1 月版。
文化名人马博庵的一生(摘录)
李卓君　载本书"下编"。

马博庵
载上海社会科学学会联合研究室编《上海社会科学界人名辞典》,上海:上海人民出版社 1992 年 12 月第 1 版。

马博庵:中国地方建设学派创始人之一
高介子　《社科信息》1993 年第 11 期,1993 年 11 月 10 日。

马博庵
载刘振元主编《上海高级专家名录》第 4 卷,上海:上海科学技术出版社 1994 年 9 月版。

马博庵
载中国第二历史档案馆编《中国抗日战争大辞典》,内部发行本,武汉:湖北教育出版社 1995 年 5 月第 1 版。

马博庵
载刘国铭主编《中国国民党百年人物全书》,北京:团结出版社 2005 年 12 月版。

马博庵
载周新民主编《中国近现代名人生平暨生卒年录 1840—2000》,北京:经济管理出版社 2009 年 5 月第 1 版。

马博庵

载潘世伟主编《上海社会科学院退休专家名录》,上海社会科学院老干部办公室 2012 年编印。

马博庵
载尹艳秋编著《近现代苏南教育家概览》,苏州:苏州大学出版社 2013 年 5 月第 1 版。

吴绳海(1905—1985 年,专长日、英文)

干部退休情况表:吴绳海
载上海市档案馆馆藏号 A22—4—378,"中共上海市委宣传部干部退休情况表",第 80 页。

为我所史学工作辛勤劳动卓著功效的吴绳海先生
克生　载上海社会科学院历史研究所编《史学情况》第 19 期,1981 年 3 月 5 日。
为我所史学工作辛勤劳动卓著功效的吴绳海先生
克生　载本书"下编"。

学人传略:吴绳海
载上海社会科学院历史研究所编《通变知几:上海社会科学院历史研究所五十年历程(1956—2006)》,2006 年印,第 219 页。
学人传略:吴绳海
载本书"下编"。

金亚声(1907 年—?,专长英文)

干部退休情况表:金亚声

载上海市档案馆馆藏号 A22—4—378,"中共上海市委宣传部干部退休情况表",第 77 页。

王作求(1910—2005 年,专长英文)

王作求

载上海社会科学院情报研究所编《上海社会科学院(1949—1985年)》,上海:上海社会科学院出版社 1988 年 10 月版。

王作求

载上海社会科学学会联合研究室编《上海社会科学界人名辞典》,上海:上海人民出版社 1992 年 12 月第 1 版。

王作求

载刘振元主编《上海高级专家名录》第 4 卷,上海:上海科学技术出版社 1994 年 9 月版。

一步一句都是情——访王作求

载《百年南开》摄制组编著《百年南开访谈文集》,北京:中国社会科学出版社 2004 年 6 月第 1 版。

我认识的王作求先生

沈志明 《历史所简报》2005 年第 3 期(总第 196 期),2005 年 9 月 20 日。

学人传略:王作求

载上海社会科学院历史研究所编《通变知几:上海社会科学院历史研究所五十年历程(1956—2006)》,2006 年印,第 221 页。

学人传略：王作求

　　载本书"下编"。

王作求

　　载潘世伟主编《上海社会科学院退休专家名录》，上海社会科学院老干部办公室 2012 年编印。

章克生（曾用名章克椮，1911—1995 年，专长英、法、俄文）

干部退休情况表：章克生

　　载上海市档案馆馆藏号 A22－4－378，"中共上海市委宣传部干部退休情况表"，第 72 页。

记培养中青年的热心人章克生先生

　　王鲁　载上海社会科学院历史研究所编《史学情况》第 18 期，1980 年 12 月 26 日。

记培养中青年的热心人章克生先生

　　王鲁　载本书"下编"。

章克生

　　载《上海社会科学院历史研究所科研成果目录选编（1956—1988）》，1988 年 5 月内部编印。

章克生

　　载上海社会科学学会联合研究室编《上海社会科学界人名辞典》，上海：上海人民出版社 1992 年 12 月第 1 版。

章克生

载刘振元主编《上海高级专家名录》第 4 卷，上海：上海科学技术出版社 1994 年 9 月版。

章克生

载上海市社会科学界联合会等编《当代上海社会科学学者辞典》，上海：上海辞书出版社 2001 年 7 月第 1 版。

学人传略：章克生

载上海社会科学院历史研究所编《通变知几：上海社会科学院历史研究所五十年历程（1956—2006）》，2006 年印，第 220 页。

学人传略：章克生

载本书"下编"。

海宁庆云怀德堂章氏——著名翻译家章克生

章灵垣、章敏　载海宁市政协文教卫体与文史委员会编《海宁世家》，北京：人民日报出版社 2012 年 1 月版。

缅怀恩师章克椮先生

岳保良　载海宁市政协文教卫体与文史委员会编《海宁世家》，北京：人民日报出版社 2012 年 1 月版。

恩重情深，没齿难忘——缅怀先考章克椮先妣徐馥琤的不凡人生

章又新　载海宁市政协文教卫体与文史委员会编《海宁世家》，北京：人民日报出版社 2012 年 1 月版。

恩重情深，没齿难忘——缅怀先考章克椮先妣徐馥琤的不凡人生（摘录）

章又新　载本书"下编"。

章克生

载潘世伟主编《上海社会科学院退休专家名录》，上海社会科学院老干部办公室 2012 年编印。

记忆中的章克生先生
  罗苏文 载上海社会科学院历史研究所编《史苑往事——上海社会科学院历史研究所成立 60 周年纪念文集》，上海：上海社会科学院出版社 2016 年 7 月第 1 版。

记忆中的章克生先生
  罗苏文 载本书"下编"。

沈遐士（1915—1993 年，专长英、俄文）

上海历史学会申请入会登记表：沈遐士
  载上海市档案馆馆藏号 C43—2—301，"上海历史学会会员登记表 601—670"，第 SC017 页。

沈遐士教授逝世
  《新民晚报》1993 年 7 月 23 日第 8 版，中缝底部。

顾长声（1919—2015 年，专长英、俄、法文）

我写《传教士与近代中国》的经过
  顾长声 《书林》1982 年第 2 期，1982 年 4 月。

仅仅是为了抛砖引玉——《传教士与近代中国》的写作经过
  顾长声 载《书林》杂志编辑部编《历史经由我们的眼睛——我和我的书》，上海：知识出版社 1989 年 5 月第 1 版。

仅仅是为了抛砖引玉——《传教士与近代中国》的写作经过
  顾长声 载本书"下编"。

顾长声

载张德龙主编《上海高等教育系统教授录》，上海：华东师范大学出版社1988年1月第1版。

Chang-Sheng Gu, Awaken: Memoirs of A Chinese Historian. Bloomington, IN: Author House, 2009. x plus 215 pp.（顾长声：《醒：顾长声回忆录》）

顾长声著（译）作目录

载顾长声著《传教士与近代中国》，上海：上海人民出版社2013年1月第4版。

跻身史林五十年

  顾长声 载 http://tieba.baidu.com/p/2954260265

跻身史林五十年（摘录）

  顾长声 载本书"下编"。

贺玉梅（1932—?，专长俄文）

中国史学会上海分会入会申请表：贺玉梅

载上海市档案馆馆藏号C43-2-295，"上海历史学会会员登记表301—350"，第SC012、SC013页。

倪静兰（1933—1983年，专长法文）

中国史学会上海分会入会申请表：倪静兰

载上海市档案馆馆藏号C43-2-295，"上海历史学会会员登记表301—350"，第SC010、SC011页。

深切悼念倪静兰同志

　　章克生　载上海社会科学院历史研究所编《史学情况》第 30 期，1983 年 9 月 1 日。

深切悼念倪静兰同志

　　章克生　载马军、蒋杰主编《上海法租界史研究》第 1 辑，上海社会科学院出版社 2016 年 3 月版。

深切悼念倪静兰同志

　　章克生　载本书"下编"。

倪静兰

　　载董耀会主编《北大人》2，北京：华夏出版社 1994 年 4 月第 1 版。

倪静兰老师的晚年

　　罗苏文　载马军、蒋杰主编《上海法租界史研究》第 2 辑，上海：上海社会科学院出版社 2017 年 12 月第 1 版。

倪静兰老师的晚年

　　罗苏文　载本书"下编"。

探寻倪静兰女士的轨迹（代序）

　　马军　载马军、蒋杰主编《上海法租界史研究》第 2 辑，上海：上海社会科学院出版社 2017 年 12 月第 1 版。

探寻倪静兰女士的轨迹

　　马军　载马军著《屉内拾遗集》，上海：上海书店出版社 2018 年 4 月第 1 版。

探寻倪静兰女士的轨迹

　　马军　载本书"下编"。

编于 2016 年 8 月

三十七

探寻倪静兰女士的轨迹

马　军

关于《上海法租界史》的翻译者倪静兰女士,已经有一些文章谈及了她的生平和事迹,例如章克生撰《深切悼念倪静兰同志》(刊《上海法租界史研究》第1辑)、罗苏文撰《倪静兰老师的晚年》(刊《上海法租界史研究》第2辑和本书"下编")等。但她留给我们的形象,依然是线条的、隐约的。这位对上海法租界史研究作出过特殊贡献的学者、译者,不能不引起我莫大的好奇。

久违的真容:三张照片

我算是一个对上海社科院历史所所史比较熟悉的人,但以往翻遍院、所两级各种各样的纪念册,却始终找不到倪静兰的照片,甚至连一份简历也没有。后来我才知道,倪在1983年7月去世时,尽管劳苦功高,《上海法租界史》的中译本又出版在即,但她竟连个副译审(副高职称)的申请也未获得上级部门的允准。所以,既非离休干部,又非高级职称的她,自然就在各种人为设定的"线条"之外了。

此外,倪的丈夫吴乾兑先生亦在2008年去世,他俩又没有子女,两人的遗物早已无存,有的遗稿甚至流落民间,出现在孔夫子网上被拍卖。

倪静兰 1 　　　　　　倪静兰 2 　　　　　　倪静兰 3

　　进而我还曾询问过若干当年和倪氏共事的老同人，是否保存有她的照片，但都没有得到肯定的答复。

　　我又在上海市档案馆查阅到一张20世纪50年代末倪静兰为加入上海历史学会而填写的表格，上面只有最简单的信息，也没有照片。①

　　百般无奈之中，我突然想到上海社科院档案室或许保存有倪的个人档案，上面应该有她的照片。不料按照现有规定，我这样一个一般的研究人员是无权查阅此类档案的，只能请所办公室主任金颖华先生代劳。金主任一出马，竟轻易地拍摄到了三张报名照，并很快传给了我。

　　打开电脑页面，我终于能够一睹久违的真容了。这三张照片，第一张青涩、腼腆，大概摄于初、高中时代；第二张清秀、俊朗，应该是大学时代或者是工作之初；第三张则明显步入了中年，或许是超负荷的工作和疾病的折磨，已使她的笑容显露疲态……

　　我打开照片时，本所同人吴健熙先生恰在身边，他迅速起立，向倪的遗照深深鞠躬，口中还念念有词："上海史老前辈，老前辈啊……"

---

① 上海市档案馆馆藏号C43-2-295，"上海历史学会会员登记表301—350"，第SC010、SC011页。

"多面手"

倪静兰女士以《上海法租界史》的翻译者而闻名，但她的成绩当然远不止于这本书。历史所老一辈的翻译家、倪静兰的领导和同事章克生先生曾称赞她是一个"多面手"。据笔者查阅所史档案，自1957年末从上海外语学院调入历史研究所至"文革"前的9年间，她参加了所内许多重大的资料编纂、翻译和研究项目，例如"上海小刀会起义史料汇编""非基督教运动(1923—1927)史料选辑""美帝国主义侵华史专题资料选辑""国棉二厂厂史""五四运动在上海史料选辑""五卅运动资料汇编""江南传教史"等。由于她是少有的法文专才，所以常在其中起到难以替代的作用。

70年代初起，她又应邀参加了上海外语学院主持的《法汉词典》编写项目。该项目组人员最多时达到63人，最少时也有24人，倪静兰是其中最重要的21名编者之一。这是一项繁重而仔细的任务，编者对于每一词条的释义、例证、用法等都得反复琢磨推敲，精益求精。为得到一个正确的释义，往往需要查阅大量的原版辞书。为了保证质量，从选词到定稿，前后得十几道工序。可以说，词典中每一个字甚至每一个符号，都凝聚着编者大量的劳动和心血。由于词典内容广博，正确度要求又高，故要完成、编写，需投入的人力物力特别多，耗时也特别长。直至1979年10月才由上海译文出版社正式出版，共收词条6.2万条。（此前在1977年3月已由上海人民出版社先行出版了收词2.6万条的《袖珍法汉词典》）现在推算起来，也就是在倪静兰为这部中大型辞书尽心竭力之时，可怕、可恨、可恶的癌魔缠上了她……

学术成果简目

迄今尚未有人为倪静兰女士编过成果目录，故此笔者试编一个

简目,若有错误或遗漏,还请各界指正、补充。具体见下(以发表时间先后排序):

01

(第四部分)外国侵略者干涉上海小刀会起义的档案和记载——"贾西义"号中国海上长征记(1851—1854)([法]迈尔雪(R. P. Mercier)著)(摘译);上海法租界史([法]梅朋(C. B. Maybon)、弗莱台(J. Frédet)合著)(选译:3 太平军的叛乱——1853年的上海,4 1854至1855年的上海——法国与英美背道而驰并助清朝扑灭小刀会);江南传教史([法]塞尔维埃(J. de la Servière)著)(摘译:2 "红头"占领上海时期纪事)

范希衡译　倪静兰校　载中国科学院上海历史研究所筹备委员会编《上海小刀会起义史料汇编》,上海:上海人民出版社1958年9月第1版/1959年6月第1版第2次印刷/修订本,1980年7月第2版。

02

(第四部分)外国侵略者干涉上海小刀会起义的档案和记载——江南传教史(选译:3—3 叛军占领上海)

[法]高龙倍勒(A. M. Colombel)著　朱宗一译　倪静兰校　载中国社会科学院上海历史研究所筹备委员会编《上海小刀会起义史料汇编》,上海:上海人民出版社1958年9月第1版/1959年6月第1版第2次印刷/修订本,1980年7月第2版。

03

人民公社使农村妇女走上了彻底解放的道路

倪静兰　《小高炉》1960年第3期,1960年3月4日。

04

[下编·第六部分·壹·三·(8)]上海学联开会,宣告该会并未解散,并议决对罢免曹、陆、章事不能认为满意(译自《中法新汇报》1919年6月12日)

佚名[①]译　载上海社会科学院历史研究所编《五四运动在上海史料选辑》,上海:上海人民出版社1960年6月第1版/1980年12月第2版。

05

[下编·第六部分·壹·三·(10)]上海学联发出传单,号召继续斗争(《中法新汇报》1919年6月13日)

佚名[②]译　载上海社会科学院历史研究所编《五四运动在上海史料选辑》,上海:上海人民出版社1960年6月第1版/1980年12月第2版。

06

[下编·第七部分·叁·三·(2)]法国军舰抵沪镇压(译自《上海法租界公董局1919年报告》,第162页)

佚名[③]译　载上海社会科学院历史研究所编《五四运动在上海史料选辑》,上海:上海人民出版社1960年6月第1版/1980年12月第2版。

07

[下编·第七部分·叁·三·(4)]法国领事韦尔德动员全部法侨及武装,镇压上海人民(译自《中法新汇报》1919年6月11日)

---

① 应为倪静兰。
② 应为倪静兰。
③ 应为倪静兰。

佚名①译　载上海社会科学院历史研究所编《五四运动在上海史料选辑》，上海：上海人民出版社 1960 年 6 月第 1 版/1980 年 12 月第 2 版。

08

［下编·第七部分·叁·六·4·（4）］日报评论，对工人罢工进行恫吓（译自《中法新汇报》1919 年 6 月 13 日）

佚名②译　载上海社会科学院历史研究所编《五四运动在上海史料选辑》，上海：上海人民出版社 1960 年 6 月第 1 版/1980 年 12 月第 2 版。

09

揭露帝国主义在五卅运动中玩弄"六国调查"和"上海谈判"的骗局

倪幽年③　《学术月刊》1965 年 5 月号，1965 年 5 月 10 日。

10

革命力量在斗争中成长——纪念"五卅"运动四十周年

静年④　《解放日报》1965 年 5 月 31 日，第 4 版。

11

袖珍法汉词典

《法汉词典》编写组⑤　上海：上海人民出版社 1977 年 3 月第 1 版。

---

① 应为倪静兰。
② 应为倪静兰。
③ 与同人沈幽蕡、张有年合作，故各取一字为笔名。
④ 与同人张有年合作，故各取一字为笔名。
⑤ 倪静兰参与编写。

袖珍法汉词典

《法汉词典》编写组　　上海：上海译文出版社1979年版。

12

法汉词典

《法汉词典》编写组①　　上海：上海译文出版社1979年10月版/1982年1月版。

13

[第二部分·肆·一·(三)]内外棉纱厂愤起罢工,强烈抗议日人残杀顾正红,吁请各界援助——工务局警务处关于工会发放罢工维持费的情报(译自《日本外务省档案》1925年,《六国调查沪案委员会报告》第26号附件所载《警务日报摘要》)

佚名②译　　载上海社会科学院历史研究所编《五卅运动史料》第1卷,上海:上海人民出版社1981年11月第1版。

14

[第二部分·肆·一·(四)]举行顾正红烈士追悼会,号召工人坚持罢工——工人在顾正红灵前集会演说,大呼"坚持到底!"(译自《日本外务省档案》1925年,《六国调查沪案委员会报告》第26号附件所载《警务日报摘要》);工部局警务处关于工会鼓动群众坚持罢工的情报(译自《六国调查沪案委员会报告》第26号附件所载《警务日报摘要》)

佚名③译　　载上海社会科学院历史研究所编《五卅运动史料》第

---

① 倪静兰参与编写。
② 日本外务省档案所附之《六国调查沪案委员会报告》系法文,据章克生回忆是倪静兰所译。
③ 应为倪静兰。

1卷,上海:上海人民出版社1981年11月第1版。

15

[第二部分·肆·四·(三)]全国总工会等团体呼请全国人民一致援助工人斗争,投入反帝运动——沪西工友俱乐部收到全国总工会及各地工会声援电和传单(译自《日本外务省档案》1925年,《六国调查沪案委员会报告》第26号附件所载《警务日报摘要》)

佚名①译　载上海社会科学院历史研究所编《五卅运动史料》第1卷,上海:上海人民出版社1981年11月第1版。

16

[第二部分·肆·四·(四)]五卅反帝示威在酝酿中——上海大学等校学生代表开会酝酿上街演讲,恽代英到会指导(译自《日本外务省档案》1925年,《六国调查沪案委员会报告》第26号附件所载《警务日报摘要》)

佚名②译　载上海社会科学院历史研究所编《五卅运动史料》第1卷,上海:上海人民出版社1981年11月第1版。

17

[第二部分·伍·二·(一)·1]学生会和工会——学生会、工会召开临时紧急会议,讨论对抗办法(译自《日本外务省档案》1925年,《六国调查沪案委员会报告》第26号附件所载《警务日报摘要》)

佚名③译　载上海社会科学院历史研究所编《五卅运动史料》第1卷,上海:上海人民出版社1981年11月第1版。

---

① 应为倪静兰。
② 应为倪静兰。
③ 应为倪静兰。

18

1860—1864 年的太平军

［法］梅邦、弗雷代著　倪静兰译　载北京太平天国历史研究会编《太平天国史译丛》第 2 辑，北京：中华书局 1983 年 9 月第 1 版。

19

上海法租界史

［法］梅朋、傅立德著　倪静兰译　上海：上海译文出版社 1983 年 10 月第 1 版。

上海法租界史

［法］梅朋、傅立德著　倪静兰译　上海：上海社会科学院出版社 2007 年 4 月第 1 版。

20

上海小刀会起义(1853—1855 年)

［法］约瑟夫·法斯著　倪静兰译　章克生校　《史林》1987 年第 1 期(总第 4 期)，1987 年 3 月。

继续探寻的方向

本所同人汤仁泽先生告诉我，他在幼年时曾参加过倪静兰女士和吴乾兑先生的婚礼，因为其父汤志钧先生是夫妇俩的好友和同事。这不由得给我启发，要想更多地了解倪静兰的学术和生活，还应该找一些她生前的同事、同学和好友做一些口述采访。据我所知，汤志钧、张有年、沈幽蕡、张启承、顾竹君等前辈对倪的情况有不少了解，这也是我下一步要继续探寻的方向。本所老领导刘运承老师也曾指点我，倪静兰的妹妹倪明玉女士应该还健在，找到她可以了解到不少情况。

此外，我还知道倪静兰女士早年毕业于两所名校——苏州中学和北京大学，如果有机会到两校寻找她的学籍档案，或许会有出乎意料的收获。

我希望有机会继续讲述倪静兰女士的故事，这对于方兴未艾的上海法租界史研究来说，是有特别意义的。

在探寻倪女士轨迹的过程中，我总在寻思，自己在身后，会不会有学界晚辈对我的生平有如此的兴趣呢？其实对一个真学者来说，生前的荣耀和痛楚都是很短暂的，而且大多数是属于私人的，真正重要的是他（她）能在身后留下些什么，那才是属于大家的，公众的，学术史的，因而也是长久的……

2016年11月6日撰写于日本东京江古田力行会馆

（原载马军、蒋杰主编《上海法租界史研究》第2辑，上海：上海社会科学院出版社2017年12月第1版，第1—8页）

三十八

从年子敏到甘慧杰：
《宗方小太郎日记》的中译之路

马 军

甘慧杰先生译《宗方小太郎日记》（三大册、167万字）近日终于由上海人民出版社出版了，闻之不禁长叹一声……该日记的中译之路前后走了整整一个甲子，结合其翻译的高难度和给学术界留下的长远福祉，笔者将其誉为上海社会科学院历史研究所建所以来最重要的翻译成果之一，当不为过。

宗方小太郎（1864—1923年）系日本海军派遣来华的特务，他在华活动达40年之久，历经甲午战争、义和团运动、辛亥革命等重大事件，与清末民初中国各界均有直接和密切的交往。他还曾多次到中国内地探查山川形势、物产、人口、道路、钱粮、兵备等，因勤于笔耕，留下了大量视角独特、学术价值颇高的手稿，后世称为"宗方小太郎文书"。

大约在1956、1957年之交，即中国科学院上海历史研究所筹备委员会（1959年9月起为上海社会科学院历史研究所）成立之初，有关人员即从苏州书肆购得遗留在华的部分宗方文书，并将其装订成20大本，另有照片一包，长期保存在所资料室内。其内容可分为报告、日记、游记、信稿、诗文稿、藏书及杂件等数类。关于当年的购者，目前有两种说法，其一是年子敏，1952至1958年间系中国科学院上海办事处秘书,主要从事太平天国史研究;其二是杨康年,当时系历史研究所资料室成员。① 究竟是年氏还是杨氏,或者两者兼而有之,尚待进一步的考证。

紧接其后,即1957年4月,历史研究所就将"帝国主义侵华史料的编译整理和研究工作"列为"本年度主要任务","日本特务宗方小太郎遗稿(原稿)的编译"即属其中之一,其负责人是时任上海市哲学社会科学学术委员会筹备委员会秘书长的罗竹风。② 罗不久便改任上海市出版局局长,所以对宗方小太郎文书的真正翻译,是从1957年下半年吴绳海调入历史所后开始的。

吴绳海,1905年生,1925至1934年间曾留学日本9年,就读于日本第三高等学校、京都帝国大学史学系,回国后曾先后在云南建水县立师范学校、正中书局、上海育才中学工作,著有《太平天国史》,编译有《罗马史》、《意大利史》、《印度民族史》等书。他"精熟日文,尤擅笔译"③,可谓是宗方文书的合适译者。他自接受任务后,迅速将一二百万字的文书通读一遍,并制订出了一个摘译规划,名为"关于编译《宗方小太郎在华特务活动资料》",曾作为历史研究所图书工作简报第18号油印刊发,时间为1958年4月2日。该规划的大意是,摘译的总字数约21万字,其中以"报告"为主,约17.2万字,再加"日记"约1万字、"著作及杂记"约2.1万字、"事略资料"约4800字、"函稿"约1000字。④ 这一时期,历史所的若干工作报告表明,至1959年5

---

① 前一种说法源自冯正宝,可参见冯正宝:《評伝宗方小太郎:大陸浪人の歴史の役割》,東京:亜紀書房,1997,页2;后一种说法来自汤志钧,可参见戴海斌、沈洁采访《汤志钧先生访谈录》,《史林》2014年增刊(总第150期)。
② 上海市档案馆馆藏号B181—1—264,"上海社会科学院历史研究所1957年、1958年工作计划",第1页。
③ 上海社会科学院历史研究所编:《通变知几:上海社会科学院历史研究所五十年历程(1956—2006)》,2006年印,第219页。
④ 上海市档案馆馆藏号B181—1—268,"上海社会科学院图书资料工作等简报",第37页。

月,有关宗方文书"已翻译史料十余万,准备在今年出版"①,并计划"在1959年10月前完成初稿"②。同年12月24日和12月29日历史所的两次编译工作会议又显示,摘译工作已经完毕,并准备在1960年出版。③

然而计划中的出版事宜,却并未实施,阻力或来自政治,或来自经济,或许还有其他原因,但至今不明,译稿亦未知下落。1966年"文革"爆发后,吴绳海遭隔离审查,1971年又被迫退休,直至1978年才回所复职。80年代以后,他显然是心有不甘,又带动起所内一位年轻人——冯正宝与他一同研译所藏宗方小太郎文书。于是,两人合作摘译并刊发了宗方甲午与辛亥时期的部分日记,如《辛壬日记:一九一二年中国之政党结社》(冯正宝译,吴绳海校阅订正,载章伯锋、顾亚主编《近代稗海》第12辑,成都:四川人民出版社1988年4月第1版;北京:中华书局2007年4月第1版),又如《(六)宗方小太郎日记》(冯正宝译,吴绳海校,载戚其章主编《中日战争》第6册,北京:中华书局1993年12月第1版)。与此同时,两人还发表了若干研究性的论文。例如:《中日近代关系史中值得注意的人物——宗方小太郎》(吴绳海、冯正宝撰,《史学月刊》1985年第2期);《宗方小太郎与中日甲午战争》(吴绳海、冯正宝撰,载夏良才主编《近代中国对外关系》,成都:四川人民出版社1985年9月版);《论辛亥革命时期的宗方小太郎》(冯正宝撰,《近代史研究》1986年第2期),等等。

1985年吴绳海去世,不几年冯正宝离所赴日。初到日本,冯氏利用原在历史所获取的资料,再加藏在日本国会图书馆宪政资料室的另一半宗方文书,继续从事该专题的研究,陆续用日文发表了《日清

---

① 上海市档案馆馆藏号 B181-1-252,"上海社会科学院历史所在筹备期间工作情况及工作请示报告",第11页。
② 上海市档案馆馆藏号 B181-1-336,"上海社会科学院历史所科研规划",第16页。
③ 上海社会科学院历史研究所现代史研究室藏《上海社会科学院历史研究所第二组会议记录》。

戦争・辛亥革命期の宗方小太郎——「大陸浪人」の役割についての一研究》(《日本歷史》第494号,1989年7月);《義和団運動期の宗方小太郎の活動》(《日本歷史》第505号,1990年6月);《中国残留の宗方小太郎文書について——付,東京大学法学部および国会図書館憲政資料室所蔵の宗方文書目録》(《法学志林》第89卷第3·4号,1992年3月);《宗方小太郎と新聞事業》(《東瀛求索》第8号,1996年8月)等文,其集大成者为1997年出版的《評伝宗方小太郎:大陸浪人の歷史的役割》(東京:亜紀書房)一书。

这一时期,历史研究所内另有一个年青研究人员也涉足过宗方文书的翻译工作,那就是承载译《关于中国的政党结社》(载汤志钧编著《乘桴新获——从戊戌到辛亥》,南京:江苏古籍出版社1990年10月第1版),唯需说明的是,承氏依据的原文来自日本方面的收藏,而非所藏。

冯正宝出国后的十来年,历史所的宗方文书始终处于沉寂状态。直至2000年以后,日本神奈川大学教授大里浩秋常来所查阅、抄录。为了介绍宗方小太郎其人及文书在中日两地的收藏详情,大里教授于2004年刊发了《上海歷史研究所所蔵宗方小太郎資料について》(载神奈川大学人文学研究所编《人文学研究所报》第37辑),中译文为《关于上海历史研究所所藏日本宗方小太郎资料》(载上海中山学社编《近代中国》第18辑,上海:上海社会科学院出版社2008年版)。此外,《人文学研究所报》从第37辑起开始连载他陆续整理的宗方日记。

大约从2010年起,毕业于北京大学历史系、历史研究所新进人员戴海斌也对宗方文书产生了浓厚的兴趣。戴执着于中日外交、文化关系史研究,他在检读文书之后撰写了《宗方小太郎与近代中国:上海社科院历史所藏宗方文书阅读札记》(《中山大学学报》社会科学版2013年第4期)一文,对宗方其人、文书渊源及其对学术价值进行了详细的整理和论述。

与上述大多数人士不同的是，甘慧杰对宗方文书进行了通盘性和整体性的翻译。这一大工程是从 2012 年起开始的，二三年间他日以继夜，尝尽甘苦，以一人之力竟将 37 年的宗方日记（从 1887 年 1 月起至 1923 年 1 月止）全部译成中文，以后又历经一年多艰难的编校过程，最终得以面世。除了这 167 万字的日记以外，数十万字的报告等亦将在不久之后正式出版。

宗方文书大多用日本文言文写成，且无标点符号，字迹潦草，仿若天书。在日本，即使是历史学者也未必能够读通、读懂。辨别这一时期的文书属于一种特殊的学问，难度极高，事先需要接受特殊的训练。大里教授的辨识和整理工作自然令人赞佩，甘慧杰先生则直接将原文译成中文，更是难上加难。

因为对于一个中国人来说，非有扎实的日语语文能力不足以翻译此书，非有优秀的史学素养不足以翻译此书，非有出众的书法辨识力亦不足以翻译此书……更重要的是，由于篇幅浩大，译者还需要有非同寻常的毅力和心静如水的淡泊。因为以现在的学术评价体系，从中攫取一点史料，凑成几篇论文，在所谓的"权威刊物"上发表一下，便不难向"教授"、"博导"的位置进军。而搞翻译，哪怕是百万字以上、高难度的翻译，却对升职于事无补，实属"蠢事"一件。由此，面对此种诱惑，大多数的人会选择"聪明一点"，以跑短线为宜。

所幸的是，并非"聪明人"的甘慧杰兼具了上述多种能力。1992 年他毕业于复旦大学历史系，旋入上海社科院历史研究所资料室工作，几年后又在职攻读了历史所的地方史专业硕士。他的第一外语原本是英语，大学三年级起开始听日语选修课，后又专门到社会上的日语补习学校进修日语，1999 年间还曾到日本新潟大学访学近一年，由此，他的日语水平得到了突飞猛进。作为同学和同事，我与他相识近 30 年，深感其悟性颇高，不仅在语言能力上，也包括对古学和书法的理解。他为人表面懒散，实则干劲十足，一旦认准目标，便能心无旁骛，一追到底。更难能可贵的是，他向来特立独行，淡泊名利，始终视各种所谓的学术考核如无物,故而今天仍然不过是一助理研究员耳。但也正是他,不鸣则已,一鸣惊人,做出了令许多"教授"、"博导"都汗颜的贡献。他曾告诉我,当初之所以开始翻译宗方文书,纯属自娱自乐,并无出版之意。听闻之下,我不禁感叹,世间的许多大事,常常是在无意中做成的,这或许是另一种意义上的"无欲则刚"。

除了甘慧杰兄自身的素质外,外界的因素也缺一不可,宽松的社会政治环境,历史所领导人的放手与支持,所内同事们的长期鼓励,以及上海人民出版社负责人的慧眼识珠和众多编辑的尽心竭力,竟然不约而同地把这件原本几乎做不成的事,做成了。

上海社会科学院历史研究所已经走过了60年的历程,在来来往往的数百名同人中,有的人虽然表面平凡,却可以在所史上占据独特的位置,而有的人尽管显赫一时,最终也只能算是匆匆过客,我相信甘慧杰兄一定是属于前者的。

行文至此,我的思绪回到了24年前,那时我和甘慧杰兄同住在复旦大学学生宿舍11号楼的一间房间内,当时他正坐在床上,捧着日文教科书,从あ,い,う,え,お开始,朗诵起日语的假名。那个时候,我自然不会想到,他的命运,甚至包括宗方小太郎身后的命运,将由此为之改变……

2017年2月10日撰于日本长崎

三十九

《宗方小太郎日记(未刊稿)》翻译手记

甘慧杰

《宗方小太郎日记(未刊稿)》一书据上海社会科学院历史研究所（以下简称"上海历史所"）所藏宗方小太郎文书中的全部日记手稿翻译而成，原稿为日文，竖写，无标点，中译本标点为译者所加。上海历史所所藏宗方小太郎文书，系日本近代大间谍"中国通"宗方小太郎遗留在中国的手稿及其他相关文书，内容包括日记、海军报告、诗稿、杂著、书信、藏书、传记资料、照片等，总页数超过一万页。这批文书于1957年被上海历史所获得，装订成二十四册。规模如此庞巨的单个日本人遗留在中国的原始手稿资料群，十分罕见，极具史料价值。鉴于原稿辨识和翻译方面的难度，至今未有较全的中译本问世，译者不揣谫陋，历时三年，将这套文书中部头最大、最具价值的日记(1887年1月3日—1923年1月15日)全部译出，付梓出版，以飨广大读者。

宗方小太郎(1864年8月6日—1923年2月3日)，字大亮，号北平，日本熊本县宇土郡人，出生于一个下层武士家庭，幼时随当地塾师草野石濑修学，好读经史，后入佐佐友房创办的中学"济济黉"就学，毕业后当过小学教师、警察。1884年秋，以《紫溟新报》(《九州日日新闻》的前身)通讯员的身份随其师佐佐友房来到上海，寄寓于北川藤五郎的住处，入东洋学馆学习汉语，又经常出入岸田吟香开设于上海的书药店——乐善堂，学说中国话，兼习生意，时而摘译《申报》的内容，寄回日本，如此三年，一直寓于上海。1887年4月，他从上海出发，历游中国北部九省，写下了《北支那漫游纪》，现存的日记即起始于这一年。

宗方小太郎一生的转折点在中日甲午战争，战争爆发前夕，他受日本海军指令，奔赴烟台，乔装潜入北洋舰队威海卫军港刺探军情，同时收买两名当地中国人，指使他们潜入旅顺军港，带回情报，在此期间，他连续写了16封密信，寄给在上海的日本海军大尉黑井悌次郎（化名"东文三"），为日方取胜立下"殊勋"，因此，日本明治天皇特赐召见，是其一生之"无上荣光"。这些在《日记》中都有记载。当然，《日记》的内容远不止此，相信读者观后便可知其大半生的各方面的活动情况。

宗方小太郎表面上无官无职，自称"民间一处士"，其实暗中为日本海军服务了三十年，领了三十年的津贴，寄出了大约七百封报告。因他具有"认真、缜密"的性格，故深受海军高层信赖，有些报告甚至转呈明治天皇"乙夜阅览"，足见海军对他的重视。1923年2月3日，宗方小太郎因肾炎发作病逝于上海，将死之际，日本大正天皇特授予他"从五位、勋三等"之荣誉，以表彰他对海军作出的"杰出贡献"。

宗方小太郎死后十数年，1938年左右，有不少生前好友写文章回忆他，其中包括恶名昭著的侵华战犯本庄繁和松井石根，皆称他为"国士"。甲午战后，他向海军提交了一篇《对清迩言》，谈及战后的对华方策……

拿此篇内容对照《马关条约》之中日本从中国攫取利益的条款，可以发现，两者内容如出一辙，让人不得不怀疑日本政府直接受到宗方的启发，下列日记甚至还可证明《马关条约》的始作俑者就是宗方小太郎：

（1897年）十月二十九日　晴。热气殊甚，虽着单衣亦发汗淋漓。午前访角田氏于海军部，往叩内务部长杉村濬，商量福州之事。杉村见识褊浅鄙俗，不足道。交谈数语，辞出。夜赴七里恭三郎之宴，白井新太郎来会，谈话至三更而归。是日本田清人、山口法官来访。四时访总督，小谈归。予入此地以来，《台湾新报》及《日报》两报频频记述予之经历，曰：日清战役之大功者，咫尺近天颜之人也。曰：东肥之志士，清国通之首领，以日清战役之有功者为世所知之宗方氏乘"横滨丸"抵达。曰：台湾先驱者，起草"割让台湾条约"文，作第一谕告文者，宗方氏也，云云。

"割让台湾条约"，即指给中华民族带来深重灾难的《马关条约》。一介书生，胃口之大，心地之狠，令人发指，这正是所谓"国士"战略家的想象力与破坏力。宗方小太郎在中国生活了近四十年，足迹走遍大半个中国，还结交了不少中国人，但对中国与中国人毫无感情，在写给海军的报告中充斥着对中国与中国人的侮蔑之词。他结交中国人，只不过是为了刺探情报，第一时间了解中国政治风云动向，近距离获取新鲜素材而已，可怜哉，那些与他交往的中国人，无意之间成了这个大间谍的情报源泉。宗方于1893年的日记中有一段自白："十月十一日　雨天。午前脱却邦人服，剃去头发及胡须，改着满洲衣冠。优孟十年，对镜不觉大笑。"自比"优孟"，自我定性，假意逢迎的心曲表露无遗。

总之，被其晚辈们尊为"兴亚先觉者"的宗方小太郎，无非是一个打着"兴亚"的幌子，长期在中国从事幕后活动的老一代间谍而已，而"兴亚"的本质，亦无非是以日本为亚洲的霸主，在"提携"、"协力"等名义下最大限度地侵略和奴役中国、朝鲜等邻国而已。

上海历史所所藏宗方小太郎日记手稿，始于1887年1月3日，止于1923年1月15日，跨度达三十七年之久，除少数年份的日记有所阙漏之外,其他年份的日记基本完整,凡译本中日记不连贯之处,便是原稿阙漏之处,恕不在此一一指出。因原稿篇幅巨大,难度很高,译本中错误之处在所难免,敬请广大读者批评指正。

上海历史所原所长、译者的导师熊月之教授于百忙之中欣然为本书作序,为本书增色不少,培育之恩,难以言表,在此郑重致谢!

(原载《新民晚报》2017年5月7日第18版)

四十

奇迹是怎样发生的？

——再谈甘慧杰对《宗方小太郎日记》的翻译

马 军

甘慧杰先生翻译的《宗方小太郎日记》(三大册,近170万字,上海人民出版社2016年12月版)自面世后,已引起了中外媒体和中国近现代史、中日关系史研究界的广泛关注,其翻译的难度和材料的珍贵,更是令人叹服！笔者先前曾撰有《从年子敏到甘慧杰:〈宗方小太郎日记〉的中译之路》一文刊于媒体,介绍其来龙去脉,但总有言犹未尽之感……

一位历来默默无闻的助理研究员,骤然间推出了一部意义非同寻常的大部头译作,且有同样厚重的"宗方海军报告"作为后续,不失为学术史上的一个奇迹。那么奇迹是怎样发生的呢？

笔者和甘慧杰先生同窗、同事29年,对其禀赋、脾性、好恶可谓颇为了解。1988至1992年间我们曾同在复旦大学历史系求学,同一寝室,甚至同一上下铺。甘兄虽对历史学科兴致平平,却好思辨、喜书法,常在寝室的大桌上抚砚、磨墨、执笔,临摹和品评各种帖子。其人比较敏感,又略有神经衰弱,故睡眠不佳,每每羡慕笔者入夜便能呼呼大睡。三四年级时,他又突然多了两大新嗜好,其一是跳交谊舞,其二是学第二外语(日语)。久而久之,第二外语竟晋升为第一外语,英语几乎丢了,故而后来有人戏称其为"不划算"。

1992年秋,我俩同入上海社会科学院历史研究所工作,1995至1998年又共读在职硕士研究生。甘兄对于历史学的所谓"正途"从不在意,写论文、拿学位、参加课题不过应付了之,却潜心于提高自己的日语水平,曾自费到夜校补习,又曾为若干社会单位翻译日文技术性文件达300万字之多,1900至2000年还到日本新潟大学走访了10个月。另外,甘兄颇喜阅古书,常以品读嘉定同乡先贤、清代大儒钱大昕的文句为乐。

二十多年过去了,如此无目无的地行事,自然不为现有的学术体制所待见,不仅与职称、评比、项目无缘,而且每逢一年一度的考核,闲言、嘲弄、白眼、处罚也会接踵而至。故而有几年,甘兄常在资料室和研究室之间"上下徘徊"。2014年上海社会科学院实施创新团队制度,他竟进而又出,当然是"被出",理由是以往业绩不合标准。

2012年前后,在同人的提醒下,甘兄以其优异的日文、古文素养和书法辨识力,开始了翻译所藏宗方小太郎文书之路,先日记后文书,每日3 000字,每遇疑难之处,便以烟酒助劲,千日如一日,终告译竣。事后想来,即使是文字输入170万,也非易事,更何况是将潦草难辨的日文手稿译成现代中文!译者实为能力非凡,毅力非凡。

其间,甘兄曾将宗方原稿让我观看,真是犹如天书,我虽也习日本语文有年,但对我来说,要辨识是不可能的事。我想许多日语熟谙者,甚至日本学者亦有同感。

2014年,上海人民出版社慧眼识珠,决定集重资出版,以飨学界。故而之后的一两年间,甘兄又频繁来回于家、单位和出版社之间,为编辑、校对、统一格式奔波,劳累不已。

耐人寻味的是,甘兄译此文书,初衷并不在出版后扬名立万,按他当年的原话,不过是"自己看看,玩玩而已"。

有一次,他在所资料室里和一位年轻的女同人谈及宗方文书的翻译。我当时正在侧,对话是这样的:

女同人：“甘老师，你翻译宗方日记真不容易，为什么不先选出点材料，写成几篇论文，在《历史研究》等权威刊物上发表一下？"

甘慧杰：“为什么要发《历史研究》？"

女同人：“这样可以有名气，也可以多拿考核分。"

甘慧杰：“为什么要有名气，为什么要多拿考核分？"

……

两人可谓话不投机，甘兄的回答更是有些"愣头愣脑"，但实际上反映的却是不同的价值观念，尤其是面对现有学术评价体制所作的不同反应。

若有心在《历史研究》上发论文，可能无心于走长线；若有志于完成宗方文书的全译，也许就不屑于跑短线，在所谓的权威刊物上发表一两篇论文。主流之内，主流之外，思维方式的差异大致如此。今天，甘慧杰先生之所以能够一鸣惊人，为历史研究所，为学术界作出特殊的贡献，或许正因为他长期在主流之外，一条道走到底，无论利诱或者屈辱，均漠视之。

世上的很多大事，常常是在无意中做成的，有时动机和结果还正相反。甘兄的成功，在某种程度上，甚至基于他对历史学科并不怎么热爱，因此反而能够沉下心来，无为而成大为……

撰于 2017 年 7 月

编后记

任何书籍都有它的意义，本书的意义应该有这样几个方面：

其一，今年是上海社会科学院历史研究所成立60周年，六十，一甲子，是大庆的年份。作为一个在这座史学重镇服务了24年，并顺利走完了从研究实习员到研究员全历程的人来说，理应贡献出纪念性的文本，以此表达深深的感恩和敬意！回想1992年的夏季，当我来到田林路2号3楼历史所借居地报到时，还只是一个刚刚大学毕业的毛头小伙。此后，历史研究所的学术环境长年累月地塑造着我，直到如今自己虽小有成绩，但青春却已临近尾声。这确实是一种缘。

其二，与一般手法不同的是，本人力图独辟蹊径，把被学界向来忽视的史学翻译作为表达主线，以此凸显那些被忽视、被湮没，乃至被遗忘的译者们。事实上，在历史所的学术史上，不仅有李亚农、周予同、杨宽、方诗铭、汤志钧、唐振常等这样脍炙人口的史学大师，也有章克生、马博庵、雍家源、叶元龙、吴绳海、倪静兰等功勋卓著的史译名家。作为真正的幕后英雄，他们应该也理应受到后辈们同样的景仰和怀念。1940年8月20日，英国首相丘吉尔在赞扬不列颠空战英国飞行员的英勇表现时曾说："在人类战争的领域里，从来没有过这么少的人对这么多的人作出过这么大的贡献。"在编者看来，这样的逻辑亦适用于本所那些远逝的译者们，如今千百名后世学子正从他们昔日精确、优良的译文中受益匪浅。

其三，作为一本工具书，它既勾勒了历史研究所60年的翻译历程,也提供了便利的检索手段。以外文《北华捷报》《字林西报》《大陆报》《美国对外关系文件》《英国蓝皮书》《日本外务省档案》等为例,本所前辈已进行过大量而系统的翻译,均收录在20世纪50年代末起出版的那几部大型资料集中。后人通过本书按图索骥即可轻易找到精准的译文,而不必另外再译,做重复劳动。当然,工具书在某种意义上也是一种"学术法庭",真正的学者自然内心坦荡,傲立其中。至于某些披着学术外衣的"魑魅魍魉",或许能够风光片刻、得逞一时,但最终难逃试金石般的学术史的无情审判。记得美国前总统林肯有过这样一句名言:"一个人可以在一个时间欺骗所有的人,也可以在所有的时间欺骗一个人,但他无法在所有的时间欺骗所有的人。"

本书的编撰从2013年即已开始,为了寻找和核对材料,我曾长期出入于上海社会科学院历史研究所图书资料室、上海社会科学院图书馆和上海图书馆,院领导王战,老前辈郑庆声、张铨、罗苏文,院所同人何锡蓉、成素梅、葛壮、汤蕴懿、于涛、应韶荃、施恬逸、金秀才、田一平、甘慧杰、池桢、丁晓露、江文君、金颖华、葛涛、张晓东、段炼、丁晓露,学生张犇、夏和武,等等,都曾给过我重要的帮助,在此一并表示真挚的谢意!

需要指出的是,本书的"中编"部分曾以小册子形式面世,即:马军编撰《中国近现代史译名对照表》(上海:上海书店出版社2016年10月版)。收入本书时,该部分进行了若干修订。

我要衷心感谢学术师长、复旦大学历史系邹振环教授为本书撰写了高屋建瓴的序言。

最后,我要特别感谢上海社会科学院创新工程办公室和上海社会科学院出版社对于本书出版工作的大力支持。

马 军

2016年11月17日初笔

2017年12月31日改订

图书在版编目(CIP)数据

史译重镇:上海社会科学院历史研究所的翻译事业(1956—2017年)/马军编著.—上海:上海社会科学院出版社,2018

ISBN 978-7-5520-2289-6

Ⅰ.①史… Ⅱ.①马… Ⅲ.①史学-翻译-研究 Ⅳ.①K0②H059

中国版本图书馆CIP数据核字(2018)第089081号

史译重镇:上海社会科学院历史研究所的
翻译事业(1956—2017年)

编　　著:马　军
责任编辑:应韶荃
封面设计:周清华
出版发行:上海社会科学院出版社
　　　　　上海顺昌路622号　邮编200025
　　　　　电话总机 021-63315900　销售热线 021-53063735
　　　　　http://www.sassp.org.cn　E-mail:sassp@sass.org.cn
排　　版:南京展望文化发展有限公司
印　　刷:上海颛辉印刷厂
开　　本:710×1010毫米　1/16开
印　　张:40.5
字　　数:522千字
版　　次:2018年7月第1版　2018年7月第1次印刷

ISBN 978-7-5520-2289-6/K.443　　定价:198.00元

版权所有　翻印必究